EUROPAVERLAG**BERLIN**

Joachim Starbatty

Tatort
EURO

Bürger, schützt
das Recht, die Demokratie
und euer Vermögen

EUROPAVERLAGBERLIN

2. Auflage 2013

© 2013 Europa Verlag GmbH, Wien · Berlin · München
Umschlaggestaltung: Hauptmann & Kompanie Werbeagentur
Satz: BuchHaus Robert Gigler, München
Druck und Bindung: CPI – Clausen & Bosse, Leck
ISBN 978-3-944305-03-5

www.europa-verlag.com

Für meine Frau

Inhalt

Vorwort zur 2. Auflage

Die Geschichte des Euro und seiner Krisen ist so etwas wie ein Fortsetzungsroman. Die immer wieder aufflackernden Brand- und Krisenherde – heute Zypern, morgen Slowenien – belegen die zentrale Aussage dieses Euro-Buches: Die Regierungen bekämpfen Probleme, die es ohne den Euro nicht gäbe. Wenn in einer Währungsunion der Ungleichen – gesicherte internationale Konkurrenzfähigkeit auf der einen Seite, Verlust internationaler Konkurrenzfähigkeit auf der anderen Seite – der Ausstieg aus der Eurozone politisch ausgeschlossen sein soll, bleiben nur die interne Abwertung, um über Lohn- und Preissenkungen und eine finanzpolitische Rosskur verloren gegangene Konkurrenzfähigkeit zurückzugewinnen, oder der Weg in die europäische Haftungs- und Schuldengemeinschaft. Bundeskanzlerin Angela Merkel hat die interne Abwertung gegen den Widerstand der notleidenden Schuldnerstaaten erzwingen wollen: Keine finanziellen Leistungen ohne finanz- und wirtschaftspolitische Auflagen, solange ich Kanzlerin bin. Doch lässt eine solche Austerity-Politik die notleidenden Schuldnerstaaten nicht ans rettende Ufer gelangen, sondern stößt sie noch tiefer in die Rezessions- und Schuldenfalle hinein.

Daher lautet das Fazit unseres Buches: Angela Merkels Rechnung geht nicht auf. Die Parlamentswahlen in Italien endeten mit einer krachenden Niederlage für Mario Montis Versuch, das Schuldenproblem über Steuererhöhungen zu mindern. Der italienische Ministerpräsident Enrico Letta hat die von Mario Monti eingeführte, bei den Italienern verhasste Immobiliensteuer suspendiert. Das war der Wahlkampfschlager von Silvio Berlusconi, der im Hintergrund wieder Anweisungen gibt und die politischen Fäden spinnt. Vorbei ist die Zeit, als die Regierungen der betroffenen Schuldnerländer zwar murrten, sich schließlich aber den deutschen Vorgaben fügten, weil sie fürchteten, dass ihnen ansonsten der Geldhahn zugedreht würde. In Zukunft werden sie sich weigern, nach der deutschen Pfeife zu tanzen. Die Ankündigung der EU-Kommission, Frankreich und anderen Euro-Staaten mehr Zeit für ihre Haushaltssanierung einzuräumen, ist für Frankreichs Finanzminister Pierre Moscovici das Ende des »Austeritätsdogmas« in der Eurozone. Und Angela Merkel wird das hinnehmen müssen. Sie hat sich in ihrer eigenen Rhetorik verfangen: Scheitert der Euro, scheitert Europa.

Die Entwicklung in der Eurozone bestätigt die Aussagen dieses Euro-Buches. In der zweiten Auflage sind daher lediglich sachliche Hinweise, die ich hauptsächlich dem früheren Präsidenten der Deutschen Bundesbank, Helmut Schlesinger, verdanke, zusätzlich eingearbeitet worden. Neu gefasst worden ist jedoch die Passage über die neue Partei »Alternative für Deutschland« (AfD) im fünften Kapitel (Abschnitt III: Was können die Bürger tun?). Das Manuskript war Ende Januar 2013 abgeschlossen worden. Die »Alternative für Deutschland« gab es damals noch nicht. Das erstaunliche Medienecho im In- und Ausland und die Aussicht, dass die junge Partei mit ihren Argumenten die etablierten Parteien vor sich hertreiben und die politische Gemengelage durchschütteln könnte, rechtfertigt es, diese Partei näher in Augenschein zu nehmen. Wie auch immer die Leser diese Entwicklung bewerten mögen, der Wahlkampf ist spannend geworden. Die Politiker der etablierten Parteien können die Bürger nicht mehr mit dem Appell abspeisen: Vertraut uns, es wird schließlich alles gut werden.

Joachim Starbatty, Ende Mai 2013

Vorwort

Im Europäischen Haus zeigen sich Risse. Intellektuelle und prominente Bürger Portugals schrieben in einem offenen Brief an ihre Regierung, dass sie die deutsche Bundeskanzlerin, Angela Merkel, nicht in ihrem Land sehen wollten. Das größte Polizeiaufgebot, das Athen je gesehen hat, sicherte den Staatsbesuch Angela Merkels ab. Auch die Stimmung in den sechs Gründerstaaten von Montanunion und Europäischer Wirtschaftsgemeinschaft kippt. Tägliche Nachrichten über Schuldenkrisen, finanzielle Aufstockung von Rettungsschirmen, brennende Fahnen und bösartige Karikaturen ungeliebter Politiker bei Protestumzügen, in Geschäften und Medien lassen die Menschen am Projekt Europa zweifeln. Sie sorgen sich und verlieren ihren Glauben an Europa.

Bundespräsident Joachim Gauck hat die Politiker aufgefordert, den Bürgern Europa besser zu erklären. Wenn sie es täten, müssten sie zugeben, dass die Entscheidung Helmut Kohls, eine Währungsunion ohne politische Absicherung zu schaffen, in die Irre geführt hat und dass sie keinen sicheren Ausweg wissen. Ihre Formel, »mehr Europa« sei das Gebot der Stunde, ist bloß eine Floskel. Eine Grundsatzerklärung, die Außenminister Guido Westerwelle initiiert hat, wirbt für ein Europa mit starken bundesstaatlichen Zügen, um dann im Schlussabsatz einzugestehen, dass es darüber zwischen den Außenministern der Europäischen Union (EU) kein Einvernehmen gebe. Auch die Zusicherung der Kanzlerin, die EU sei aus jeder Krise gestärkt hervorgegangen und das werde auch dieses Mal nicht anders sein, beruhigt die Bürger nicht.

Die Bürger lernen mehr aus den Quizfragen von Hans Magnus Enzensberger, wenn sie über Europas Gegenwart und Zukunft nachdenken und sich ein eigenes Bild machen wollen. Sie lernen dann europäische Phrasen von Sachaussagen zu unterscheiden und ihren Abgeordneten kritische Fragen zu stellen. Sie erkennen, dass sie mit Abkürzungen und Akronymen, die sie nicht verstehen, konfrontiert werden und dass immer mehr Entscheidungen aus den nationalen Parlamenten auf die supranationale Ebene verlagert werden. Wenn die Bürger nicht mehr wissen, was und wie in den Gremien, die sie nicht kennen und die sie nicht gewählt haben, entschieden wird, wird die Demokratie Stück für Stück abgetragen; Transparenz der politischen Willensbildung und Beteiligungsrechte sind die Voraussetzung für die Kontrolle der Regierungen durch die Regierten.

Die Menschen sorgen sich um ihr Erspartes; sie fürchten sich vor staatlicher Überschuldung, Inflation und Währungsreform. Internationale Experten wie der Chefvolkswirt des Internationalen Währungsfonds und viele Chefvolkswirte der großen deutschen Banken wiegeln ab: Nein, eine »echte« Inflation oder eine Hyperinflation werde es nicht geben. Ein bisschen Inflation halten sie dagegen nicht für ausgeschlossen, sogar für wünschbar, weil sich dann die Probleme in der Eurozone – anhaltende Rezession und unterschiedliche internationale Wettbewerbsfähigkeit – leichter lösen ließen. Solche Sätze verharmlosen die Krise.

Trotz aller bangen Fragen ist von Empörung und allgemeiner Unruhe in Deutschland wenig zu spüren. Die politische Situation ist relativ stabil; die Zustimmungswerte zu Angela Merkel bewegen sich in einem hohen Bereich. Noch trotzt die Wirtschaft der Eurokrise; die Steuerquellen sprudeln; die Politiker machen Wahlgeschenke, ohne an das Morgen zu denken. Die Krise, die sich in Griechenland oder auch in Spanien in Form von friedlichen, aber auch gewaltsamen Protesten geradezu vor unseren Augen abspielt, nehmen wir wie die glühenden Eruptionen eines fernen Vulkans wahr – beängstigend und gefährlich für den Zusammenhalt in Europa, aber es scheint doch weit weg. Die Menschen kümmern sich um das, was sie unmittelbar angeht und was sie begreifen können. So sind die Summen, um die es hier geht, für den Einzelnen nicht vorstellbar; Beträge mit neun und mehr Nullen sind zu abstrakt, um die sich daraus für den einzelnen Bürger ergebenden Gefahren einschätzen zu können. Es übersteigt ihr Begriffsvermögen. Dagegen kann jeder über ein Vortragshonorar in Höhe von 25.000 Euro – gespendet oder nicht gespendet – mitreden und sich darüber aufregen. Wenn die Eruptionen und Einschläge näher rücken, dann freilich flüchten die Menschen panikartig und wollen ihre Habe in Sicherheit bringen.

Vor Beginn der Europäischen Währungsunion konnte man wie in einem offenen Buch lesen, was auf Europa zukommen würde: Bei weiterhin unterschiedlichen nationalen Politiken würde die Währungsunion platzen oder sie müsste durch Transfers davor bewahrt werden. Auch heute kann man wie in einem offenen Buch lesen, was auf die Währungsunion und die Bürger zukommt. Die Politiker sind sich einig, dass Griechenland und andere notleidende Schuldnerstaaten auf ewig Mitglieder der Eurozone bleiben sollen. Die Europäische Zentralbank (EZB) will diesen politischen Willen durch Ankauf von Staatsanleihen absichern. Dieser Weg führt in eine dauerhafte Transferunion bei sich allmählich beschleunigender Inflationsentwicklung. Die Menschen fragen: Welches Ende wird das nehmen? Antwort: Wenn auch die Retter unter den Schirm schlüpfen müssen, geht in der Währungsunion das Licht aus. Wann das sein wird? Der Lateiner antwortet: »Mors certa, hora incerta ... Der Tod ist gewiss, die Stunde ist ungewiss.«

Die Formeln – »Unsere Politik ist alternativlos ... Wenn der Euro scheitert, scheitert Europa ... Der Euro ist eine Schicksalsgemeinschaft« – verstellen den Politikern den Blick auf die Wirklichkeit. Sie sagen, dass Deutschland sich gegenüber Europa dankbar erweisen müsse, nachdem es so viel Leid über die Menschen in Europa gebracht habe, dass die Europäische Union aus verfeindeten Ländern befreundete Nachbarn gemacht habe und dass die europäische Einigung Vorbild für die Welt sei. Loblieder retten Europa nicht. Eine schonungslose Diagnose und die dazu gehörige Therapie sind gefragt. Angela Merkels Schritt-für-Schritt-Vorgehen führt uns nicht ans rettende Ufer, sondern in den Schuldensumpf. Bei finanziellen Leistungen, Gewährleistungen und Bürgschaftsverpflichtungen haften und bluten am Ende die Bürger. Doch werden bedrohte Länder so nicht gerettet. Weil gutes Geld schlechtem hinterhergeworfen wird, sind unser Vermögen und unsere Zukunft bedroht. Immer größere Summen stehen auf dem Spiel, und die Politiker beruhigen uns mit den Worten: Vertraut uns, es wird schon gut gehen.

Europa und der Euro sind zu retten. Dieses Buch plädiert dafür, einen im Kern stabilen Euro zu bewahren und die Länder, die finanziell und wirtschaftlich am Abgrund stehen, zu retten. Die Politiker tun immer so, als ob sie Länder retteten; in Wirklichkeit geht es ihnen um das Überleben der nationalen Banken. Länder sind wichtiger als Banken. Die Politiker in der Eurogruppe lassen sich nicht mehr vom Recht leiten, sondern brechen und verbiegen es nach politischem Gutdünken. Ohne Rechtsstaatlichkeit nimmt auch die Demokratie Schaden. Daher ruft dieses Buch seinen Lesern zu: Bürger, schützt das Recht, die Demokratie und Euer Vermögen.

Vierzig unvorgreifliche Erkundigungen

Hans Magnus Enzensberger

Bitte kreuzen Sie Ihre eigenen Antworten an!

Worum handelt es sich, wenn eine intelligente Frau in hoher Position behauptet: »Wenn der Euro scheitert, scheitert Europa«?

1. Um eine Drohung?   Ja   Nein

2. Um eine Schutzbehauptung?   Ja   Nein

3. Oder nur um eine Dummheit?   Ja   Nein

4. Haben Sie den Eindruck, dass unser Kontinent nach wie vor existiert, obwohl im Lauf der letzten zweitausend Jahre das Talent, der Denar, der Gulden, die Lira, das Lepton und die Reichsmark untergegangen sind?   Ja   Nein

5. Wissen Sie, wer das Stummelwort *Euro* erfunden hat, das vor dem Ende des zwanzigsten Jahrhunderts niemand in den Mund genommen hat?   Ja   Nein

6. Sind Sie in der Lage, Akronyme wie EZB, EFSF, ESM, EBA und IMF zu entziffern?   Ja   Nein

7. Vermuten Sie, dass die meisten europäischen Länder seit geraumer Zeit nicht mehr von demokratisch legitimierten Instanzen, sondern von diesen Abkürzungen regiert werden?   Ja   Nein

8. Haben Sie diese Einrichtungen gewählt? Ja Nein

9. Werden sie im Grundgesetz oder in einer anderen europäischen Verfassung erwähnt? Ja Nein

10. Ist Ihnen in den letzten Jahren mitgeteilt worden, dass die Entscheidungen dieser Institutionen »alternativlos« sind? Ja Nein

11. Sind Obdachlose, Fixer, Lohnempfänger oder Rentner nicht berechtigt, Finanzbedarf »anzumelden«, wohl aber Mitglieder der Eurogruppe, Bankvorstände und Fernsehintendanten? Ja Nein

12. Wird diesem Verlangen regelmäßig entsprochen? Ja Nein

13. Ist Ihnen in der letzten Zeit der Fachausdruck »finanzielle Repression« begegnet? Ja Nein

Falls ja, sind damit gemeint
14. Rentenkürzungen? Ja Nein
15. Steuererhöhungen? Ja Nein
16. Schuldenschnitte? Ja Nein
17. Zwangsabgaben? Ja Nein
18. Inflation? Ja Nein
19. Währungsreformen? Ja Nein

20. Kennen Sie die Namen und die genaue Adresse der »Märkte«, die den Eurorettern vorschreiben, was sie zu tun haben? Ja Nein

21. Muss die Küstenwacht prüfen, ob Passagiere in Seenot »system-relevant« sind, bevor sie gerettet werden dürfen?

Ja ⬜ Nein ⬜

Stimmen Sie den folgenden Ansichten zu:

22. »Macht ist das Privileg, nicht lernen zu müssen.« (Karl Deutsch, 1912–1993)

Ja ⬜ Nein ⬜

23. »Ein Leben ohne Verfassungsgericht ist möglich, aber sinn-los.« (Loriots Mops)

Ja ⬜ Nein ⬜

24. »Wir beschließen etwas, stellen das dann in den Raum und warten einige Zeit ab, was passiert. Wenn es dann kein großes Geschrei gibt und keine Aufstände, weil die meisten gar nicht begreifen, was da beschlossen wurde, dann machen wir weiter – Schritt für Schritt, bis es kein Zurück mehr gibt.« (Jean-Claude Juncker, Vorsitzender der Eurogruppe, 1999)

Ja ⬜ Nein ⬜

25. »Politiker sind wie schlechte Reiter, die so stark damit be-schäftigt sind, sich im Sattel zu halten, daß sie sich nicht mehr darum kümmern können, in welche Richtung sie reiten.« (Jo-seph A. Schumpeter, 1944)

Ja ⬜ Nein ⬜

26. Wusste die Europäische Kommission, was das Fremdwort *Subsidiarität* bedeutet? Und wenn ja, hat sie es vergessen?

Ja ⬜ Nein ⬜

Was bedeutet der Ausdruck *Quantitative Lockerung*?

27. Eine Yoga-Übung?

Ja ⬜ Nein ⬜

28. Die Beschleunigung der Notenpresse?

Ja ⬜ Nein ⬜

29. Hat der Verfassungsrechtler Gusy aus Bielefeld recht, wenn er sagt: »Wo ein Trog ist, sammeln sich Schweine«?

Ja   Nein

30. Können Sie sich mit der blühenden Metaphorik der Euroretter anfreunden, oder kommt sie Ihnen martialisch, konfus oder gar lächerlich vor? Sind Sie in der Lage, zwischen Schirmen, Hebeln, Bazookas, Dicken Berthas, Brandmauern und Hilfspaketen punktgenau zu unterscheiden?   Ja   Nein

31. Wiegen Sie sich in der Zuversicht, die Karl Valentin in die Worte fasste: »Hoffentlich wird es nicht so schlimm, wie es jetzt schon ist«?   Ja   Nein

32. Wenn sich herausstellt, dass die Einführung einer neuen Papierwährung statt zur Integration Europas zu seiner Spaltung, und wenn sie statt zur Verständigung zu Hass und gegenseitigem Ressentiment geführt hat, wäre es da angezeigt, diese Position zu räumen, statt nach dem Motto »Augen zu und durch« zu verfahren?   Ja   Nein

33. Oder ist das undenkbar, weil es eine narzisstische Kränkung der verantwortlichen Politiker bedeuten würde?

Ja   Nein

34. Gibt es ein Europa diesseits der Institutionen der EU und ihrer 40.000 Beamten, oder sind sie die einzigen Vertreter unsers Erdteils, deren Stimme zählt?   Ja   Nein

35. Sind es diese Personen, die darüber zu entscheiden haben, wer als »Anti-Europäer« zu gelten hat?   Ja   Nein

36. Verstehen Sie, warum die Europa-Politiker mit den Römischen Verträgen und dem Traktat von Maastricht so umgehen, als hätten sie diese Papiere nie unterschrieben?

Ja   Nein

37. Glauben Sie, dass ihnen Referenden und Abstimmungen lästig sind, weil jede Meinungsäußerung der Bevölkerung ihre Bemühungen stören könnte, die »Märkte« zu beruhigen?

Ja   Nein

38. War die Demokratie wirklich eine so schlechte Idee, dass auf sie notfalls verzichtet werden kann?   Ja   Nein

39. Zeigt nicht das Beispiel Chinas, dass man es auch ohne sie im Zeichen der Globalisierung zu einer erfolgreichen Weltmacht bringen kann?   Ja   Nein

40. Ist demnach die politische Entmündigung der Bürger unvermeidlich, und ist ihre ökonomische Enteignung die not-wendige Folge?   Ja   Nein

ERSTES KAPITEL

Genesis des Euro

I. Den Menschen wird genommen, woran sie hängen

Jean Monnet, entscheidender Inspirator der europäischen Integrationsbewegung und erster Präsident der Hohen Behörde der Europäischen Gemeinschaft für Kohle und Stahl, wird mit dem Satz zitiert: »Wenn ich noch einmal mit der Europapolitik beginnen könnte, würde ich nicht mit den Sektoren Kohle und Stahl, sondern mit Bildung und Kultur anfangen.«[1] Welche Verkennung der Geschichte Europas und der Entwicklung seiner Kultur. Bei den homogenen Produkten Kohle und Stahl kann man supranationale Vorschriften entwerfen, um die nationalen Produktionen aufeinander abzustimmen, die Außenbeziehungen zu Drittstaaten zu steuern und schließlich auch das Interesse der Konsumenten mit ins Kalkül zu nehmen. Wie will man das auf dem kulturellen Feld bewerkstelligen? Mit Produktions- und Qualitätsvorgaben, mit Arbeitsschutzbestimmungen und Regulierung der Absatzmöglichkeiten? Nein, Europa geht ein, wenn Politiker nationale Kulturen und Bildungssysteme über einen Leisten schlagen wollen. Man lernt nichts mehr, wenn der andere einem selbst immer ähnlicher wird. Gerade die Vielfalt hat die europäische Kultur inspiriert und beflügelt.

Der französische Außenminister Laurent Fabius sagt seinen

---

1 Dieses Zitat und den Hinweis verdanke ich Hans-Hendrik Puvogel, *Wettbewerb zwischen Regierungen und berufliche Bildung in der Europäischen Union* (Integration Europas und Ordnung der Weltwirtschaft, Bd. 13), Baden-Baden 1996, S. 167.

Freunden: »Achtung, glaubt bitte nicht, dass die Deutschen wie Franzosen sind, die Deutsch sprechen. Es gibt eine wirtschaftliche und kulturelle Eigenart der Deutschen. Genauso wie die Franzosen ihre eigene Geschichte und Psychologie besitzen. Der eine sollte dem anderen keine Lektionen erteilen.«[2] So verhält es sich auch mit den nationalen Währungen. Sie sind zusammen mit der Institution, die das Geld bereitstellt, ein Produkt der jeweiligen kulturellen Entwicklung. Das spiegelt sich auch in den Sprichwörtern unseres Alltagslebens: »Wer den Pfennig nicht ehrt, ist des Talers nicht wert ... Auf Heller und Pfennig ... Ist der Groschen endlich gefallen?«

Die Erfahrungen, die die Menschen mit ihrem Geld gemacht haben, prägen ihre Einstellung zum Geld. Dies kann der Zentralbank ihre Aufgabe, für stabiles und verlässliches Geld zu sorgen, erleichtern oder erschweren.[3] Mit dem Begriff »Stabilitätskultur« kommt genau dieses Phänomen zum Ausdruck.

Joseph Schumpeter, einer der großen Ökonomen des letzten Jahrhunderts, hat über die unterschiedlichen Auffassungen zu Geld und Währung in Europa gesagt: »Nichts sagt so deutlich, aus welchem Holz ein Volk geschnitzt ist, wie das, was es währungspolitisch tut.«[4] Die Politiker taten so, als ob die europäischen Völker alle aus einem Holz geschnitzt seien. Immer wieder beteuerten sie, die Stabilitätskultur der Deutschen Bundesbank sei inzwischen die gemeinsame Überzeugung aller europäischen Zentralbanken und Regierungen.[5]

---

2 »Wir sollten unsere Stärken addieren«. Im Gespräch: Der französische Außenminister Laurent Fabius, in: *Frankfurter Allgemeine Zeitung,* 21. November 2012, S. 6.

3 Für den früheren Präsidenten der Deutschen Bundesbank, Karl Otto Pöhl, verlieh der starke Rückhalt, den die Bundesbank in der breiten Bevölkerung genoss, der Unabhängigkeit der Bundesbank fast Verfassungsrang. Ihre Unabhängigkeit beruhte auf einem Bundesgesetz, das mit einfacher Mehrheit hätte geändert werden können. Hätte eine Regierung diese Unabhängigkeit angetastet, wäre ein Sturm der Entrüstung durch das Land gegangen. (http://www.faz.net/aktuell/wirtschaft/wirtschaftspolitik/bundesbank-ein-mythos-wird-fuenfzig-1462816.html)

4 In: *Das Wesen des Geldes,* Göttingen 1970, S. 2.

5 »Mit der unbestreitbar neuen Stabilitätskultur in der Europäischen Union ist der Schritt zur Währungsunion durchaus keine kränkelnde Geste, sondern ein kräftiger Impuls für den gemeinsamen Binnenmarkt.« Das war die Erwartung des früheren Außenministers, Hans-Dietrich Genscher. (Deutscher Bundestag, 23. April 1998, Plenarprotokoll, S. 21043 D)

Auf einer gemeinschaftlichen Stabilitätskultur aufbauend sollte die Währungsunion die europäische Erfolgsgeschichte vollenden – so Horst Köhler: »Jahrhundertelang haben wir Europäer uns bekämpft, jahrzehntelang haben wir endlich zusammengearbeitet; seht her, jetzt zahlen wir mit dem gleichen Geld. Das war und das ist die friedenspolitische, die europapolitische, die integrationspolitische, die ideelle Seite des Euro und der Wirtschafts- und Währungsunion.«[6] Der frühere Bundeskanzler Helmut Kohl betonte immer wieder, die Gründung der Europäischen Währungsunion als Herzstück der europäischen Einigung sei eine Frage von Krieg und Frieden.[7] Kaum jemand nahm diese Aussage für bare Münze. Dass Frankreich und Deutschland wieder aufeinander einschlagen würden, daran dachte niemand. Und doch hat Kohls Aussage einen Ton zum Klingen gebracht, auf den viele Deutsche gestimmt sind. Nach dem verlorenen Zweiten Weltkrieg und all den ungeheuerlichen Verbrechen, die auf Deutschland lasteten, wollen die Deutschen vor allem gute Europäer sein. Und jetzt geraten sie in einen inneren Zwiespalt – hier das historische Europa, dem sie sich zugetan fühlen, und dort die Währungsunion, von der sie Bedrohliches befürchten. Sie spüren, dass ihre Abgeordneten und die Regierung alles finanziell Erdenkliche tun, um die Eurozone zu stabilisieren – in der Annahme, dass sie so auch die Interessen der Bürger hier wahrnehmen. Die immer wieder zitierte Feststellung Angela Merkels – »Scheitert der Euro, scheitert Europa« – soll sie darauf einstellen, dass der Euro mehr ist als eine Währung, dass er für Europa steht. Damit ist die Aussage eingeschlossen: Wenn ihr Bürger Europa wollt, dann müsst ihr auch den Euro wollen und bereit sein, hierfür Opfer zu bringen.

Nach dem Zweiten Weltkrieg fühlen sich viele Deutsche Europa eng verbunden. Für Wolfgang Schäuble war »die Sehnsucht

6   Europa voranbringen. Rede von Bundespräsident a. D. Professor Dr. Horst Köhler am 14. November 2012 im Dom zu Speyer, Manuskript, S. 5
7   Rede des Bundeskanzlers anlässlich der Verleihung der Ehrendoktorwürde durch die katholische Universität Löwen am 2. Februar 1996, abgedruckt in: *Bulletin*, Presse- und Informationsamt der Bundesregierung, Nr. 12 vom 8. Februar 1996.

nach Europa ein beherrschendes, bei manchen auch ein berauschendes Gefühl auf dem Weg in eine neue Zeit.«[8] Deutsche Regierungen sind eher bereit, Souveränitätsrechte nach Brüssel abzugeben als französische Regierungen, die ihre nationale Souveränität im Verein mit anderen Regierungen wahrnehmen wollen – die intergouvernementale Methode. Zwar hatte schon Winston Churchill in seiner berühmten Züricher Rede von 1946, also noch im kriegszerstörten und -versehrten Europa, Deutschland die ausgestreckte Hand hingehalten, als er »eine Art Vereinigte Staaten von Europa« vorschlug – allerdings ohne Großbritannien.[9] Beginnen sollten sie mit einem französisch-deutschen Schulterschluss – in dieser Reihenfolge. Doch standen die Länder, die während des Zweiten Weltkriegs von deutschen Truppen besetzt waren, Deutschland noch reserviert, wenn nicht feindlich gegenüber. Die Politik Konrad Adenauers war daher bestrebt, Deutschland wieder in den Kreis der europäischen Nachbarstaaten eingereiht und in die freie Welt integriert zu sehen. Hierfür musste eine belastbare Vertrauensbasis geschaffen werden.

Das war eine langwierige und mitunter heikle Gratwanderung: Ein unterwürfiges Deutschland hätte Misstrauen geerntet, weil das herrische Auftreten der Kriegs- und Besatzungsmacht noch zu frisch im Gedächtnis war; auch ein allzu aufrechter Gang wäre Deutschland nicht bekommen. Alfred Müller-Armack, der an den Konferenzen zur Vorbereitung der Römischen Verträge aktiv beteiligt war, schilderte, dass sich dieser Prozess der Annäherung an Europa allmählich vollzogen habe. Er berichtete, dass die französische Verhandlungsdelegation, wenn sie den Vorsitz hatte, die Teilnehmer der Konferenz wie folgt ansprach: »Chers amis et chers collègues allemands.« (»Liebe Freunde und liebe deutsche

---

8 Zitiert nach Jean-Claude Juncker, »Gegenseitige Bedingung und bedingungslose Gegenseitigkeit. Freundschaftliche Gedanken über einen europäischen Deutschen und deutschen Europäer«. In: Nils Ole Oermann et al. (Hg.), *Der fröhliche Sisyphos. Festschrift für Wolfgang Schäuble*, Freiburg–Basel–Wien 2012, S. 88.

9 Die Ansprache von Winston Churchill an der Universität Zürich am 19. September 1946 wurde entnommen aus: Anton Schäfer, *Verfassungsentwürfe zur Gründung einer Europäischen Union*, 1923–2004, CD-ROM, Edition Europa Verlag, S. 64f.

Kollegen.«) Nachdem einige Zeit verstrichen war, wechselten sie zu »Chers amis et chers collègues et amis allemands« über, bis schließlich die Anrede nur noch lautete: »Chers amis«.[10] Damit war Deutschland endgültig in der europäischen Integrationsbewegung angekommen. Daher sind die Europäische Gemeinschaft für Kohle und Stahl (EGKS oder Montanunion), die Europäische Wirtschaftsgemeinschaft (EWG) und jetzt die Europäische Union (EU) für Deutsche mehr als ein Wohlstandsclub; sie sind auch Teil ihres nationalen Selbstverständnisses.

Für Europa finanzielle Opfer zu bringen, ist dann mehr als eine Frage von Soll und Haben. Deutschlands Wohlstand wäre nicht geringer, wenn es wie die Schweiz außerhalb der EU stände. Es geht um mehr. Etwas pathetisch könnte man sagen: Die europäische Integration gehört zu Deutschland; ja, Deutschland lebt in ihr. Weil Deutschland diesem Europa verpflichtet ist, muss es auch Hüter der Werte und der Institutionen sein, die Europa auszeichnen: Rechtsstaatlichkeit, Demokratie und stabiles Geld. »Die Europäische Union wird nur als eine Gemeinschaft des Rechts eine gute Zukunft haben«, sagt Horst Köhler.[11] Derzeit ordnet die Politik das Recht der Stabilisierung der Eurozone unter. »Wir mussten die Verträge brechen, um den Euro zu retten«, hat die frühere französische Finanzministerin Christine Lagarde freimütig bekannt.[12] Die »No-Bailout-Klausel« des Artikels 125 im AEUV, dem Vertrag über die Arbeitsweise der Europäischen Union, sollte verhindern, dass die Währungsunion auf die schiefe Bahn einer Haftungsgemeinschaft und Transferunion geriet. Die Politik hat sich darüber hinweggesetzt.[13] Jedes institutionelle Arrangement, bei dem die einen über die Ausgaben entscheiden und die anderen

---

10 Über diese Annäherung bei den Anreden hat Alfred Müller-Armack, der an allen Verhandlungen im Vorfeld der Römischen Verträge beteiligt war, seinen Assistenten nach der Rückkehr auf seinen Kölner Lehrstuhl für Wirtschaftspolitik berichtet. Über Stil und Verlauf der Verhandlungen zur europäischen Integration vgl. Alfred Müller-Armack, *Auf dem Weg nach Europa*. Erinnerungen und Ausblicke, Tübingen und Stuttgart 1971.
11 Horst Köhler, *Europa voranbringen*, a.a.O., S. 7.
12 Christine Lagarde, Interview, in: Wallstreet Journal, December 18th, 2010.
13 Vgl. hierzu das dritte Kapitel, Abschnitt II.3.

für die daraus resultierenden Konsequenzen haften, ist zum Scheitern verurteilt; das gilt für die privatrechtliche wie für die öffentlich-rechtliche Sphäre. Für Walter Eucken, Gründer der ordoliberalen Schule, ist das Haftungsprinzip ein entscheidendes konstituierendes Prinzip einer marktwirtschaftlichen Ordnung: »Haftung ist nicht nur eine Voraussetzung für die Wirtschaftsordnung des Wettbewerbs, sondern überhaupt für eine Gesellschaftsordnung, in der Freiheit und Selbstverantwortung herrschen.«[14]

Die Aushebelung des »Bailout-Verbots« hat die Währungsunion von einer marktwirtschaftlichen auf eine sozialistische Basis gestellt. Das ist ein harter Vorwurf, und viele Politiker und vielleicht auch einige Ökonomen werden empört reagieren. Dabei ist der Sachverhalt offenkundig. Janos Kornai, der in Ungarn praktische Erfahrungen mit dem real existierenden Sozialismus gemacht hat, unterscheidet eine sozialistische von einer marktwirtschaftlichen Ordnung anhand unterschiedlicher Budgetbedingungen: »Soft budget constraints« stehen für Sozialismus, »hard budget constraints« für Marktwirtschaft.[15] Da der real existierende Sozialismus die Institution des Konkurses nicht kannte, mussten notleidende Betriebe gerettet werden, wenn sie betriebliche Finanzierungslücken aus eigener Kraft nicht schließen konnten. Die Betriebsleitungen verhandelten mit übergeordneten Stellen über Auflagen und den notwendigen Finanzrahmen. Eine marktwirtschaftliche Ordnung ist dagegen durch »hard budget constraints« gekennzeichnet: »Hilf dir selbst, sonst hilft dir keiner.«[16] Das war die Geschäftsgrundlage bei der Verabschiedung des Maastricht-Vertrages und der »No-Bailout-Klausel«. Nach deren Aushebelung gilt, dass die notleidenden Schuldnerstaaten mit den Mitgliedern der Eurogruppe über Auflagen und die Höhe der notwendigen Finanzhilfe verhandeln. Genau dann sind wir im Währungssozialismus (Vaclav Klaus) gelandet.

---

14 Walter Eucken, *Grundsätze der Wirtschaftspolitik*, Tübingen 1952, S. 285.
15 Janos Kornai, *Economics of Shortage*, 2 Bände, Amsterdam 1980.
16 Wir wissen freilich, dass diese Praxis nicht für Großunternehmen und für Banken gilt, sobald sie auf Systemrisiken hinweisen können.

Wenn die Politik nicht mehr unter der Herrschaft des Rechts steht, sondern dieses je nach politischer Opportunität beachtet oder verletzt wird, ist aus der europäischen Rechtsgemeinschaft eine politische Hauruckgesellschaft mit unübersehbaren Kollateralschäden geworden. Die Politik beugt sich nicht mehr der Herrschaft des Rechts. Sie schiebt das historische Erbe Europas beiseite. Der Europäische Gerichtshof in Luxemburg hat auf Antrag eines irischen Abgeordneten die Vereinbarkeit des Europäischen Stabilitätsmechanismus (ESM) als Grundlage einer gemeinsamen Haftungsgemeinschaft mit dem europäischen Vertragswerk in einem Blitzverfahren gebilligt – ohne jedes Wenn und Aber. Der »Rechtsakt«, der aus Luxemburger Sicht die Kompetenzen der europäischen Institutionen überschritt, müsse erst noch erfunden werden, schreibt Joachim Jahn.[17] Wenn das höchste Europäische Gericht eine Rechtsverletzung zum Recht erhebt, können die Bürger nicht mehr auf europäisches Recht vertrauen.

Die Missachtung des Rechts unterminiert auch die demokratischen Grundlagen aller Mitgliedstaaten der Währungsunion. Wenn Griechenland und anderen Mitgliedstaaten die Zugehörigkeit zur Eurozone auf ewig zugesichert wird, sind sie immer versucht, gegen verpflichtende Auflagen zu verstoßen. Die Fachleute nennen ein solches Verhalten »Moral Hazard« – die leichtfertige Vernachlässigung von Regeln oder Vertragselementen, zu denen man sich gegenüber seinen Partnern verpflichtet hat. Die haftenden Euro-Staaten versuchen ihrerseits, ein solches »Moral Hazard«-Verhalten zu unterbinden, indem sie den betroffenen Regierungen ein Pflichtenheft vorgeben und Kontrolleure ins Land schicken. Der Wille der Bevölkerung ist Nebensache. Griechische Regierungen sind heute bloß noch Marionetten. Die Troika – Experten des Internationalen Währungsfonds (IWF), der EZB und der Europäischen Kommission – prüft die Statistiken, lässt sich die Spar- und Reformvorhaben erläutern und macht Vorschläge, was

---

17 Joachim Jahn, »Grenzenlose Haftung«, in: *Frankfurter Allgemeine Zeitung* vom 28. November 2012, S. 9.

geändert und wo nachgebessert werden muss. Die Troika ihrerseits hört auf die Wortführer der Eurogruppe, ob sie Griechenland weiter in der Eurozone sehen oder ausgeschlossen sehen wollen. Entsprechend fasst sie dann ihren Bericht ab, indem sie entweder hoffnungsvolle Signale oder Fehlverhalten entdeckt. Griechenland ist seit drei Jahren insolvent; es hängt am Tropf der EZB und der Rettungsschirme. In Japan werden Unternehmen, die insolvent sind, aber mit nahezu zinslosen Krediten über Wasser gehalten werden, Zombie-Unternehmen genannt; Banken, die am Tropf ihrer Notenbank hängen, sind Zombie-Banken. In der Eurozone erleben wir nun eine Steigerung – den Zombie-Staat.

Die Haftungsgemeinschaft löscht nicht bloß die demokratische Existenz notleidender Schuldnerstaaten aus, sie untergräbt auch die demokratischen Grundrechte in den Gläubigerstaaten. Wenn die Haftungssummen erhöht werden müssen, sind den Abgeordneten die Hände gebunden. Lehnten sie weitere Zahlungen ab, bräche die Eurozone auseinander, so wird ihnen gesagt. Also glauben sie, zustimmen zu müssen. Sie werden aber sich und der Öffentlichkeit versichern, dass sie erst nach intensiven Beratungen weiteren finanziellen Hilfen im Interesse Europas zugestimmt hätten. Sie werden hinzufügen, diese Entscheidung sei ihnen nicht leicht gefallen. Das parlamentarische Budgetrecht beschränkt sich in Wahrheit darauf, jeweils zu Entscheidungen, die andernorts gefällt worden sind, den Arm zu heben. Was es aber bedeutet, wenn spanische, italienische und schließlich auch griechische Schulden zu deutschen Schulden geworden sind, weil wir alle in einem Boot sitzen, darüber haben sich unsere Politiker noch keine Gedanken gemacht. Sie diskutieren engagiert über auskömmliche Renten, Betreuungsgeld, ärztliche Praxisgebühr und Großelternzeit; sie wissen noch nicht, dass Ersparnisse und erworbene Rentenansprüche bedroht sind, wenn die Kapitalanleger nicht mehr zwischen spanischen und deutschen Schulden unterscheiden und die auf Zeit ausgereichten Kredite in Wirklichkeit uneinbringbar sind.

Aber nicht nur Recht und Demokratie werden im Namen Europas unterminiert. Zuvor haben die Bürger in Deutschland ihre D-Mark verloren. Sie hatten nach dem Zweiten Weltkrieg nicht mehr viel, auf das sie stolz sein durften. Die D-Mark stand für wirtschaftliche Tüchtigkeit, die sich in Exporterfolgen und Aufwertungen als Wertgewinne der nationalen Währung gegenüber anderen Währungen ausdrückte. Verständlich, dass die Deutschen an ihrer D-Mark hingen und die Bundesbank, deren verlässliche Politik die D-Mark zu einer der angesehensten Währungen in der Welt gemacht hat, hoch schätzten. »Nicht alle Deutschen glauben an Gott, aber alle glauben an die Bundesbank«, hat Jacques Delors spottend und zugleich anerkennend über das Renommee der Bundesbank in Deutschland gesagt.[18] Diese Währung ist nun eingebracht worden in den Euro, der die deutsche Tradition in einer europäischen Dimension bewahren sollte. Doch damit wurde – in den Worten Kurt Biedenkopfs – aus deutscher Sicht »Gewissheit gegen Hoffnung« eingetauscht.[19] Und nun verlieren sie auch noch diese Hoffnung. EZB-Präsident Mario Draghi hat am 26. Juli 2012 – ohne Absprache mit dem Direktorium und dem Zentralbankrat der EZB – öffentlich zugesichert, unbeschränkt Staatsanleihen notleidender Schuldnerstaaten aufzukaufen. Die EZB folgt dann nicht mehr ihrem Auftrag, für Geldwertstabilität zu sorgen, sondern will mit den angekündigten Aufkäufen die Eurozone zusammenhalten – ein weiterer Rechtsbruch. Die inflationären Gefahren werden kleingeredet oder geleugnet.

Die Notenbank ist nicht Herrin des in ihrem Hoheitsgebiet umlaufenden Geldes; sie muss Dienerin der Menschen sein. So lehrt es uns Nicolaus Oresmius (1325–1382), Bischof von Lisieux und mittelalterlicher Geldtheoretiker. Geld sei ein Austauschmittel, das den natürlichen Reichtümern entspreche. Es gehöre daher

---

18 Dieser Satz von Jacques Delors ist in der Mediathek der Bundesbank gespeichert (http://www.n-tv.de/mediathek/bilderserien/wirtschaft/50-Jahre-Bundesbank-article231986.html).
19 Das Euro-Experiment – Vollendung der Integration oder Überforderung der Union? in: Hans-Ulrich Jörges (Hg.), *Der Kampf um den Euro*, Hamburg 1998, S. 48.

jenen, die Brot oder Arbeitskraft ihrer Körper für Geld hingäben; so sei Geld ihr Eigentum, wie es das Brot und die Arbeitskraft waren.[20] An anderer Stelle führt Oresmius aus: »Es ist überaus häßlich und verachtenswert, wenn der Staat vor aller Augen einen Betrug begeht, Geld fälscht und Gold nennt, was keines ist, ein Pfund heißt, was keines mehr ist.«[21] Mit der Ankündigung, unbeschränkt Staatsanleihen aufkaufen zu wollen, hat Draghi das Recht der Bürger usurpiert. Natürlich wird er auf diese Anschuldigungen entgegnen, das treffe ihn nicht, da er keine Staatsfinanzierung betreibe und sich weiter der Erhaltung der Geldwertstabilität verpflichtet fühle. Ja, was soll er denn anderes sagen? Soll er zugeben, dass er Geld druckt, um Staaten zu retten?

II. Die Sicht eines Zeitzeugen

1. Frühe Bekanntschaft mit Europa
Die Entwicklung der Europäischen Gemeinschaften, der Europäischen Union und schließlich die Geburt der gemeinsamen Währung verfolge ich seit 50 Jahren. Zudem war ich an den Klagen und Verhandlungen zur Verfassungsmäßigkeit der Währungsunion vor dem Bundesverfassungsgericht beteiligt. Ich werde als Zeitzeuge aus meinen Erfahrungen berichten. Die Europa-Seminare (1962) an der Universität zu Köln mit den erfahrenen Bundes- und Europapolitikern Fritz Burgbacher und Hans Dichgans erwärmten die Studierenden für die europäische Idee. Exkursionen zum Europäischen Parlament in Straßburg, in das damals Abgeordnete aus den nationalen Parlamenten der sechs Gründerstaaten Belgien, Luxemburg, Niederlande, Italien, Frankreich und Deutschland entsandt wurden, und zur Europäischen Kommission in Brüssel machten uns mit den Institutionen und dem politischen Geschäft

---

20 Nicolaus Oresme, *Traktat über Geldabwertungen* (lateinisch/deutsch). Herausgegeben und eingeleitet von Edgar Schorer, Jena 1937, S. 43, 45.
21 Ebenda, S. 65.

vor Ort vertraut. Das Straßburger Parlament hielt viel auf sich: Die männlichen Besucher auf den Zuschauertribünen mussten eine Krawatte tragen, die Abgeordneten im Plenum waren dagegen leger gekleidet. Die Kommission in Brüssel begann bescheiden. Sie war zusammen mit ihrem administrativen Unterbau, den Generaldirektionen, weitgehend in einem schlanken Hochhaus, dem Berlaymont, untergebracht. Das neugebaute Berlaymont ist dagegen ein sich mächtig nach verschiedenen Seiten hin ausbreitendes Kolossalgebäude. War früher Brüssel die etwas behäbig wirkende Hauptstadt Belgiens, so wirkt sie heute wie Europas Hauptstadt, die ihren Anspruch durch einen imperialen Baustil unterstreicht.

Ein besonderer Glücksfall waren die Seminare von Alfred Müller-Armack, Staatssekretär für Europäische Angelegenheiten bei Ludwig Erhard, der erster Bundeswirtschaftsminister nach dem Zweiten Weltkrieg und Nachfolger Konrad Adenauers als Bundeskanzler war. Er kam manchmal direkt von den Verhandlungen aus Brüssel in seine Seminare. Wir hörten, welcher Enthusiasmus die handelnden Personen vorantrieb, aber auch, welch kleinliche Hindernisse bisweilen zu überwinden waren. Die Berichte über die Beitrittsverhandlungen mit Großbritannien nahmen uns besonders gefangen. Die Ergebnisse waren vielversprechend. Dann kam – wie ein Blitz aus heiterem Himmel – das Veto von Charles de Gaulle: Die Briten seien noch nicht reif für einen Beitritt. Da dieser Machtspruch sich nicht mit dem Stil und den Ergebnissen des Verhandlungsprozesses deckte und die deutsche Bundesregierung dieses Veto ohne Protest hinnahm, erklärte Müller-Armack seinen Rücktritt als Staatssekretär und zog sich aus der aktiven Europapolitik zurück. Er kehrte auf seinen Lehrstuhl an der Universität zurück. Als Wissenschaftlicher Assistent an seinem Lehrstuhl erfuhr ich bei Unterrichtungen im kleinen Kreise, wie die Europäische Wirtschaftsgemeinschaft allmählich Gestalt annahm, welche Kräfte den Integrationsprozess in die marktwirtschaftliche und welche ihn in eine interventionistische

Richtung zu drängen versuchten. Ich erfuhr auch, dass und wie sich französische Delegationen der Taktik bedienten, am Rande des Scheiterns zu verhandeln, wenn anders Widerstand nicht überwunden werden konnte.[22]

Um zu sehen, wie theoretische Konzepte in Politik umgesetzt werden, ging ich im Jahre 1969 als Wissenschaftlicher Referent für internationale Wirtschafts- und Währungspolitik zur CDU-CSU-Bundestagsfraktion nach Bonn. In den im Herbst 1969 neugewählten Bundestag war auch der erste Präsident der EWG-Kommission Walter Hallstein eingezogen. In europapolitischen Fragen wurde die CDU/CSU-Bundestagsfraktion ferner von Hans von der Groeben beraten, zuvor Mitglied der EWG-Kommission. Er war einer der besten Kenner des EWG-Vertrages, den er zusammen mit Pierre Uri, Jean Monnets rechter Hand, auf Initiative von Paul-Henri Spaak vorbereitet hatte.[23] Die Sitzungen und Unterredungen mit Hallstein und von der Groeben führten die Teilnehmer in das Innenleben der Europäischen Gemeinschaft ein.

Aus europapolitischer Sicht war die damalige Zeit spannend und aufregend, weil der Integrationsprozess in Richtung Wirtschafts- und Währungsunion vorangestoßen werden sollte. Es war in der deutschen Politik zu einem Machtwechsel gekommen: Im Herbst 1969 hatte Willy Brandt (SPD) Georg Kiesinger (CDU) als Kanzler abgelöst. Willy Brandt und der französische Staatspräsident Georges Pompidou vereinbarten, eine währungspolitische Initiative zu lancieren. Auf der Gipfelkonferenz in Den Haag am

---

22 In seinen Memoiren (*Auf dem Weg nach Europa*, a.a.O., S. 71) berichtet Alfred Müller-Armack, dass der französische Chefunterhändler, Olivier Wormser, eine französische Strategie perfektioniert habe, »die immer am Rande des Scheiterns der Verhandlungen entlangmanövrierte.«

23 Im Rahmen seines internationalen politischen Wirkungskreises wurde Paul-Henri Spaak auf der Konferenz von Messina (1955) von den europäischen Staats- und Regierungschefs als Vorsitzender eines Ausschusses eingesetzt, der einen Bericht zur Vorbereitung eines gemeinsamen europäischen Marktes erstellen sollte. Dieser Bericht war die Basis der Römischen Verträge und damit der Gründung der Europäischen Wirtschaftsgemeinschaft (EWG) und der Europäischen Atomgemeinschaft (Euratom) am 25. März 1957 in Rom. Diese beiden Gemeinschaften zusammen mit der EGKS bildeten die Europäischen Gemeinschaften, später – nach Fusion der Verträge – die Europäische Gemeinschaft (EG) als Vorläufer der europäischen Union (EU).

1./2. Dezember 1969 wurde beschlossen, einen Stufenplan für die Verwirklichung einer Wirtschafts- und Währungsunion auszuhandeln. Für die deutsche Seite war Hans Tietmeyer, der letzte Bundesbankpräsident vor Errichtung der EZB, maßgeblich an der Ausarbeitung des Textes beteiligt. Dem entsprechenden Gremium saß der luxemburgische Premierminister Pierre Werner vor; daher wird der Stufenplan auch »Werner-Bericht« genannt. Dieser Stufenplan nahm rasch konkrete Gestalt an; auch die für eine Währungsunion notwendige politische Fundamentierung wurde ausgearbeitet. Die gaullistische Mehrheitsfraktion in der Assemblée nationale lehnte jedoch die politischen Schritte zu einer engeren währungspolitischen Koordination ab. Frankreich war zu dem hierzu erforderlichen politischen Souveränitätsverzicht nicht bereit.[24] Übrig blieb die Vereinbarung, dass sich die Mitgliedstaaten als eine währungspolitische Einheit gegenüber Drittstaaten verstehen sollten. Währungspolitische Turbulenzen haben dies zunächst verhindert.

Die USA bedienten sich Ende der 1960er, Anfang der 1970er Jahre der Notenpresse, um den Vietnam-Krieg zu finanzieren. Da die Dollarnoten zu einem Festkurs gegen nationale Währungen eingetauscht werden mussten, waren die betroffenen Notenbanken zu einer entsprechenden Geldschöpfung gezwungen. Um sich gegen eine Überschwemmung mit Dollarnoten zu wehren, hob der damalige Wirtschaftsminister Karl Schiller die Dollar-Parität der D-Mark auf und ließ ab 8. Mai 1971 die D-Mark gegenüber dem Dollar floaten und damit auch gegenüber allen Währungen, die an ihrer Dollar-Parität festhielten, also auch gegenüber den Währungen der europäischen Partnerstaaten. Die deutsche Bundesregierung wurde mit harschen Vorwürfen aus Frankreich überhäuft. Zu einer scharfen Konfrontation zwischen SPD/FDP-Regierung

---

24 Vgl. hierzu Alfred Müller-Armack, Rolf Hasse, Volker Merx und Joachim Starbatty, *Stabilität in Europa. Strategien und Institutionen für eine europäische Stabilitätsgemeinschaft* (Schriftenreihe der Ludwig-Erhard-Stiftung, Bd. 1), Düsseldorf und Wien 1971, S. 164–176. – Ferner Hans Tietmeyer, *Herausforderung EURO. Wie es zum Euro kam und was er für Deutschlands Zukunft bedeutet*, München–Wien 2005, S. 39-50.

und CDU/CSU-Opposition kam es auch im Deutschen Bundestag. Der Sprecher der Opposition, Franz-Josef Strauß, warf Schiller Vertragsbruch und Beschädigung der europäischen Integration vor und plädierte für einen ausgewählten währungspolitischen Dirigismus. Schiller verteidigte die Freigabe des Wechselkurses: Anders hätte die Stabilität der D-Mark nicht gewahrt werden können. In einer überraschenden Intervention stellte sich Ludwig Erhard, Mitglied der CDU/CSU-Bundestagsfraktion, in dieser parlamentarischen Debatte auf die Seite Karl Schillers: Nur wenn die Geldwertstabilität der D-Mark im Rahmen einer marktwirtschaftlichen Ordnung gesichert sei, könne das europäische Aufbauwerk gelingen. Und nun geschah etwas Ungewöhnliches: Die Abgeordneten der CDU/CSU-Fraktion, die zuvor den Ausführungen von Franz-Josef Strauß zugestimmt hatten, dankten Ludwig Erhard für seine Intervention mit lang anhaltendem Beifall.[25] Das war eine Sternstunde im Deutschen Bundestag.

Ludwig Erhard beauftragte dann Alfred Müller-Armack, zusammen mit seinen Mitarbeitern – Rolf Hasse, Volker Merx und mir –, in einem Gutachten für die Ludwig-Erhard-Stiftung zu prüfen, welche Ansätze für eine zukünftige europäische Stabilitätsgemeinschaft der auf französisches Verlangen gestutzte »Werner-Bericht« bieten könnte. In diesem Gutachten entwarfen wir die Umwandlung eines regionalen Stabilitätsblocks in eine europäische Stabilitätsgemeinschaft mit gemeinsamer Währung: Einer kleinen Gruppe von Staaten, die sich wie die Niederlande und Österreich an der Stabilitätspolitik der Deutschen Bundesbank orientierten, könnten sich solche Staaten anschließen, die über Außenhandel und Kapitalverkehr stark mit dem regionalen Stabilitätsblock verflochten seien. Um abrupte Auf- und Abwertungen zu vermeiden, die die verloren gegangene Wettbewerbsfähigkeit kompensieren sollten, würden sich die Geld-, Finanz- und Lohnpolitiken selbsttätig aufeinander abstimmen. Es hätten sich dann

---

25 Ludwig Erhard, Deutscher Bundestag, 6. Wahlperiode, 121. Sitzung, stenographischer Bericht, 11. Mai 1971, S. 7011–7013.

Länder zusammengefunden, die über eine längere Wegstrecke erprobt hätten, ob sie zueinander passten und ob sie den Ansprüchen einer Stabilitätsunion gerecht würden. So könnte es über einen evolutionären Prozess schließlich zu einer Wirtschafts- und Währungsunion kommen.

Es ist ein weit verbreiteter Irrtum, dass sich Ökonomen per se gegen eine gemeinsame Währung wehren würden. Sie sind sich über deren Vorteile mehr als andere im Klaren. Freilich lehnen sie die Methode ab, das Pferd vom Schwanz her aufzuzäumen. Die Vorstellung, dass währungspolitisches Vorpreschen die Mitgliedstaaten zu nachfolgenden politischen Vereinbarungen zwinge, da anderenfalls die Währungsunion auseinanderbreche, halten sie für irrig. Die sogenannte »Grundsteintheorie« – mit der Währungsunion beginnen und sie schließlich Stück für Stück in eine politische Union einmünden lassen – müsse scheitern; sie hielten sich stattdessen an die »Krönungstheorie«, nach der eine gemeinsame Währung einen langen gemeinsamen Weg, begleitet vom Aufbau notwendiger politischer Institutionen, krönen sollte. Eine zentrale Erfahrung aus der Lehrzeit bei Alfred Müller-Armack war daher, nicht auf die Sachzwangstrategie zu bauen: »Die Hoffnung, wirtschaftliche Integration würde schon als solche zu einem politischen Zusammenwachsen der Länder führen, hat sich nicht erfüllt … Wer die politische Union will, muss sie, wie ich glaube, direkt angehen.«[26]

Die Freigabe der D-Mark am 8. Mai 1971 war nur das Vorspiel zum endgültigen Bruch des Bretton-Woods-Systems. In diesem System orientierten sich die nationalen Währungen in einer engen Bandbreite am »Fixstern« US-Dollar; die Notenbanken intervenierten auf den jeweiligen Devisenmärkten, wenn ihre nationale Währung unter Auf- oder Abwertungsdruck geriet; die US-Devisenreserven konnten in US-Treasuries (Staatsanleihen) gehal-

---

26 Alfred Müller-Armack, *Auf dem Weg nach Europa*, a.a.O., S. 261. Der Sachzwangstrategie liegt – so Müller-Armack – »ein Stück materialistischer Geschichtsauffassung zugrunde, wonach das Ökonomische den politischen Oberbau bestimmt.«

ten oder gegen Gold eingetauscht werden. Seitdem die US-Administration die Welt mit Dollar überschwemmte, um vor allem den Vietnamkrieg zu finanzieren, wurde die Zukunft des Dollars kritischer gesehen. Daher wählten immer mehr Regierungen die Option, ihre Dollar-Devisenreserven bei der amerikanischen Zentralbank gegen Gold zum festgelegten Preis von 35 Dollar je Feinunze einzutauschen. Als die Goldreserven der USA merklich abschmolzen, zog US-Präsident Richard Nixon die Notbremse und kündigte einseitig am 15. August 1971 die Goldkonvertibilität des Dollar auf. Spätestens jetzt wussten die Notenbanken, dass sie in ihren Tresoren nicht über goldgedeckte Devisenreserven verfügten, sondern über grün bedrucktes Papier. Sie gaben die einseitige Dollarbindung ihrer Währungen auf und gingen ebenso wie Deutschland drei Monate zuvor zum Floating über. Dieses Floating wurde jedoch unterschiedlich gesteuert – vom »reinen« über das »parfümierte« bis hin zum »schmutzigen« Floating, womit jeweils der Interventionsgrad der nationalen Notenbanken charakterisiert wurde.

2. Die Bundesbank lügt nicht

Zwar kehrten die Staaten nach einem Realignment – einer allgemeinen Neuadjustierung der Wechselkurse gegenüber dem US-Dollar – im Rahmen des »Smithsonian Agreement« (Dezember 1971) noch einmal zu festen Wechselkursen in einer erweiterten Bandbreite von +/– 2,25 Prozent zurück, doch brach das Bretton-Woods-System im Frühjahr 1973 endgültig auseinander. Helmut Schmidt und Valéry Giscard d'Estaing als die in ihren Ländern verantwortlichen Finanzminister beschlossen, gemeinsam zum Floating überzugehen und die Währungen der Europäischen Gemeinschaft in einer Bandbreite von +/– 2,25 Prozent zu halten. Für dieses gemeinschaftliche Floating ist das Bild einer Währungsschlange geprägt worden. Einer ersten Belastungsprobe wurde sie nach dem ersten Erdölpreisschock im Herbst des Jahres 1973 unterworfen. Weil die Mitgliedsstaaten darauf unterschiedlich reagierten, sind Italien und Frankreich aus der Währungsschlange ausgeschieden; sie wollten dem Kaufkraftentzug aufgrund höherer Energiepreise über eine expansive Geld- und Finanzpolitik begegnen. Frankreich ist wenig später wieder zur Währungsschlange hinzugestoßen, um nach kurzer Zeit wieder auszusteigen; die wirtschafts- und finanzpolitischen Konzeptionen zwischen Frankreich und Deutschland klafften zu weit auseinander.

Um die währungspolitische Kooperation auf eine solidere Basis zu stellen, haben Valéry Giscard d'Estaing und Helmut Schmidt, inzwischen französischer Staatspräsident und deutscher Bundeskanzler, im Jahre 1979 das Europäische Währungssystem (EWS) aus der Taufe gehoben. Es war institutionell fester gegründet als die Währungsschlange; es enthielt finanzielle Beistandshilfen, eine Verrechnungseinheit – den ECU[27] – und die Verpflichtung zu bilateralen Interventionen, wenn die Währung eines Mitgliedstaates unter Druck geriet; Auf- und Abwertungen waren nur bei Zustimmung aller Mitgliedstaaten möglich.

Das schwächere Land konnte, um seine Währung zu stabilisieren, im Rahmen des kurzfristigen finanziellen Beistands auf die Devisen der jeweiligen Partnerzentralbanken ziehen. Daher war zunächst befürchtet worden, dass stabilitätsorientierte Länder in einen inflationären Sog hineingezogen werden könnten, wenn sie gezwungen wären, die eigene Währung zu Interventionszwecken bereitzustellen, was einen entsprechenden Geldschöpfungsakt erzwungen hätte. Doch es kam anders als erwartet. Da die Kredite nach längstens sechs Monaten wieder zurückgeführt werden mussten, gewährleisteten sie nur eine kurze Atempause. Als Ergebnis schälte sich schließlich heraus, dass die Mitgliedstaaten im EWS der Politik der Zentralbank folgten, die sich als die Hüterin der Ankerwährung herauskristallisierte. [28] Diese Rolle fiel relativ

---

27 Das Akronym ECU stand im EWS für European Currency Unit und war eine kleine Goldscheidemünze unter dem französischen König, Philipp V (1268–1314), genannt der Schöne, gewesen.

28 Wie es im EWS zur Herausbildung einer Ankerwährung kam, wird in Abschnitt II.1 des zweiten Kapitels (Die ungeliebte Ankerwährung) erläutert.

rasch der Deutschen Bundesbank zu. Eine solche Entwicklung war die Konsequenz des Währungswettbewerbs, war politisch aber nicht geplant.

Nach der deutschen Wiedervereinigung brachen im EWS tiefgehende Konflikte auf. Die Bundesbank hatte sich nach dem Wiedervereinigungsboom Anfang der 90er-Jahre des vorigen Jahrhunderts entschlossen, der Bekämpfung des Preisanstiegs Priorität einzuräumen. Ihre restriktive Politik passte aber nicht zu der gravierenden Konjunkturschwäche der meisten Partnerstaaten. Die Attacken in Richtung Bundesbank häuften sich und wurden erbitterter – durchaus verständlich: Wenn die Bundesbank als Hüterin der Ankerwährung den inländischen Preisauftrieb bekämpfte, sind die Partnerstaaten Gefangene dieser Politik. Großbritannien und mit ihm Italien stiegen im Herbst 1992 nach einer verbalen Intervention des damaligen Präsidenten der Deutschen Bundesbank Helmut Schlesinger – in einem Interview hatte Schlesinger die Frage bejaht, ob ein Realignment (Neufestlegung der Wechselkursstruktur) nicht bloß die italienische Lira, sondern auch das britische Pfund betreffen sollte – aus dem EWS aus. Die gegen das Pfund einsetzende Spekulation zwang die britische Regierung zum Rückzug aus dem EWS.

In einer erregten Unterhausdebatte entlud sich dann der ganze Zorn auf Helmut Schlesinger. Zwar hatte er lediglich das gesagt, was die Börsen schon zuvor untereinander kommuniziert hatten; aber wenn es vom Präsidenten der Zentralbank der Ankerwährung kommt, ist das wie ein Startschuss zum »Rette sich, wer kann«. Man muss das britische Unterhaus kennen, um sich ein Bild von der sich damals abspielenden Szene zu machen. Regierung und Opposition sitzen sich direkt gegenüber. Überall Gedränge; es gibt nicht genug Sitze, wenn das Haus vollständig versammelt ist. Tritt ein Parlamentarier an das Rednerpult, sieht er seinen Kontrahenten direkt in die Augen. Verhandelt wurde die öffentliche Demütigung der britischen Nation. Norman Lamont, der britische Schatzkanzler, erläuterte Vorgeschichte und Ablauf der Pfundkrise, teilweise unter schadenfrohem Gelächter und aufreizenden Zwischenrufen der Opposition. Die Rhetorik der britischen Parlamentarier ist schärfer, angriffiger und zugleich geschliffener, als wir das aus dem Bundestag kennen. Da die Briten die Angewohnheit haben, deutsche Namen englisch auszusprechen, klang es immer wie ein Schlag auf einen eisernen Amboss, wenn Lamont den Namen »Schlesinger« herausschleuderte. In dieser Unterhausdebatte prallten die gegenläufigen geldpolitischen Interessen der Mitgliedstaaten im EWS mit voller Wucht aufeinander. Der Zuschauer hatte das Gefühl, als hätte Norman Lamont lieber einen richtigen Schmiedehammer statt eines rhetorischen in der Hand gehabt. Doch hat er später gegenüber Helmut Schlesinger Abbitte geleistet: Die Notwendigkeit, im eigenen Haus für Ordnung zu sorgen, sei auch für die Hüterin der Ankerwährung die vorrangige Pflicht.[29]

Natürlich bot die Pfundkrise reichlich Gewinnchancen. Besonders der US-amerikanische Investor George Soros hatte mit erheblichen Beträgen gegen das britische Pfund gewettet. Er setzte bei der Kraftprobe zwischen Bundesbank und britischer Regierung – entweder die Deutsche Bundesbank wich von ihrem stabilitätsorientierten Kurs ab oder die britische Regierung nahm das Pfund aus dem EWS – auf die Bundesbank. Er hatte sich hoch in Pfund verschuldet und diese Beträge in D-Mark getauscht. Wahrscheinlich waren diese Transaktionen »gehebelt«.[30] So verschärfte er die Spannungen auf den Devisenmärkten. Und je verzweifelter die britische Regierung sich gegen das Nicht-Abwendbare sträubte, des-

---

29 Norbert Lamont (»Schluss mit der Illusion«, in: *Die Zeit,* 1. Oktober 1993, abgedruckt in: Deutsche Bundesbank, Auszüge aus Presseartikeln, Nr. 71, 13. Oktober 1992, 11f.): »Im August 1993 kam es zum Kollaps des Wechselkursmechanismus im Europäischen Währungssystem (EWS) und nachfolgend zu praktisch freien Wechselkursen, weil die Bundesbank ihre nationale Verpflichtung zur Inflationsbekämpfung über die europäische Aufgabe stellte, die Ankerwährung des EWS zu lenken – meiner Meinung nach zu Recht. Die Bundesbank kann nicht dafür kritisiert werden, dass sie ihre nationalen Pflichten über die europäische Aufgabe stellt: Sie hat einen ausdrücklichen Auftrag und den hat sie erfüllt.«

30 Gehebelte Produkte ermöglichen eine Vervielfachung des Einsatzes, wenn der Anleger die Kursentwicklung eines Basiswerts (Beispiel: Wechselkurs der D-Mark) korrekt voraussätzt. Bei einem Kursanstieg von 10 Prozent macht er nicht nur einen Gewinn von 10 Prozent, sondern von 100 Prozent auf das eingesetzte Kapital.

to gelassener tauschte Soros Pfund gegen D-Mark. Als schließlich die britische Regierung den Rückzug antrat und das Pfund kräftig abgewertet wurde, löste Soros seine DM-Konten auf, tauschte die D-Mark gegen Pfund zurück und stellte seine Konten glatt. Natürlich wissen nur er und seine Helfer, wie viel er bei dieser Transaktion verdient hat; doch können wir begründet vermuten, dass ihm dieser Fischzug ein großes Vermögen eingebracht hat. Er ist später gefragt worden, warum er bei diesem »chicken game« – wer hält durch und wer ist das bedauerliche Hühnchen –, auf die Standfestigkeit der Bundesbank gesetzt habe. Er antwortete: »Ich wusste, dass die Bundesbank nicht lügt.«

Dem monetären Beben von 1992 folgte ein, wie Hans Tietmeyer es formuliert hat, »schweres Nachbeben«.[31] Frankreich war im September 1992 nicht aus dem EWS ausgeschieden, doch die Akteure auf den Märkten zweifelten, ob es den von der Bundesbank vorgegebenen Kurs durchhalten könne. Die französischen Attacken auf die Bundesbank wurden schärfer. »D-Mark-Imperialismus« war zu einer gängigen Formel geworden. Der bekannte französische Soziologe Pierre Bourdieu charakterisierte eine Haltung, die rigoros Geldwertstabilität allen anderen wirtschaftspolischen Zielen überordnete, als »le système Tietmeyer«. Wer diese Auseinandersetzung verfolgte, hatte wieder ein »chicken game« vor sich. Die Führung der Bundesbank reagierte diplomatisch und verständnisvoll auf die unverhüllt vorgetragenen Forderungen der französischen Regierung nach einem Kurswechsel, änderte aber ihre Politik letztlich nicht. Die Lage auf den Devisenmärkten spitzte sich zu. Auf einer vom damaligen Finanzminister Waigel einberufenen Konferenz (1993) kam es zu einem regelrechten »Showdown.«[32] Die französische Delegation wollte, dass Deutschland als der offensichtliche Störenfried das EWS ver-

---

31 Hans Tietmeyer, *Herausforderung EURO. Wie es zum Euro kam und was er für Deutschlands Zukunft bedeutet*, München–Wien 2005, S. 197.
32 Wie das einzeln verlief, kann bei Hans Tietmeyer (*Herausforderung EURO*, a.a.O., S. 205ff.) nachgelesen werden. Tietmeyer war einer der wichtigsten Akteure auf dieser Währungskonferenz.

lassen solle. Als die niederländische Delegation erklärte, dass man die enge Wechselkursbindung mit Deutschland beibehalten wolle und deswegen vorübergehend ebenfalls aus dem EWS ausscheiden müsse, wollten auch Belgien und Luxemburg wegen der starken wirtschaftlichen Verflechtung mit den Niederlanden mitgehen. Dann wäre bloß noch Frankreich der Hüter des EWS gewesen. Daraufhin ging die französische Regierung auf den deutschen Vorschlag der Erweiterung der Bandbreite auf +/– 15 Prozent ein. Zwar hatte Frankreich nachgegeben, doch hatte es immerhin ein wichtiges Ziel, die Bewahrung des EWS, erreicht. Das hat sich auch ausgezahlt: Auf dem Weg zur Europäischen Währungsunion, der zunächst blockiert schien, ging es weiter. Natürlich macht es einen Unterschied, ob ein Währungsverbund eine Bandbreite von +/– 2,25, wie vertraglich vereinbart, oder von +/– 15 Prozent aufweist; doch lässt sich die große Politik von solchen »Petitessen« nicht irritieren.

3. Die Entscheidung für den Euro

Die Architekten des Maastricht-Vertrages wussten, dass die Gründung einer europäischen Währungsunion ohne einen gemeinsamen Staat eine Expedition in unbekanntes Gebiet war.[33] Daher sollten die Konvergenzkriterien im Maastricht-Vertrag (Preisanstieg des privaten Verbrauchs, langfristiges Zinsniveau, Wechselkursstabilität, Schuldenstand und jährliches Haushaltsdefizit) sicherstellen, dass die potentiellen Mitgliedstaaten den Anforderungen der europäischen Währungsunion als einer Stabilitätsgemeinschaft genügen könnten. Wenn aber Politiker entscheiden, ob die Kriterien erfüllt waren oder nicht, war die Gründung der Währungsunion höchst risikoreich. Auch wenn deutsche Politiker betonten, die Kriterien müssten »eng und strikt« ausgelegt werden,

---

33 Der damalige französische Wirtschafts- und Finanzminister Dominique Strauss-Kahn hat zu Recht festgestellt: »Es gibt dafür kein Beispiel in der Geschichte … Wir stehen vor einem völlig neuen Abschnitt der Geschichte … einen nie dagewesenen Schritt zu wagen.« Weiter hat er ausgeführt: »Das Projekt ist einfach zu wichtig, als dass wir das Risiko des Scheiterns eingehen könnten.« Abgedruckt in: »Den Meister übertroffen« (Spiegel-Gespräch), in: *Der Spiegel*, 50/1997, S. 26 f.

war nicht auszuschließen, dass sich politische Opportunität über ökonomische Fakten hinwegsetzte.

Da bei der Entscheidung für die Währungsunion die politischen Rechte der Bürger und bei Inflationierung des gemeinsamen Geldes auch ihr Geldvermögen tangiert wurden, hat Manfred Brunner, früherer Kabinettschef von EU-Kommissar Martin Bangemann, Beschwerde gegen das Zustimmungsgesetz zum Maastricht-Vertrag (Vertrag über die Europäische Union vom 27. Februar 1992), das vom Deutschen Bundestag am 2. Dezember 1992 und vom Bundesrat am 18. Dezember 1992 beschlossen worden war, eingelegt. In seiner Beschwerdeschrift vom 18. Dezember 1992 hat sein Prozessbevollmächtigter, Universitätsprofessor Karl Albrecht Schachtschneider, juristisches Neuland erschlossen: Er hat erreicht, dass das Grundrecht des Artikels 38 Grundgesetz (GG) – »Die Abgeordneten des Deutschen Bundestages werden in allgemeiner, unmittelbarer, freier, gleicher und geheimer Wahl gewählt« – vom Bundesverfassungsgericht als »verfassungsbeschwerdefähig« angesehen wurde. Zwar würden die Wahlprinzipien als solche durch den Unionsvertrag nicht unmittelbar verletzt, doch werde, so lautete die Beschwerde, dem Prinzip der gewählten Volksvertretung, das die Demokratie wesentlich materialisiere, die Substanz genommen.[34] Auf dieser Basis hat dann der Zweite Senat des Bundesverfassungsgerichts unter dem Vorsitz von Ernst Mahrenholz ein Urteil verfasst, das für spätere Euro-Entscheidungen Wegmarken gesetzt hat:

(1) *Kein unkontrollierter Automatismus:* »Die Bundesrepublik Deutschland unterwirft sich mit der Ratifikation des Unions-Vertrags nicht einem unüberschaubaren, in seinem Selbstlauf nicht mehr steuerbaren ›Automatismus‹ zu einer Währungsunion«[35];

---

34 Beschwerdeschrift Brunner vom 18. Dezember 1992, abgedruckt in: *Das Maastricht-Urteil des Bundesverfassungsgerichts vom 12. Oktober 1993. Dokumentation des Verfahrens mit Einführung,* herausgegeben von Ingo Winkelmann (Tübinger Schriften zum Staats- und Verwaltungsrecht, Bd. 25), Berlin 1994, S. 102–164.

35 Urteil des Bundesverfassungsgerichts vom 12. Oktober 1993, Leitsätze, Zi. 9c, abgedruckt in: Ingo Winkelmann, a.a.O., S. 563.

(2) *Parlamentsvorbehalt*: »Der Vertrag eröffnet den Weg zu einer stufenweisen weiteren Integration der europäischen Rechtsgemeinschaft, der in jedem weiteren Schritt entweder von gegenwärtig für das Parlament voraussehbaren Voraussetzungen oder aber von einer weiteren, parlamentarisch zu beeinflussenden Zustimmung der Bundesregierung abhängt«[36];

(3) *Bekräftigung des »Bailout-Verbots«* (Artikel 104b EGV ›Maastricht-Vertrag‹, jetzt Artikel 125 AEUV ›Lissabon-Vertrag‹): »Artikel 104 b EGV schließt die Übernahme von und den Eintritt für Verbindlichkeiten öffentlicher Stellen oder öffentlicher Unternehmen eines Mitgliedstaates durch die Gemeinschaft oder einen anderen Mitgliedstaat aus, sodass ein Mitgliedstaat die Folgen unseriöser Finanzpolitik nicht einfach abwälzen kann«[37];

(4) *Austrittsrecht*: »Diese Konzeption der Währungsunion als Stabilitätsgemeinschaft ist Grundlage und Gegenstand des deutschen Zustimmungsgesetzes. Sollte die Währungsunion die bei Eintritt in die dritte Stufe vorhandene Stabilität nicht kontinuierlich im Sinne des vereinbarten Stabilisierungsauftrags fortentwickeln können, so würde sie die vertragliche Konzeption verlassen. ... Der Vertrag setzt langfristige Vorgaben, die das Stabilitätsziel zum Maßstab der Währungsunion machen, die durch institutionelle Vorkehrungen die Verwirklichung dieses Ziels sicherzustellen suchen und letztlich – als Ultima Ratio – beim Scheitern der Stabilitätsgemeinschaft auch einer Lösung aus der Gemeinschaft nicht entgegenstehen.«[38]

Als sich abzeichnete, dass die beteiligten Regierungen die Konvergenzkriterien nicht eng und strikt, sondern weit und lax auslegen würden, haben sich die vier Professoren Wilhelm Hankel, Wilhelm Nölling, Karl Albrecht Schachtschneider und ich selbst zusammengefunden, um Beschwerde gegen die Einführung der Europäischen Währungsunion am 1. Januar 1999 einzulegen. Da-

---

36 Ebenda, S. 563.
37 Urteil des Bundesverfassungsgerichts vom 12. Oktober 1993, Gründe, S. 602.
38 Ebenda, S. 602 und 601.

mals haben nachweislich eine Reihe von Mitgliedstaaten die Konvergenzkriterien nicht erfüllt.[39] Der »kreativen Buchführung« als eines Verfahrens zur Täuschung und Vertuschung haben sich mehr oder weniger alle Beitrittskandidaten bedient. Sie wollten der Forderung von »Monsieur le Dreikommanull« genüge tun. So wurde der deutsche Finanzminister Theo Waigel genannt, weil er darauf bestand, dass das Haushaltsdefizit im Jahre 1997 »Drei Komma Null« betragen müsse und nicht »Drei Komma etwas«. Und was er verlangte, bekam er auch geliefert.

Als bekannt wurde, dass eine Beschwerdeschrift gegen die Einführung der Währungsunion am 1. Januar 1999 vorbereitet werde,[40] hat das natürlich Wellen geschlagen, doch reagierten CDU-CSU-Fraktion und Bundesregierung relativ gelassen. Für den stellvertretenden Vorsitzenden der CDU/CSU-Bundestagsfraktion Rupert Scholz waren die Konvergenzvorschriften des Maastricht-Vertrages bloß Bemühungsparagraphen.[41] Dass die institutionellen Vorkehrungen für eine Stabilitätsgemeinschaft zu politischen »Bemühungen« herabgestuft wurden, sollte dem Bundesverfassungsgericht wohl signalisieren, dass eine Verletzung der Kriterien nicht als schwerwiegend einzustufen sei. In Wirklichkeit zeigt diese Reaktion, dass bereits im Vorfeld die vertragliche Konzeption für die Währungsunion verlassen wurde. Der damalige Innenminister Wolfgang Schäuble hat das Bundesverfassungsgericht als »ein beherrschbares Risiko« gesehen.[42] Er unterstellte also, dass das Gericht nach einer politischen Lösung suchen werde, die den politischen Marsch in die Eurozone nicht stoppen werde.

Die Verfassungsbeschwerde wurde vom Bundesverfassungsgericht in einer ca. 40-seitigen Begründung abgelehnt: Es könne kei-

---

39 Vgl. hierzu 2. Kapitel Abschnitt II.3 (Der politische Kunstfehler).
40 Die Beschwerdeschrift ist in der Reihe »rororo aktuell« veröffentlicht worden: Wilhelm Hankel, Wilhelm Nölling, Karl Albrecht Schachtschneider und Joachim Starbatty, *Die Euro-Klage. Warum die Währungsunion scheitern muß*. Reinbek bei Hamburg 1998.
41 R. Scholz zur Euro-Klage, in: »Die Verfassungsbeschwerde wird keinen Erfolg haben.« (*Handelsblatt*, Nr. 6 vom 9./10. Januar 1998, S. 7)
42 Wolfgang Schäuble, zitiert in: Thomas Darnstädt, »Vier gegen den Euro«, in: *Der Spiegel*, vom 12. Januar 1998.

ne Entscheidung darüber treffen, ob die Währungsunion eine Stabilitätsgemeinschaft werde oder dieses Ziel verfehle; die Prognosespielräume ließen ein sicheres Urteil nicht zu; vielmehr seien Bundesregierung und Bundestag aufgerufen, alles Notwendige zu tun, damit aus der Währungsunion eine Stabilitätsgemeinschaft werde.[43] Doch wurde in der Klageschrift nicht behauptet, dass das Ziel Geldwertstabilität verfehlt werde; sie stellte vielmehr auf die vertragliche Verletzung der Konvergenzkriterien ab: Wenn noch nicht einmal im Vorfeld die Beitrittskandidaten die für das Gelingen der Währungsunion notwendigen Voraussetzungen erfüllten, obwohl sie ja auf die Vorteile der Währungsunion aus waren – die erhoffte Eurodividende in Form ersparter Zinsaufwendungen und Mitsprache bei den Entscheidungen der EZB –, dann könne man nicht erwarten, dass sie sich vertragskonform verhielten, wenn sie in den Genuss der gewünschten Vorteile gekommen seien. Hätte das Gericht sein Maastricht-Urteil ernst genommen, hätte es prüfen müssen, ob nicht seine Befürchtungen, dass ein Fehlschlag der Stabilitätsbemühungen, der weitere finanzpolitische Zugeständnisse der Mitgliedstaaten zur Folge haben könnte, bei einem offensichtlichen Verfehlen der Konvergenzkriterien begründet wären. Allein die Herabstufung von verpflichtenden Vorschriften, die eng und strikt ausgelegt werden sollten, zu Bemühungsparagraphen, hätte es hellhörig werden lassen müssen. Heribert Prantls Kommentar trifft wohl den Nagel auf den Kopf: Das Bundesverfassungsgericht hat die Krone, die es sich mit dem Maastricht-Urteil aufgesetzt hatte, stillschweigend wieder abgesetzt.[44]

Man muss natürlich in Rechnung stellen, dass das Gericht unter erheblichem politischem Druck stand. Als im Vorfeld der Entscheidung zur Währungsunion politische Signale ausgesendet wurden, dass auch die Wackelkandidaten politische Gnade finden

---

43 Das Bundesverfassungsgericht hat am 31. März gemäß §F 24 BVerfG einstimmig beschlossen: Die Verfassungsbeschwerden werden verworfen (2 BvR 1877/97 und 2 BvR 50/98).

44 Heribert Prantl, »Zwölf Wörter für den Euro«, in: *Süddeutsche Zeitung*, 3. April 1998, S. 4 – Prantl findet das richtig; aus anderer Perspektive ließe sich dazu sagen: Das Recht hat zugunsten der Politik abgedankt.

würden, ist viel Kapital in diese Länder geflossen. So konnten Kursgewinne bei Staatsanleihen nach erfolgter Aufnahme in die Währungsunion mitgenommen werden – Stichwort »Convergence trade«. Da davon ausgegangen werden konnte, dass sich Neuemissionen in diesen Ländern an dem Zinsniveau vergleichbarer deutscher Staatsanleihen orientierten, mussten die Kurse der Altanleihen so lange steigen, wie sich noch Profitdifferentiale beim Erwerb von Altanleihen ergaben. Galt der Beitritt von Italien, Belgien und Spanien als sicher, so konnten erhebliche risikolose Arbitragegewinne eingefahren werden. Hätte das Gericht geprüft, auf wie festem Boden die gelobten Konvergenzfortschritte stünden, dann hätten die Erwartungen, alle Beitrittskandidaten gehörten dazu und die Währungsunion starte plangemäß am 1. Januar 1999, einen kräftigen Dämpfer erhalten. Kapital wäre dann aus diesen Ländern abgezogen worden, um erwarteten Verlusten zuvorzukommen. Eine solche Entwicklung hätte in der Tat den Fahrplan erheblich durcheinander gebracht. Da gerade Befürworter zur Eile gemahnt hatten, weil das Fenster für eine solche Epoche machende Entscheidung nicht ewig offenstehe, hätte eine Verschiebung zugleich das Ende der geplanten Währungsunion bedeuten können.

Das Bundesverfassungsgericht hat seinen ablehnenden Bescheid unmittelbar nach der Feststellung der Bundesbank, es sei aus stabilitätspolitischer Sicht vertretbar, zum vorgesehenen Zeitpunkt mit allen in Betracht kommenden Beitrittskandidaten zu beginnen, bekannt gegeben. Danach haben Bundestag und Bundesrat über den Teilnehmerkreis und die Einführung des Euro debattiert und abgestimmt.[45] Die Abschieds- und Begrüßungsreden zu D-Mark und Euro im Parlament zu erleben, ließ ich mir nicht

---

45 Deutscher Bundestag, Stenographischer Bericht, Plenarprotokoll 13/230, Bonn, 23. April 1998, und Bundesrat, Stenographischer Bericht 724. Sitzung, Bonn, 24. April 1998. Im Folgenden zitiert als »Bundestag« und »Bundesrat«. – Eine Auswertung der Reden findet sich in: Joachim Starbatty, Schicksalhafte Entscheidung und politische Argumentation – Bundestag und Bundesrat zum Euro, in: *Währungsunion und Weltwirtschaft. Festschrift für Wilhelm Hankel,* hrsg. von Wilhelm Nölling, Karl Albrecht Schachtschneider und Joachim Starbatty, Stuttgart 1999, S. 201–224.

nehmen. Eigentlich kann nicht von einer Debatte gesprochen werden: Die Beiträge aus CDU/CSU, FDP, SPD und Grünen waren eine nicht enden wollende Litanei, wie notwendig der Euro sei und wie segensreich er sich für Deutschland auswirken werde. Der Zuhörer fühlte sich an Karl Valentin erinnert: Es ist zwar schon alles gesagt worden, aber noch nicht von allen. Die Reden kreisten um drei Schwerpunkte:

(1) Die D-Mark lebt im Euro fort – zum Vorteil Deutschlands und Europas.[46]
(2) Da es Abwertungen in der Währungsunion nicht mehr gebe, könnten gemäßigte Lohnabschlüsse in Deutschland nicht mehr durch Abwertungen konterkariert werden.
(3) Einhellig war die Ablehnung von Transfers, insbesondere Theo Waigel hat sich dagegen ausgesprochen: »Jedes Land haftet allein für seine Schulden.« Er forderte sogar darüber hinaus: »Wer sich für die Teilnahme an der Währungsunion qualifiziert, kann nicht mit fortgesetzten Transfers aus dem Kohäsionsfonds rechnen.«[47]

Wer den Reden der Minister und der Abgeordneten aufmerksam zuhörte, konnte auf die Idee kommen, die Abschaffung der D-Mark sei von den Deutschen initiiert worden, um die Wettbewerbskraft der deutschen Wirtschaft zu stärken. Bloß Gregor Gysi hat auf den impliziten Widerspruch hingewiesen: Eine ständig steigende Wettbewerbskraft der deutschen Wirtschaft in der Währungsunion werde schließlich Europa spalten.[48] Die »Aussprache« im Bundestag vermittelte dem interessierten Zuhörer nicht den Eindruck, dass sich die Abgeordneten mit der Zukunft Europas und des Euro auseinandersetzten. Die Redebeiträge begründeten

---

46 Helmut Kohl (Bundesrat, S. 167D): »Ich bin überzeugt, die Erfolgsgeschichte der D-Mark geht für uns mit dem Wechsel zum Euro auf europäischer Ebene weiter. Die Vorzüge, die wir an der D-Mark schätzen, gehen nicht verloren. Sie sollen eingebracht werden in ein größeres Ganzes – zum Vorteil Deutschlands und zum Vorteil Europas.«
47 Theo Waigel Bundestag, S. 21031 C.
48 Gregor Gysi Bundestag, S. 21048 D.

letztlich nur eine Entscheidung, die längst gefallen war. Reflektierende und abweichende Voten wurden zu Protokoll gegeben.[49] Allein die SPD-Fraktion hat der Abgeordneten Liesel Hartenstein (SPD) Redezeit eingeräumt.[50] Sie wies auf die Risiken einer Währungsunion ohne politische Absicherung hin. Sie hat das zukünftige Dilemma in der kommenden Eurozone benannt: »Entweder wackere Transfers von den stärkeren in die schwächeren Länder oder aber eine Aufweichung des Euro.«[51] Niemand konnte wissen, dass nun die Kombination der beiden Möglichkeiten droht: Wackere Transfers bei Aufweichung des Euro. Die kritische Stimme verhallte ungehört. Die Aussprache im Bundestag war im Grunde ein einziger Werbeblock. Das Abstimmungsergebnis lautete entsprechend: Abgegebene Stimmen 615, davon mit ja 575, mit nein 35 – die meisten Nein-Stimmen kamen aus der PDS – und Enthaltungen mit 5 Stimmen.

Den breit angelegten Bürgerdiskurs, wie ihn die Politik im Jahre 1992 versprochen hatte, hat es nie gegeben. Stattdessen wurde in großen Anzeigen den Bürgern mitgeteilt, welche Segnungen die neue Währung für sie bereithalte. Da ist der neuen Währung vieles zugeschrieben worden, was nicht beweisbar, sondern Ausdruck

---

49 Bemerkenswert ist die Stellungnahme, die Wolfgang Schulhoff zu Protokoll gegeben hat (Bundestag, S. 21161D, S. 21163 A): »Denn hat nicht die Geschichte gelehrt, dass alles, was ökonomisch falsch war, sich auch im nachhinein als politisch schädlich erwiesen hat! ... Denn ohne dieses Vertrauen kann eine Währung auf Dauer keine Stabilität erlangen. Das Risiko einer heutigen Zustimmung ist zu groß. Die Wirtschafts- und Währungsunion als Katalysator des europäischen Integrationsprozesses gedacht, könnte sich nämlich zu deren Sprengsatz entwickeln. Deshalb muss ich als Anhänger einer Währungsunion mit Nein stimmen.«

50 Liesel Hartenstein (Bundestag, S. 21 101 C): »Bei so viel Harmonie im Hause ist es sicherlich auch im parlamentarischen Interesse, eine abweichende Position zur Kenntnis zu nehmen. Ich bedanke mich ausdrücklich bei meiner Fraktion für die Einräumung der Redezeit in dieser Debatte.«

51 Diese Passage über eine mögliche Entwicklung innerhalb der Eurozone wird wegen ihrer Bedeutung in voller Länge zitiert: »Überhaupt keine Antwort bekommt man auf die Frage, was denn geschähe, wenn unter dem Druck steigender Arbeitslosigkeit und schwindender Staatseinnahmen sowie einsturzgefährdeter Sozialsysteme neue Schuldaufnahmen getätigt würden – und das nicht nur in einem Land, sondern in mehreren Ländern gleichzeitig. Dann gibt es doch mit hoher Wahrscheinlichkeit nur zwei Möglichkeiten: entweder wackere Transfers von den stärkeren in die schwächeren Länder oder aber eine Aufweichung des Euro. Das wäre eine Fahrt zwischen Szylla und Charybdis. Damit käme ein fatales Roulette ins Rollen: Inflation und Kaufkraftverluste, Flucht der Kapitalanleger, höhere Zinsen, sinkender Außenwert.«

politischer Wünsche war. In einer großangelegten Testimonial-kampagne wurde viel Prominenz aufgeboten, um den Bürgern zu sagen, warum sie selbst den Euro gut fänden. Unter anderem hat auch Berti Vogts, damaliger Trainer der deutschen Fußballnatio-nalmannschaft, mitgemacht. Er erläuterte die Vorteilhaftigkeit des Euro mit Weisheiten aus der Fußballwelt. Wer das in Vortragsre-den karikierte, konnte mit brüllendem Gelächter rechnen. Diese Medienkampagne wurde dann auch rasch eingestellt.

Dafür schwirrten Emissäre aus dem Bundeskanzleramt aus, um Meinungsbildner auf die gemeinsame Währung einzuschwören. Wer bei Industrie- und Handelskammern oder auch bei Sparkas-senverbänden Vorträge über den Euro hielt, erfuhr in den Vorge-sprächen, dass Präsidenten und sonstige Verantwortliche ihre Sor-gen nicht verhehlten; traten sie dann aber an das Rednerpult, so lobten sie öffentlich die politische Weitsicht des Kanzlers. Und der Kanzler selbst suchte die Redaktionen großer überregionaler Ta-geszeitungen auf, um ihnen klarzumachen, dass eine Fundamen-talopposition gegen den Euro – was ökonomisch falsch sei, könne politisch nicht richtig sein – nicht mehr opportun sei. Nachdem die Entscheidung für den Euro gefallen sei, solle man sich auf mögliche Versäumnisse im Zuge der Realisierung der Währungsunion kon-zentrieren, damit der Euro den verdienten Erfolg habe. Dass des Kanzlers Seelenmassage Erfolg hatte, konnte der Leser Morgen für Morgen feststellen. Es gibt auch in der modernen Demokratie wirksame Methoden, die Medienwelt zu instrumentalisieren.

4. Der Euro vor Gericht

Der Euro schien nach seiner Einführung – notariell am 1. Januar 1999 und anfühlbar in Form von Banknoten und Bargeld am 1. Januar 2002 – eine einzige Erfolgsgeschichte zu sein: Nur mäßi-ger Anstieg des »Harmonisierten Verbraucherpreisindex«, kon-junkturelle Prosperität in Irland und der südlichen Peripherie der EU, Aufwertung des Euro gegenüber dem US-Dollar nach einer massiven Abwertung zuvor, niedriges Zinsniveau und starke Exportzuwächse der deutschen Volkswirtschaft. Jean-Claude Juncker, Vorsitzender der Eurogruppe, machte sich in seiner Laudatio auf Helmut Kohl anlässlich der Verleihung des Hanns-Martin-Schleyer-Preises im Jahre 2009 über die vielen »Spätberufenen« lustig, die nun auf einmal alle den Euro von Anfang an gewollt hätten.[52] Freilich zeigten seit 2007 ansteigende Target-Salden – also Forderungen der Deutschen Bundesbank innerhalb des Eurosystems –, dass sich die Geschäftsbanken mit Kreditgewährungen in Richtung südliche Peripherie zunehmend zurückhielten und dass dafür die Notenbanken einsprangen. Als schließlich auch öffentlich bekannt wurde, dass das griechische Haushaltsdefizit weitaus höher lag, als die griechischen Statistiken bislang ausgewiesen hatten, schossen sofort die Risikoprämien für griechische Staatsanleihen in die Höhe. Die Entwicklung spitzte sich Anfang des Jahres 2010 zu. Mitglieder der griechischen Regierung glaubten damals noch, ihre Finanzierungsnot beheben und den Zugang zum internationalen Kapitalmarkt offen halten zu können, wenn die Mitglieder der Eurozone eine Erklärung dergestalt abgeben würden, dass sie weiter Vertrauen in Griechenlands Fähigkeit hätten, Schulden zu bedienen und zurückzahlen zu können. Doch verflog diese Illusion relativ rasch. Die deutsche Bundesregierung hat damals sogar erwogen, ob nicht ein Ausscheiden Griechenlands aus der Eurozone sowohl für Griechenland als auch die Eurogruppe vorteilhaft sei.[53] Dazu ist es nicht gekommen; über die ausschlaggebenden Gründe kann man nur spekulieren. Stattdessen haben sich Regierung und Abgeordnete nicht mehr an die »No-Bailout-Klausel« gebunden gefühlt, die in den Erklärungen der Bundestagssitzung vom 23. April 1998 noch als entscheidende

---

52 Hanns-Martin-Schleyer-Preis 2008 und 2009, Laudatio 2009, passim. Jean-Claude Juncker: »Es ist mit dem Euro fast so wie mit der Deutschen Einheit, jetzt wo der Euro sich immer wieder als ein Schutzschild für die Europäer unter Beweis stellt, meinen alle, immer schon für den Euro gewesen zu sein ... Ich war dabei, als er eingeführt werden musste, und da gab es nicht viele, die für den Euro waren. Aber jetzt sind alle immer schon für den Euro gewesen.« (Veröffentlichungen der Hanns-Martin-Schleyer-Stiftung, Bd. 76, Düsseldorf, S. 32)
53 Vgl. hierzu drittes Kapitel, II.1.

Voraussetzung galt, um diesen in der Geschichte einmaligen Schritt zu wagen. Zugleich ist in Brüssel in der Nacht vom 7. auf den 8. Mai ein Rettungsschirm in Höhe von 750 Milliarden Euro aufgespannt worden, wovon auf den IWF 250 Milliarden Euro entfallen sollten. Gegen diese Entscheidungen sind verschiedene Verfassungsbeschwerden beim Bundesverfassungsgericht eingereicht und auch verhandelt worden.

Die Ausführungen beschränken sich hier auf das, was einem Zeitzeugen in der Rolle eines Beschwerdeführers bemerkenswert vorkam. Zentrale Themen waren die Reichweite nationaler Souveränität, das Budgetrecht des Parlaments und die auf den Bundeshaushalt zukommenden Verpflichtungen. Im Maastricht-Urteil vom 12. Oktober 1993 hat das Bundesverfassungsgericht die EU einen Staaten(ver)bund genannt und gefordert, dass dem Bundestag zentrale Kompetenzen bleiben müssten, damit die Abgeordneten ihre Verpflichtungen gegenüber ihren Wählern wahrnehmen könnten.[54] Es hat mit diesem Begriff zum Ausdruck bringen wollen, dass die EU mehr sei als ein lockerer Staatenbund, aber weniger als ein Bundesstaat.[55] Aber genau um diese Frage ging es damals und geht es jetzt, wenn nicht »weniger Europa«, sondern »mehr Europa« gefordert wird, um die Eurokrise zu lösen.

Der Vertreter der Bundesregierung, Wolfgang Schäuble, hat verschiedene Male in den Verhandlungen vor dem Bundesverfassungsgericht darauf hingewiesen, dass in der Ära der Globalisierung nationale Souveränität neu bedacht werden müsse. In einer

---

54 Der zweite Leitsatz des Urteils des Bundesverfassungsgerichts vom 12. Oktober lautet: »Das Demokratieprinzip hindert die Bundesrepublik Deutschland nicht an einer Mitgliedschaft in einer – supranational organisierten – zwischenstaatlichen Gemeinschaft. Voraussetzung der Mitgliedschaft ist aber, dass eine vom Volk ausgehende Legitimation und Einflussnahme auch innerhalb des Staatenverbundes gesichert ist.« Das Urteil ist abgedruckt in: Ingo Winkelmann (Hrsg.), *Das Maastricht-Urteil des Bundesverfassungsgerichts vom 12. Oktober 1993* (Tübinger Schriften zum Staats- und Verwaltungsrecht, Bd. 25), Berlin 1994, S. 561

55 Der Berichterstatter des Zweiten Senats für das Lissabon-Urteil, Udo Di Fabio, hat das Schwanken zwischen Staatenbund und Bundesstaat während der mündlichen Verhandlungen zum Lissabon-Vertrag (10. und 11. Februar 2009) in ein Bild gefasst: Die EU segele längs eines Gebietes, das wir einen Bundesstaat nennen können, ohne jedoch den Hafen eines Bundesstaates anzulaufen.

politisch und wirtschaftlich zusammenwachsenden Welt, in der sich die politischen und wirtschaftlichen Zentren in Richtung Asien verlagerten, müsse Deutschland seine nationale Souveränität in die Eurogruppe einbringen, um sie dann weltweit geltend machen zu können. Als Begründung dazu hört man: Deutschland sei für Europa zu groß und müsse daher in europäische Institutionen eingebunden werden; es sei für die Welt zu klein und müsse daher seine nationalen Interessen über die EU wahrnehmen. Abgesehen von der Frage, ob sich in einem so heterogenen Integrationsgebilde wie der EU eine einvernehmliche Haltung gegenüber Drittstaaten überhaupt ermitteln und wirksam nach außen vertreten ließe, darf der dynamische Aspekt der Souveränitätsübertragung nicht vernachlässigt werden. Nachdem geld- und währungspolitische Souveränität auf ein gemeinschaftliches Gremium übertragen wurde, sich die beteiligten Staaten aber nicht den damit verbundenen Pflichten unterwarfen, sahen sich die Abgeordneten des deutschen Bundestages gezwungen, Entwicklungen durch ihr Votum gutzuheißen, die sie bei ihrer Zustimmung zur Begründung der Währungsunion am 24. April 1998 einvernehmlich abgelehnt hatten.

Die Einlassungen der Abgeordneten vor dem Bundesverfassungsgericht haben erkennen lassen, dass sie letztlich den anstehenden Entscheidungen zustimmten, weil sie sich mit der Alternative – Zustimmung zu den finanziellen Abmachungen oder Scheitern des Euro – konfrontiert sahen. Sie zählten detailliert auf, wie oft sie getagt hätten, wie viele Experten sie auf den verschiedenen Hearings angehört hätten und wie intensiv die Sachlage auf Fraktionssitzungen erörtert worden sei; schließlich hätten sie den notwendigen Entscheidungen zugestimmt – zum Wohle Europas und des deutschen Volkes. Der SPD-Abgeordnete Peter Danckert hat in einem trocken vorgetragenen Bericht zusammengezählt, welche Anstrengungen die Abgeordneten unternommen hätten und wie viele Sitzungen sie hätten über sich ergehen lassen müssen, um Entscheidungen, die längst gefallen waren, die parlamentarischen Weihen zu geben. Auch konnte man bei einigen Anmerkungen befürwortender Abgeordneter bloß den Kopf schütteln; frappierend war die dialektische Kunstfertigkeit der Abgeordneten Petra Merkel (SPD). Wenn wir Griechenland Geld geben, sagte sie, dann tun wir das ja eigentlich für uns. Daraus folgt dann: Je mehr Geld wir Griechenland geben, desto mehr tun wir für Deutschland.

Das Bundesverfassungsgericht hat alle Beschwerden als unbegründet verworfen. Wenn wir jedoch die Begründungen im Einzelnen durchgehen, lässt sich unschwer erkennen, dass es sich an den Wegmarken seines Maastricht-Urteils von 1993 orientiert:

(1) Das parlamentarische Budgetrecht, über die derzeitigen und zukünftigen Belastungen der Bürger in Form von Steuern und Schulden zu wachen, muss souveränes nationales Recht bleiben;

(2) alle zusätzlichen finanziellen Belastungen, die aus der Rettung notleidender Schuldnerstaaten herrühren, müssen von Bundesregierung und Bundestag verantwortet werden,

(3) einem finanziellen Automatismus, der sich zu einer unkontrollierbaren finanziellen Belastung Deutschlands auswachsen könnte, muss ein Riegel vorgeschoben werden.

Doch hütete sich das Gericht, in das politische Räderwerk selbst einzugreifen. Wenn Bundesregierung und Bundestag mit überwältigender Mehrheit die Aufhebung des »No-Bailout-Gebotes« gutheißen und die Beschlüsse zum EFSF (European Financial Stability Facilites) und ESM (European Stability Mechanism) mittragen, dann wird das als politische Vorgabe akzeptiert. Als sich freilich der Bundestag Beschlüssen eines neunköpfigen Sondergremiums, das in eiligen Fällen Mittel aus den Rettungsschirmen freigeben sollte, beugen wollte, hat das Bundesverfassungsgericht eine entsprechende Beschwerde des Abgeordneten Danckert und Genossen als begründet angesehen. Auch die Regelung des ESM, der Gouverneursrat könne gegebenenfalls eine Aufstockung der Haftungsquote ohne Zustimmung des Parlaments beschließen, hat das Bundesverfassungsgericht verworfen.[56]

---

56 Dieser Sachverhalt wird im dritten Kapitel, Abschnitt II.3., näher ausgeführt.

Finanzminister Schäuble hat das Gericht immer wieder – im Gerichtssaal und vor Fernsehkameras – auf die weltpolitische Bedeutung seiner Entscheidung aufmerksam gemacht. Würde es den Beschluss des Bundestages nicht passieren lassen, dann habe das nicht vorhersehbare Folgen für den Euro, für Europa und die Weltwirtschaft. Auch die Abgeordneten haben vor einem weltweiten »Kladderadatsch« nach einer Ablehnung durch das Gericht gewarnt. In der Tat war die politische und wirtschaftliche Welt erleichtert, dass das Gericht den ESM-Vertrag mit Auflagen hat passieren lassen – Motto: Die Party geht weiter.

Auch Begegnungen am Rande und innerhalb des Bundesverfassungsgerichts fallen auf. Da sitzen die Beschwerdeführer Herta Däubler-Gmelin und Peter Gauweiler und ihre Prozessbevollmächtigten nebeneinander und tauschen sich vertrauensvoll aus. Vor den Verhandlungen begrüßen sich der SPD-Abgeordnete Peter Danckert und der CSU-Abgeordnete Peter Gauweiler mit einer freundschaftlichen Umarmung. Der Kampf gegen die Euro-Rettungspakete und gegen die damit verbundenen Rechtsverstöße schmiedet überraschende politische Bündnisse und sorgt für persönliche Annäherungen.

III. Porträts der verantwortlichen Politiker

1. Ohne Kohl keine Währungsunion

Die Europäische Währungsunion fiel nicht wie eine reife Frucht vom Baum der Geschichte. Politisches Wollen und taktisches Kalkül haben die Währungsunion geplant, vorbereitet und umgesetzt. Dabei wird auch der Stolz, der europäischen Integration eine neue Dynamik zu verleihen, die handelnden Personen beflügelt und vorwärts getrieben haben. Der Wunsch, sich den Mantel der Geschichte überzustreifen und nicht bloß dem jeweils Anstehenden zu genügen, ist ein starkes Motiv und eine gefährliche Verführung zugleich. Otto von Bismarck, der erste deutsche Reichskanzler, hat

Politiker vor dem Ehrgeiz gewarnt, die Zukunft machen zu wollen: »Wir können den Lauf der Zeit nicht dadurch beschleunigen, dass wir unsere Uhren vorstellen.«[57] Und genau das tun Politiker, wenn sie auf die Sachzwangstrategie setzen: Wir beginnen mit der Währungsunion, die jeweiligen Umstände werden die politische Absicherung schon erzwingen. Helmut Kohl war die treibende Kraft dieses Prozesses. Wenn er gesagt hätte, kreative Buchführung und Verletzung der Vorschriften des Maastricht-Vertrages, um sich in die Währungsunion hineinzumogeln, dürfe es nicht geben, und seinen Finanzminister aufgrund seiner Richtlinienkompetenz entsprechend angewiesen hätte, wäre die Währungsunion nicht am 1. Januar 1999 gestartet.

Ein von Kohl immer wieder berichtetes Urerlebnis hat sein Verhalten zu Frankreich und Europa geprägt. Unmittelbar nach dem Zweiten Weltkrieg, in dem sein älterer Bruder gefallen war, hat er mit einem französischen Kameraden Grenzsteine an der deutsch-französischen Grenze herausgerissen. Nie wieder Krieg und nie wieder Grenzen, die die Nachbarvölker entfremden, sind das Leitmotiv seines Handelns. Aus seinen Gesprächen mit François Mitterrand, dem er vertraute, wusste er, dass Frankreich seine Abhängigkeit von der Politik der Deutschen Bundesbank immer als Stachel im Fleisch empfand. Es war der Politik der Bundesbank ausgeliefert, solange es ohne weitere Abwertungen im EWS bleiben wollte. Mitterrand mag das sogar als Bedrohung empfunden haben.[58] Wenn in Frankreich der politische Grundsatz galt, die Ver-

---

57 *Goldene Worte des Reichs-Kanzlers,* zusammengestellt von Alfred Gottwald, Reclams Universal Bibliothek, Nr. 4988, Berlin o. J. (1908), S. 82.

58 Oft wird die Steuerung der Ankerwährung durch die Deutsche Bundesbank mit der Verfügung über eine Atombombe gleichgesetzt. Wahrscheinlich geht dieser Vergleich auf eine Passage bei David Marsh (*Der Euro. Die geheime Geschichte der neuen Weltwährung,* Hamburg 2009, S. 174) zurück: »Dann sagte Mitterrands außenpolitischer Berater Attali: ›Um eine Balance zu erhalten, möchten wir über die deutsche Atombombe reden.‹ Die Deutschen konterten erstaunt: ›Sie wissen doch, wir besitzen gar keine Atombombe.‹ Daraufhin sagte Attali: ›Ich meine die D-Mark.‹ Diese Anspielung führte vor Augen, welche Bedeutung die Franzosen der Bundesbankdominanz in der europäischen Währungspolitik beimaßen.« Informationsquelle für David Marsh ist Wilhelm Schönfelder, seinerzeit Leiter der Europa-Abteilung, Auswärtiges Amt.

fügung über die Notenpresse sei zu wichtig, als dass man sie Technokraten überlassen dürfe, dann konnte umso weniger geduldet werden, dass sie den Technokraten eines anderen Landes anvertraut war. Ein weiteres Schlüsselerlebnis Mitterrands war sein Zurückweichen vor der deutschen Stabilitätspolitik im Jahre 1983. Nach dem Regierungswechsel von Schmidt/Genscher zu Kohl/Genscher im Herbst 1982 sind Finanzminister Gerhard Stoltenberg und Wirtschaftsminister Otto Graf Lambsdorff auf einen Kurs finanzpolitischer Disziplin, also weniger Schulden, eingeschwenkt, während Frankreichs Regierung über staatliche Beschäftigungsprogramme, also mehr Schulden, die Arbeitslosigkeit bekämpfen wollte. Wenn beide Länder jedoch Mitglieder des EWS bleiben wollten, dann musste eine Regierung nachgeben. Da die deutsche Seite auf der Notwendigkeit finanzpolitischer Solidität beharrte, hätte Frankreich entweder aus dem EWS ausscheiden oder seine Politik ändern müssen. Es ist im EWS geblieben und hat seine Politik revidiert.

Druck auf deutsche Regierungen, die Bundesbank und die D-Mark zu vergemeinschaften, gab es also seit langem. In diesem Sinne war der deutsche Wunsch nach Wiedervereinigung Frankreichs Hebel, den Prozess der Europäisierung der Bundesbank zu beschleunigen.[59] Aus Sicht Helmut Kohls war das aber kein Tauschgeschäft – Zustimmung Frankreichs zur Wiedervereinigung gegen die Abschaffung der D-Mark –, sondern die Möglichkeit, das wiedervereinigte Deutschland in europäische Institutionen einzubinden und damit den Nachbarn die Angst vor einem übermächtigen Deutschland zu nehmen. Diene die befürchtete deutsche Dominanz dem Wohle Europas, werde das einem gedeihlichen Zusammenleben und auch dem europäischen Frieden förderlich sein. Der Historiker Kohl wusste aber auch, dass Währungsunionen, in denen das Geld ein gemeinschaftliches Gut ist, die Politiker jedoch zur Pflege und Erhaltung dieses

---

59 Vgl. hierzu Abschnitt II.2. des zweiten Kapitels: »Wiedervereinigung und Abschaffung der D-Mark«.

Gutes nicht verpflichtet sind, auf Dauer nicht zusammengehalten werden können. Doch sind seine Pläne zur Schaffung einer politischen Union im Zuge der Maastricht-Verhandlungen geradezu pulverisiert worden. Dass er dennoch dem Projekt einer Europäischen Währungsunion zugestimmt hat, lag womöglich darin begründet, dass er Verständnis für die Position von François Mitterrand hatte und darauf vertraute, dass das integrationspolitische Momentum, das er angestoßen hatte, die Partnerstaaten in Richtung Europäisierung ihrer Politik mitziehen werde. Wie tief diese Überzeugung in seinem Denken verwurzelt war, offenbarte sein Auftritt im überfüllten größten Hörsaal der Universität Tübingen im Januar 2007. Er pries die Währungsunion als eine einzige Erfolgsgeschichte; bald würden sogar die Schweiz und Großbritannien anklopfen, um in die Währungsunion aufgenommen zu werden.[60]

Jeder aufmerksame und unvoreingenommene Beobachter wusste zu diesem Zeitpunkt, dass sich in der Währungsunion bereits Risse auftaten.

Kohl wollte unbedingt während seiner Kanzlerschaft die verbindlichen Festlegungen zur Euro-Einführung getroffen haben: Er traute keinem Nachfolger zu, diesen Weg mit seiner Entschlossenheit zu gehen. Eher Bauch- als Verstandesmensch, vertraute er bei seinen Entscheidungen seinem politischen Instinkt. Auch bildet sich bei Herrschern und Politikern, zumal wenn sie lange im Amt sind, die Überzeugung heraus, dass sie das Richtige tun, nicht weil es objektiv richtig ist, sondern weil sie in der Gewissheit leben, dass alles, was sie tun, richtig ist. Andere Auffassungen werden dann oft mit einer unwirschen Handbewegung vom Tisch gewischt.

Helmut Kohls wichtigster Helfer war Theo Waigel. Sein Versuch, den Maastricht-Vertrag finanzpolitisch zu härten, wirft ein

---

60 Vgl. hierzu Hans-Joachim Lang, Das Haus steht im Rohbau. Altbundeskanzler Helmut Kohl erzählte im prall vollen Kupferbau von seinen Europa-Visionen, in: *Schwäbisches Tagblatt*, 24. Januar 2007.

Licht auf die Bereitschaft der potentiellen Mitgliedstaaten, finanzpolitische Disziplin zu wahren. Es ist inzwischen zur allgemeinen Auffassung geworden, dass die mangelnde Erzwingbarkeit finanzpolitischer Solidität in allen Mitgliedstaaten der Geburtsfehler der Währungsunion gewesen sei. Theo Waigel (CSU) verteidigte dagegen die Politik der Kohl-Ära: »Beim Euro sind nicht Geburtsfehler zu verzeichnen, sondern schwerste Erziehungsfehler in den Flegeljahren.« Er sagte dies in Anspielung auf Deutschlands Verstoß gegen den Stabilitäts- und Wachstumspakt in der Amtszeit von Kanzler Gerhard Schröder (SPD).[61] Horst Köhler, damals engster Mitarbeiter und Vertrauter von Theo Waigel, erläutert diese Auffassung wie folgt: »Man könnte es auch in der Fußballersprache sagen: Das Team hat sich von Anfang an nicht genug konzentriert. Ein verheerendes Signal war dann die Behandlung des Stabilitäts- und Wachstumspakts durch Deutschland und Frankreich als bloße Frage der politischen Opportunität.«[62]

Die Einschätzung Horst Köhlers wird vor dem Hintergrund der grundsätzlichen Einstellung des Finanzministeriums zur Währungsunion und seiner Versuche, den Maastricht-Vertrag zu härten, verständlich. Die führenden Mitarbeiter des Finanzministeriums – Hans Tietmeyer, Horst Köhler und Jürgen Stark – waren zunächst keine begeisterten Anhänger der Währungsunion gewesen. Sie alle kannten die unterschiedlichen geldpolitischen Philosophien in Frankreich und Deutschland. Sie wussten, dass es Frankreich darum ging, auf die Geldpolitik im französischen Sinne Einfluss nehmen zu können. Da sie aber die politischen Vorgaben kannten und akzeptierten, haben sie selbst und die Vertreter der Bundesbank dafür gesorgt, dass in den Maastricht-Vertrag

61 http://www.finanznachrichten.de/nachrichten-2012-09/24475449-ex-ministerpraesident-biedenkopf-macht-kohls-politik-fuer-euro-krise-verantwortlich-003.htm
62 Horst Köhler, Europa voranbringen, Rede am 14. November 2012 im Dom zu Speyer, Manuskript, S. 7. (http://cms.bistum-speyer.de/www2/index.php?mySID=f92c91cc17cal209567755e79209cb18&myELEMENT=257127&qr=9)

das deutsche Modell einer unabhängigen Notenbank, die der Erhaltung der Geldwertstabilität verpflichtet ist, institutionell verankert wurde. Eine offene Flanke im Maastricht-Vertrag war die fehlende Disziplinierung nationaler Finanzpolitiken. Ihnen war klar, dass Währungsunionen bei unsolider Haushaltsgebarung von Partnerstaaten nicht überleben könnten. Hier war der Maastricht-Vertrag nicht konsequent genug; einige Mitgliedstaaten hatten ihre Finanzpolitik nicht unter einen gemeinschaftlichen Vorbehalt stellen wollen. Bundesbank und führende Mitglieder im Finanzministerium drängten Theo Waigel, diese Lücke zu schließen.[63] Theo Waigel hat sich überzeugen lassen, dass ein entsprechender Stabilitätspakt automatisch finanzielle Sanktionen bei exzessiven Haushaltsdefiziten – mehr als 3 Prozent des Bruttoinlandsprodukts (BIP) – vorsehen müsste. Der Europäische Rat hat im Dezember 1996 bei seiner Tagung in Dublin, der ein Treffen der Wirtschafts- und Finanzminister (ECOFIN-Rat) vorausging, diesen Pakt in einen Stabilitäts- und Wachstumspakt umgewandelt, in dem nicht mehr automatisch finanzielle Bußen bei Überschreiten der Defizitgrenze fällig würden, sondern ein politisches Entscheidungsverfahren eingeleitet würde, in dem die Finanzminister der Eurogruppe mit qualifizierter Mehrheit darüber entscheiden sollten, ob die beanstandeten Haushaltsdefizite tatsächlich exzessiv seien.

Diese Umwandlung richtet den Lichtstrahl auf Waigels Aussage, dass die Ursache der Eurokrise nicht ein Geburts-, sondern ein Erziehungsfehler gewesen sei. Vor Beginn der Regierungskonferenz in Dublin 1996 war ihm der finanzielle Sanktionsautomatismus so wichtig, dass er sich öffentlich festlegte: Es werde so lange verhandelt, bis der Automatismus »drin« sei, also Bestandteil der entsprechenden Verordnung sei.[64] Nach Abschluss der Konferenz war er »draußen«. Die französische Delegation unter Führung

---

63 Vgl. hierzu Jürgen Stark, Genesis of a Pact, in: Anne Brunila et al., *The Stability and Growth Pact*, New York 2001, S. 77f.
64 Theo Waigel, Interview im ZDF, in: Bonn Direkt, 7. Dezember 1996.

des französischen Staatspräsidenten Jacques Chirac wollte diesen Automatismus nicht hinnehmen.[65] Theo Waigel selbst erzählt dazu folgende Begebenheit: Ihm war zu Ohren gekommen, dass sich der französische Staatspräsident über die weltfremde Konstruktion des Automatismus lustig gemacht habe; das könne bloß dem Gehirn eines Technokraten entsprungen sein. Daraufhin habe er sich bei seinem Kanzler beschwert: Er, Theo Waigel, habe an vielen entscheidenden Stellen politische Verantwortung übernommen und sei nicht bereit, eine solche Herabwürdigung hinzunehmen. Kohl sei zu Chirac gegangen und habe ihm gesagt: »Jacques, jetzt musst du bei Waigel Abbitte leisten.« Chirac habe sich zu Waigel gewandt, seine Schultern mit beiden Händen umfassend: »Aber, Theo, du warst doch gar nicht gemeint. Ich habe an einen anderen gedacht.« An wen Chirac gedacht hat? Mancher nimmt an, Chirac habe Jean-Claude Trichet gemeint; die Annahme, dass er an Waigels engste Mitarbeiter gedacht hat, ist wohl wahrscheinlicher.

Hätte Helmut Kohl Theo Waigel in seiner ursprünglichen Haltung bestärkt, dann wäre Jacques Chirac klargeworden, dass die Währungsunion nicht zu französischen Bedingungen zu haben sei. Waigel selbst hat sein Zurückweichen in Dublin vor dem deutschen Bundestag als Erfolg präsentiert: »Wir haben 80 bis 90 Prozent des ursprünglichen deutschen Vorschlages durchsetzen können.«[66] Das mag ja sein. Aber wenn die entscheidenden 10 Prozent fehlen, sind die restlichen 90 Prozent nicht mehr viel wert. Natürlich ist die Annahme weltfremd, die automatische Sanktion in Form einer finanziellen Buße hätte die Akzeptanz der Währungsunion in den betroffenen Staaten erhöht. Entscheidend bei der Sanktionsandrohung ist vielmehr deren prophylaktische Wirkung. Nehmen die Regierungen diesen Automatismus ernst, dann werden sie bereits vor Eintritt in die Währungsunion ihre nationa-

---

65 Die Umwandlung des von der deutschen Bundesregierung eingebrachten Stabilitätspaktes in einen Stabilitäts- und Wachstumspakt ist dokumentiert in: Wilhelm Hankel et al., *Die Euro-Klage,* a.a.O., S. 88–96.

66 Presse- und Informationsamt der Bundesregierung, Bulletin 1997, S. 59.

len Haushalte auf strukturell begründete Defizite untersuchen und diese eliminieren, um nicht Gefahr zu laufen, mit finanziellen Bußen belegt zu werden. Wir kennen dieses Prinzip aus dem Erziehungsalltag: Wir drohen unseren Kindern nicht Strafen an, um sie zu vollziehen, sondern sie dazu zu bringen, das zu tun, was nach Auffassung der Eltern richtig ist. Die Genese des Stabilitätspaktes selbst bestätigt nicht Waigels Auffassung, dass es sich bei der Eurokrise um einen Erziehungsfehler und nicht um einen Geburtsfehler handele.

Wichtigster politischer Akteur neben Kohl und Waigel war der damalige Außenminister Hans-Dietrich Genscher. Er hat den Stein in Richtung Währungsunion ins Rollen gebracht. Womöglich hat ihn der mit ihm befreundete französische Außenminister Roland Dumas immer wieder auf die asymmetrische Willensbildung innerhalb des EWS angesprochen.[67] Genscher hat im Jahre 1988 konzeptionelle Ideen zu einer europäischen Währungsunion entwerfen lassen, die er aber nicht als Außenminister, sondern als Parteivorsitzender vorlegte, womit er die Zuständigkeitsfrage elegant umschiffte. Dieses »Genscher-Memorandum« hat im Bundesfinanzministerium (BMF) und in der Bundesbank für höchste Aufregung gesorgt.[68] Es gelang allerdings dem BMF, die Verhandlungsführung bei der Maastricht-Regierungskonferenz auf die Ebene der Finanzministerien zu ziehen. Für Genscher war die Europäische Währungsunion neben der Überwindung der deutschen Spaltung die Krönung seines politischen Lebens. In seiner letzten großen Rede vor dem deutschen Bundestag sah er die Währungsunion als Motor des sozialen und wirtschaftlichen Fortschritts, durch die der Wind der Modernisierung wehe.[69] Wenn er heute mit der Frage konfrontiert wird, wie er die Entwicklung der Wäh-

---

67 Vgl. hierzu II.1 des zweiten Kapitels: »Die ungeliebte Ankerwährung«.
68 Vgl. hierzu auch Hans Tietmeyer (*Herausforderung EURO*, a.a.O., S. 115f.), der als beteiligter Akteur darüber berichtet. – Zu den Animositäten zwischen Außenminister Genscher und Finanzminister Stoltenberg vgl. David Marsh, *Der Euro. Die geheime Geschichte der neuen Weltwährung,* Hamburg 2009, S. 176f.
69 Hans-Dietrich Genscher, Deutscher Bundestag, 13. Wahlperiode, 230. Sitzung, Stenographischer Bericht, 23. April 1998, S. 21045 B.

rungsunion beurteile, geht er nicht auf die Sorgen der Menschen ein. Er erzählt stattdessen, dass wir die bewegenden Momente der deutschen Wiedervereinigung ohne die Europäische Union nicht erlebt hätten. Es ist verhängnisvoll, dass sich die FDP in ihrer Europapolitik Hans-Dietrich Genscher und nicht Otto Graf Lambsdorff verpflichtet fühlt und der Euro-Rettungspolitik von Angela Merkel auf Schritt und Tritt folgt. Sie ist von den Idealen einer Freiheits- und Rechtsstaatspartei abgegangen und lässt die Bürger ohne parlamentarische Vertretung. Die Bürger wissen nicht mehr, wofür diese Partei auch bei diesen europäischen Fragen eigentlich steht.

2. Schröder und der Papiertiger

Kohls Nachfolger Gerhard Schröder hatte vor der Abstimmung des Bundestages und des Bundesrates über die Europäische Währungsunion am 23./24. April 1998 den Euro als eine »kränkelnde Frühgeburt« verspottet. Er habe damit sagen wollen, so erklärte er jetzt, dass ohne politischen Unterbau nationale Interessen vor supranationalen Pflichten rangieren würden.[70] Doch hält er inzwischen Kohls Entscheidung, mit der Währungsunion zu beginnen, nicht für falsch, »weil es damals einfach nicht die Möglichkeit gab, schon die politische Union zu liefern.«[71]

Eigentlich ist in der auf Helmut Kohl folgenden Regierung Schröder/Fischer in der Eurozone nichts Aufregendes passiert bis auf den Nachweis durch Gerhard Schröder, dass der Stabilitäts- und Wachstumspakt bloß ein Papiertiger ist. Im Jahre 2003 hat ein Schulterschluss zwischen Schröder und Chirac verhindert, dass ein exzessives Haushaltsdefizit der Regierung Schröder gerügt wurde. Auch wurde der Stabilitäts- und Wachstumspakt danach noch weiter aufgeweicht. Das hat Schröder damals schärfs-

---

70 Auf die Bemerkung »Den Euro haben Sie als kränkelnde Frühgeburt bezeichnet« hat Gerhard Schröder geantwortet: »Ich habe kritisiert, dass man den Euro einführt, ohne vorher die politische Union zu haben.« Interview »Wir haben Maastricht gebrochen. Das war richtig«, in: *Frankfurter Allgemeine Sonntagszeitung*, 25. November 2012, S. 26.
71 Gerhard Schröder, Interview, a.a.O., S. 26.

te Kritik seines Vorgängers eingebracht und gilt auch heute noch als entscheidender Sündenfall.[72] Schröder sagt, er habe gegen die Vorschriften des Stabilitäts- und Wachstumspakts verstoßen müssen, um die Agenda 2010, die die sozial- und arbeitsmarktpolitischen Verpflichtungen in den jährlichen Bundeshaushalten eingrenzen sollte, für das Wählerpublikum verkraftbar zu machen: »Um die Kriterien zu erfüllen, hätten wir damals weitere 20 Milliarden Euro kürzen müssen. Das hätte die Akzeptanz der Agenda 2010 endgültig zerstört. Wir standen also vor der Frage: Überschreiten wir die Defizitgrenze oder geben wir die Reformen auf? Für mich war die Antwort klar: Die Reformen sind wichtiger.« Die sozialpolitische Teilsanierung, die die internationale Wettbewerbsfähigkeit Deutschlands und damit die steuerliche Ergiebigkeit erhöht hat, wäre kein Verstoß gegen die Vorschriften des Stabilitäts- und Wachstumspaktes gewesen. Die Regierung Schröder hätte ja nachweisen können, dass ihre Agenda auf die Eliminierung struktureller Defizite zielte. Überdies wären erst im vierten Jahr andauernder Defizitverfehlung finanzielle Bußen fällig gewesen, die sogar zurückgezahlt worden wären, wenn im fünften Jahr das Haushaltsdefizit den Maastricht-Kriterien entsprochen hätte.[73]

Schröders Außenminister Joschka Fischer hat sich weniger um die aktuelle Politik in der Währungsunion als um die konzeptionelle Ausarbeitung einer politischen Union bemüht. Seine pro-

---

72 Helmut Kohl: »Daher ist es eine wirkliche Schande, dass ausgerechnet Deutschland die Stabilitätskriterien nicht einhält und zu tricksen versucht. Ich kann zu diesem Schandstück deutscher Politik nicht schweigen. Denn wir verspielen bei unseren europäischen Nachbarn und in der Welt unser Vertrauen. Unsere Bürger haben ein Recht darauf, dass der Euro eine stabile Währung bleibt. Was da geschieht, ist ein Verrat an der engen deutsch-französischen Zusammenarbeit« (Interview in: *Frankfurter Allgemeine Zeitung*, 24. Februar 2003). – Auch aus der Wissenschaft kam scharfe Kritik. Für Otmar Issing war es »ein verheerendes Signal«, als Frankreich und Deutschland eine politische Mehrheit organisierten, um zu verhindern, dass die vorgesehenen Sanktionen angewendet wurden: »Deutschland und Frankreich haben den Stabilitätspakt gemeuchelt.« Otmar Issing, *Wie wir den Euro retten und Europa stärken. Im Gespräch mit Andreas G. Scholz*. 3. Wirtschafts-Manifest, Börsenbuchverlag, Kulmbach 2012, S. 10.

73 Vgl. hierzu Egon Görgens, Karlheinz Rückriegel und Franz Seitz, *Europäische Geldpolitik*, 4. Aufl., Stuttgart 2004, S. 374–395, insb. Tabelle III. 1.4.

grammatische Rede an der Humboldt-Universität am 12. Mai 2000 kann als eine Grundlage für »die Vereinigten Staaten von Europa« angesehen werden.[74] Fischers Rede ist insbesondere in Deutschland auf Zustimmung gestoßen. Aus der französischen Regierung kam ein einziger Satz, der Fischers Konzept in das Reich der Utopie beförderte: Fischers Konzeption sei eine brillante Vorlage für die Zukunft; die französische Regierung sehe es jedoch als vordringlicher an, die Probleme von heute zu lösen. Frankreichs Position hat sich bis heute nicht verändert. Fischers schriftliche wie mündliche Wortmeldungen zur Währungsunion zehren immer noch von seiner Humboldt-Rede. Der praktische Effekt ist aber nicht, dass der ehemalige Außenminister zu einem tragfähigen politischen Fundament für die Währungsunion beiträgt; eher bereitet er einer Schulden- und Haftungsgemeinschaft den Weg. Zur aktuellen Problematik weiß er wenig zu sagen. Auf eine ungeschminkte ökonomische Analyse der Entstehung und des Fortgangs der Eurokrise reagiert er mit Empörung: »Wenn ich das höre, könnte ich rasend werden.«[75]

3. »Machen Sie sich selbst ehrlich, Frau Bundeskanzlerin«

Die schönen Tage einer »behüteten, glänzenden Kindheit des Euro« (Otmar Issing) sind nun zu Ende.[76] Einzelne Mitgliedstaaten sind zahlungsunfähig geworden; die internationalen Kapitalmärkte geben ihnen kein Geld mehr. Bürgschaften und Gewährleistungen reichen nicht mehr. Jetzt kostet es richtig Geld. Peer Steinbrück wirft der Bundeskanzlerin vor, die Menschen hinter die Fichte zu führen, weil sie die Bürger, um diese nicht zu verschrecken, nur häppchenweise über die finanzielle Notlage informiere. »Machen Sie sich selbst ehrlich«, fordert er die Kanzlerin auf.[77]

---

74 Joschka Fischer, Vom Staatenverbund zur Föderation – Gedanken über die Finalität der europäischen Integration, 12. Mai 2000, in: http://www.auswaertiges-amt.de/www/de/infoservice/download/pdf/reden/2000/r000512a.pdf>(09.11.2004).
75 Bei einem gemeinsamen Auftritt mit mir in Frankfurt/M. am 7. März 2012.
76 Otmar Issing, *Wie wir den Euro retten*, a.a.O., S. 8.
77 Peer Steinbrück, Aussprache Bundeskanzlerin und Bundeskanzleramt, 207. Sitzung, 17. Wahlperiode, 21. November 2012, Plenarprotokoll S. 25228 A.

Angela Merkel befindet sich in einer Position, die sie selbst nicht gewollt hat und die nur von wenigen erwartet worden war. Ihre Position war zunächst nicht klar auszumachen. Sie wollte den Weg in eine Haftungsgemeinschaft nach Möglichkeit vermeiden. Sie hat sogar das Ausscheiden Griechenlands aus der Währungsunion als eine mögliche Option gesehen. Als sie sich dazu durchrang, Griechenland in der Eurozone zu halten, sollten die ausgereichten Kredite kein Subventionselement enthalten.[78] Für eine kurze Zeitspanne schien es so, als ob sich Angela Merkel mehrere Optionen offen halten wollte. Dass sie sich erst nach einer Bedenkpause zur Griechenlandhilfe bereit fand, ist in der internationalen Presse übel vermerkt worden. Sigmar Gabriel verstieg sich sogar zu der Behauptung, dass Griechenland heute besser dastünde, wenn sich die Bundeskanzlerin ohne Zögern hinter dieses Land gestellt hätte; dann wären die internationalen Spekulanten nicht über Griechenland hergefallen.[79] Als ob Akteure, die auf Finanzmärkten die Kreditrisiken souveräner Staaten einzuschätzen gelernt haben, nicht gewusst hätten, dass Griechenland nicht illiquide, sondern insolvent war.[80]

Einen Schwenk hat Angela Merkel nach Unterzeichnung der Griechenlandhilfe vollzogen. Nachdem in Brüssel für Außenstehende völlig überraschend ein Rettungsschirm von nominal 750 Milliarden Euro aufgespannt worden war, stellte der interessierte Beobachter fest, dass sich Angela Merkel ohne jedes Wenn und Aber mit der Euro-Rettungspolitik identifizierte. In ihrer Regierungserklärung vom 19. Mai 2010, also eine gute Woche nach dem Brüsseler Galadinner am 7. Mai 2010, lässt sie über den

---

78 In dem Statement der Staats- und Regierungschefs vom 25. März 2010 heißt es u. a.: »Dieser Mechanismus ... ist als Ultima Ratio zu betrachten ... Die Zinssätze werden nicht-konzessionär sein, d.h. sie werden kein Subventionselement enthalten.« Diese Passage geht maßgeblich auf die deutsche Bundesregierung zurück.

79 Noch Ende November 2012 warf Sigmar Gabriel Angela Merkel vor, die Kosten für Griechenlands Rettung durch zögerliches Agieren in die Höhe getrieben zu haben: »Wir hätten vieles preiswerter machen können, wenn wir es früher gemacht hätten.« Quelle: http://www.merkus-online.de/nachrichten/politik/wegen-hilfspaket-griechenland-gabriel-kritisiert-merkel-2644637.html

80 Bei Illiquidität geht man von einer aktuellen, aber überwindbaren Liquiditätskrise aus; Insolvenz heißt dagegen dauerhafte Illiquidität.

EFSM-Vertrag, der eine Zweckgemeinschaft nach Luxemburger Recht begründet, abstimmen, obwohl in einer internationalen Kanzlei daran noch gearbeitet wurde und dessen Einzelheiten weder die Bundesregierung noch die Fraktionen kannten: »Die Eckpunkte dieser Zweckgesellschaft kennen sie: einstimmige Entscheidungen und Befristung … An dem Vertrag – das wissen Sie; das haben wir Ihnen in der Unterrichtung gesagt – wird gearbeitet.« Sie fügt hinzu: »Aber wenn es gewünscht wird, werden wir Mittel und Wege finden, dass kein Geld fließt, bevor der Vertrag über die Zweckgesellschaft nicht bekannt ist.«[81] Es wurde nicht gewünscht; die Parlamentarier vertrauten der Bundeskanzlerin. Die geradezu »putschistische Eile« (Heribert Prantl)[82], mit der ein im Wortlaut unbekannter Vertrag verabschiedet wurde, erklärte Angela Merkel mit den nach ihrer Meinung fast hysterisch anmutenden Turbulenzen auf den internationalen Märkten. Doch so hysterisch scheint die Stimmung dort nicht gewesen zu sein, da die Kanzlerin selbst eine verzögerte Auszahlung im Bedarfsfall zugesichert hatte.

Angela Merkels veränderte Einstellung kommt besonders in ihrer Gleichsetzung von Euro und Europa zum Ausdruck: »Das ist unsere historische Aufgabe; denn scheitert der Euro, dann scheitert Europa.«[83] So lautet ihr Leitmotiv, das seitdem ihre Aktionen leitet. Doch hat sie, wie sie selbst zugibt, keinen »Masterplan« zur Rettung des Euro und Europas. Sie geht vielmehr Schritt für Schritt. Bei Nebel oder Ausflügen in unbekanntes Gelände mag diese Vorgehensweise angemessen sein, um Zusammenstöße oder längere Irr- und Umwege, wenn man sich verrannt oder verlaufen hat, zu vermeiden. Freilich, wenn die Kanzlerin keine Vorstellung über den richtigen Weg hat, dann gleicht ihre Politik eher einem »muddling through«, also einem sich irgendwie »Durchwurs-

---

81 Regierungserklärung vom 19. Mai 2010, Plenarprotokoll, Angela Merkel, Bundeskanzlerin, Deutscher Bundestag, 17. Wahlperiode, 42. Sitzung, 19. Mai 2010, S. 4127 A, B.
82 Mündliches Statement im sonntäglichen »Presseclub« der ARD (23. Mai 2010) nach der Entscheidung des Deutschen Bundestages über den Rettungsschirm.
83 Regierungserklärung vom 19. Mai 2010, Plenarprotokoll, ebenda, S. 4126 B.

teln«. Dann kann sie natürlich gegen ihren Willen in eine Richtung gedrängt werden, die sie ursprünglich als falsch angesehen hat. Wenn große Euro-Staaten wie Frankreich, Spanien und Italien klare Vorstellungen darüber haben, was Deutschland finanziell für die Eurozone tun kann und soll, und wenn auch die EU-Kommission Forderungen nach stärkerem Engagement Deutschlands etwa in Form von Euro-Bonds gebetsmühlenartig einbringt, mündet ihre »Schritt-für-Schritt-Methode« rasch in eine Richtung unbegrenzter Haftung ein.

Auch ihre oft beschworene Maxime – keine Gelder ohne Kontrolle – wird das nicht verhindern können. Diese Kontrollen beziehen sich auf die Auflagen für die Schuldnerländer, die unter den Rettungsschirm geschlüpft sind. Da die Früchte einer Reformpolitik, die auf Öffnung der Märkte abzielt, erst nach geraumer Zeit reif werden, die Anpassungskosten aber sofort schmerzhaft zu spüren sind, vor allem wenn die finanziellen Polster bereits abgeschmolzen sind, werden die betroffenen Menschen solche Auflagen nicht als Beginn eines Heilungsprozesses ansehen, sondern als eine Knebelung durch die Gläubigerländer, die nur daran denken, wie sie sich die ausgereichten Gelder sichern. Das erbittert sie, macht sie wütend; ja, das kann sogar Hass schüren. Viele Griechen glauben inzwischen, so schreibt Heribert Prantl, dass sie sich mit dem Strick, den die Gläubigerstaaten ihnen zuwerfen, nicht aus dem Sumpf ziehen, sondern aufhängen sollen.[84]

Die Maxime – scheitert der Euro, scheitert Europa – eignet sich zur Rechtfertigung jeder Spielart vermeintlicher Euro-Rettung. Auch eine genaue Diagnose und Begründung kann man sich dann sparen. Überdies ist diese Maxime unhistorisch, wie Biedenkopf jüngst festgestellt hat.[85] Europa sei eine jahrhundertealte historische Kategorie. Er warnte vor ungerechtfertigten Vergleichen: Von »existentiellem Ausmaß« sei die gegenwärtige Krise im Gegensatz

---

84 Heribert Prantl, »Die Veralltäglichung des Spekulären«, in: *Süddeutsche Zeitung*, 1. Dezember 2012.

85 Biedenkopf widerspricht Merkel: »Europa hängt nicht am Euro«, in: *Frankfurter Allgemeine Zeitung*, 24. November 2012.

zu den beiden Weltkriegen keineswegs. Europa ist so reich an historischen Erfahrungen, auch solch grauenvoller und menschenverachtender Art, dass das Scheitern eines Experiments, bei dem das Pferd vom Schwanz her aufgezäumt wurde, den Ländern Europas die Möglichkeit geben würde, zu sich selbst zurückzufinden. Die Schuldnerländer würden dann auch die Garotte los, jenes todbringende Würgeeisen, das sie mit tödlicher Sicherheit erdrosselt – unter der Aufsicht der Gläubigerstaaten. Wenn Angela Merkel behauptet, ihre Politik sei alternativlos, dann ist das in Wirklichkeit Ausdruck einer bewussten »Denkblockade«.[86]

Angela Merkels wichtigster Helfer ist Wolfgang Schäuble. Oft scheint er aber mehr Treiber als Helfer zu sein. Er selbst sieht sich als überzeugten Europäer; das schließt nicht aus, dass er sich auch als deutschen Patrioten empfindet, weil er Deutschlands Interessen am besten in Europa aufgehoben sieht.[87] Kürzlich hat er den Vorschlag gemacht, in der Kommission einen Währungskommissar zu installieren, der auf die Haushaltsführung der Mitgliedstaaten unmittelbar einwirken könne. Das ist natürlich auch eine Bloßstellung seiner Kanzlerin, hat diese doch mit der Brechstange einen gehärteten Fiskalpakt – freilich außerhalb des EU-Vertragswerks – auf dem Euro-Gipfel vom 8. November des Jahres 2011 durchgesetzt.[88] Schäuble hätte seinen Vorschlag doch nicht gemacht, wenn der Fiskalpakt wirklich disziplinieren würde. Sein Vorstoß hat die Politiker der Eurozone überrascht und ist eher ungnädig aufgenommen worden. Für Mario Monti ist seine Initiative sogar kontraproduktiv, weil er in der Öffentlichkeit und vor allem bei den Akteuren auf den Finanzmärkten den Eindruck erwecke, dass

---

86 Hans Willgerodt, »Nach der Krise?« Kommentar in: ifo Schnelldienst 13/2010, S. 19–22.
87 Jean-Claude Juncker hat ein liebevolles Porträt des europäischen Patrioten gezeichnet: »Ein herausragender europäischer Patriot ist Wolfgang Schäuble. Seit mehr als 30 Jahren betreibt er deutsche und zugleich immer auch europäische Politik. Dabei ist der promovierte Jurist immer einfacher Europäer geblieben. Bis heute kann sich der erfahrene Politprofi, der auch die hohe Kunst der Polemik beherrscht, immer wieder mit einer bewundernswerten kindlichen Freude für die Idee Europa begeistern.« Gegenseitige Bedingung und bedingungslose Gegenseitigkeit, in: Nils Ole Oermann et al. (Hg.), *Der fröhliche Sisyphos. Festschrift für Wolfgang Schäuble*, Freiburg, Basel, Wien 2012, S. 69f.
88 Vgl. hierzu den Abschnitt IV. 1 des zweiten Kapitels (Vergeblichkeit des Fiskalpakts).

sich die betroffenen Regierungen nicht an die Abmachungen hielten und die bisher in der Eurozone verabschiedeten Reform- und Sanierungsmaßnahmen nicht greifen würden.[89] Der Präsident des Europäischen Parlaments lehnt Schäubles Vorschlag ab, weil ein solcher Kommissar weder vom Europäischen Parlament noch von einer anderen demokratisch gewählten Institution kontrolliert werde.

Wolfgang Schäuble ist als Finanzminister natürlich in einer schwierigen Situation. Er muss den Bürgern in Deutschland erklären, dass die ausgereichten Kredite eine Investition in die Zukunft Europas und damit auch Deutschlands seien, während diese eher den Eindruck gewinnen, dass gutes Geld schlechtem Geld hinterher geworfen werde. Die Politik, die Schäuble zu vertreten hat, ist für Peer Steinbrück ein Schleiertanz, da die tatsächlichen Kosten der Euro-Rettung – korrekterweise müsste man von Eurozonen-Rettung sprechen – wie hinter einem Schleier verborgen blieben.[90] Wenn Schäuble morgens beim Rasieren in den Spiegel schaut, wird er sich womöglich fragen (hoffentlich): Bin ich ehrlich? Wenn ich den Bürgern nicht die Wahrheit oder nur die halbe Wahrheit sage, kann ich das vor mir selbst und vor meinem Amtseid, Schaden vom deutschen Volk zu wenden, verantworten? Entscheide ich mich in einer schwankenden Situation für eine Aussage, von der ich hoffe, dass sie wahr ist und bleibt, oder sage ich etwas wider besseres Wissen, weil ich das Publikum nicht unnötig aufscheuchen will? Wer seine Parlamentsreden nachliest, entdeckt überdies einen Hintersinn, der sich erst erschließt, wenn bestimmte politische Entscheidungen getroffen wurden oder befürchtete Ereignisse eingetreten sind.

Manchmal legt er sich auch fest und wird dann festgenagelt: Am 24. Juli 2010 sagte er in einem Interview: »Solange Angela

89 Statement auf einer Pressekonferenz zusammen mit dem spanischen Ministerpräsidenten Mariano Rajoy nach einem Konsultationsgespräch in Madrid. (ARD-Tagesschau, 29. Oktober 2012, 20:00 Uhr)
90 Peer Steinbrück, in: Morgenmagazin von ARD/ZDF, 30. November 2012, Zeitpunkt: 07.30 Uhr. http://www.zdf.de/ZDFmediathek/kanaluebersicht/aktuellste/446#/beitrag/einzelsendung/1785854/Morgenmagazin-vom-30-November-2012

Merkel Bundeskanzlerin ist und ich Finanzminister bin, würden Sie diese Wette verlieren. Die Rettungsschirme laufen aus. Das haben wir klar vereinbart. Griechenland wird insgesamt drei Jahre die Kreditlinien in Anspruch nehmen können. Dann können sie noch fünf Jahre laufen. Danach ist Schluss.«[91] Es kam anders: Die Rettungsschirme sind in eine dauerhafte Institution umgewandelt worden, die Haftungssummen wurden aufgestockt und obendrein wird noch an einer Hebelung gebastelt, um die »Feuerkraft« des ESM zu erhöhen. Ein erster Versuch, die Feuerkraft über eine Versicherungslösung maximal zu verfünffachen, ist bei einem ersten Test kläglich durchgefallen; aber mit Sicherheit knobeln Experten in internationalen Kanzleien, in den nationalen Ministerien, in der EU-Kommission und im ESM selbst über verschiedenen Varianten. Zur Ausreichung neuer Kredite und zum Schuldenerlass gegenüber Griechenland sagte Wolfgang Schäuble, wann immer sich dazu eine Gelegenheit bot, dass es einen Schuldenschnitt für Griechenland nicht geben würde; darüber sei er sich auch mit anderen Euro-Mitgliedstaaten einig; das sei im Übrigen auch mit den Vorschriften des ESM-Vertrages nicht vereinbar. Nun haben wir aber gerade einen faktischen Schuldenschnitt hinter uns, und die Börse erwartet einen weiteren (radikalen) Schuldenschnitt nach der Bundestagswahl am 22. September 2013. Schäubles parlamentarische Einlassung zu einem Schuldenschnitt für Griechenland ist wieder sibyllinisch. Man dürfe keine falschen Anreize für ein Nachlassen der griechischen Reformbemühungen setzen: »Aktuelle Spekulationen über einen Schuldenerlass würden genau diese Anreize setzen ... Die falschen Spekulationen zur falschen Zeit lösen das Problem nicht, sondern sie machen es geradezu unlösbar.«[92] Der

---

91 Im Gespräch: Wolfgang Schäuble (CDU), Bundesfinanzminister: »Die Rettungsschirme laufen aus – das haben wir klar vereinbart«, in: *Frankfurter Allgemeine Zeitung*, 24. Juli 2010.

92 Wolfgang Schäuble, Abgabe einer Regierungserklärung durch den Bundesminister der Finanzen »Fortschritt beim Anpassungsprogramm für Griechenland«, Deutscher Bundestag (Plenarprotokoll 17/212), 30. November 2012, S. 25970 D. – Bemerkenswert ist hier die Bezeichnung »Fortschritt ...« – dabei geht es um einen Schuldenerlass, weil Griechenland keinen Fortschritt bei der Reduktion der Schuldenquote gemacht hat.

flüchtige Leser konnte meinen, Schäuble lehnte einen Schuldenerlass wegen der damit verbundenen »Moral-Hazard«-Problematik ab; in Wirklichkeit meint er, dass über das Unabwendbare heute nicht spekuliert werden sollte. Wahrscheinlich müssen wir auch diese Aussage unter die Rubrik buchen: Wir müssen das Publikum nicht unnötig aufregen, wenn wir überzeugt sind, dass das, was wir tun, sich zum Segen der Eurozone und damit auch zum Segen Deutschlands auswirken wird; denn sonst täten wir es ja nicht.

Die Personen, die daran zweifeln oder sich dieser Politik in den Weg stellen wollen, bekommen seine kalte Verachtung zu spüren. Schäubles Bannstrahl hat jüngst den Präsidenten der deutschen Bundesbank, Jens Weidmann, getroffen. Die Bundesregierung hatte klammheimlich die Fronten gewechselt – von der stabilitätsorientierten Politik der Bundesbank zur Eurozonen-Rettungspolitik Mario Draghis. Zur Haltung Wolfgang Schäubles schrieb Rainer Hank: »Wenn der Finanzminister behauptet, der Kauf von Staatsanleihen sei keine Staatsfinanzierung und dass es zwischen Bundesbank und EZB keinen Konflikt gebe, obwohl beide den Konflikt offen austragen, dann lügt er und verstößt gegen Grundregeln der Logik.«[93]

Ja, es ist eine schwere Zeit für Politiker: Sie glauben, das Richtige zu wollen, und müssen ihren Wählern immer wieder erklären, warum ihre Aussagen und Einschätzungen regelmäßig von der Realität widerlegt werden. Ein Standardargument von Wolfgang Schäuble lautet: Als wir die Währungsunion ausgehandelt haben, konnten wir nicht wissen, dass sich die Welt infolge der Weltfinanzkrise völlig verändern würde: »Wir haben uns damals nicht vorstellen können, dass die Krise eines Landes, das nur einige Prozent der Wirtschaftsleistung der gesamten Euro-Staaten ausmacht, innerhalb von Tagen über die Märkte auf andere Länder überspringen kann.«[94] Würde die Krise auf Deutschland überspringen?

---

93 Rainer Hank, »Zäsur«, in: *Frankfurter Allgemeine Sonntagszeitung,* 9. September 2012, S. 29.
94 Wolfgang Schäuble, »Die Rettungsschirme laufen aus ….«, a.a.O., S. 16.

Niemals – würde Schäuble antworten. Die Krise in Griechenland ist keine Konsequenz der Weltfinanzkrise von 2008; das Überspringen der Krise auf einige Staaten hat auch nichts mit globaler Vernetzung zu tun. Richtig ist dagegen: Die Weltfinanzkrise hat die Schwächen einiger Euroländer gnadenlos aufgedeckt. Oder – um es mit einem bekannten Spottspruch von Warren Buffet zu sagen: »Erst wenn die Ebbe kommt, sieht man, wer keine Badehose anhat.« Über Griechenland sagt Wolfgang Schäuble inzwischen selbst: »Jahrzehntelange Versäumnisse können nicht in zwei Jahren aufgeholt werden.«[95]

In drei weiteren Standardsätzen behauptet Schäuble: »Nur in einem geeinten Europa haben wir – auch wir Deutschen – eine Chance, uns im globalen Wettbewerb zu behaupten ... Wir würden wahrscheinlich unter massiven Auf- und Abwertungen in Europa leiden und unsere wirtschaftliche Lage und unser Arbeitsmarkt wären dramatisch schlechter ... Niemand profitiert von Europa mehr als wir Deutschen.«[96] Abgesehen davon, dass alle diese Sätze einer empirischen Überprüfung nicht standhalten, wie im vierten Kapitel gezeigt wird, sind sie auch töricht. Wenn die Zuarbeiter der Regierungen in der Eurozone solche Statements lesen und auswerten, werden sie ihre politischen Chefs entsprechend munitionieren: Wenn die Deutschen mehr als andere von der Währungsunion profitierten, dann sollen sie nicht mit verschränkten Armen auf ihrem Geldsack sitzen bleiben, sondern ihn zum Wohle Europas und damit auch Deutschlands öffnen.

Parlamentarischer Gegenspieler von Angela Merkel ist Peer Steinbrück. In der Aussprache des Bundestages am 27. Februar 2012 hat er sie mit einem Zitat des Arbeiterführers Ferdinand Lassalle konfrontiert: »Alle große politische Aktion besteht im Aussprechen dessen, was ist, und beginnt damit.«[97] Seine gegen Angela

95 Regierungserklärung von Wolfgang Schäuble, Deutscher Bundestag, 17. Wahlperiode, 212. Sitzung, 30. November 2012, S. 25967 D.
96 Wolfgang Schäuble, ebenda, S. 25971D, S. 25972A.
97 Peer Steinbrück, Deutscher Bundestag, 17. Wahlperiode, 160. Sitzung, 27. Februar 2012, S. 19081C.

Merkel gerichteten Vorwürfe, ihr Schleiertanz verberge die bittere Wahrheit und führe die Bürger hinter die Fichte, muss er auch gegen sich selbst gelten lassen. Wir steckten bereits bis zum Bauchnabel in einer Haftungsunion, wirft er der Kanzlerin vor. [98] Haftungsunion ist bloß ein anderes Wort für Schuldenunion. Und wer da bis zum Bauchnabel drinsteckt, der wird auch in diesem »Schuldensumpf« (Holger Steltzner) versinken. [99] Bisher hat die Sozialdemokratische Bundestagsfraktion jede Entscheidung der Bundesregierung mitgetragen. Mehr noch als das: Sie hat der Kanzlerin zur parlamentarischen Mehrheit verholfen. Ohne Sozialdemokraten und Grüne wäre die Euro-Rettungspolitik gescheitert, da die Kanzlerin ja nicht mehr über eine eigene Mehrheit verfügt. Im Gegensatz zur Kanzlerin sind der SPD-Vorsitzende Sigmar Gabriel und Peer Steinbrück von Anfang an für eine gemeinsame europäische Schuldenhaftung eingetreten. Deutschland solle schwächeren Ländern seine Bonität und Solidarität zur Verfügung stellen. Dafür dürfe es aber eine Gegenleistung einfordern: »Es bedarf einer Instanz im Euroraum, die Durchgriffsrechte auf die nationale Haushaltsführung hat.« Doch sei die Umsetzung eines solchen Konzepts sehr anspruchsvoll; es gehe auch nicht, ohne die Bürger zu fragen. [100] Hier sendet Peer Steinbrück widersprüchliche Signale aus:

➤ Wir sind solidarisch – ohne Grenzen – mit den notleidenden Schuldnerländern;
➤ im Gegenzug sollen haushaltspolitische Durchgriffsrechte installiert werden;
➤ die Bürger sollen darüber abstimmen.

Was meint Steinbrück? Seht her, Schuldnerstaaten der Eurozone, wir lassen euch nicht im Stich, aber leider können wir nicht so, wie

---

98 Peer Steinbrück, Aussprache Bundeskanzlerin und Bundeskanzleramt, 207. Sitzung, 17. Wahlperiode, 21. November 2012, Plenarprotokoll S. 25228 A.

99 Holger Steltzner, »Mehr Kredit für null Zins« – »Die nächsten 44 Milliarden Euro fließen nach Athen. Doch geschenktes Geld und Buchungstricks retten Griechenland nicht aus dem Schuldensumpf«, in: *Frankfurter Allgemeine Zeitung*, 27. November 2012.

100 Peer Steinbrück, Interview mit der *Süddeutschen Zeitung*, 11. August 2012.

wir wollen? Wenn die Bürger abstimmen dürfen, werden sie »nein« sagen. Oder meint er: Wir machen es und sagen den Bürgern, dass sie später darüber abstimmen können? Aber dann wäre es zu spät; rückgängig machen ließe sich das nicht mehr. Um es kurz zu machen: Eine Auswertung der Einlassungen von Steinbrück lassen eher als bei Frau Merkel den Eindruck aufkommen, dass er die Bürger hinter die Fichte führe. So verschweigt er, wer in Deutschland die Kosten für diesen Nord-Süd-Transfer zu zahlen hätte. Die Leute mit Vermögen stehen bei den Beratern Schlange, um ihr Geld in Sicherheit zu bringen. Die Zeche werden die Bürger bezahlen, die über etwas Geldvermögen verfügen und darauf vertrauen müssen, dass der Staat ihre finanziellen Leistungen für die Rentenversicherung als ehrlicher Treuhänder verwaltet. Dass die Banken für die Euro-Rettung eintreten, kann man ja verstehen; schließlich sind sie die Hauptnutznießer der Beseitigung des Bailout-Verbotes. Aber warum will Steinbrück, dass ausgerechnet die Bürger bluten sollen, die sich von dem Slogan »soziale Gerechtigkeit« angesprochen fühlen und deswegen SPD wählen?

Was Steinbrück von der Kanzlerin fordert, sollte er auch für sich selbst beherzigen: sich ehrlich zu machen. Der Kanzlerkandidat will den Banken den Eigenhandel verbieten – doch soll das stärkste Marktsegment, der Handel mit Staatsanleihen, ausgenommen bleiben. Der Nebeneffekt einer solchen Regelung wäre, dass lästige Konkurrenten um die Mittel der Banken ausgeschaltet werden könnten.[101] Schlecht ist, wer Böses dabei denkt.

4. Die europäische Bühne

Auf Europas politischer Bühne spielt Jean-Claude Juncker die Hauptrolle. Als luxemburgischer Ministerpräsident hat er bei allen Verhandlungen des europäischen Rates und des Ecofin-Rates mitgewirkt. Er war von 2004 bis 2012 Vorsitzender der Eurogruppe. Niemand unter den verantwortlichen Politikern kennt Europa

---

101 Vgl. hierzu im Gespräch Markus Sievers: »Hedgefonds, das sind die Guten«, in: *Frankfurter Allgemeine Zeitung,* 8. November 2012, S. 19.

und sein politisches Personal besser als er. Ihm kommt zugute, dass er als Vertreter eines kleinen Landes seinen Kollegen kaum Furcht einflößt und an der Nahtstelle der französischen und deutschen Kultur beide Völker versteht, zumal er deren Sprachen perfekt beherrscht. Darüber hinaus ist er mit jedermann gut Freund. Die von ihm auf Helmut Kohl gehaltene Laudatio anlässlich der Verleihung des Hanns-Martin-Schleyer-Preises im Jahre 2009 zeigt seine Vertrautheit mit den Großen in der Politik.[102] Er kann mit Menschen umgehen und spielt dabei die Rolle des guten Kumpels. Sein Begrüßungsritual ist sehenswert: Den früheren Chef der Deutschen Bank, Josef Ackermann, begrüßt er nach der Art zweier Boxer, die ihre Fäuste gegeneinander knuffen; er herzt François Hollande; Gerhard Schröder nimmt er in beide Arme; dem Präsidenten des Europäischen Parlaments, Martin Schulz, legt er seine Hand auf den Rücken; Zyperns Präsident begrüßt er mit einem Kuss auf die Stirn; den griechischen Finanzminister Yannis Stournaras muntert er auf, indem er seine rechte Hand auf dessen linke Schulter legt; seine linke Hand ruht auf Angela Merkels rechter Schulter; vielleicht will er sie nachgiebiger stimmen. Jean-Claude Juncker ist der Handaufleger Europas.

Bei aller Jovialität ist Juncker ein Verhandler, der sich auch schmutziger Tricks bedient. Als die CSU auf einer Klausurtagung über die Risiken der Währungsunion diskutierte, wurde Juncker, der vorgetragen hatte, gefragt, ob nicht Transferleistungen in einer großen Europäischen Wirtschafts- und Währungsunion eher möglich seien als in einer kleinen. Seine Antwort lautete: »Transferleistungen sind so absurd wie eine Hungersnot in Bayern.« Edmund Stoiber hat diese Einschätzung im Deutschen Bundesrat vorgetragen, um zu betonen, dass es keine Transfers geben würde. Er hat hinzugefügt: »Ich bin sicher dass eine Hungersnot in Bayern eine absolute Absurdität ist und sein wird.«[103] Und dann wirkte Jun-

---

102 Jean-Claude Juncker, Laudatio auf Helmut Kohl, Verleihung des Hanns-Martin-Schleyer-Preises 2008/9, in: Veröffentlichungen der Hanns-Martin-Schleyer-Stiftung, Bd. 76, Köln 2009, S. 27ff.
103 Edmund Stoiber, Bundesrat, 724. Sitzung, 24. April 1998, S. 203 C.

cker als Chef der Eurogruppe daran mit, die No-Bailout-Klausel zu Fall bringen.

Auf die Frage »Wieso eigentlich konnte Griechenland dem Euro beitreten?« antwortete Juncker, die Finanzminister der Eurogruppe hätten seinerzeit entschieden, dass sich das statistische Amt in der EU (Eurostat) in den nationalen Büchern nicht umschauen dürfe. Unter dem Eindruck einer schon damals europakritischen Stimmung hätten sie sich gesagt: »Zu viel Europa schadet!« So hätte niemand mit der eigentlich gebotenen Gründlichkeit die Korrektheit der griechischen Zahlen prüfen können.[104] Nun gibt es verschiedene Ansichten über den erschlichenen Eintritt der Griechen, aber die Erkenntnis, dass die eurokritischen Bürger die Malaise zu verantworten haben, ist wirklich originell.

Zum bürokratischen Moloch Brüssel sagt Juncker: »Warum nehmen wir eigentlich Unwahrheiten über Europa mittlerweile widerstandslos hin? Die EU-Verwaltung hat weniger Beamte als die Stadt Köln.« Während in Köln beispielsweise auch die Straßenreinigung zu den öffentlichen Aufgaben gehört, sitzt in Brüssel das Gehirn der EU. Da wird von den Beamten nicht das Papier von den Straßen gefegt, sondern sie produzieren das Papier, das die Verwaltungen in allen Staaten und Städten der EU beschäftigt und dort die Bürokratie anschwellen lässt. Edmund Stoiber nennt dagegen – wohl aus unmittelbarer Anschauung vor Ort – den Brüsseler Moloch beim Namen, der durch Gesetze und Verordnungen Kosten in Höhe von 360 Milliarden Euro jährlich verursache.[105] Der schiefe Vergleich Junckers beruhigt die Bürger nicht, sondern lässt sie Verdacht schöpfen, dass er sie für dumm verkaufen will.

Junckers Vorschlag, gemeinschaftliche Anleihen (Euro-Bonds) aufzulegen, hat die deutsche Bundesregierung sogleich widerspro-

104 »Wer den Wählern nachläuft, der sieht sie nur von hinten.« Luxemburgs Premier Jean-Claude Juncker und Bayerns Ex-Ministerpräsident Edmund Stoiber, in: *Süddeutsche Zeitung*, 21. Mai 2011.
105 Ebenda.

chen: Wenn die einen für die Finanzierung hafteten und die anderen das Geld ausgäben, würde der Druck in Richtung Haushaltskonsolidierung nachlassen. Daraufhin warf Juncker der Kanzlerin vor, auf uneuropäische Art europäische Geschäfte zu erledigen: »Deutschland denkt da ein bisschen simpel.«[106] Euro-Bonds hätten in Deutschland ein völlig falsches Image: »Richtig ausgestaltet sind sie ein Instrument, unsolide Staaten zu mehr Haushaltsdisziplin anzuhalten.«[107] Zugang zu den Euro-Bonds hätte nur, wer sich zu strikter Finanzdisziplin verpflichtet. Und wer seine Verpflichtungen nicht einhält? Junckers Antwort lautet: «Wer vom Konsolidierungspfad abweicht, würde ebenfalls vom Euro-Bond-Markt ausgeschlossen. Das würde einen viel wirksameren Anreiz zu tugendhaftem Verhalten setzen als jeder Stabilitätspakt.«[108] Und wenn dieser Ausschluss den oft bemühten »Kladderadatsch« in der Eurozone auslöste, würden dann die anderen Mitgliedstaaten bloß dastehen und zugucken? Wenn Griechenland auf ewig Mitglied in der Eurozone bleiben soll, dann würden auch auf ewig Euro-Bonds zusammen mit den Sündern aufgelegt.

Zu den Sündern gehören in erster Linie die Politiker selbst, wenn sie die Bürger mit Halbwahrheiten, Notlügen und glatten Lügen beruhigen möchten oder sie zu täuschen gezwungen sehen. Da befindet sich Juncker in vorderster Front. Da nicht anzunehmen ist, dass er ein notorischer Lügner ist, wird er wohl glauben, die Wahrheit nicht sagen zu können. So hat Juncker, als der Bund der Steuerzahler das Anfang April 2010 geschnürte Hilfspaket attackierte, beschwichtigt, die gesamte Eurozone profitiere von dem verabredeten Nothilfeplan, weil dieser die Währungsunion schütze. Steuerzahler, vor allem aus Deutschland, müssten sich nicht um ihr Geld sorgen. Die Euroländer vergeben »ganz normale Kre-

---

106 Jean-Claude Juncker, Interview, in: *Die Zeit*, 9. Dezember 2010.
107 »Deutschland ist der Profiteur«, Spiegel-Gespräch, in: *Der Spiegel*, 4/2011, S. 40, – Einen entsprechend ausgearbeiteten Vorschlag hat er mit dem italienischen Wirtschafts- und Finanzminister Giulio Tremonti vorgelegt: Euro-wide bonds would help to end the crisis, in: *Financial Times*, December 6, 2010.
108 »Deutschland ist der Profiteur«, a.a.O., S. 40.

dite, die mit Zinsen zurückgezahlt werden«, sagte Juncker.[109] Wir wissen inzwischen, dass Griechenland ein offenes Loch ist. Vielleicht hat Juncker sogar angenommen, dass Griechenland Tilgung und Rückzahlung leisten könne; aber das macht es ja nicht besser. Es ist kein beruhigendes Gefühl, Politiker zu haben, die nicht wissen, was sie tun. Sie werden von den Entwicklungen in den Krisenländern und auf den Kapitalmärkten geradezu überrollt, sind kopflos und laufen wie ein Haufen aufgescheuchter Hühner umher. Werner Mussler, aufmerksamer Beobachter des Geschehens vor Ort, schrieb nach einer Nachtsitzung der Eurogruppe: Was deren Vorsitzender in der Nacht noch unter die Leute gebracht habe, zeuge von einer Hilflosigkeit, die in diesem Ausmaße neu sei; die Euro-Staaten seien sich offenbar nicht nur uneins, es sei noch schlimmer: »Die Minister wissen nicht, was sie tun sollen – und sind sich nicht bewusst, welche Wirkungen ihre diffusen und widersprüchlichen Äußerungen haben.«[110]

Nun zu einem Akteur, der nicht im Rampenlicht steht, aber als Chef des EFSF und des ESM eine wichtige Rolle spielt. Obwohl alle Politiker öffentlich das nationale und das europäische Wohl gleichsetzen – wenn es der Währungsunion nützt, dann ist es auch gut für uns –, trachten sie bei der Besetzung der herausgehobenen Positionen einen nationalen Kandidaten durchzubringen: Erst hat Chirac darauf gedrängt, dass Jean-Claude Trichet vorzeitig Präsident der EZB wurde (mit Erfolg); Angela Merkel hat versucht, als Nachfolger Trichets Axel Weber in Stellung zu bringen (ohne Erfolg); sodann hat der italienische Ministerpräsident für Mario Draghi antichambriert (mit Erfolg). Nicht dass die Politiker, wenn sie das tun, die Partnerstaaten bestimmen wollen; doch hoffen sie zumindest zu verhindern, dass ihrem Land ein fremder Wille aufgedrückt wird. Daher könnte man annehmen, dass die deutsche Bundesregierung als größter Zahler auf dem Deutschen Klaus

---

109 Zitiert aus: Cerstin Gammelin und Claus Hulverscheidt, »Versprechen an Griechenland wirkt«, in: *Süddeutsche Zeitung,* 13. April 2010.
110 Werner Mussler, »Schwarzer Montag«, in: *Frankfurter Allgemeine Zeitung,* 13. Juli 2011, S. 9.

Regling als Vorsitzenden des EFSF und des nachfolgenden ESM bestanden hätte. Wäre es so gewesen, dann wäre es verlorene Liebesmüh gewesen. Wenn man Reglings Statements zur Belastung des deutschen Staatshaushalts und damit auch der Steuerzahler verfolgt, dann scheint seine Hauptfunktion die zu sein, deutsche Steuerzahler in Sicherheit zu wiegen. Zur Gefahr, dass die Gläubigerstaaten bei Griechenland Geld verlieren, sagte er: »Wieso? Wir machen doch weiterhin Gewinn. Die Kreditzinsen, die wir kassieren, sind immer noch höher als unsere Kosten für die Kapitalaufnahme.«[111] Und noch jetzt erwartet Regling, dass Griechenland trotz seiner schwierigen Situation die Hilfskredite seiner Institution zurückzahlen werde: »Ja, ich gehe davon aus, dass wir keine Verluste machen und unser Geld zurückbekommen.«[112] Nach der »Methode Enzensberger« könnte man nun fragen: Halten Sie diese Aussage von Klaus Regling für eine durch Fakten begründete Vermutung? Ja Nein ; für Reglings tatsächliche Auffassung? Ja Nein ; für eine bewusste Täuschung des Publikums? Ja Nein .

Auch Reglings Versiertheit in finanziellen Sachverhalten ist in Zweifel zu ziehen. Im Herbst des Jahres 2011 ist er mit dem Klingelbeutel durch Asien gereist, um die großen Investoren für ein gehebeltes Finanzprodukt des EFSF zu interessieren. Die deutsche Bundesregierung hatte ein Versicherungsmodell entwickeln lassen, wonach die ersten 20 Prozent Verlust der vom EFSF ausgegebenen Anleihen versichert wären. Die finanzielle Unterlegung des EFSF hätte dann maximal um das Fünffache gesteigert werden können. Wenn der Ausgabekurs von Anleihen des EFSF von 100 auf einen Wert in Höhe von 79 fallen würde, dann wäre ein Verlust in Höhe von 20 Prozent versichert gewesen. Aber jetzt kommen die Unklarheiten. Wäre diese Versicherung sofort ausbezahlt worden?

---

111 »Bisher ist das Retten ein gutes Geschäft für Deutschland«, Interview, in: *Frankfurter Allgemeine Sonntagszeitung*, 17. Juli 2011, S. 31.
112 ESM-Chef erwartet keine Verluste bei Griechenland. http://de.reuters.com/article/idDEBEE8AI00R20121119

Wohl kaum, denn der Kurs hätte sich ja wieder erholen können. Wahrscheinlich haben die potentiellen Investoren zusätzlich folgende zwei Fragen gestellt. Erste Frage: Wenn das Produkt so gut ist, warum finden sich dann im reichen Europa nicht genügend Interessenten? Zweite Frage: Wenn die Versicherungssumme fällig wird, welche Telefonnummer wähle ich, um an mein Geld zu kommen? Wenn Regling sich dann gedreht und gewunden hätte, weil sich in der Eurozone kein Mitgliedstaat würde vordrängen wollen, werden sich die Interessenten enttäuscht in Richtung Buffet entfernt haben. Der Emissär kam mit leerem Klingelbeutel zurück und das Projekt wurde begraben – vorerst jedenfalls.

ZWEITES KAPITEL

Der Riss durch die Eurozone

I. Die Politik bekämpft Probleme, die es ohne den Euro nicht gäbe

Wer vor der Währungsunion nach Griechenland reiste, kam in ein glückliches Land. Es war weniger fortschrittlich als heute – auf manchen Straßen sah der Besucher mehr Esel als Autos –, aber die Menschen schienen zufrieden, die Wirte waren gastfreundlich und mitunter großzügig. Und überall Altertümer. Viel hätte sich nicht geändert, wenn Griechenland nicht Mitglied der Währungsunion geworden wäre. Heute kauft es mit geliehenem Geld entwertete griechische Anleihen zurück. Dieses Land steht am Abgrund, weil es Mitglied der Währungsunion geworden ist.

Die Mitgliedschaft in der Währungsunion schien den Kandidaten seinerzeit so attraktiv, weil sie hofften, in den Genuss des niedrigen deutschen Zinsniveaus zu kommen und auch auf die Politik der Europäischen Zentralbank einwirken zu können. Vor allem Frankreich wollte die deutsche »Atombombe«, die D-Mark und die Bundesbank als Hüterin der Ankerwährung, unter eine gemeinsame Kontrolle bringen. Der deutsche Wunsch nach Wiedervereinigung war dann der Hebel, um die schiefe Balance im Europäischen Währungssystem, die Deutsche Bundesbank als unabhängige und die Banque de France als abhängige Variable, wieder ins Lot zu bringen.

Wenn der frühere Kanzler Helmut Kohl und der frühere deutsche Außenminister Hans-Dietrich Genscher zurückweisen, dass es ein solches Junktim gegeben habe, so haben sie aus ihrer Perspektive nicht Unrecht. Sie hätten die Deutsche Bundesbank und die D-Mark auch ohne das Ereignis der Wiedervereinigung europäisiert. Obwohl beide wussten, dass eine hinkende Währungsunion – mit dem geldpolitischen Bein gehen wir voran, das politische Bein ziehen wir nach – ein höchst riskantes Unterfangen war, haben sie nicht auf der politischen Fundamentierung bestanden. Da Kohl der festen Überzeugung war, die D-Mark europäisieren zu müssen – nicht als Opfer, sondern als Morgengabe[113] für die europäische Braut –, hat er wohl darauf gehofft, dass die auf Maastricht folgende Konferenz in Amsterdam und die Einsicht in die politische Notwendigkeit den Unterbau schaffen würden. Es ist nicht dazu gekommen.

Allen Mitgliedstaaten wurden die niedrigen deutschen Zinsen zuteil, doch wurden sie nicht für Sanierung und Modernisierung genutzt, sondern um ein großes Fass aufzumachen und zu feiern. Öffentliche wie die privaten Haushalte ließen sich zu exzessiver Verschuldung verführen, weil die Zinslast im Vergleich zu früher lächerlich gering schien. Jetzt sind sie überschuldet und niemand will ihnen mehr Geld leihen. Besser Informierte werden dabei auch satte Gewinne mitgenommen und in Sicherheit gebracht haben. Für den Eintritt in die Währungsunion büßen nun die Leute, die wie bisher ihrem Broterwerb nachgegangen sind und deren Einkommen kaum mehr als das Existenzminimum abdeckt.

Diese Länder sind wegen der früheren Exzesse und wegen der ihnen auferlegten Spar- und Reformprogramme in eine Rezession hineingeraten. Weitere Sparauflagen stoßen sie noch tiefer in Depression und Verzweiflung hinein. Das international renommierte britische Wirtschaftsmagazin *The Economist* spottete über solche Versuche zur Gesundung der Eurozone: »Eines muss man den Europäern lassen, sie sind konsequent. Wenn sie einmal ein falsches Programm aufgelegt haben, so bleiben sie auch dabei.« Wer als

---

113   Vgl. Zweites Kapitel, II.2 (Wiedervereinigung und Abschaffung der D-Mark).

interessierter und zugleich betroffener Beobachter die Politiker von Konferenz zu Konferenz hasten sieht, von den Märkten getrieben und von notleidenden Staaten gerufen, dem kommt es so vor, als ob sie sich wie Artisten an dem Kunststück versuchten, Wasser bergauf fließen zu lassen. Sie versuchen verzweifelt Probleme zu bekämpfen, die es ohne den Euro nicht gäbe.

Inzwischen geht ein zweifacher Riss durch Euroland – ein wirtschaftlicher und ein politischer. Es gibt eine Gruppe von Ländern, die einen stabilen Euro aushalten und gewährleisten könnte, und eine andere Gruppe, die außerhalb des Euro besser dastünde. Haben in den jetzt notleidenden Staaten zuvor konjunkturelle kumulative Prozesse nach oben eine heile Welt vorgegaukelt, so werden sie nun durch kumulative Prozesse nach unten in den Strudel des Untergangs gezogen. Außerhalb der Eurozone könnten sie durch Abwertungen schwindende inländische durch steigende ausländische Nachfrage ersetzen. Da ihnen diese Möglichkeit verwehrt ist, müssen sie von Ländern mit (noch) soliden Finanzen und Leistungsbilanzüberschüssen über Wasser gehalten werden. Zu ihnen gehörten bis vor kurzem die sechs »Triple-A«-Staaten der Eurozone: Frankreich, Niederlande, Luxemburg, Finnland, Österreich und Deutschland. Doch existiert diese Gruppe nicht mehr. Frankreich hat mittlerweile seinen »Triple-A«-Status verloren und befindet sich inzwischen auf der Seite der Mitgliedstaaten, die mehr Unterstützung vom »Norden« verlangen. Der Sozialist François Hollande hält den Kurs Angela Merkels – Hilfe nur gegen Einhaltung der Spar- und Reformauflagen – schon aus ideologischer Überzeugung für falsch; ein ausschlaggebender Grund wird aber auch sein, dass Frankreich selbst wegen sinkender internationaler Wettbewerbsfähigkeit und steigender Arbeitslosigkeit bald zu den Hilfsbedürftigen zählen könnte.

II. Die Politik nahm Deutschland die D-Mark, Europa den Stabilitätsanker

1. Die ungeliebte Ankerwährung

Aus französischer Sicht war die Deutsche Bundesbank ein innen- und außenpolitischer Störenfried. Da die Preissteigerung in Frankreich vor der Währungsunion regelmäßig über der in Deutschland lag und die nationale Industrie auch wegen aggressiver Gewerkschaften an Wettbewerbsfähigkeit verlor, sah sich die französische Regierung immer wieder zu Abwertungen gezwungen. Das sicherte zwar die internationale Wettbewerbsfähigkeit, war aber auch ein nationaler und internationaler Prestigeverlust. Wenn die Zuarbeiter im Kanzleramt erzählten, dass die beiden Staatsmänner François Mitterand und Helmut Kohl sich bei Kaminfeuer und einer Flasche Burgunder geeinigt hatten – wir treffen uns beim Ziel Geldwertstabilität auf der Mitte: etwas weniger Inflation bei uns und ein bisschen mehr bei euch –, dann wusste man gleich, dass das Direktorium der Deutschen Bundesbank sich von den beiden Herren nicht beeindrucken ließ. Wenn es in der Welt Turbulenzen gab und ein informeller Abstimmungsbedarf zwischen den großen Zentralbanken notwendig erschien, so schaute die Bundesbank zunächst nach New York und manchmal auch nach Tokio – damals galt Japan noch als weltwirtschaftliche Macht –, aber niemals nach Paris. Die Banque de France guckte bloß nach Frankfurt, aber nie nach New York oder Tokio. Warum sollte sie auch? Der französische Franc war ja ein Trabant der D-Mark.

Wie war es dazu gekommen? Das vom französischen Staatspräsidenten Valéry Giscard d'Estaing und dem deutschen Bundeskanzler Helmut Schmidt im Jahre 1979 aus der Taufe gehobene Europäische Währungssystem (EWS) war auf Symmetrie ausgelegt. Es war eine Wechselkursunion mit festen Paritäten, die nur gemeinschaftlich verändert werden konnten, verbunden mit bilateralen Interventionen und in der Höhe unbegrenzten Beistandskrediten, die aber nur kurzfristig – für drei Monate mit einmaliger Prolongation um weitere drei Monate – gewährt und auch verzinst wurden. Die Befürchtung, dass wegen der bilateralen Interventionspflichten der Stabilitätskurs der Deutschen Bundesbank unterlaufen werden könnte, bewahrheitete sich nicht. Zwar konnte ein Land, das unter Abwertungsdruck stand, in beliebiger Höhe Devisen von dem entsprechenden Partnerland ausleihen, doch gewann es so bloß eine Atempause, um seine Geld- und Finanzpolitik zu ändern. War es dazu nicht bereit, so war es gezwungen, seine Währung im Rahmen einer konzertierten Aktion, bei der alle EWS-Länder zustimmen mussten, abzuwerten. Im Zeitverlauf zeigte sich dann, dass die EWS-Länder von sich aus D-Mark aufkauften, wenn diese auf den Devisenmärkten unter Druck geriet. Die dahinter stehende Logik ist nachvollziehbar: Irgendwann werde die D-Mark wieder stärker und die eigene Währung schwächer, dann könne man die aufgenommenen Beträge zur Stabilisierung der nationalen Währung einsetzen. So wandelte sich das EWS bilateraler Interventionspflichten zu einem System unilateraler, also einseitiger, Interventionen. Unilaterale Interventionen sind das Kriterium für eine Leit- oder Ankerwährung, wie es auch im untergegangenen Bretton-Woods-System der Fall war. War der US-Dollar aber durch politischen Beschluss als Leitwährung inthronisiert worden, so entschied im EWS das Vertrauen der Anleger über die Herausbildung einer Leitwährung. Es war der Währungswettbewerb, der jeweils die Leitwährung kreierte.

Schließlich wurde allgemein anerkannt, dass der D-Mark die Rolle der Ankerwährung zugefallen war. Die Deutsche Bundesbank war damit die Hüterin der Ankerwährung. Die sich daraus ergebenden Spannungen und die Reaktionen der Bundesbank haben wir im Abschnitt »Die Bundesbank lügt nicht« des ersten Kapitels kennengelernt. Es ging immer um folgende Frage: Sollte die Deutsche Bundesbank bei ihrer jeweiligen Politik auf die konjunkturpolitischen Sorgen der Partnerstaaten achten oder sich zunächst an nationalen Zielen orientieren? Die Konflikte nach der deut-

schen Wiedervereinigung – die Bundesbank bekämpfte einen inflationären Boom, während die Partnerstaaten unter rezessiven Tendenzen litten – zwangen Großbritannien und mit ihm Italien, Spanien und Portugal aus dem EWS auszuscheiden. Diese Länder
konnten dann zu einer autonomen Geld- und Finanzpolitik über-
gehen, die ihre Konjunktur ankurbelten. Die Briten haben aus den
Erfahrungen im EWS die Schlussfolgerung gezogen, in Zukunft
keinem Währungsverbund mehr anzugehören, in dem sie nicht
ihre nationale geldpolitische Autonomie behaupten können. Daher haben sie sich von Anfang an gegen eine Mitgliedschaft in der
Europäischen Währungsunion entschieden.

Im Laufe des Jahres 1993 verlagerte sich die monetäre Auseinandersetzung auf Frankreich und Deutschland. Die Deutsche Bundesbank geriet wieder unter schweres Feuer. Als sich die Konfrontation zuspitzte, hat Theo Waigel eine Währungskonferenz (August 1993) einberufen. Nach langem Ringen ist die Bandbreite für
die Schwankungen der Wechselkurse von ± 2,25 Prozent auf ± 15
Prozent ausgeweitet worden. Damit hatten alle Mitgliedstaaten
ausreichend Spielraum, um ihre jeweiligen wirtschafts- und geldpolitischen Vorstellungen zu realisieren. Nun ergab sich folgendes
Paradoxon: Trotz Erweiterung der Bandbreiten wurden die Wech-
selkursausschläge immer geringer, bis schließlich die Wechselkurs-
bewegungen untereinander und gegenüber Drittstaaten weitgehend parallel verliefen. Auch die verbalen Attacken auf die Deutsche Bundesbank blieben aus, konnte diese doch bei sich abzeich-
nenden Konflikten darauf verweisen, dass der Interventionsspiels-
raum genügend Luft für nationale Alleingänge lasse.[114] Und so
wurde fortan die Bundesbank zur unumstrittenen Hüterin der
Ankerwährung. Wie sich das konkret abspielte und warum das
für Frankreich die Notwendigkeit begründete, auf die Europäisie-

---

114 Vgl. hierzu Joachim Starbatty, Zur Entwicklung der europäischen Währungsunion.
Gedanken zu Oppermanns Kapitel »Währungsunion«, in: Claus Dieter Classen et al.
(Hg.), »In einem vereinten Europa dem Frieden der Welt zu dienen...« Liber ami-
corum Thomas Oppermann (Tübinger Schriften zum Staats- und Verwaltungsrecht,
Bd. 59), Berlin 2001, S. 627–638.

rung der D-Mark hinzuarbeiten, verrät die Arbeitsweise der Hüterin der Ankerwährung.

Leonard Gleske, seinerzeit der »Außenminister« der Bundesbank, hat in einer kleinen Runde den Abstimmungsmodus zwischen Bundesbank und den Zentralbanken der EWS-Länder erläutert. Er rief vor entscheidenden Sitzungen des Zentralbankrates der Bundesbank seine Kollegen an, berichtete über die Sachlage, die Einschätzung des Direktoriums der Bundesbank und die zu erwartende Entscheidung. Nach Schluss der Sitzung rief er wieder seine Kollegen an, erläuterte, dass es so, wie von ihm vermutet, gekommen sei, und beendete die Informationsgespräche mit den Worten, dass sie nun mit Haltung und Entscheidung der Bundesbank vertraut seien und die ihnen richtig erscheinende Konsequenz daraus ziehen könnten. Wie das auf Seiten der jeweiligen nationalen Zentralbank ablief, wissen wir von Rüdiger Dornbusch, einem allzu früh verstorbenen internationalen Währungsexperten. Dornbusch berichtete über eine Begebenheit auf einem Dinner, das die Niederländische Zentralbank ausrichtete. Während des Essens habe ein Bote einen Zettel an Wim Duisenberg, den damaligen Präsidenten, gereicht; der habe kurz auf den Zettel geschaut, ihn zusammengefaltet und an seinen Vize weitergereicht; dann hätten beide Blickkontakt aufgenommen und genickt; der Zettel sei mit einem kurzen Kommentar wieder an den Boten gegangen. Dornbusch habe Duisenberg nach dem Dinner gefragt, was denn auf dem Zettel gestanden habe. Duisenberg antwortete: Die Bundesbank habe den entscheidenden Zinssatz um einen halben Prozentpunkt heraufgesetzt, und ihr gegenseitiges Nicken habe bedeutet, dass sie mitgingen. Daraufhin der trockene Kommentar von Rüdiger Dornbusch: Die geldpolitische Autonomie der Niederländischen Zentralbank dauert genau 30 Sekunden. In anderen EWS-Ländern mag die nationale Autonomie – je nach Beratungsbedarf und nationalem Prestige – mehrere Stunden oder vielleicht sogar Tage betragen haben.

Schließlich gilt es noch das Verhältnis von Politik und Zentralbankleitung zu bedenken. Der frühere Präsident der Deutschen Bundesbank, Hans Tietmeyer, berichtete anlässlich seiner Auszeichnung mit der Ludwig-Erhard-Medaille im Jahre 2000, dass er vom früheren französischen Premierminister Edouard Balladur gefragt worden sei, wie denn die Banque de France ein vergleichbares Ansehen wie die Deutsche Bundesbank erlangen könne. Ob es da ausreiche, die Autonomie der Zentralbank gesetzlich abzusichern. Nein, habe er entgegnet, das sei zu wenig. Wenn es einen Dissens zwischen Politik und Zentralbank gebe und dieser öffentlich werde, dann müsse die Politik der Zentralbank den Vortritt lassen.

Wenn wir zusammenfassen, ergibt sich folgendes Bild:

➤ Die D-Mark ist über den Währungswettbewerb in die Rolle der Ankerwährung hineingewachsen;

➤ die institutionell im EWS-Abkommen angelegte Symmetrie bei den Deviseninterventionen hat sich zu einer asymmetrischen Willensbildung fortentwickelt;

➤ im Zusammenspiel mit der Politik ist die Zentralbank die unabhängige Variable, an deren Entscheidungen sich Politik und auch die Tarifvertragsparteien orientieren;

➤ die D-Mark entwickelte sich in Europa immer mehr zur Zweitwährung; der Währungsraum der D-Mark überstieg das nationale Territorium bei weitem und trug deswegen der Bundesregierung überaus hohe Notenbankgewinne ein.[115]

---

115 Bei dem früheren französischen Staatspräsidenten Valéry Giscard d'Estaing können wir nachlesen: »Im Falle eines Scheiterns der Währungsunion werden wir nicht nur starke Erschütterungen an den Finanzmärkten erleben, sondern auch etwas für uns sehr Peinliches: Die internationalen Märkte werden wahrnehmen, dass es eigentlich bereits eine europäische Währung gibt – die D-Mark.« Quelle: Die hier wiedergegebenen Passagen eines Magazin-Gespräches mit Giscard d'Estaing sind abgedruckt in: »Frankreich will keine Verschiebung des Euro. Aufschub bedeutet Scheitern/ Furcht vor Turbulenzen«, in: *Frankfurter Allgemeine Zeitung*, 17. März 1997.

2. Wiedervereinigung und Abschaffung der D-Mark

Dass diese Rollenverteilung dem tradierten und gelebten Politikverständnis in Frankreich fundamental widerspricht, kann bei Werner Steuer, einem unbestechlichen und wachen Hüter eines stabilen Geldwerts, nachgelesen werden.[116] Die französische Elite, die politische wie die intellektuelle, konnte sich damit nicht abfinden.[117] Im Abschnitt »Porträts der verantwortlichen Politiker« ist nachzulesen, dass über eine europäische Währungsunion auf Regierungsebene diskutiert wurde, bevor an eine deutsche Wiedervereinigung gedacht werden konnte. Man wird erst nach Prüfung aller Dokumente den genauen Zusammenhang zwischen Wiedervereinigung und europäischer Währungsunion ermitteln können. Doch kann man wohl feststellen, dass der ökonomische und politische Zusammenbruch der DDR, die Zustimmung zur Wiedervereinigung und die Einbindung des wiedervereinigten Deutschlands in die Europäische Union der Hebel waren, um erfolgreich die Europäisierung der D-Mark und der Bundesbank zu beschleunigen.[118]

---

116 Werner Steuer, »Gibt es eine europäische Stabilitätskultur?«, in: *Wirtschaftsdienst*, 77. Jg. (1997), H. 2, S. 86–93.

117 Richard von Weizsäcker, exzellenter Frankreichkenner und damals deutscher Bundespräsident, sagt: »Aber wir Deutschen werden uns auf eine nach wie vor unterschiedliche französische Prädisposition entstellen müssen, was die Rolle einer verantwortlich gewählten Regierung gegenüber einem unabhängigen Noteninstitut angeht.« Der Euro ist der Preis der Einheit, Interview, in: Hans-Ulrich Jörges (Hg.), a.a.O., S. 365.

118 Der an den Verhandlungen des Maastricht-Vertrages beteiligte Staatssekretär im Bundeswirtschaftsministerium, Otto Schlecht, berichtet: »Ich habe ja teilweise noch den Maastricht-Vertrag mitverhandelt, und ich war fasziniert über folgende Entwicklung: Wir waren 1988 im Finanzministerium, im Wirtschaftsministerium, sogar im Auswärtigen Amt und im Kanzleramt der Meinung, die europäische Währungsunion habe Zeit. Das Vorhaben wurde in Folge der deutschen Einheit dann ungewollt beschleunigt. Die Franzosen drängten. Sie wollten den Zwei-plus-vier-Vertrag nur akzeptieren, wenn für die europäische Währungsunion ein überschaubarer Zeitplan vereinbart und die Währungsunion zügig vorangetrieben werde. Die deutsche Einheit wäre wahrscheinlich auch so gekommen, dann aber möglicherweise gegen den erklärten Willen Frankreichs.« Otto Schlecht, Diskussionsbeitrag, in: *Ist die deutsche Wirtschaftspolitik richtig?* Symposium 43, herausgegeben von der Ludwig-Erhard-Stiftung, Krefeld 2000, S. 89f. – Für Michael Stürmer gehört es »zur Ironie dieser Geschichte, dass nichts den Euro so gefördert hat wie ein Ereignis, das mit europäischer Währungspolitik nicht das Geringste zu tun hatte: der Sturz der DDR. Solche Ironie indes hat ihren Preis.« (Bedingungen des Euro, in: *Ist die deutsche Wirtschaftspolitik richtig?* a.a.O., S. 52)

Die Wiedervereinigung Deutschlands war kein Ereignis, das alle Politiker in Europa freudig begrüßt haben, immerhin hatte Deutschland zwei verheerende Weltkriege mit seinen europäischen Nachbarn geführt. Ein geteiltes, geschwächtes Deutschland zogen sie aus politischen Gründen einem vereinten Deutschland vor, dessen Stärke sie überschätzten und dessen neue Politikoptionen sie beunruhigten. Die damalige britische Premierministerin Margaret Thatcher rief ihr Kabinett und ihre Vertrauten in Chequers Court, dem Landsitz der britischen Premierminister, zusammen, um die Verlässlichkeit des deutschen Nationalcharakters zu erkunden. Sie ließ sich unter anderem von Norman Stone, einem exzellenten Deutschlandkenner, überzeugen, dass das heutige Deutschland, demokratisch verfasst und auf Frieden eingestellt, keine Bedrohung für die Welt, Europa oder Großbritannien darstelle.[119]

Margaret Thatcher hat bloß diskutieren lassen; François Mitterand hat konkrete politische Schritte unternommen, um die Wiedervereinigung, wie sie sich damals anbahnte, vielleicht zu verhindern oder um sie in eine für Frankreich annehmbare Bahn zu lenken. Erwin Wickert, Karrierediplomat des Auswärtigen Amtes, nannte Mitterands Flug nach Kiew, um den damaligen Kreml-Chef Gorbatschow zu überreden, es beim Status quo zu belassen, einen Vertrauensbruch und politische Peinlichkeit.[120] Und was wird Mitterand mit Modrow, dem Ministerpräsidenten der früheren DDR, bei seinem Blitzbesuch in die DDR im Frühjahr des Jahres 1990 besprochen haben? Halten Sie durch, Herr Ministerpräsident? Erwin Wickert folgert daraus: »Dass die deutschen und französischen Interessen in der Kernfrage unserer Politik auseinandergingen, hätte Anlass sein müssen, diesen Dissens nicht zu übertünchen, sondern in aller Offenheit festzustellen und die langfristigen

---

119 Persönliche Mitteilung von Norman Stone anlässlich des 3. Alfred Müller-Armack-Symposions vom 26. bis 27. Oktober 1995 in Essen. – Norman Stone war zu jener Zeit Professor für moderne Geschichte an der Universität Oxford und von 1987 bis 1990 auch Berater des britischen Außenministeriums unter der Regierung Thatcher.
120 Erwin Wickert, Bis die Maschine im Luftreich der Bürokraten leer läuft, in: Manfred Brunner (Hg.), *Kartenhaus Europa? Abkehr vom Zentralismus – Neuanfang durch Vielfalt*, Bonn Aktuell 1994, S. 227 f.

politischen Ziele beider Regierungen dringendst und in Freundschaft zu koordinieren.« Die Bundesregierung habe dann Mitterand als Beweis, dass Deutschland nie eine gegen Frankreich gerichtete Politik treiben werde, »in den Maastrichter Beschlüssen die D-Mark geschenkt.«[121]

Die Auffassung, dass Wiedervereinigung und Abschaffung der D-Mark ursächlich zusammenhängen, findet sich auch bei politisch Verantwortlichen, die mit der Entwicklung im Zuge der Wiedervereinigung vertraut waren, darüber informiert worden sind oder auch einschlägige Unterlagen anfordern konnten. Für den früheren Bundespräsidenten Richard von Weizsäcker ist der Euro der Preis der Wiedervereinigung.[122] Auch für Gerhard Schröder ist dieser Zusammenhang unbestreitbar.[123] Ein für die Willensbildung der CDU/CSU-Bundestagsfraktion zentrales Papier sieht wegen der mit der Währungsunion erhofften Erfolgsaussichten in der Hingabe der D-Mark »keine Opfergabe mehr für Europa, sondern – eine Morgengabe!«[124] Eine »Morgengabe« ist das Geschenk des Mannes nach vollzogener Hochzeitsnacht. Was mögen die anderen Kandidaten der Braut mitgebracht haben? Dass sie bereit waren, an der Morgengabe zu partizipieren?

Die Stellungnahmen französischer Politiker waren da offener: Mitterand hat die gegenüber dem Maastricht-Vertrag zuerst skeptisch eingestellte Bevölkerung mit dem Argument gelockt, dass man so die Dominanz der Bundesbank loswerde.[125] Der frühere französische Präsident der Banque de France, Jacques de Larosière, hat auf die Frage, ob Frankreich mit der Zustimmung zum Maastricht-Vertrag nicht geldpolitische Souveränität abtrete, ge-

---

121 Erwin Wickert, a.a.O., S. 228.
122 Richard von Weizsäcker, *Der Euro ist der Preis der Einheit,* a.a.O., S. 365: »Die Vereinbarungen von Maastricht waren ja nichts anderes als der Preis für die Wiedervereinigung, ein Preis, den wir in Dankbarkeit und innerer Überzeugung geleistet haben.«
123 Gerhard Schröder, Interview, a.a.O., S. 26.
124 Schäuble/Glos/Seiters/Lamers, Die Währungsunion – Deutschlands Interesse und Verantwortung, in: *Pressedienst,* CDU/CSU-Fraktion im Deutschen Bundestag, 10. September 1997, S. 7.
125 Vgl. hierzu Werner Steuer, Maastricht und der Deutsche Bundestag, in: *Wirtschaftsdienst,* 73. Jg. (1993), H.3, S. 140ff.

antwortet: Im Gegenteil, es gehe darum, sie zu teilen, um sie besser im Interesse Frankreichs und der Gemeinschaft auszuüben.[126] Maurice Allais, französischer Ökonom und Nobelpreisträger, hat die Reaktionen in Frankreich folgendermaßen kommentiert: »Wenn man entsprechende Kommentare aufmerksam verfolgt, so stellt man erstaunt fest, dass als größter Vorzug der Beschlüsse von Maastricht die Abschaffung der D-Mark und die Beseitigung der Inflationshemmnisse, die bislang durch die weise Politik der Bundesbank geschaffen worden waren, angesehen werden.«[127]

Nach dem Aufgehen der Deutschen Bundesbank in das »System der Europäischen Zentralbanken« hat sich die Form der geldpolitischen Willensbildung von der Asymmetrie zur Symmetrie gewandelt. Jetzt hat die Deutsche Bundesbank wie jede andere Zentralbank im Zentralbankrat nur eine Stimme entsprechend dem Prinzip »one country, one vote«. Es ist in der Welt einmalig, dass Länder mit 80 Millionen Einwohnern und solche mit 400.000 Einwohnern, Länder mit einem Kapitalanteil von 27 Prozent an der Europäischen Zentralbank und solche mit 0,09 Prozent Anteil jeweils eine Stimme haben.[128] Sicherlich, Deutschland kann einen Sitz im Direktorium beanspruchen wie auch Frankreich und Italien, doch wird darüber hier in den beteiligten Gremien entschieden. Freilich, wenn alle Völker aus einem Holz geschnitzt sind und sie alle das Ziel »Geldwertstabilität« hoch halten, spielt die natio-

---

126 Jacques de Larosière, »Wir wollen unsere Souveränität behalten«, abgedruckt in: *Deutsche Bundesbank*, Auszüge aus Presseartikeln, Nr. 7 vom 28. Januar 1992.
127 *Le Figaro*, 29.4.1997. Übersetzt (»Soll der Vertrag von Maastricht ratifiziert werden?«) und abgedruckt in: Deutsche Bundesbank, Auszüge aus Presseartikeln, Nr. 35/13.5.1992, S. 10.
128 Die beschlossene neue Ordnung für das ESZB verstärkt die ohnehin schon fragwürdige Durchwebung der Organisation der europäischen Geldpolitik mit pseudo-demokratischen Elementen. Bei der Einteilung der Euro-Staaten in drei Gruppen und der Einführung eines Rotationsprinzips für die Repräsentation der einzelnen nationalen Zentralbanken im Europäischen Zentralbankrat ist es möglich, dass die deutsche Zentralbank temporär weder Sitz noch Stimme hat. Eine derartig merkwürdige Organisationsstruktur ist nicht mit »demokratischen« Regeln und schon gar nicht mit den funktionellen Notwendigkeiten einer Geldpolitik zu erklären. Dies ist auch international eine Besonderheit. Die US-amerikanische Organisationsstruktur ist demgegenüber angemessener und berücksichtigt die Bedeutung der einzelnen »States« für die Geldpolitik. Wirtschaftlich bedeutende »States« haben einen ständigen Sitz im Entscheidungsgremium. Die europäische Regelung dagegen ist eine Fehlkonstruktion.

nale Zusammensetzung keine Rolle. Daher haben zunächst gerade deutsche Notenbanker begeistert vom Klima wohltuender Übereinstimmung gesprochen. Aber wie blauäugig diese Auffassung war, wissen wir inzwischen. Doch muss man ehrlicherweise hinzufügen: Wenn die deutsche Bundesregierung gesagt hätte: »Mit uns gibt es keinen unbegrenzten Ankauf von Staatsanleihen«, wäre die Deutsche Bundesbank nicht majorisiert worden.

3. Der politische Kunstfehler – Währungsunion ohne politisches Fundament

Zu Beginn der deutschen Reisefreudigkeit – Mitte der 50er Jahre des vorigen Jahrhunderts – musste man in Italien für 1000 Lire 6,70 DM bezahlen. Im Jahre 1998, als der Europäische Rat der Staats- und Regierungschefs den definitiven Einstieg in die Europäische Währungsunion auf den 1. Januar 1999 festgelegt hatte, kosteten 1000 Lire nur noch 0,98 DM, also noch nicht einmal ein Sechstel des früheren Werts. Im Jahre 1960 musste man für einen »Nouveau Franc« – die Banque de France hatte unter dem damaligen Staatschef Charles de Gaulle gerade drei Nullen auf den alten Francscheinen gestrichen – 1,10 DM bezahlen; im Jahre 1998 kostete er nur noch 0,27 DM, also noch nicht einmal ein Viertel des ursprünglichen Wertes. In dieser Kursentwicklung drückte sich die unterschiedliche Entwicklung der internationalen Konkurrenzfähigkeit aus. Höhere Preissteigerungen und stärkere Anstiege der Lohnkosten mussten durch entsprechende Abwertungen der nationalen Währungen wettgemacht werden. Wenn in einem Land A die Preise um 10 Prozent ansteigen, im Land B aber stabil bleiben, wandert die Nachfrage von Land A nach Land B, wenn nicht das Land A den Verlust internationaler Konkurrenzfähigkeit durch eine entsprechende Abwertung seiner Währung wettmacht.

Da in einer Währungsunion das Wechselkursventil verstopft ist und auch der Zins zur Steuerung der inländischen Nachfrage nicht mehr nationalen Notwendigkeiten folgt, muss institutionell sichergestellt sein, dass Regierungen und maßvolle Gewerkschaften die internationale Wettbewerbsfähigkeit nicht aufs Spiel setzen. Sollte das nicht der Fall sein und Regierungen ihre Politik, die früher zu starken Abwertungen führte, weitertreiben, dann sieht sich eine Währungsunion mit folgenden unausweichlichen Notwendigkeiten konfrontiert:

➤ Ausstieg einzelner Partnerstaaten oder Auseinanderbrechen der Währungsunion;
➤ Rückgewinnung internationaler Konkurrenzfähigkeit durch interne Abwertung: Steuererhöhungen, Kürzung von Staatsausgaben insbesondere von Sozialleistungen, mehrjähriger Lohnverzicht und Reformen besonders auf dem Arbeitsmarkt;
➤ Wandel zu einer Transferunion.

Daher müssen die politischen Weichen auf Vermeidung wettbewerblicher Diskrepanzen gestellt sein. Dies sei bei Gründung der Währungsunion nicht ausreichend bedacht worden, geben die verantwortlichen Politiker mittlerweile zu; daher sei die Eurozone in ihr unheilvolles Dilemma hineingeraten. Das sei der entscheidende Kunstfehler bei der Geburt des Euro gewesen. Es war aber keineswegs so, dass dies den Politikern damals, der Bundesbank oder der ökonomischen Wissenschaft nicht bekannt gewesen wäre.

Die Deutsche Bundesbank hat vor Abschluss des Maastricht-Vertrages auf das fehlende politische Fundament hingewiesen: »Letzten Endes ist eine Währungsunion damit eine nicht kündbare Solidargemeinschaft, die nach aller Erfahrung für ihren dauerhaften Bestand eine weitergehende Bindung in Form einer umfassenden politischen Union benötigt.«[129] Gerade der frühere Bundeskanzler Helmut Kohl war sich des Zusammenhangs von Währungsunion und politischer Union bewusst: »Man kann dies nicht oft genug sagen: Die politische Union ist das unerlässliche Gegenstück zur Wirtschafts- und Währungsunion. Die jüngere Geschichte, und zwar nicht nur die Deutschlands, lehrt uns, dass die Vor-

---

129 Deutsche Bank, Monatsbericht Oktober 1990, S. 41.

stellung, man könne eine Wirtschafts- und Währungsunion ohne politische Union auf Dauer erhalten, abwegig ist.«[130]

Während der Verhandlungen zum Maastricht-Vertrag hat der Kanzler erkennen müssen, dass ihm die Verhandlungspartner auf diesem Wege nicht folgen wollten: Sie wollten eine gemeinsame Währung; zur Abgabe nationaler Kompetenzen waren sie nicht bereit. Der Kanzler habe, so berichtet der frühere EU-Kommissionspräsident Jacques Delors 1997, wählen müssen zwischen einer Währungsunion jetzt und politischer Fundamentierung später oder einem Scheitern des historischen Vorhabens. Dabei habe er ziemlich realistisch die gegebenen Möglichkeiten eingeschätzt und sich für das derzeit Machbare entschieden.[131]

Zwei Gründe werden Kohl zum Einlenken bewogen haben:

➤ Seine unbeirrbare politische Einstellung zur friedlichen Entwicklung der Europäischen Union und deren endgültige Sicherung durch die Europäisierung der D-Mark,

➤ die politische Absicht, auf der nachfolgenden Amsterdam-Konferenz die »Left overs« von Maastricht zu erledigen.

Diese Hoffnung hat getrogen. Allgemein wurde die Konferenz als ein Fehlschlag angesehen. Es hätten die politischen Klassen gesiegt, so die italienische überregionale Tageszeitung *La Stampa,* »die systematisch ihre Doppelzüngigkeit kultivieren, sowohl im Verhältnis untereinander als auch gegenüber den Bürgern.«[132]

Für den früheren Präsidenten der Landeszentralbank Nordrhein-Westfalen, Reimut Jochimsen, bleibt der Vertrag von Amsterdam »ein unsystematisches Stückwerk der Einigung auf den kleinsten gemeinsamen Nenner, ohne durchgreifende integrationspolitische Perspektive, geschweige denn europapolitische Vision

---

130 Helmut Kohl, Bundeskanzler, Deutscher Bundestag, 12. Wahlperiode, 53. Sitzung, stenographischer Bericht, 6. November 1991, S. 4367B/C.
131 Jacques Delors, Spiegel-Gespräch, in: *Der Spiegel,* 25/1997, S. 135.
132 *La Stampa,* abgedruckt in: *Süddeutsche Zeitung,* 16. Juni 1997, S. 4.

jenseits der wiedererstarkten Nationalstaaten.«[133] Jochimsen zitiert noch weitere Kronzeugen: Jacques Delors sprach von einem »Fiasko« und Klaus Hänsch, früherer Präsident des Europäischen Parlaments, von einem »Kraut-und-Rüben«-Vertrag.[134]

Die Architekten des Maastricht-Vertrages wussten durchaus, dass das Experiment Währungsunion scheitern könnte, wenn sich ungleiche Partner zusammenfänden. Daher wurden beitrittswilligen Kandidaten die Erfüllung von Konvergenzkriterien vorgegeben: Sie sollten anhand der Kriterien Preisniveaustabilität, Schuldenstand und laufendes Budgetdefizit, niedrige Langfristzinsen und zweijährige Mitgliedschaft im EWS nachweisen können, dass sie den Anforderungen der Währungsunion als einer Stabilitätsgemeinschaft gewachsen seien. Immer wieder haben Politiker darauf hingewiesen, dass diese Kriterien eng und strikt angewendet werden müssten[135], stattdessen sind sie weit und lax ausgelegt worden. So waren Italien und Finnland weniger als zwei Jahre Mitglied im Wechselkursverbund. Ferner hat der damalige italienische Ministerpräsident Romano Prodi eine Europasteuer eingeführt, die im entscheidenden Jahr 1997 das Haushaltsdefizit von 3,6 exakt auf die geforderten 3,0 Prozent gesenkt hat, zugleich aber seinen Landsleuten versichert, dass sie nach Aufnahme Italiens in die Währungsunion zurückgezahlt würde. Wie es auch geschehen ist.[136] Auch das war allgemein bekannt. Und Frankreich wollte den für die Übernahme der Pensionsverpflichtungen der France Télécom gezahlten Geldbetrag als Defizitminderung geltend machen. Da aber die zukünftigen Verpflichtungen die aktuellen Einnahmen übersteigen würden – warum sonst hätte France Télécom

---

133 Reimut Jochimsen, *Perspektiven der europäischen Wirtschafts- und Währungsunion*, 2. Aufl. 1988, S. 19.
134 Ebenda, S. 15.
135 Siehe hierzu die Entschließung des Deutschen Bundestages vom 2. Dezember 1992.
136 Auch diese Steuer war natürlich umstritten. Der damalige Ministerpräsident Romano Prodi setzte sich aber darüber hinweg: »Am Anfang haben alle deswegen über mich gelacht. Aber ich war sicher, dass es keine großen Widerstände geben würde. Es hat sich gezeigt, dass eine Steuer für Europa anders bewertet wird.« (Spiegel-Gespräch, in: *Der Spiegel*, 52/1997, S. 128)

diese Verpflichtungen loswerden wollen –, gab es Widerspruch bei Eurostat, besonders seitens der deutschen Vertreter.[137] Der SPD-Bundestagsabgeordnete Norbert Wieczorek hoffte, die französische Regierung werde diesen schweren Sündenfall noch korrigieren.[138] Empören mag sich der ehrliche Bürger darüber, dass und wie der französische Antrag schließlich doch positiv beschieden wurde, als – so hat man später von Eingeweihten gehört – die deutschen Vertreter bei der Abstimmung nicht anwesend waren. Natürlich kann man sich auch fragen, warum die deutschen Vertreter zu diesem Zeitpunkt nicht im Raum waren.

Schließlich wurde sogar Griechenland in die Währungsunion aufgenommen. Dass die Haushaltsstatistiken Griechenlands Lücken hatten, ist erst sehr viel später entdeckt und bekannt gemacht geworden. EU-Kommission und Regierungen zeigten sich empört. Dabei wussten interessierte Zeitungsleser bereits im Jahre 2000, dass die griechische Haushaltsstatistik manipuliert war. Und wenn die es wussten, dann wussten es die Fachreferenten des Eurostat (Statistisches Amt der Europäischen Union) mit Sicherheit. Die plausibelste Erklärung für dieses Nicht-wissen-Wollen der Politik lautet: Wäre Griechenland der Beitritt verweigert worden, dann hätte die griechische Regierung auf vorausgegangene »Vorbilder« verweisen können. So hat man sich in Brüssel und in den Hauptstädten der Mitgliedstaaten wohl gesagt: »Schwamm drüber.« Einige Politiker, wie etwa der frühere Finanzminister Theo Waigel, erklären nun, dass sie immer strikt gegen den Beitritt Griechenlands gewesen seien und dass die Nachfolgeregierung aus SPD und Grünen sich der Aufnahme Griechenlands nicht energisch genug widersetzt habe. Wenn Theo Waigel sagt, eine von der CDU/CSU

---

137 Der damalige Chefvolkswirt der BHF-Bank, Hermann Remsperger, kommentierte diesen Vorgang wie folgt: »Das Ergebnis dieser kreativen Budgetierung führt die Intention der Maastricht-Fiskalkriterien ad absurdum: Obwohl die Vereinbarung mit der Télécom insgesamt eine Verschlechterung der französischen Haushaltslage bedeutet, kann für das die WWU-Teilnahme entscheidende Jahr 1997 einmalig eine niedrigere Quote ausgewiesen werden.« »BHF-Bank warnt vor buchhalterischen Tricks beim Haushaltsdefizit«, in: *Frankfurter Allgemeine Zeitung*, 24.9.1996, S. 24.
138 SPD-Experte gegen statistische Tricks beim Qualifikationstext, in: *Handelsblatt*, 18./19. Oktober 1996, S. 9.

geführte Regierung hätte sich gegen Griechenlands Aufnahme in die Eurozone entschieden verwahrt, warum hat er dann im Jahre 1996 (!) die Druckstöcke für die Euro-Noten, die sowohl den lateinischen als auch den griechischen Schriftzug aufweisen, passieren lassen?

4. Die Ankerwährung – von der Hüterin im Stich gelassen

Dass die deutschen Geschäftsbanken für den Euro eingetreten sind, ist bekannt; sie setzten sich geradezu vehement für den Euro ein – eigentlich verwunderlich. Josef Ackermann, damals designierter Vorstandssprecher der Deutschen Bank, wurde anlässlich eines Symposions an der Universität St. Gallen im Frühjahr 1998, also unmittelbar vor dem entscheidenden Ratsgipfel in Brüssel, gefragt, warum ausgerechnet die deutschen Banken so auf den Euro drängten; sie müssten doch wegen des Vertrauensbonus, den die D-Mark genieße, geringere Zinsen zahlen als ihre Konkurrenten in den europäischen Nachbarstaaten und dieser Zinsvorteil ginge bei einer einheitlichen Währung verloren. Josef Ackermann antwortete: Man brauche innerhalb der EU ein »level playing field«, also die gleichen Wettbewerbsbedingungen. Als ihn einige Jahre später schweizerische Banker fragten, ob sie sich nicht auch der Eurozone anschließen sollten, hat er geantwortet: »Vor zehn Jahren hätte ich gesagt, die Schweiz muss in die EU. Heute sage ich: Das muss nicht sein.« Die Schweizer Banken hätten gerade wegen ihres Standorts außerhalb der EU eine außerordentlich starke Position. »Ich sehe das«, sagte Ackermann und erzeugte erfreute Gesichter, »mit Neid.«[139]

Aber die Ankerwährung wurde auch von ihrer Hüterin, der Deutschen Bundesbank, im Stich gelassen. Das Bundesverfassungsgericht hätte den Zug in Richtung Währungsunion noch anhalten können, was natürlich für große Aufregung gesorgt hätte, aber aus heutiger Sicht segensreich gewesen wäre. Dies gilt auch für die Bundesbank. Sie hat ihre Möglichkeit, auf Zeitpunkt und

---

139 *Wirtschaft und Finanzen*, 10. September 2005, S. 1.

Zusammensetzung der Währungsunion Einfluss zu nehmen, nicht genutzt. Der bayerische Ministerpräsident Edmund Stoiber hatte die Bundesbank beauftragt, einen letzten prüfenden Blick auf das gesamte Vorhaben zu werfen. Die Bundesbank hatte von ihren Experten einen Bericht ausarbeiten lassen, der Defizite und Gefahren – erhebliche Konvergenzdefizite, Rückgang der Haushaltsdefizite über Einmalaktionen, mangelnde Berücksichtigung der künftigen Verpflichtungen aus dem Stabilitäts- und Wachstumspakt – ungeschminkt aufgearbeitet hatte. Und dann findet sich in diesem Sachbericht wie ein Irrläufer folgender Satz: »Vor dem Hintergrund der erreichten Konvergenzfortschritte in vielen Mitgliedstaaten und nach Abwägung der noch bestehenden Probleme und Risiken erscheint der Eintritt in die Währungsunion stabilitätspolitisch vertretbar.«[140]

Obwohl Präsidenten der Landeszentralbanken und Mitglieder des Direktoriums zuvor ungeschminkt ihre Sorgen und Befürchtungen ausgedrückt und auf die Defizite im Zuge des vertraglich verlangten Konvergenzprozesses hingewiesen hatten, haben sie alle – ohne Ausnahme – dem Expertenbericht und dem diesem Bericht hinzugefügten Satz zugestimmt. Bislang ist nicht geklärt, auf wessen Antrag er in den Bericht hineingekommen ist. Ob sich die Bundesregierung hätte beeindrucken lassen, wenn die Bundesbank bloß ihren kritischen Bericht, also ohne den befürwortenden Satz, abgeliefert hätte, kann man im Nachhinein kaum beurteilen. Der politische Wille zur Währungsunion war übermächtig, aber die Bundesregierung hätte dann die Bedenken der Instanz, der in der Öffentlichkeit das größte Vertrauen entgegengebracht wurde, beiseite schieben müssen. Wie dem auch sei, dass keines der Mitglieder aufgestanden ist und gesagt hat: »Diesem Satz kann ich nicht zustimmen«, ist doch verwunderlich. Als es darauf ankam, war die Hüterin der Ankerwährung nicht zur Stelle. Dass sie den

---

140 Stellungnahme des Zentralbankrates zur Konvergenzlage in der Europäischen Union im Hinblick auf die dritte Stufe der Wirtschafts- und Währungsunion, abgedruckt in: *Deutsche Bundesbank*, Monatsbericht April 1998, S. 31.

Zug noch hätte anhalten können, ist nicht sicher, aber warum musste sie »grünes Licht« geben? Das Bundesverfassungsgericht verkündete die Ablehnung der Beschwerde der vier Professoren just nach dem Tag, an dem die Deutsche Bundesbank den Start der Währungsunion zum vorgesehenen Zeitpunkt für stabilitätspolitisch vertretbar hielt.

In seinem Rechenschaftsbericht übergeht Hans Tietmeyer diesen Satz und weist auf die mündlich vorgetragenen Besorgnisse in der Sondersitzung des Bundeskabinetts in Bonn am 27. März 1998 hinsichtlich der Nachhaltigkeit der fiskalischen Konvergenz in einigen der vorgeschlagenen Länder.[141] Das konnte den Finanzminister nicht beeindrucken; er verwies auf die bisherigen Erfolge und die Zusicherungen der Regierungen, bisher Versäumtes noch nachholen zu wollen. Er ging – mit stolz geschwellter Brust – mit dem resümierenden Urteil der Bundesbank in Richtung Bundespressekonferenz. Die Vertreter der Bundesbank folgten ihm – enttäuscht und geknickt.

Den Deutschen ist die D-Mark genommen worden, Europa der Stabilitätsanker. Die berechenbare und verlässliche, aber keineswegs dogmatische Politik der Bundesbank hielt die beteiligten Länder auf einem stabilitätspolitischen Kurs. Mit der Schaffung des Euro ist der Stabilitätsanker gelichtet worden und mittlerweile irrt das geldpolitische Schiff auf den monetären Meeren herum, von der Politik unter Druck gesetzt, von den Märkten getrieben. Derzeit herrscht Windstille. Aber damit wird es vorbei sein, wenn Spanien unter den Rettungsschirm schlüpfen muss oder Euro-Staaten auf Schuldenschnitten bestehen.

---

141 Hans Tietmeyer, a.a.O., S. 253f.

III. Die Verführung

1. Eurodividende und Billig-Geld-Politik

Wer verstehen will, warum die Währungsunion in einer existentiellen Krise steckt, muss auf die Geldpolitik der EZB schauen. Sie glaubte, alles richtig zu machen und hat doch dem Euro-Desaster den Weg geebnet. Die öffentlichen Defizite, die private Verschuldung und der Verlust internationaler Wettbewerbsfähigkeit sind die Konsequenzen einer Geldpolitik der EZB, die mit niedrigen Zinsen und Liquiditätsschwemme Regierungen und Individuen dazu verführt hat, einen zu großen Schluck aus der Pulle zu nehmen. Geld war zu reichlich und zu billig zu haben; deswegen kam es zu einem »underpricing of risk«, einer Unterschätzung des Risikos. Mit dieser Feststellung hat Horst Köhler den Nagel auf den Kopf getroffen.[142] Da die Entwicklung des »Harmonisierten Verbraucherpreisindex« (HVPI) für die gesamte Eurozone bei zwei Prozent lag, hat die EZB angenommen, dass von ihrer expansiven Geldpolitik und den niedrigen Zinsen keine Gefahren ausgingen.[143] Doch hat sie besonders in Spanien und Irland die Blasen aufgepumpt, die die Produktionsstruktur verfälscht und öffentliche und private Haushalte zu exzessivem Konsum stimuliert haben. Zugleich sind die Lohnkosten und die Leistungsbilanzdefizite wegen sinkender Wettbewerbsfähigkeit in die Höhe geschossen.

Investoren, Konsumenten und Politiker orientieren ihre Entscheidungen am aktuellen und erwarteten Zinssatz: Unternehmer investieren, wenn ihre abdiskontierten Einnahmeströme über dem aktuellen und erwarteten Zins liegen; Konsumenten prüfen, ob sie jetzt konsumieren oder wegen des attraktiven Zinssatzes auf Konsum verzichten sollten bzw. ob sie sich wegen eines niedrigen Zinssatzes lang Gewünschtes leisten könnten; die öffentlichen »Haus-

---

142 Horst Köhler, Interview, in: *Stern*, Nr. 21, 15. Mai 2008, S. 42–46.
143 Die EZB versucht als Ziel ihrer Geldpolitik, den Anstieg des HVPI (Harmonisierter Verbraucherpreisindex) »unter, aber nahe bei zwei Prozent« zu halten.

hälter« verlangen von ihren Kollegen bei hohen Zinsen, dass sie einen Deckungsvorschlag mitbringen, wenn sie Gutes tun wollen. Die von den Zentralbanken gesteuerten Zinssätze sind der Nervus Rerum aller Volkswirtschaften. Wenn wir dies bedenken, halten wir den Schlüssel zum Verständnis der Eurokrise in der Hand.

Daher müssen wir unser Augenmerk bereits auf den Beginn der Währungsunion richten. Die Erwartung, das niedrige deutsche Zinsniveau mitnehmen zu können – die erhoffte Eurodividende –, war eine entscheidende Triebfeder, um Mitglied der Währungsunion zu werden. Die Europäische Währungsunion setzte sich bei ihrer Gründung aus Auf- und Abwertungsländern zusammen. Zu den Aufwertungsländern zählten insbesondere die Niederlande, Österreich und Deutschland; zu den Abwertungsländern gehörten Frankreich, Italien, Belgien und Luxemburg (wegen der Währungsgemeinschaft mit Belgien), Griechenland, Spanien, Irland und Portugal. Die D-Mark genoss wegen des stabilitätsorientierten und berechenbaren Kurses der Deutschen Bundesbank hohes Ansehen. Aufwertungen der D-Mark waren der Beweis für die starke Wettbewerbskraft Deutschlands. Wegen der im weltweiten Maßstab geringen Inflationsrate in Deutschland und wegen des daher minimalen Anlagerisikos war das Zinsniveau niedrig, zumal die ausländischen Anleger bei Aufwertungen eine Extraprämie erhielten. Bei weltweiten ökonomischen und politischen Erschütterungen floss zusätzlich Kapital nach Deutschland, um Schutz zu suchen – die »Safe-haven«-Funktion der D-Mark. Dies reduzierte noch einmal das deutsche Zinsniveau.

Dagegen zwangen höhere Inflationsraten sowie der Verlust internationaler Konkurrenzfähigkeit die übrigen Beitrittskandidaten immer wieder zu Abwertungen. Da ausländische wie inländische Kapitalanleger die Inflationsrate, den erwartenden Abwertungsverlust oder den entgangenen Aufwertungsgewinn beim Ankauf deutscher Staatsanleihen kompensiert sehen wollten, mussten die Regierungen der Abwertungsländer hohe Zinsen gewähren. Hinzu kam, dass in kritischen Zeiten Kapital abfloss, sodass ihre Zinsen entsprechend zum Rückgang deutscher Zinsen stiegen. Daher bewegten sich vor dem Beitritt die Zinsen für zehnjährige Staatsanleihen in den früheren Abwertungsländern im zweistelligen Bereich; in Griechenland lagen sie sogar über 20 Prozent. Als sich ab 1995 abzeichnete, dass sich der politische Wille durchsetzte, in die Währungsunion am 1. Januar 1999 mit unwiderruflich fixierten Wechselkursen einzusteigen und sie am 1. Januar 2002 mit gemeinsamem Geld zu besiegeln, kauften internationale Kapitalanleger Staatsanleihen der potentiellen Mitgliedstaaten, die zuvor Abwertungsländer waren. Sie gingen davon aus, dass sich die Zinsniveaus angleichen und Abwertungen wie gegenüber der D-Mark ausbleiben würden. Sie betrachteten also die Staatsanleihen der Euroländer als Substitute zu deutschen Staatsanleihen. Die »Spreads«, die Renditeabstände zur Benchmark »D-Mark-Anleihe«, ebneten sich auf nahezu »null« ein. Sie gingen ab dem Jahre 2008 erst leicht, dann deutlich auseinander, weil beim Halten und Erwerb von Staatsanleihen wieder einkalkuliert werden musste, dass Staatsinsolvenzen oder ein Ausscheiden einzelner Mitgliedstaaten aus der Währungsunion nicht mehr auszuschließen war. Teilweise kletterten die Renditen für zehn Jahre laufende Staatsanleihen wieder auf das Niveau vor der Währungsunion.

Wenn wir Profiteure in der Währungsunion suchen, dann finden wir sie in den bisherigen Abwertungsländern. Deutschland war gewissermaßen der stille Teilhaber, der seine Einlagen in das gemeinsame Projekt eingebracht hat, ohne Gegenleistungen dafür zu verlangen. Als Profite können wir die Einsparungen bei der Neuemission von Staatsanleihen im Vergleich zu den Altemissionen mit den meist zweistelligen Zinssätzen ansehen. Das summiert sich zu erheblichen Beträgen. Dieter Spethmann hat beispielhaft die Eurodividende für Italien überschlagen. Bei einer Staatsschuld von gut 115 Prozent des BIP habe es in der Spitze etwa 11 Prozent für 10jährige Staatsanleihen bezahlt. Wenn man das mit den 5 Prozent vergleiche, die Italien ab 1999 zu zahlen gehabt habe, so komme man zu einer Ersparnis an Zinszahlungen allein im Kalenderjahr 1999 in Höhe von bis zu 50 Milliarden Euro.[144] Das wird durch eine Kontrollrechnung bestätigt: Im Jahr 2008 lag die italienische Staatsverschuldung bei 1.665 Milliarden Euro (Quelle: IWF); die Renditen der zehnjährigen italienischen Staatsanleihen lagen zwischen 1998 und 2008 relativ konstant bei zirka 5 Prozent. Im Vergleich zu 1995 ergibt sich also eine Renditedifferenz von 5 Prozent-Punkten. Bezogen auf diese Zinsreduktion sparte Italien allein im Jahr 2008 über 80 Milliarden Euro an Zinszahlungen. Hinzu kommen noch kräftig gesunkene Aufwendungen bei der Finanzierung privater Investitions- und Konsumtätigkeit. Die Ersparnisse in den jährlichen Haushalten haben die Gesamtverschuldung des italienischen Staates in den ersten Jahren der Währungsunion erheblich gedrückt, bis sie schließlich durch Mehrausgaben an anderer Stelle mehr als kompensiert wurden. Generell lässt sich sagen, dass diese Ersparnisse die Haushaltsdefizite per Saldo nicht haben sinken lassen; die »Haushälter« in den nationalen Parlamenten hatten angesichts drastisch gesunkener Zinslast kein Argument mehr, um ihre ausgabenfreudigen Kollegen auf Deckungsvorschläge bei finanzwirksamen Gesetzesinitiativen zu verpflichten. Das haben wir ja oft im eigenen Alltag kennen gelernt: Ein unverhoffter Geldsegen regt die Begehrlichkeit so stark an, dass er bald »verfrühstückt« ist und obendrein ein Loch in die Kasse gerissen wird.

Ein Zweites kommt hinzu. Die Währungsunion ist ein heterogener Wirtschaftsraum mit entwickelten Industriestaaten im Norden und Ländern im Süden, die zu Beginn der Währungsunion zu den Emerging Markets mit einem starken Nachholbedarf an Konsum und Investitionen gerechnet werden konnten. Im Gegensatz zu den Letzteren hatten die Industriestaaten im Norden niedrigere Wachstumsraten und waren auch von der Weltkonjunktur stärker abhängig; daher schlug die weltweite rezessive Tendenz nach dem Platzen der »New-Economy-Blase« und dem weltweiten Schock

---

144 Quelle: »Europa braucht neue Ziele, Dieter Spethmann – vom Industriellen zum politischen Bürger«, in: *Neue Zürcher Zeitung,* 28. August 2012, S. 11.

nach dem terroristischen Angriff auf das World Trade Center am
11. September 2001 stärker auf Italien, insbesondere auf den Norden, Frankreich und auf Deutschland durch. Hinzu kam, dass in
Deutschland die Lasten des Sozialstaates der gewerblichen Wirtschaft die Luft wegdrückten. Damals spotteten die Angelsachsen
über »German Disease« und die Franzosen zeigten Schadenfreude
über »la maladie allemande.« Durchaus verständlich, hatten deutsche Politiker zuvor doch gerne den Besserwisser gespielt.

Die EZB stand damals vor der Alternative, sich am schwächelnden Kerneuropa auszurichten oder an den Peripheriestaaten, deren
Konjunktur wegen der Eurodividende relativ gut – in Anbetracht
der rezessiven Tendenzen weltweit – lief. Auf das Dilemma der
EZB, einen geldpolitischen Mantel zu schneidern, der allen Mitgliedstaaten passen würde – Motto: »one size fits all« –, hat Karl
Otto Pöhl frühzeitig aufmerksam gemacht.[145] Die EZB hat sich am
Kerneuropa orientiert und den Hauptrefinanzierungssatz schließlich auf 2 Prozent gesenkt – ein im langjährigen Vergleich extrem
niedriger Refinanzierungssatz. Zu diesem Zinssatz konnten sich
Geschäftsbanken die benötigte Liquidität von der EZB besorgen.
Und sie nahmen dieses Angebot gerne an. Die Überschuss-Geldmenge – Geldmengenwachstum bereinigt um die Zunahme des Pro-
duktionspotentials – schoss ab Beginn des Jahres 2001 von zirka 2
auf deutlich über 10 Prozent.[146] Die Auswirkungen des Geldmen-
genwachstums waren vor allem in den Peripherieländern zu spüren:

➤ Der Anstieg des Preisniveaus für den privaten Verbrauch lag
   weit über dem Durchschnitt der Eurogruppe[147];

➤ wegen der hohen Wachstumsraten des Bruttoinlandsprodukts
   reichten die nationalen Kapazitäten nicht aus, um den inlän-

---

145 Karl Otto Pöhl, »Von der Mark zum Euro«, in: *Der Spiegel*, Jahreschronik 1997,
S. 295.
146 Vgl. hierzu Joachim Starbatty, Ordnungspolitische Konsequenzen der Wirtschaftskrise, in: Theresia Theurl (Hg.), *Wirtschaftspolitische Konsequenzen der Finanz- und
Wirtschaftskrise*, Schriften des Vereins für Socialpolitik, N.F. Band 329, Berlin 2010,
S. 39.
147 Vgl. hierzu Joachim Starbatty, *Ordnungspolitische Konsequenzen der Wirtschaftskrise*, a.a.O., S. 54.

dischen Bedarf an Konsum und Investitionstätigkeit zu befriedigen;

➤ die ansteigenden Leistungsbilanzsalden zeigten, dass dafür immer stärker ausländische Kapazitäten in Anspruch genommen wurden;

➤ die Arbeitslosenziffern gingen erfreulich stark zurück; beispielhaft seien Spanien und Irland aufgeführt: Die Arbeitslosenquote lag in Spanien vor Beginn der Währungsunion (1998) bei 16 und im Jahre 2007 bei 8 Prozent; die entsprechenden Quoten für Irland lauten 8 und 4,5 Prozent;[148]

➤ die Lohnstückkosten stiegen deutlich an; bei guter Konjunktur – Wachstumstreiber war insbesondere die Baukonjunktur – genehmigten die Unternehmen einen »Schnaps« mehr bei den anstehenden Lohnrunden, weil sie nichts weniger gebrauchen konnten als einen Streik und annahmen, steigende Kosten im Preis weitergeben zu können.

Wenn wir die durchschnittlichen Werte des Euroraumes nehmen, so schien für die geldpolitischen Lenker die Welt in Ordnung gewesen zu sein: der Anstieg des HVPI lag in der Eurozone im Zielbereich, das Wachstum war zufriedenstellend, der Leistungsbilanzsaldo gegenüber den Drittstaaten war nahezu ausgeglichen, die Arbeitslosigkeit ging insbesondere in den Peripheriestaaten zurück und die Staatsverschuldung im Euroraum lag weit unter der der USA, wobei Irland und Spanien sogar auf sinkende Schuldenstände verweisen konnten. Doch in Wirklichkeit verdeckten die Durchschnittswerte die Gefahren, die sich damals schon einem geübten Auge offenbarten.

2. Die verhängnisvollen Folgen

Die Orientierung an Makro- und Durchschnittswerten hat die geldpolitisch Verantwortlichen in die Irre geleitet. Allein Otmar Issing, Chefvolkswirt und früheres Mitglied des Direktoriums

---

148 Thomson Reuters Datastream; Code ESESUNEMO UND IRESUNEMO.

der EZB, hat auf die sehr »akkommodierende Geldpolitik« aufmerksam gemacht und vor den Gefahren gewarnt, die von den niedrigen oder teilweise sogar negativen kurzfristigen Realzinsen ausgingen.[149] Bereinigt man den Hauptrefinanzierungssatz der EZB um den jeweiligen Anstieg des »Harmonisierten Verbraucherpreisindex«, dann war der Realzins für die Peripherieländer Irland, Portugal, Spanien und Griechenland über einen Zeitraum von fünf Jahren (2003 bis 2007) permanent negativ.[150] Hatte die Bundesbank als Hüterin der Ankerwährung den Preisanstieg in allen Mitgliedstaaten des EWS deutlich nach unten gedrückt, so hat ihn die EZB wegen ihrer expansiven Politik – erkennbar am Wachstum der Überschuss-Geldmenge – vor allem in den Peripheriestaaten wieder ansteigen lassen: Während der durchschnittliche Anstieg des HVPI seit 2002 knapp über 2 Prozent lag, war er in der südlichen Peripherie deutlich höher. Wenn der Realzins bei guter Konjunktur negativ ist – teilweise sogar deutlich –, dann spielen die Märkte verrückt. Wer in diesen Zeiten Verantwortliche für die Geldanlage ihrer Banken oder Unternehmen auf die Risiken bestimmter Engagements oder Papiere aufmerksam machte, der bekam regelmäßig zwei Antworten. Erste Antwort: »Was sollen wir denn machen, wir quellen über vor Liquidität.« Zweite Antwort: »Es steht doch ,Triple A' drauf.«

Besonders anfällig für Blasen sind die Immobilienmärkte. Eine Senkung des Zinssatzes von 5 auf 4 Prozent reduziert die Finanzierungskosten um 20 Prozent oder halbiert die Tilgungsdauer von 30 auf 15 Jahre. Da das Angebot an Immobilien oder Bauleistungen verzögert auf die steigende Nachfrage reagiert, steigen die Preise relativ stark an. Dies lockt die Spekulation an, weil ein Investment in Immobilien eine überdurchschnittlich hohe Rendite verspricht. Dies treibt wiederum die Preise. Potentielle Bauherren

---

149 Otmar Issing, »Unsere Strategie ist zukunftsweisend« (Interview), in: *Frankfurter Allgemeine Zeitung*, 9. Februar 2006, S. 13.
150 Vgl. hierzu: Joachim Starbatty, *Ordnungspolitische Konsequenzen der Wirtschaftskrise*, a.a.O., S. 54–56.

und weitere Spekulanten lassen sich davon aber nicht abhalten; sie wollen kaufen und bauen, bevor es noch teurer wird. Wenn dann die Notenbanken die Gefahren solcher Vermögenspreisblasen erkannt haben und den Refinanzierungssatz in Trippelschritten erhöhen – von 2 auf 2,25 Prozent, von 2,25 auf 2,5 Prozent … –, dann wissen die Anleger, dass das so weitergeht, und wollen mit einem raschen Engagement dem erwarteten Zinsanstieg zuvorkommen. Und so treibt dann die Geldpolitik den Boom noch, weil sie prozyklisch und nicht, wie gewollt, antizyklisch wirkt. So war der Erwerb von Immobilien in Irland »Massensport« und in Spanien »Wochenendvergnügen« geworden.[151] Und mancher hat gekauft, nicht weil er das Objekt brauchte, sondern weil alle es taten und Freunde und Verwandte dazu rieten und drängten. Eine Immobilie kann man immer brauchen, sagten sich viele – für die Kinder, zum Vermieten oder für einen späteren Verkauf zu höheren Preisen. Und so ließen sie sich verführen.

Die verheerenden Konsequenzen kann man in Spanien besichtigen. Urbanisationen, die nur zu einem Drittel bewohnt werden, weil die Käufer ausblieben und den Bauträgern das Geld ausging; Häuser mit Plakaten »Zum Verkauf«, weil über den eigenen Bedarf gekauft und gebaut wurde und Mieter zum gewünschten Mietzins nicht zu finden sind oder weil – schlimmer – Erwerber wegen Arbeitslosigkeit ihre Hypotheken nicht bedienen konnten und ihre Häuser verlassen mussten. Zuvor freuten sich alle über die gute Konjunktur, steigende Beschäftigung und höhere Einkommen; dem Staat schwemmte die Scheinblüte auf dem Immobilienmarkt nicht eingeplante Steuereinkommen zu, mit denen er zusätzliche Sozialleistungen finanzieren konnte.

Da Immobilien oft nicht erworben wurden, um sie selbst zu nutzen oder um sie zu vermieten, sondern als Spekulationsobjekte, in der Hoffnung, bei einem späteren Verkauf eine hohe Rendite zu

---

151 Für Spanien gilt, dass der Trend zur Zweitwohnung (Ferienhäuser) besonders stark ausgeprägt ist. Nun sind zusätzlich auch die Bezieher niedriger Einkommen als Nachfrager aufgetreten – ähnlich wie in den USA –, die sich von den real negativen Zinsen haben blenden lassen.

erzielen, wurde Spanien zu einem Eldorado für die Bauwirtschaft und die mit ihr vernetzten Sektoren. Jugendliche ohne Ausbildung fanden dort ihr Auskommen; andere brachen ihre Ausbildung ab, weil sie dort mehr verdienten, als sie später nach ihrer Ausbildung erwarten konnten. Die örtlichen Sparkassen (»cajas«) finanzierten den Boom und verdienten kräftig mit. Da die Steuern wegen der Scheinblüte reichlich flossen, sank sogar die öffentliche Gesamtverschuldung. Das konjunkturelle Perpetuum mobile schien gefunden worden zu sein. Bis die Blase platzte.

Die quantitativen Auswirkungen der Immobilienblase in Spanien zeigen, in wie hohem Maße der Produktionsaufbau in Spanien verzerrt wurde:

➤ Die Preise für Immobilien (Preis in m²) haben sich in der Dekade vor dem Platzen der Blase Mitte 2008 um 270 Prozent erhöht; am 25. Mai 2008 hatten die Immobilienpreise in Spanien ihren Höhepunkt erreicht; danach stürzten sie in einigen regionalen Teilmärkten geradezu ab. In Irland lag der Preisanstieg in der letzten Dekade mit 330 Prozent sogar noch darüber. Die Preise hatten hier im zweiten Quartal 2007 ihren Höhepunkt erreicht. Damit platzte die irische Immobilienblase noch vor jener in den USA;

➤ die Leistungen der Bauindustrie (Konstruktion) vervierfachten sich in diesem Zeitraum; damit stieg der Anteil der Bauindustrie am BIP von 6,5 auf 12,5 Prozent;

➤ dies spiegelt sich auch in der Ausweitung des Sektors »Baumaterialien« wider; so verbauten die Spanier Mitte 2008 mehr als das 3,5-Fache von 1998, mit entsprechenden Auswirkungen auf die Zulieferindustrien. Ähnlich entwickelte sich die Lage in den nachgelagerten Industrien (Sanitär, Gardinen …);

➤ kein Wunder, dass sich die Arbeitslosigkeit in dieser Dekade halbiert hat;

➤ die vergleichsweise hohen Löhne im Bausektor zogen zugleich auch das allgemeine Lohnniveau nach oben;

➤ die starke Expansion der Bauindustrie und die damit verbundene Absorption von Ressourcen haben Industrien, die stärker auf den Export ausgerichtet gewesen wären und als Wachstumsmotoren der Zukunft hätten gelten können, gar nicht zur Entfaltung kommen lassen.[152]

Da die Bauindustrie ausschließlich für den lokalen Markt produzierte und hohe Löhne gezahlt wurden, die zu einem Großteil für importierte Güter verwendet wurden, ist das spanische Leistungsbilanzdefizit weiter in die Höhe getrieben worden. War die Leistungsbilanz Spaniens vor der Währungsunion über einen längeren Zeitraum nahezu ausgeglichen, ist sie danach kräftig ins Minus geraten; das Defizit steigerte sich kontinuierlich ab 2002 über 3, 4, 5, 7 und 9 bis auf 10 Prozent in den Jahren 2007 und 2008. In Griechenland und Portugal lagen die Defizite 2007 mit 14,9 Prozent beziehungsweise 2008 mit 12,8 Prozent sogar noch höher. Das von der Industriestruktur her eher auf Export ausgerichtete Irland wies bis unmittelbar vor Beginn der Währungsunion Überschüsse aus und hatte ein sehr viel geringeres Leistungsbilanzdefizit – knapp 6 Prozent im Jahr 2008; es hat danach das Defizit relativ zügig abgebaut und in den beiden letzten Jahren sogar einen Überschuss erwirtschaftet.[153]

Die Bereinigung dieser stark verzerrten Produktionsstruktur bringt außerordentlich hohe Friktionskosten mit sich. Ein großer Teil dessen, was zuvor für den Immobilienboom gebraucht und hergestellt wurde, muss nun »abgewickelt« werden. Die Bauindustrie mit allen vor- und nachgelagerten Sektoren wird sogar unter das Niveau absinken, das langfristig für die Erstellung von Wohnungen gebraucht wird, weil der Überhang an Wohnungen derzeit Ersatz- und Erneuerungsinvestitionen obsolet erscheinen lässt. Darunter wird Spanien noch lange zu leiden haben. Welche menschlichen Schicksale sich hinter den Verzerrun-

---

152 Die hohen Kapitalimporte flossen nicht in produktive Verwendungen, sondern finanzierten Massenkonsum und verschwenderische Infrastrukturprojekte.
153 Thomson Reuters Datastream; Codes ESEQETETWUA, ESGDP ... A. GREQETWUA. GRGDP ... A, PTEQETWUA, PTGDP ... B, IREQETWUAk, IRGDP ... A

gen der Produktionsstruktur verbergen, zeigt das Beispiel eines gescheiterten Wohnungserwerbs, das für viele spanische Erwerbstätige typisch ist.

Ein Beschäftigter im IT-Bereich kaufte – auf energisches Zuraten seiner Freunde – eine Zwei-Zimmer-Eigentumswohnung in Madrid für 270.000 Euro (!). Er wird arbeitslos; seine Bank gewährt ihm sogleich ein Darlehen von 30.000 Euro für den Betrieb einer Bäckerei; die Bank quillt über vor Liquidität und hat als Sicherheit die Eigentumswohnung. Die Bäckerei erweist sich als ein Flop. Der IT-Fachmann kann weder die Zinszahlungen für die Immobilienhypothek noch für den Personalkredit aufbringen. Seine Eigentumswohnung wird zwangsversteigert. Nach dem Platzen der Blase bringt der Versteigerungserlös aber nur noch die Hälfte des Anschaffungswertes, also 135.000 Euro. Damit hat der Spanier insgesamt 165.000 Euro Schulden für nichts. Aber auch die großzügige Sparkasse gerät in Not. Sie hat insgesamt 300.000 Euro ausgeliehen, erhält aber nur 135.000 Euro zurück. Die restlichen 165.000 Euro muss die Bank abschreiben, weil eine Rückzahlung durch den Schuldner unwahrscheinlich ist. Die spanischen Hypothekenschuldner sind nach der Zwangsräumung – anders als in den USA – ihre Schulden noch nicht los. Wenn sie nicht zahlen können, bleiben die Schulden ein Leben lang an ihnen hängen, und darüber hinaus werden diejenigen mit ins Elend gezogen, die für sie gebürgt hatten. Die Banken nutzten schonungslos die gesetzlichen Möglichkeiten zur Zwangsräumung aus, gegen die sich die Schuldner praktisch nicht wehren konnten.[154]

Und so frisst sich dieses soziale Problem wie ein Geschwür in die spanische Gesellschaft hinein. Ein Ende ist nicht abzusehen, da inzwischen jeder vierte Spanier ohne Arbeit ist. In 16 spanischen Provinzen, vor allem in den südlichen Regionen Spaniens, liegt die Arbeitslosenquote bereits über 30 Prozent. Die Zeitungen berich-

---

154 Vgl. hierzu Sebastian Schoepp, »Die Bank will, dass er auszieht«, in: *Süddeutsche Zeitung*, 9. November 2012, S. 9.

ten immer wieder über Fälle, wo Familien und ältere Menschen ins Elend gestoßen werden und mit einem Schlage alles verlieren, wofür sie ein Leben lang gearbeitet haben. Die frühere sozialistische Regierung Zapatero hatte sich um dieses Drama nicht gekümmert. Inzwischen ist unter der Regierung Rajoy der rechtliche Schutz der Hypotheken-Schuldner verstärkt worden; aber die juristische Umsetzung bleibt immer noch ein Problem. Erst der wachsende gesellschaftliche Druck auf Banken und Politik zeigte Wirkung.[155] Der Tenor lautete: Die Bürger zahlen ein Heidengeld, um die Banken zu retten, die aber ihrerseits Bürger in Not aus ihren Wohnungen vertreiben.[156]

Wenn wir diesen Faden weiterspinnen und auch die Rückzahlungsfähigkeit der Betriebe aus der Bauwirtschaft und der vor- und nachgelagerten Sektoren mit einbeziehen, so konnte und musste man seit dem Platzen der Immobilienblase wissen, dass in Spanien alle »cajas« und auch Großbanken, die unmittelbar oder auch bloß mittelbar, in dem sie die »cajas« finanzierten, im Immobiliensektor engagiert waren, riesige Löcher auf ihrer Aktivseite – also auf der Seite, mit der sie Geld verdienen wollen – haben. Die Regierung Zapatero hat aber diese Probleme, obwohl sie die Opposition darauf aufmerksam machte, nicht sehen wollen. So ist wertvolle Zeit verloren gegangen. Und da nun die Arbeitslosigkeit – strukturell, konjunkturell und aufgrund der mit den Gläubigerstaaten vereinbarten Austerity-Politik – zunimmt, sorgen sich die örtlichen »cajas« und mit ihnen der Staat um den Fortbestand ihrer Existenz. Experten der Bundesbank haben sich beklagt, dass sie wegen der höchst unzureichenden Informationsübermittlung nicht rechtzeitig über das Fiasko der spanischen Banken Bescheid

155 Martin Dahms, »Aus dem eigenen Haus gejagt. Zwangsräumungen in Spanien«, in: *Südwestpresse*, 20. November 2012, S. 3.
156 Inzwischen haben sich Spaniens Banken zu folgendem Arrangement bereitgefunden: Sie verzichten für zwei Jahre auf Zwangsräumungen bei säumigen Schuldnern. Der Verband der spanischen Banken teilte mit, dass Zwangsräumungen *in Fällen äußerster Not* ausgesetzt würden. Auch der Sparkassenverband setzte die Maßnahmen vorerst aus, nachdem Selbstmorde vor anstehenden Zwangsräumungen Proteste ausgelöst hatten. Quelle: Martin Dahms, a.a.O., S. 3.

gewusst hätten.[157] Mit einer soliden volkswirtschaftlichen Grund-
ausbildung und nach einem Blick in überall zugängliche Statistiken hätten alle, die es wissen müssen, wissen können, dass die
vom Immobilienboom erfassten und gebeutelten Mitgliedstaaten
der Eurozone in absehbarer Zeit notleidend würden.

Clemens Fuest, Professor in Oxford und Berater der Bundesregierung, ist überzeugt, dass Immobilienblasen wie die in Spanien
oder Irland ohne die tatkräftige Hilfe der heimischen Banken nicht
hätten entstehen können. Er fügt hinzu: »Und die nationalen Aufseher haben dabei versagt, das zu verhindern.«[158] Ja, hätten denn
die Ämter Leute abstellen sollen, die an den Bankschaltern oder
Schreibtischen stehend die Ausreichung von Immobilienkrediten
hätten untersagen oder auf den jeweiligen Baustellen oder Ver-
kaufsflächen kaufwilligen Bürgern vom leichtfertigen Erwerb hätten abraten sollen? Wir wissen doch: Wenn bei guter Konjunktur
die Realzinsen negativ sind, spielen die Märkte verrückt. Daran
wird kein Aufsichtsorgan etwas ändern können. Daher ist die EZB
mit ihrer Billig-Geld-Politik für die verhängnisvollen Folgen in den
Peripherieländern verantwortlich. Weil deren Repräsentanten sich
am durchschnittlichen Preisanstieg des privaten Verbrauchs orientiert haben, sind ihnen die wirklichen Gefahren ihrer Politik ent-
gangen. Sie hätte vor der Immobilienblase gewarnt, rechtfertigt
sich die EZB. In der Tat sind in den Monatsberichten der EZB
entsprechende Ausführungen zu finden. Aber wer von den Bauherren oder Spekulanten liest sie schon? Wie die EZB es auch dre-
hen und wenden mag, ohne ihre Billig-Geld-Politik hätte es die für
die Peripherieländer so verhängnisvollen Folgen nicht gegeben.

---

157 Siehe hierzu Martin Hesse, Christoph Pauly und Anne Seith, »Schwarze Löcher. Europa ringt um einen Notfallplan für spanische Geldhäuser«, in: *Der Spiegel*, 19/2012,
S. 68.
158 Zitiert in: Martin Hesse et al., a.a.O., S. 68.

IV. Angela Merkels Rechnung geht nicht auf

1. Die Vergeblichkeit des Fiskalpakts

Angela Merkel hat mehrfach gesagt, dass sie für die Eurozone keinen Masterplan habe. Sie gehe Schritt für Schritt und prüfe jeweils, was zu tun sei. Das hört sich vernünftig an: Bei Nebel tut jeder gut daran, auf Sicht zu fahren. Wer bei Dunkelheit in einem dichten Wald den Weg verloren hat, wird vorsichtig nach dem richtigen Weg tasten. Doch hat die Kanzlerin längst ihren Weg gefunden. Wenn sie sagte: Ab heute gilt wieder der Artikel 125 AEUV; wir wollen nicht weiter Recht beugen; ich will auf Paul Kirchhof hören: Das Recht darf nicht auch noch zur Getriebenen der Finanzmärkte werden[159], dann herrschte in allen Parlamenten, Anwaltskanzleien und Regierungen sofort Klarheit: Es wird aus Deutschland kein Geld mehr fließen. Dann wäre das Siechtum der Eurozone in seine entscheidende Krise eingetreten. Genau das will die Kanzlerin nicht. Sie hat sich vielmehr auf folgenden Kurs festgelegt: Zeit zu kaufen, indem Kredite an notleidende Länder ausgereicht werden und die Haftungssummen Schritt für Schritt aufgestockt werden. Doch besteht sie darauf, dass, solange sie regiere, die Zahlungen immer mit Kontrollen der Sparauflagen und Reformzusagen gekoppelt sein müssten; eine Vergemeinschaftung der Schulden etwa über Euro-Bonds lehnt sie weiterhin ab. Ein weiterer zentraler Punkt ihrer Euro-Rettungspolitik ist die Verabschiedung des Fiskalpaktes und die Verankerung von Schuldenbremsen in den nationalen Verfassungen, damit in Zukunft Euro-Staaten nicht mehr wegen unsolider Haushaltsführung auf die finanziellen Hilfen der Partnerstaaten angewiesen seien.

Angela Merkels Schritt-für-Schritt-Methode führt die Euroländer nicht aus der Krise heraus. Wer die Dementis der Bundesregierung auswertet und dabei feststellen muss, dass die Bundeskanzlerin und der Bundesfinanzminister immer wieder neue rote

---

159 Paul Kirchhof, »Verfassungsnot! Die EU steckt in einer Krise, weil Recht missachtet wurde«, in: *Frankfurter Allgemeine Zeitung*, 12. Juli 2012, S. 25.

Linien ziehen – bis hierher und nicht weiter –, den beschleicht das mulmige Gefühl, dass Deutschland, aber auch Frankreich und die anderen haftenden Staaten tiefer und tiefer in die Haftungs- und Schuldenunion hineingeraten.[160] In diesem Sinne hat Michael Sauga nach dem jüngsten Euro-Gipfel zur Bankenunion und zum Umbau der Währungsunion am 13. Dezember 2012 festgestellt, dass aus der gerühmten Strategie der kleinen Schritte in Wirklichkeit ein großer Rückschritt geworden sei: Die geplante Reform der Währungsunion sei vertagt worden, die neue Bankenunion folge dagegen den Wünschen Südeuropas.[161] Der Präsident der EZB, Mario Draghi, und sein Direktorium werden für die Bankenaufsicht zuständig sein. Da wird es zu einer großen Machtkonzentration kommen.[162] Auch lässt die Kombination von Bankenaufsicht und Verfügung über die (elektronische) Notenpresse die »unwiderstehliche Versuchung« – so Hans-Werner Sinn – entstehen, marode Banken, die eigentlich abzuwickeln waren, mit frischem Kredit aus der Notenpresse zu versorgen.[163] Auch für die Aufsichtsgremien gilt das »One country – one vote«-Prinzip:

---

160 Hier eine Auswahl der »roten Linien«, die immer wieder überschritten worden sind:
– Angela Merkel, 21.3.2010: »Hilfe steht nicht auf der Tagesordnung, denn Griechenland sagt selbst, dass es im Augenblick keine Hilfen braucht.«
– Wolfgang Schäuble, 24.7.2010: »Die Rettungsschirme laufen aus. Das haben wir klar vereinbart.«
– Angela Merkel, 16.9.2010: »Eine Verlängerung der jetzigen Rettungsschirme wird es in Deutschland nicht geben.«
– Wolfgang Schäuble, 6.10.2011: »Der europäische Rettungsschirm hat eine Obergrenze von 440 Milliarden Euro. Auf Deutschland entfallen 211 Milliarden. Und das war es. Schluss.«
– Angela Merkel, 11.3.2011: »Eine Transferunion wird es mit mir nicht geben. Jedes Land ist für seine Schulden selbst verantwortlich.«
161 Michael Sauga, »Große Schritte zurück«, in: DER SPIEGEL, 51/2012, S. 87.
162 Vgl. hierzu auch die Beiträge (Thomas Hartmann-Wendels, Michael Kammer, Bert von Rosebebe und Richard Reichel) zur Europäischen Bankenaufsicht in: ORIENTIERUNGEN zur Wirtschafts- und Gesellschaftspolitik, Ludwig-Erhard-Stiftung, Nr. 134, Dezember 2012.
163 Hans-Werner Sinn, Garantien für die Banken Südeuropas, in: ifo Standpunkt Nr. 140, München, 12. Dezember 2012. – Sinn schreibt: »Wenn die EZB nun vor der Entscheidung steht, eine private Bank für bankrott zu erklären, abzuwickeln und ihre eigenen Kreditforderungen gegenüber dieser Bank abzuschreiben oder aber die Bank für sanierungsfähig zu erklären, um ihr damit den Zugang zu ESM-Mitteln zu verschaffen, ist klar, wie sie sich entscheidet. Das ist, als ob man dem Verkäufer einer Schrottkarre das Recht gibt, seinem Auto selbst die TÜV-Plakette zu erteilen.«

Malta und Deutschland sind und bleiben gleichberechtigt. Die Bankenunion ist nicht bloß für die Eurogruppe geschaffen worden; die Tür ist für alle Mitgliedstaaten der EU offen, doch halten sich die Regierungen der Länder mit gesunden Banken zurück, weil sie fürchten, dass ihre Steuerzahler für notleidende Banken anderer Staaten eintreten müssten. Der schwedische Finanzminister Anders Borg sagt unumwunden, dass sein Land gar nicht daran denke, dem neuen Kontrollverbund beizutreten.[164] Der Beschluss der Eurogruppe zur Bankenunion ist ein weiterer Schritt in Richtung Haftungsunion.

Die Härtung des Stabilitäts- und Wachstumspaktes ist bei den meisten Euro-Partnern nie auf Gegenliebe gestoßen. Der von Angela Merkel durchgesetzte Fiskalpakt steht außerhalb des europäischen Vertragswerks und ist, wenn man ihn der rhetorischen Floskeln entkleidet, ein »aufgehübschter« Stabilitäts- und Wachstumspakt. Allein wer das Hin und Her zwischen dem früheren französischen Präsidenten Nicolas Sarkozy und der deutschen Bundeskanzlerin verfolgt hat, wird an der Durchschlagskraft des Fiskalpaktes zweifeln. Jean-Claude Juncker spottete geradezu über die Idee, dass sich Frankreich einem Spruch aus Brüssel fügen würde: »Ich kann mir nicht vorstellen, dass es sich die französische Nationalversammlung gefallen ließe, wenn ein Haushaltsgesetz von einer zentralen Stelle in Brüssel korrigiert würde.«[165] Und der luxemburgische Außenminister Jean Asselborn sagt über den Versuch, den Fiskalpakt mit gesetzlichen Schuldenbremsen und Strafandrohungen in Vertragsform zu bringen: »Man hätte sich den großen Energie- und Zeitverschleiß beim Zustandekommen dieses zwischenstaatlichen Vertrages schlicht ersparen können.«[166] Der Europarechtler Ingolf Pernice übt Kritik an der rechtlichen

---

164 Er wird von Michael Sauga (ebenda, S. 87) mit folgender Feststellung zitiert: »Wir glauben nicht, dass es ausreichend Schutzklauseln für die Steuerzahler gibt, damit sie nicht für Fehler in Banken anderer Länder haften müssen.«
165 »Es geht um das Überleben des Euro«, Interview in: *Süddeutsche Zeitung*, 30. Juli 2012, S. 2.
166 »Merkels Fiskalpakt wird nicht funktionieren«, Interview in: *Spiegel online*, 24. Januar 2012, 11:21 Uhr.

Konstruktion des Fiskalpakts: Einige Teile des geplanten Paktes seien überflüssig, andere seien nicht mutig genug, um eine wahrhafte Wirtschafts- und Währungsunion zu errichten. Die Vorschläge gingen nur den halben Weg hin zur unerlässlichen zentralisierten Entscheidungsfindung und zur gerichtlichen Überwachung von Regeln, die erfahrungsgemäß immer wieder gebrochen würden, was das Vertrauen der Märkte untergrabe.[167] Das Ergebnis lautet: Der Fiskalpakt führt die Eurozone weder aus der Krise heraus, noch bewahrt er sie vor zukünftigen Krisen.

2. Der Teufelskreis

Die Kanzlerin hat mit ihrem Junktim – Kredite nur bei Erfüllung der Auflagen – darauf gesetzt, dass die Schuldnerstaaten die ihnen damit gewährte Zeit nutzen, um über Spar-, Sanierungs- und Reformprogramme die verloren gegangene internationale Wettbewerbsfähigkeit zurückzugewinnen. Dieser Politikansatz kann als »interne Abwertung« gesehen werden. Aber geht diese Rechnung auf? Die Schuldnerländer sollen in kürzester Zeit nachholen, was sie bisher über Jahrzehnte versäumt haben. Gerade die Kanzlerin hat nach der Lehman-Brothers-Pleite und dem Einbruch der Weltkonjunktur in Deutschland das Gegenteil von dem tun lassen, was sie jetzt von den Peripheriestaaten einfordert. Sie ist stolz darauf, dass sie über ihr Konjunkturprogramm in Höhe von 100 Milliarden Euro einschließlich Abwrackprämie für Altautos und über die Gewährung von Kurzarbeitergeld, also über eine temporäre Erhöhung staatlicher Sozialleistungen, die Rezession bei uns aufgefangen hat. Auf den Vorstoß von Wirtschaftsminister Philipp Rösler, den Bundeshaushalt schon im Jahre 2014 auszugleichen – ein angesichts sprudelnder Steuerquellen naheliegendes Ziel –, hat sie erwidert, man dürfe nicht zu ehrgeizig sein; würde die Inlandsnachfrage zu sehr gedrückt, seien Wachstumseinbußen zu befürch-

---

167 Ingolf Pernice, zitiert in: Beat Ammann, »Kritik am EU-Fiskalpakt. Bedenken des Parlaments und eines Verfassungsrechtlers«, in: *Neue Zürcher Zeitung* (Internationale Ausgabe), 16. Januar 2012, S. 4.

ten.[168] Wenn sie trotz der starken Stellung Deutschlands auf den Weltmärkten vor einem Abwürgen der Binnenkonjunktur warnt, was sollen dann die Regierungen sagen, die bei hartnäckigen Rezessionstendenzen zu weit drastischeren Sparprogrammen gezwungen werden?

Politiker in Deutschland legen daher Wert auf die Feststellung, dass mit den Ländern Reformprogramme vereinbart worden seien. Solche Programme sollen die Märkte öffnen, insbesondere die Arbeitsmärkte; dabei müssen jedoch die entstehenden Anpassungskosten berücksichtigt werden. Reformen auf dem Arbeitsmarkt oder beim Zugang zu Märkten, so notwendig und so fruchtbar sie auf lange Sicht auch sind, werden zunächst zu sozialen Unruhen führen. Der Kündigungsschutz auf Arbeitsmärkten begünstigt diejenigen, die Arbeit haben, und diskriminiert diejenigen, die Arbeit suchen. Die noch Beschäftigten fürchten, bei Wegfall von Kündigungsschutzklauseln ebenfalls in die »industrielle Reservearmee« gestoßen zu werden, protestieren und gehen auf die Straße. Ihnen schließen sich sogar Arbeitslose und Studierende an, weil sie hoffen, irgendwann auch in den Genuss solcher Privilegien zu kommen. So war es regelmäßig in Frankreich, wenn die Arbeitsmärkte entriegelt werden sollten. Die Regierungen haben dann immer zurückgesteckt.

Bei allen Reformen in Richtung Marktöffnung sehen sich die betroffenen Produzenten – Unternehmer und Beschäftigte – von zusätzlicher Konkurrenz bedroht und befürchten Gewinn- und Lohneinbußen. Auf der Habenseite stünde dann die Besserstellung der Konsumenten. Doch lassen sich diese nicht zu einer kräftigen Lobby formen, während die Beschäftigten hartnäckig und auch aggressiv für ihre bedrohten Privilegien auf die Straße gehen. Entriegelung der Märkte hört sich gut an und ist volkswirtschaftlich nützlich; das Problem sind und bleiben die Anpassungskosten. Auch gibt es Regelungen, für die auch Außenstehende Verständnis

---

168 Rede auf der CDU-Regionalkonferenz in Schwerin am 29. Oktober 2012. Ausschnitt in: ARD-Tagesschau, 29. Oktober 2012, 20.00 Uhr.

aufbringen. Ein Beispiel ist uns schon öfter in den Medien begegnet: In Griechenland sollen die Taxilizenzen entfallen. Diese Zugangsbeschränkungen verschaffen den im Taxigewerbe Etablierten ein höheres Einkommen, als es bei freiem Marktzugang der Fall wäre. Darum sind die Lizenzen heiß begehrt und teuer. Wer sie erworben hat, will sie an seinem Lebensabend gewinnbringend weiterreichen, um sich so entweder eine Wohnung kaufen oder seinen Lebensabend verschönern zu können. Bei freiem Marktzugang sind solche Lizenzen wertlos geworden. Kein Wunder, dass die griechischen Taxifahrer dagegen streiken.

Die Spar- und Reformauflagen beruhen auf drei Schwerpunkten: Haushaltssanierung über Ausgabekürzungen, Steuererhöhungen und Öffnung der Märkte. Aus volkswirtschaftlicher Sicht ist bei der Haushaltssanierung die Ausgabenseite vorzuziehen, weil sich über die Jahre Ausgabeposten angesammelt haben, die überflüssig geworden sind oder der Befriedigung von Klientelinteressen dienen. Sie könnten ohne volkswirtschaftliche Einbußen wegfallen. Freilich würden die betroffenen Gruppen lauthals protestieren, den Untergang des Landes heraufbeschwören und ihre publizistischen Gefolgsleute mobilisieren. Unsere Schlussfolgerung lautet: volkswirtschaftlich sinnvoll, politisch schwierig, wenn nicht schädlich. Steuererhöhungen würden in einer Rezession die Kaufkraft schmälern und die konjunkturelle Stimmung drücken – volkswirtschaftlich schädlich, aber politisch leichter durchsetzbar, weil sich breite Bevölkerungsschichten schlechter organisieren lassen als kleinere Gruppe mit identischen Interessen. Auch die Öffnung der Märkte ist volkswirtschaftlich sinnvoll, politisch aber schwierig, wenn nicht schädlich, weil sich die Betroffenen wehren und oft die eigene Klientel getroffen wird.

Im Folgenden prüfen wir zunächst für Italien und Spanien, dann für Irland und Portugal, wie sich die Haushaltssanierung gestaltet, wie die Konjunktur darauf reagiert, wie sich die Wirtschaft darauf einstellt und ob die notwendigen Reformen auf den Arbeitsmärkten angepackt wurden. Es sieht so aus, als ob sich Italien

Anfang des Jahres 2013 auf dem Wege der Besserung befände. Die Kapitalanleger geben Italien und der Regierung Monti wieder mehr Kredit. Italien konnte sich im Dezember 2012 bei Investoren zu so niedrigen Zinsen wie zuletzt im Frühjahr 2012 verschulden. Wer jedoch den Erfolg der Reformmaßnahmen der Regierung Monti und auch das erneute Abrutschen der italienischen Wirtschaft in die Rezession als Maßstab nimmt, kann hier keine Erklärung finden. Womöglich lassen sich die Investoren mehr von der Vermutung leiten, dass Mario Draghi sein Italien nicht fallen lassen werde.

Mario Monti ist mit großen Vorschusslorbeeren gestartet. Monti – schon äußerlich ein Herr im Vergleich zu Berlusconi, angesehener früherer Wettbewerbskommissar der EU und Wirtschaftsprofessor einer renommierten Universität – traute man zu, dass er ohne Ansehen der Person, der Parteien und der Interessengruppen ein konsistentes Reformprogramm vorlegen und durchziehen würde, zumal er bei der Zusammenstellung seines Kabinetts freie Hand gehabt und ausschließlich Fachkräfte in sein Kabinett aufgenommen hatte. Daher hoffte alle Welt, dies sei die Voraussetzung für ein erfolgreiches Reformprogramm. Diese Hoffnung hat getrogen. Das Kreuz bei Reformprogrammen ist deren Umsetzung; dafür hätte Monti die Unterstützung der, wie Montesquieu es nannte, »pouvoirs intermédiaires« gebraucht, der zwischengelagerten Gewalten, die für die Schlüssigkeit seines Konzepts hätten gewonnen werden müssen, die sich dafür in ihren Organisationen eingesetzt, in der Öffentlichkeit geworben und es bei der Umsetzung praktisch begleitet hätten. Dies ist Monti nicht gelungen. Daher war sein Kabinett so etwas wie »eine Dame ohne Unterleib«.

Obwohl der italienische Zentralhaushalt im Jahre 2012 sogar einen Primärüberschuss – vor Zinszahlungen – in Höhe von 2,9 Prozent erwirtschaftet hat,[169] ist die Regierung Monti gescheitert,

---

169 Tobias Piller (tp.), »Italien macht mehr Schulden. Monti korrigiert die Pläne wegen schlechter Konjunktur«, in: *Frankfurter Allgemeine Zeitung*, 29. September 2012, S. 14.

weil sie weder die Ausgabenseite des Staatshaushalts umstrukturieren noch die Gewerkschaften auf ihre Seite ziehen konnte.[170] Die Parteien blockierten die Durchforstung der Ausgaben; die Regierung Monti konzentrierte sich daher auf die Einnahmenseite und erhöhte drastisch die Steuern. Da erfahrungsgemäß einmal erhöhte Steuern später kaum noch zurückgenommen werden, hat Regierungschef Monti seinen Landsleuten damit einen Bärendienst erwiesen.

Der Vorsitzende der italienischen Jungunternehmer, Jacopo Morelli, nennt die Abgabenlast, die für Unternehmer bei 68 Prozent liege, konfiskatorisch.[171] Steuererhöhungen sind aus zwei Gründen Gift für eine schwache Konjunktur: Einmal wird sofort reale Kaufkraft entzogen und zum anderen wird die allgemeine Stimmung, die im konjunkturellen Auf und Ab wesentlich ist, gedrückt. Wer investiert noch, wenn er sich geschröpft und dann noch mit einer depressiven Stimmung konfrontiert sieht. Als Konsequenz ist die Konjunktur in Italien nach einem schwachen Aufschwung in den Jahren 2010 und 2011 mit 1,8 und 0,6 Prozent wieder kräftig auf Talfahrt. Die italienische Regierung geht von einem Rückgang des Bruttoinlandsprodukts in Höhe von 2,4 Prozent aus. Als Konsequenz ist Italiens Schuldenberg kräftig gestiegen; er wird für 2012 auf 126,4 und für 2013 auf 127,1 Prozent angesetzt; nur Griechenland hat in der Eurozone einen höheren Schuldenberg.[172]

Als Rohrkrepierer lässt sich Montis Versuch der Entriegelung des italienischen Arbeitsmarktes klassifizieren: Der Versuch, den Arbeitsmarkt zu reformieren, droht die Rigiditäten noch zu verschärfen. Die Berichte über den Zustand des italienischen Arbeits-

---

170 Niko Tsermias schreibt, dass die Parteien, die Monti stützten, zugleich hinter den Kulissen die Interessen ihrer politischen Klientel verteidigten und bereits den Wahlkampf vorbereiteten. So hätten die Staatsausgaben bisher nicht nennenswert gekürzt werden können. Aus: »Regierung Monti zwischen Stuhl und Bank. Italienische Bevölkerung klagt über die massiv angezogenen Steuerschrauben«, in: *Neue Zürcher Zeitung* (Internationale Ausgabe), 12. Dezember 2012, S. 7.

171 Zitiert in: Tobias Piller (tp.), »Italiens Unternehmer gehen auf Distanz zur Politik«, in: *Frankfurter Allgemeine Zeitung*, 5. November 2012, S. 11.

172 Vgl. hierzu: Tobias Piller (tp.), »Italien macht mehr Schulden«, a.a.O., S. 14.

marktes lassen den Eindruck aufkommen, als täten Politik, Gewerkschaften und Justiz alles, um Unternehmen von der Einstellung zusätzlicher Arbeitskräfte abzuhalten. Ministerpräsident Monti hat in vornehmer Zurückhaltung festgestellt: »Einige gesetzliche Regeln, die von der noblen Absicht der Verteidigung der Arbeitnehmerrechte inspiriert waren, haben die Entstehung von Arbeitsplätzen behindert.«[173] Zuvor hatte er seine Arbeitsmarktreform noch gepriesen. Der neue Präsident des Arbeitgeber- und Unternehmerverbandes, Giorgio Squinzi, hat sie dagegen als »Mist« bezeichnet.[174] Denn für Entlassungen, die in Italien praktisch kaum möglich seien, gebe es keine Erleichterungen, nur mehr Spielraum für Arbeitsrichter; doch ergriffen diese für entlassene Arbeitskräfte Partei und machten Entlassungen nahezu unmöglich. Die Richter wollen nicht wahrhaben, dass sie mit jeder Verriegelung von Beschäftigungsverhältnissen die Hürden für Neueinstellungen heraufsetzen. Wer Berichte über die juristische Praxis bei Arbeitsgerichtsprozessen sichtet, gewinnt den Eindruck, als ob er eine Wanderung durch »Schilda« mache, wo die Schildbürger sich dermaßen närrisch anstellen, dass alle Welt über deren Streiche lachen muss. Es wäre leichter, sagen Spötter, sich in Italien von seiner Frau scheiden zu lassen, als einen Beschäftigten zu entlassen.

Aus Spanien erreichen uns widersprüchliche Signale: Wir sehen Bilder streitender und protestierender Menschen, verzweifelte Gesichter, halb fertig gebaute, verwahrloste Wohnsilos und zugleich lesen wir von Genesungszeichen, weil der Abbau makroökonomischer Ungleichgewichte eingesetzt habe. Der Rückgang von Konsum- und Investitionstätigkeit und die Verbesserung der Wettbewerbsfähigkeit hätten die Umkehr der Leistungsbilanzdefizite eingeleitet. Zunächst ist aber festzuhalten, dass die staatlichen Budgets zweifach unter Druck stehen: Steuern und Beiträge für die

---

173 Zitiert in: Tobias Piller, »Italiens entzauberte Arbeitsmarktreform«, in: *Frankfurter Allgemeine Zeitung*, 18. September 2012, S. 12.
174 Zitiert in: Tobias Piller (tp.), »Italiens Unternehmer gehen auf Distanz zur Politik«, a.a.O., S. 11.

Sozialkassen schrumpfen, dafür steigen aber die Ausgaben für Sozialleistungen. Im Gegensatz zu Italien findet die staatliche Konsolidierung auch auf der Ausgabenseite statt, Steuererhöhungen machten bisher den geringeren Teil aus. Die Anpassungsmaßnahmen der Regierung Rajoy sind schwerfällig, aber doch zielgerichtet. Gehälter der Staatsdiener werden zum dritten Mal in Folge nicht an die Inflation angepasst und nur 10 Prozent der durch Ruhestand oder Krankheit frei werdenden Stellen im öffentlichen Dienst werden wiederbesetzt.[175] Doch bleiben rasche Erfolge aus. Daher mahnt die Organisation für wirtschaftliche Zusammenarbeit (OECD) neue Reformen an und fordert die Regierung auf, die Maßnahmen zu spezifizieren, die man bis 2014 einleiten wolle, um die angestrebten Defizitziele zu erreichen.[176] Und so beträgt das Defizit des Staatshaushalts 2012 7,4 Prozent des BIP statt, wie mit der EU vereinbart, 6,3 Prozent. Spaniens Schuldenstand steigt nach offiziellen Angaben 2012 auf 85,3 Prozent – statt auf 78 Prozent wie noch im Frühjahr 2012 erwartet – und wird Ende 2013 auf 90,5 Prozent anwachsen.[177] Doch kann man unschwer vorhersagen, dass bei weiter hoch bleibender Arbeitslosigkeit diese Schätzung jetzt schon Makulatur ist. Daher empfiehlt die OECD eine weitere Anhebung der Mehrwertsteuer, die im Sommer von 18 auf 21 Prozent erhöht worden war. Sie sieht hier noch Spielraum, zumal bestimmte Bereiche wie Tourismus, Transportwesen, Bücher und Zeitungen nach wie vor niedrig besteuert würden. Und dann haben wir den bekannten Teufelskreis: Um die privaten wie öffentlichen Konsumexzesse sowie die Folgen der Immobilienblase wettzumachen, wird der öffentliche wie private Gürtel enger geschnallt. Weil dann weniger ausgegeben oder sogar gehungert

175 Vgl. hierzu Anne Grüttner, »Spanien verabschiedet Sparbudget. Mit Kürzungen und Steuererhöhungen kämpft die Regierung in Madrid um die Sanierung des Landes. Analysten bleiben aber skeptisch«, in: *Handelsblatt*, 28. September 2012, Nr. 189, S. 16f.

176 Vgl. hierzu: Cornelia Derichsweiler, »Spanien weiter in der Pflicht«, in: *Neue Zürcher Zeitung* (Internationale Ausgabe), 1. Dezember 2012, S. 12.

177 Vgl. hierzu Leo Wieland (wie), »Spanien verfehlt Defizit-Ziel«, in: *Frankfurter Allgemeine Zeitung*, 1. Oktober 2012, S. 13.

wird, machen Läden und Betriebe weniger Umsatz, entlassen Arbeitskräfte oder müssen schließen. Die sich verschärfende Rezession reißt weitere Löcher in die Haushaltsplanung. Neue Auflagen verlangen weitere Steuererhöhungen, damit die Löcher gestopft werden, und so weiter und so fort. Ein Teufelskreis.

Hierzu kommen noch die finanziellen Notlagen der spanischen Regionen. Brüssels freigiebige Hand hat viele Regionen zu Prestigeprojekten verlockt, an denen sie sich verhoben haben, weil die Projekte über Kofinanzierung laufen und Nachsorgekosten anfallen. Die Schuldenkrise bricht auch alte Konflikte auf. »In Spanien liegen die Nerven blank«, schreibt Philip Plickert. Während das Land am finanziellen Abgrund steht, ertönt in Katalonien, einer der reichsten Provinzen, lauter denn je der Ruf nach staatlicher Unabhängigkeit. Katalonien empfindet sich als Milchkuh Spaniens. Hinter der Unabhängigkeitsfrage steckt womöglich auch ein politisches Spiel, um die Regierung Rajoy gefügig zu machen und von der kaum noch beherrschbaren Verschuldung – auch als Folge von Korruption und Misswirtschaft – in Katalonien selbst abzulenken.

Einen traurigen Rekord hat die spanische Regierung Ende Dezember 2012 bekannt gegeben; 26,6 Prozent der Bevölkerung sind arbeitslos – der höchste Wert seit dem Ende des Franco-Regimes. Wenn man jedoch durch die Straßen gehe, sehe man kein Land mit 25 Prozent Arbeitslosigkeit, sagt Andrea Mas-Colell, Wirtschaftsminister der Region Katalonien.[178] Drei Faktoren federten die Krise ab:

➤ Ein Sozialsystem, das trotz Kürzungen noch immer recht hohe Arbeitslosenleistungen gewähre – andererseits steigt so das Staatsdefizit;

➤ Familien, die sich gegenseitig stützen – das hilft aber nur, eine Durststrecke durchzustehen;

➤ Zunahme der weitverbreiteten Schattenwirtschaft – so fehlen dem Staat dann Einnahmen für den Staatshaushalt und die Sozialkassen.

---

178 Zitiert in: Philip Plickert, »Spaniens verlorene Generation«, in: *Frankfurter Allgemeine Zeitung*, 1. November 2012, S. 10

Als Hauptproblem Spaniens gilt die Jugendarbeitslosigkeit – darunter fallen alle Erwerbspersonen unter 30 Jahren – in Höhe von 53 Prozent; doch hört sich diese Zahl dramatischer an, als sie tatsächlich ist. Bloß ein gutes Viertel davon ist ohne Arbeit; drei Viertel befindet sich in Ausbildung, Studium oder in Weiterqualifizierung – aber wofür? Auf die meisten von ihnen wartet die Arbeitslosigkeit. Daher lautet die meistdiskutierte Frage unter ihnen: In welches Land wandern wir aus? Das Hoffnungslose in Spanien ist nicht die Arbeitslosigkeit, sondern die Aussichtslosigkeit. Wenn die Jugend auswandert, geht die Zukunft verloren.

Die Genesungszeichen in Form rückläufiger Leistungsbilanzdefizite sind trügerisch. Wirtschaftlicher Niedergang, zunehmende Arbeitslosigkeit und Armut zwingen zum Verzicht. Daher wird weniger als zuvor importiert. Auch Rumänien hat unter seinem kommunistischen Führer Nicolae Ceauşescu permanent Überschüsse in der Leistungsbilanz ausgewiesen; das war aber kein Zeichen wirtschaftlicher Stärke, sondern der Ausplünderung eines geschundenen Landes. Auch der gestiegene Export ist zunächst kein Grund zu Optimismus, sondern Konsequenz der Arbeitsmarktsituation: Wenn Arbeitskräfte entlassen werden, steigt in aller Regel die Produktivität; in Deutschland ist dagegen die Produktivität in den Krisenjahren deutlich gesunken, weil die Betriebe auch bei verringertem Ausstoß die Zahl der Mitarbeiter über die Kurzarbeiterregelung auf einem nahezu gleichbleibenden Niveau gehalten haben. Dieser durch Arbeitslosigkeit und Notverkäufe bedingte Exportzuwachs reicht nicht aus, um Spaniens Wirtschaft zu beleben. Dabei wäre ein stark steigender Export für die konjunkturelle Erholung in Spanien überlebenswichtig.

Spanien hat im Zuge der Turbulenzen nach dem Ausscheiden von Großbritannien und Italien aus dem EWS seine eigene Währung deutlich abgewertet – allerdings im Rahmen des EWS; dies hat den Export angekurbelt und die Konjunktur kräftig belebt. Die in den Folgejahren sprunghaft zunehmenden Exporte und die ständig steigenden Einnahmen aus dem Tourismusgeschäft bescherten der lange defizitären Leistungsbilanz Spaniens einen beachtlichen Überschuss. Die Devisenreserven wuchsen sogar mit zweistelligen Werten.[179] Hier haben wir den Schlüssel für die Erholung von Spaniens Wirtschaft. Sicherlich, die Situation ist heute prekärer, und eine Erholung über einen Austritt aus der Währungsunion und eine nachfolgende Abwertung würde wegen der verzerrten Produktionsstruktur länger dauern. Statt dass investitionsbereites Kapital zufließt, wandern nun Arbeitskräfte – oft gut geschult und motiviert – zum Kapital in anderen Staaten ab. Diese Form der passiven Sanierung hat es in der Welt immer und überall gegeben. Verödung und Versteppung sind die Folgen. Was für einzelne Regionen in größeren Volkswirtschaften noch erträglich sein mag, würde, wenn es ganze Volkswirtschaften betrifft, zu schweren sozialen und politischen Verwerfungen führen.

Die Politiker fürchten die mit einem solchen Austritt aus der Währungsunion verbundenen Turbulenzen und Kosten. Es geht ihnen nicht um die Frage, welches Geschäftsmodell Spanien bräuchte, um wirtschaftlich zu gesunden, sondern um die Vermeidung jeglicher Aktion, die die Eurozone destabilisieren könnte.

Wir konnten von der Lage in Italien und Spanien nur eine Momentaufnahme machen. Doch zeigt sich auch so, dass die volkswirtschaftliche Sanierung in einer Demokratie ein schwieriges und undankbares Geschäft ist. Das Schwergewicht der Sanierungsprogramme liegt in Italien nicht auf gründlicher Durchforstung der Ausgabenseite und Umsteuerung der Sozialsysteme in Richtung ökonomischer und auch sozialer Effizienz, sondern auf Steuererhöhungen. Hier vermuten die Politiker den geringsten Widerstand, weil sich die Bevölkerung schließlich doch damit abfinde. Eine Politik nachhaltiger Gesundung sieht anders aus. Demgegenüber hat die Regierung Rajoy den Schwerpunkt auf kostensparende Sanie-

---

179 Vgl. hierzu Wolfram Weimer, »Spanien überwindet die Rezession«, in: Frankfurter Allgemeine Zeitung, 5. April 1994, abgedruckt in: *Deutsche Bundesbank, Auszüge aus Presseartikeln, 1994, Nr. 22.* – Ferner: Ders., »Spanien strotzt vor Stolz als neuer Euro-Musterknabe«, in: *Frankfurter Allgemeine Zeitung,* 11. August 1997, abgedruckt in: Deutsche Bundesbank, Auszüge aus Presseartikeln, 1997, Nr. 45.

rungsprogramme gelegt: Reduzierung aufgeblähter Personalbestände und verschwenderischer Zuwendungen im sanitären Bereich, Stopp politischer Prestigeprojekte und Durchforstung des oft übersetzten Verwaltungsapparats. Der Widerstand ist erfahrungsgemäß stärker und erbitterter – oft auch politisch gesteuert –, wenn einzelne Gruppen getroffen werden. Die Zukunft Spaniens wird ferner durch ein zweifaches Problem belastet: Wiedergewinnung der Vertrauenswürdigkeit des Landes und Aufbau eines tragfähigen Geschäftsmodells. Oft spricht man in diesem Zusammenhang von einer verlorenen Dekade: Man müsse da weitermachen, wo man vor zehn Jahren gestanden habe. Für Spanien stellt sich die Lage schlimmer dar: Zehn Jahre politischer Klientelwirtschaft und einer massiven volkswirtschaftlichen Schieflage müssen zusätzlich wettgemacht werden.

Eine eindeutige Erfolgsstory scheint dagegen der Fall Irland zu sein. Das Leistungsbilanzdefizit hat sich in einen deutlichen Überschuss verwandelt und die Politik nimmt an, dass Irland bald wieder auf eigenen Füßen steht; das Austerity-Programm scheint zu greifen. Dies ist für die Eurogruppe das Licht am Ende des Tunnels. Wer aber hinter die Kulissen schaut, sieht ein Irland, das unter seinem Schuldendienst ächzt und leidet; das gilt für die öffentlichen wie für die privaten Schuldner. Irland hat das sechste Jahr hintereinander einen Sparhaushalt aufgelegt. Nun ist die Leidensfähigkeit der Iren sprichwörtlich. Friedrich Engels schildert in seiner Abrechnung mit dem englischen Frühkapitalismus, dass die Iren mit ihrer Genügsamkeit und ihrer Belastbarkeit die englischen »labouring poor« um Stellung, Lohn und Brot gebracht hätten; denn die Iren bräuchten während der Woche bloß einen Strohsack zum Nächtigen, Brot zum Überleben und am Wochenende eine Flasche Whisky zum Glücklichsein.[180] Doch scheint nun sogar deren Geduld angesichts erneuter Steuererhöhungen zu Ende zu sein. Unter den Steuerzahlern werden die Eigentümer von Immobilien beson-

---

180 Friedrich Engels, *Die Lage der arbeitenden Klasse in England* (1845), Stuttgart 1909, S. 92ff.

ders zur Ader gelassen. Viele von ihnen haben während der Immobilienblase ein überteuertes Haus erworben, das sie nun aus einem schrumpfenden Einkommen oder sogar aus ihrem Arbeitslosengeld finanzieren müssen. Und nun sollen sie darauf noch eine Immobiliensteuer entrichten: Bei einem Marktwert bis zu 1 Million Euro gilt ein Steuersatz von 0,18 Prozent, bei teureren Immobilien 0,25 Prozent. Für ein Objekt im Wert von 500.000 Euro wäre eine Steuer in Höhe von 900 Euro zu entrichten. Wenn der Gürtel schon bis zum letzten Loch festgezurrt wurde, ist diese zusätzliche Hungerkur womöglich der Tropfen, der das Fass zum Überlaufen bringt.

Irlands Verhängnis war, dass es sich von seinen politischen Euro-Partnern unter den Rettungsschirm hat drängen lassen. Es hat zirka 80 Milliarden Euro erhalten, die in sein marodes Banksystem geflossen sind und von dort an die ausländischen Gläubigerbanken. Letztlich war das ein »Bailout« für ausländische Banken, für den nun der irische Staat und damit die Steuerzahler einstehen müssen. Wer als ausländische Bank an eine irische Bank Kredite ausgereicht hat, hätte mit einem Blick auf das aufgeblähte Bilanzvolumen irischer Banken und mit einem zusätzlichen Blick auf die Immobilienblase die Risiken erkennen können, die damit verbunden waren. Für die Risikoübernahme erhalten Banken ihre Marge und müssen dafür geradestehen. Und nun sollen unbeteiligte irische Bürger für deren Leichtsinn büßen. Wie es aussieht, werden die Iren noch mit ihren Kindern und Kindeskindern für die Treuherzigkeit ihrer Regierung bluten müssen. Deshalb ist die EZB jetzt Irland weit entgegen gekommen; die ersten Zahlungen werden erst ab 2038 fällig.[181]

---

181 Vgl. hierzu Marcus Theurer, »Irland braucht ein zweites Rettungspaket«, in: *Frankfurter Allgemeine Zeitung*, 6. Dezember 2012, S. 11. – Vgl. ferner: Im Gespräch: Patrick Honohan, Gouverneur der Irischen Notenbank und EZB-Ratsmitglied, »Wir brauchen mehr Zeit«, in: *Frankfurter Allgemeine Zeitung*. Dezember 2012, S. 14. – Hier heißt es: »Unsere Situation ist ja die: Das Notenbanksystem ist eingestanden für die Zahlungsverpflichtungen der gescheiterten irischen Banken, vor allem für Anglo Irish. Deren Anleihegläubiger bekamen ihr Geld zurück, und auch die Kundeneinlagen wurden gerettet. Im Jahr 2010 ist vereinbart worden, dass die Regierung diese Hilfen des Notenbanksystems großteils binnen zehn Jahren zurückzahlt. Damals schien das kein Problem zu sein, heute schon.«

Bei einem Blick auf Portugal fällt zuerst die verzerrte Optik der Politiker auf. Sie sehen Portugal auf dem richtigen Weg, weil es die Vorgaben nicht, wie das in Griechenland bei den zentralen Sanierungsauflagen geschehen ist, unterläuft, sondern Zug um Zug implementiert. »Wir sehen das Programm auf Kurs und glauben, dass es Portugal helfen wird, die Krise einzudämmen und die Basis für eine Erholung zu schaffen«, versichert Abebe Selassie, der seit Februar 2012 die Mission des IWF für Portugal leitet.[182] Ähnliches Lob kommt aus europäischem Mund. Das erinnert an die Geschichte des schwäbischen Bäuerleins, der seiner Ziege das Fressen abgewöhnen wollte. Das arme Tier hat die Fastenkur 29 Tage durchgehalten. Am 30. Tag ist es verendet. Ganz ähnlich wird Portugal dafür gelobt, dass es seine volkswirtschaftliche Fastenkur ehrlich und brav schon eine Zeitlang durchgehalten hat. Doch so ganz wohl scheinen sich die Aufseher aus IWF, EU und EZB nicht zu fühlen, wenn sie Portugal mehr Zeit zum Abbau des Staatsdefizits zugestehen, um die Rezession nicht zu verschärfen. Diese Verzögerung wird die Schuldenquote Portugals nach einer Analyse der IWF-Ökonomen im Jahre 2014 auf rund 124 Prozent des BIP treiben, das sind 5 Prozentpunkte mehr als angenommen.[183] Woher Politiker und internationale Experten die Gewissheit nehmen, dass eine zusammenbrechende Wirtschaft schließlich doch ihre Schuldenquote wird absenken können, wird wohl immer ein Geheimnis bleiben. Was diese Leute treiben, ist doch – Verzeihung – Voodoo-Ökonomie. Es ist unverantwortlich. Die griechische Volkswirtschaft befindet sich mittlerweile in ihrem fünften Rezessionsjahr, wobei sich die Lage von Jahr zu Jahr verschlimmert.[184]

---

182 Zitiert in: Thomas Fischer, »Viel Lob des Internationalen Währungsfonds für Lissabons Anstrengungen«, in: *Neue Zürcher Zeitung* (Internationale Ausgabe), 23. November 2012, S. 9.

183 Patrick Welter (pwe), »Portugals Schulden steigen«, in: *Frankfurter Allgemeine Zeitung*, 26. Oktober 2012, S. 13.

184 Die Veränderungsraten für das BIP für den Zeitraum 2008 bis 2011 in Prozent lauten: –0,2; –3,1; –4,9; –7,1. Auch im Jahr 2012 ist die Wirtschaft wieder stark geschrumpft (exakte Daten liegen noch nicht vor).

Immerhin lässt der Repräsentant des IWF Unsicherheit erkennen, wenn er lediglich glaubt, dass das Programm helfen werde, Portugals Krise einzudämmen. Wer den IWF und dessen Sanierungsprogramme repräsentiert, ist von Amts wegen zu Optimismus verpflichtet. Dann drückt das Wort »glauben« doch mehr Zweifel als Gewissheit aus. Der Beschäftigungs- und Sozialbericht der EU-Kommission, vorgelegt am 9. Januar 2013, bestärkt diese Zweifel. In dem Bericht heißt es, die südliche Peripherie der EU scheine in einem Teufelskreis von Rezession, sinkender Produktivität, Arbeitslosigkeit und schrumpfendem verfügbaren Haushaltseinkommen gefangen zu sein.[185]

Erstaunlich ist auch die Dürftigkeit der theoretischen Basis, auf der die offiziellen Projektionen zukünftigen Wachstums beruhen. Die Schuldnerländer befinden sich derzeit sämtlich in einer schweren Rezession und doch wird für alle eine konjunkturelle Wende zum Besseren prognostiziert. Irgendwelche plausiblen theoretischen Begründungen? Fehlanzeige. Aber vielleicht könnte das eine Begründung sein: Wenn Politiker die Projektionen mit dem höchsten Grad an Wahrscheinlichkeit bekannt geben würden, wäre das ein Eingeständnis, dass der eingeschlagene Weg der falsche gewesen ist. Also publizieren sie geschönte Versionen in der Hoffnung, dass das Publikum daran glaubt und sein Verhalten entsprechend anpasst. Wenn die Politik mit Hilfe geschönter Zahlen Stimmung machen will, betreibt sie »Zahlendemagogie«.[186]

3. Die Nullnummer »Marshallplan«

Die Forderung nach einem Marshallplan für die Peripherieländer ist das Eingeständnis eines zweifachen Scheiterns:

➤ Die verordnete Austerity-Politik wird die Peripheriestaaten nicht aus der Rezessionsfalle herausholen;

---

185 Vgl. René Höltschi, »Das Nord-Süd-Gefälle wird größer«, in: *Neue Zürcher Zeitung* (Internationale Ausgabe), 10. Januar 2013, Nr. 7, S. 9.

186 Detlef Marx, Zahlendemagogie oder Wirtschaftspolitik nach Maß?, in: *Schmollers Jahrbuch für Wirtschafts- und Sozialwissenschaften,* Bd. 90 (1970), S. 257ff.

➤ die bisherige Regional- und Kohäsionsprogramme haben nicht die erwarteten Erfolge gehabt; sie waren aufgelegt worden, um den Einkommensabstand zwischen Peripherie und Zentrum über Infrastrukturprojekte und gezielte Industriepolitik einzuebnen; allein für die Finanzperiode 2007 bis 2013 sind hierfür aus dem Regionalfonds 348 Milliarden Euro bereitgestellt worden.

Wenn man jetzt nach einem Marshallplan ruft, dann denkt man meist an seine wohltätigen Wirkungen in Deutschland: Ein kriegszerstörtes Land wandelte sich innerhalb weniger Jahre zu einem erfolgreichen Exportland. Doch war nicht so sehr das finanzielle Volumen entscheidend, sondern das wirtschaftliche Umfeld, das solche Mittel in Wachstum und Beschäftigung transformierte. Andere europäische Länder haben in jener Zeit zwischen 1948 und 1952, gemessen an der Einwohnerzahl, weit höhere Beträge als Deutschland mit 1.412 Millionen Dollar erhalten; das war gerade die Hälfte der Zahlungen an Frankreich (2.806 Millionen Dollar) und nur ein gutes Drittel (3.443 Millionen Dollar) der Zahlungen an Großbritannien. Griechenland ist übrigens mit 694 Millionen Dollar, nahezu die Hälfte der deutschen Mittel, besonders begünstigt worden. Der Marshallplan war in Deutschland so erfolgreich, weil er als Anschubfinanzierung half, an der industriellen Entwicklung vor dem Zweiten Weltkrieg anzuknüpfen. Finanzielle Hilfen sind erfolgreich, wenn sie auf unternehmerisches Knowhow, gut ausgebildete Arbeitskräfte und eine rechtsstaatliche Umgebung als Voraussetzungen für einen industriellen Aufschwung treffen. Die Zahlungen aus dem Marshallplan waren für Deutschland die dringend gebrauchte Initialzündung. Es ist ein Unterschied, ob Geld in ein kriegszerstörtes Land fließt oder die falsche Politik der Vergangenheit wettgemacht werden soll.

An meinem Lehrstuhl sind Anfang der 90er-Jahre des letzten Jahrhunderts vier Dissertationen geschrieben worden, um den Erfolg der Regional- und Kohäsionspolitik sowie der Industrie- und der Technologieförderung, die die Peripheriestaaten an ein mittleres technologisches Niveau heranführen sollten, zu messen.[187] In der südlichen Peripherie gibt es kaum eine Überlandstraße oder ein ausgreifendes Infrastrukturprojekt, die nicht aus den verschiedenen EU-Fonds finanziert wurden. Im Rahmen eines EU-Forschungsprojekts Anfang der 90er Jahre wurde untersucht, wie Griechenland schneller an das mittlere technologische Niveau in der EU herangeführt werden könne und ob eine Aufstockung der finanziellen Zuschüsse hilfreich seien. Als Ergebnis schälte sich heraus, dass die industrielle Basis zu schwach war, um solche Mittel in die Adaption überlegener Technologien zu lenken. Es zeigte sich weiterhin in den letzten Jahren, dass die Absorptionsfähigkeit der griechischen Volkswirtschaft nicht ausreichte, um die für solche Vorhaben bereitgestellten Mittel gänzlich abzurufen.[188]

In einer umfassenden Studie für Portugal kommt Jochen Feldt zu der desillusionierten Schlussfolgerung, dass die Frage, ob Industrie- und Technologiepolitik die innergemeinschaftliche Kohäsion förderten, aufgrund der gewonnenen Erkenntnisse eindeutig verneint werden müsse; es handele sich bei derartigen Programmen um rein politisch motivierte, ökonomisch nicht zu rechtfertigende innergemeinschaftliche Umverteilungsakte. Wörtlich heißt es: «Die fraglichen Gelder werden mit hoher Wahrscheinlichkeit einer anderen als der aus ökonomischer Sicht rationalen Bestimmung zugeführt.»[189] Diese Feststellung entspricht auch den Ergebnissen neuerer Forschungsarbeiten. Studien des Zentrums für Europäische Wirtschaftsforschung (ZEW) weisen die Regional- und Kohä-

---

187 Uwe Vetterlein, *Entwurf einer systematischen Erfolgskontrolle für die Technologiepolitik der Europäischen Gemeinschaften*, Baden-Baden 1991; Manfred Schäfers, *Die Kohäsionspolitik der Europäischen Gemeinschaft. Integrationspolitische Einordnung, Darstellung und Erfolgskontrolle*, Baden-Baden 1993; Georg Tsiflidis, *Der Beitrag der EG-Technologiepolitik zur Heranführung Griechenlands an ein mittleres technologisches Niveau*, Frankfurt/M. 1993; Jochen Feldt, *EG-Technologiepolitik und Kohäsion. Konzeption, Umsetzung und Erfolgskontrolle für Portugal*, Wiesbaden 1995.
188 Vgl. hierzu besonders Georg Tsiflidis, *Der Beitrag der EG-Technologiepolitik*, a.a.O., passim.
189 Jochen Feldt, a.a.O., S. 172.

sionspolitik als weitgehend wirkungslos aus.[190] Der Züricher Wirtschaftsprofessor Peter Egger verweist darauf, dass die regionalpolitische Wirkung verpuffe, wenn es, wie in vielen osteuropäischen Ländern und in Teilen Südeuropas, zu viel Korruption gebe. »In Griechenland hatte sie sogar null positiven Effekt«, sagte Egger.[191]

Kann man fremde Gelder mitnehmen, dann steigt in der Regel die Gier kommunaler Politiker nach solchen Geldgeschenken, um neue Wohngebiete, deren Grund und Boden zuvor günstig erworben wurden, zu erschließen oder ihre Region durch einen modernen Flughafen attraktiver zu machen. Schon der Hinweis, das Geld kommt ja aus Brüssel, reichte oft, um Widerstände zu überwinden. So sind in Spanien mit EU-Mitteln Autobahnen zu Urbanisierungsprojekten gebaut worden, die kaum jemals bewohnt werden. Flughäfen verschlingen Folgekosten, ohne dass jemals eine Maschine dort gelandet wäre.[192] In Portugal führen Autobahnen ins Nichts. Auf der gebirgigen portugiesischen Insel Madeira wurden mit EU-Fördergeldern zahlreiche Straßentunnels gebaut. Das verschlingt natürlich auch eigene Finanzmittel. So hat man im Jahre 2011 im Rahmen der fiskalischen Sanierung im Regionalhaushalt unerwartet eine Lücke von gut einer Milliarde Euro entdeckt. Gerald Braunberger spottet: »Täler und Tunnel gibt es mehr als genügend, in denen die Moneten verschwunden sein könnten.«[193] Dann denkt man natürlich erstaunt daran, dass viele Städte in Deutschland vergeblich auf Gelder für einen dringend benötigten Tunnel warten, der ihre Innenstadt entlasten soll. Doch kann man den Nehmerländern keinen Vorwurf machen; sie haben nur die Töpfe geleert, die andere ihnen hingestellt haben.

---

190 Vgl. hierzu Philip Plickert, »Ökonomen kritisieren EU-Förderung als wirkungslos«, in: *Frankfurter Allgemeine Zeitung*, 23. November 2012, S. 11.
191 Zitiert in Philip Plickert, »Ökonomen kritisieren …«, a.a.O., S. 11.
192 Ursula Braun-Moser, früheres Mitglied des Europäischen Parlaments, schreibt, dass gerade Spanien an den in Hoch- und Tiefbauprojekten zu investierenden Mitteln interessiert gewesen sei. Es hätte sogar zeitweise den EU-Forschungshaushalt »in Geiselhaft« genommen, indem es hier seine Unterschrift verweigerte, um im Gegenzug für das »Nachgeben« seine Forderungen durchzusetzen. (»Unsinnige Subventionen«, in: *Frankfurter Allgemeine Zeitung*, 7. Juli 2012, S. 8)
193 Gerald Braunberger, »Präsident Miraculix«, in: *Frankfurter Allgemeine Zeitung*, 1. September 2012, S. 13.

Angesichts dieses Befundes ist es noch nicht einmal bedauer-
lich, dass der »Pakt für Wachstum und Beschäftigung« in Höhe
von 130 Milliarden Euro, den die Euro- Regierungen den Spar-
und Reformauflagen an die Seite stellen wollen, sich als »Nullnummer« entpuppt. Der für die EU-Regionalpolitik zuständige
Kommissar Johannes Hahn ist vor dieser Initiative nicht nach der
Verfügbarkeit der in diesem Pakt angekündigten Mittel gefragt
worden. Dann hätte er den Regierungschefs sagen können, dass
die im Regionalfonds noch verbliebenen Summen bereits zum
größten Teil Projekten zugeteilt sind und nicht einfach umgewid-
met werden können. Einen zentral verwalteten Regionalfonds hält
er für illusorisch: »Er müsste mit Geld gefüllt werden, das den
Ländern abgezogen wird. Damit werden die Regierungen nicht
einverstanden sein.«[194] Dafür ist die verbale Begleitmusik dieses
Paktes umso eindrucksvoller: Er soll die Initialzündung für »ein
starkes, intelligentes und nachhaltiges Wachstum« sein.[195] Da hat
man an Vokabeln alles zusammengetragen, was nach Bedeutung
klingt. Doch ist es bloßes Wortgeklingel. Im allgemeinen Sprach-
gebrauch ist jemand, der sich für etwas ausgibt, was er nicht ist,
ein Hochstapler.

4. Die deutsch-französische Achse ist zerbrochen

Der 50. Jahrestag des deutsch-französischen Freundschaftsvertra-
ges ist mit zeremoniellem Pomp gefeiert worden, doch wer hinter
die Kulissen schaut, erblickt ein »Potemkinsches Dorf«. In der
praktischen Politik ist die deutsch-französische Achse zur Fortent-
wicklung der europäischen Union zerbrochen. Wir alle sind Zeitzeugen dieses Vorgangs geworden, aber nur wenige sind sich der
Tragweite dieses Vorgangs bewusst. In der Vergangenheit hat es
immer Phasen gegeben, in denen der Integrationsprozess ins Sto-
cken geriet. Die vertrauliche Zusammenarbeit zwischen französi-

---

194 Johannes Hahn, »Für Merkels Pläne ist kein Geld da«, Interview, in: *Süddeutsche Zeitung,* 27. Januar 2012, Nr. 22, S. 19.
195 Tagung des Europäischen Rates am 28./29. Juni 2012, Schlussfolgerungen (EUCO 76/12) Präambel.

schen und deutschen Politikern hat oft Lösungen hervorgebracht, die die Partner überzeugten oder denen sie sich beugten, weil sich die politischen Schwergewichte geeinigt hatten. Diese vertrauensvolle Zusammenarbeit war zwischen Charles de Gaulle und Konrad Adenauer, Valéry Giscard d'Estaing und Helmut Schmidt sowie zwischen François Mitterrand und Helmut Kohl besonders ausgeprägt. Oft hat die deutsche Seite der französischen den Vortritt auf der großen Bühne überlassen; doch waren die präsentierten Lösungen gemeinsam erarbeitet worden. Das deutsch-französische Tandem galt als der Motor der europäischen Integration.

Als die französische Regierung auf die Europäisierung der D-Mark und der Bundesbank drängte, wollte sie die geldpolitische »Atombombe« entschärfen und Deutschland in die europäische Politik einbinden. Doch hat sich mittlerweile in der Eurozone ein unvermuteter Wandel vollzogen: Das Wohl und Wehe der Eurozone hängt vom Wort der Kanzlerin ab. Inzwischen, so stellen Ulrich Beck und Daniel Cohn-Bendit fest, gebe es eine klare Hierarchie zwischen den Kreditgeberländern unter der Führung Deutschlands einerseits und den Kreditnehmerländern andererseits.[196] So sei Deutschland – ganz im Gegensatz zum Selbstverständnis der Deutschen – politisch, moralisch und ökonomisch die Zentralmacht in Europa geworden. Auch der frühere Spekulant und jetzige Wohltäter der Menschheit, Georges Soros, sieht das so: Deutschland solle entweder die ihm zugewachsene Hegemonialrolle ausfüllen, Europa führen und seine Geldtaschen weit aufmachen oder die Eurozone verlassen.[197] Die veränderte europäische Konstellation war nicht gewollt. Doch liegt der Grund dafür auf der Hand. Nach einem europäischen Gipfel der jüngsten Vergangenheit ist ein Beteiligter von Journalisten gefragt worden, welche Frage die Teilnehmer des Gipfels am meisten bewegt hätte. Seine Antwort

---

196 Ulrich Beck und Daniel Cohn-Bendit, »Der große Sprung zurück«, in: *Die Zeit*, 25. Oktober 2012, S. 2.
197 George Soros, »Die Tragödie der Europäischen Union«, in: *Spiegel online*, 9. September 2012. http://www.spiegel.de/wirtschaft/geoerge-soros-deutschland-muss-fuehren-oder-aus-dem-euro-austreten-a- 854595.html.

lautete, die wichtigste Frage sei gar nicht gestellt worden. Welche denn die wichtigste Frage gewesen wäre. Antwort: »How long the Germans will pay?« Niemand stellt diese Frage, aber jeder hat sie im Kopf. Wenn die Bundeskanzlerin sagte: Schluss jetzt, würde die Eurozone auseinander brechen. Sie wird das aber nicht sagen, weil auch sie keinen »Kladderadatsch« will. Daraus folgt aber nicht, wie Ulrich Beck und Daniel Cohn-Bendit behaupten, dass der Kanzlerin damit größerer Einfluss zugewachsen wäre. Vielmehr lastet auf ihr ein enormer Druck, Schuldenstaaten und damit den Euro zu retten. Sie kann zwar »Schluss« sagen, aber solange sie das nicht tut, braucht sie Bundesgenossen, um ihren Kurs – Geld nur gegen Kontrollen, und zwar Kontrollen über einen Austerity-Kurs, der in der modernen Wirtschaftsgeschichte seinesgleichen sucht – durchzusetzen.

Mit der Abwahl des französischen Staatspräsidenten Nicolas Sarkozy hat Angela Merkel ihren Verbündeten verloren. Er bewunderte das deutsche Wirtschaftsmodell, das über eine export-starke Wirtschaft Arbeitsplätze, Gewinne und Einkommen generiert, die auch die Kassen des Staates füllen. Er war auf Angela Merkels Kurs eingeschwenkt, als sie ihm ihre Unterstützung für eine europäische Wirtschaftsregierung zusicherte, die die Eurozone über die intergouvernementale Methode steuern solle. Seit jeher hatten französische Regierungen für ein Verfahren geworben, in dem die verantwortlichen Politiker periodisch oder bei besonderem Bedarf zusammenkommen und gemeinsam über den jeweils einzuschlagenden Kurs entscheiden; natürlich müssten diese Entscheidungen für die nationalen Parlamente verbindlich sein. Wenn sich Angela Merkel und Nicolas Sarkozy im Vorfeld der Euro-Gipfel trafen und sich auf eine gemeinsame Linie verständigt hatten, konnten sich die Teilnehmer auf dem nachfolgenden Gipfel Diskussionen und Auseinandersetzungen sparen; es wäre bloß Zeitverschwendung gewesen. Das Duumvirat Sarkozy – Merkel hatte die Entscheidung schon vorweggenommen. Die Medien haben dafür das Akronym »Merkozy« geprägt. In Frankreich, das auf die Erstnennung ihres Staatspräsidenten Wert legte, kursierte das Akronym »Sarkel«.[198] In einer französisch-deutschen Fernsehsendung unmittelbar vor den französischen Präsidentschaftswahlen traten Angela Merkel und Nicolas Sarkozy wie das berühmte Hundepaar »Plisch und Plum« von Wilhelm Busch auf: »Plisch« nickt, wenn »Plum« etwas sagt, und umgekehrt nickt »Plum«, wenn »Plisch« etwas sagt. Allein bei der Frage der Aufgabe nationaler Souveränität gingen ihre Auffassungen auseinander: Angela Merkel hätte gegen die Abgabe weiterer nationaler Souveränität nach Brüssel nichts einzuwenden gehabt, Sarkozy betonte dagegen die einvernehmliche Regelung auf der zwischenstaatlichen Ebene.

»Plisch« und »Plum« gibt es nicht mehr. Nach der Wahl von François Hollande zum französischen Staatspräsidenten sind die Karten für das Euro-Spiel neu gemischt worden. Nun sieht sich Angela Merkel einem romanischen Triumvirat – François Hollande, Mario Monti und Mariano Rajoy – gegenüber, das sich gegen ihre Politik der internen Abwertung sperrt. Die Entfremdung zwischen der französischen und deutschen Regierung kann auch einem Interview mit dem französischen Außenminister Laurent Fabius entnommen werden. Er hat auf die Frage »Ist die deutsch-französische Beziehung für Ihre Arbeit noch relevant?« geantwortet: »Die Antwort lautet natürlich ja. Unsere Beziehung ist geschichtlich tief und die Geschichte zählt: Die französisch-deutsche Partnerschaft ist ein Bestandteil Europas. Damit diese Partnerschaft ihre Rolle erfüllt, müssen wir unsere Kräfte vereinen, unsere unterschiedlichen Tugenden addieren.«[199] Eine Bestätigung der deutsch-französischen Achse hört sich anders an: Fabius bemüht die Vergangenheit und mahnt für die Zukunft mehr Zusammenarbeit an. Dass Hollande nicht auf Angela Merkels Seite steht, ist bei und nach dem Gipfel in Brüssel vom 28./29. Juni 2012 offenkun-

---

198 Akronyme sind Wortbildungen, die entweder aus dem Anfangsbuchstaben mehrerer zusammenhängender Wörter gebildet werden (hierfür steht beispielsweise: ECU = European Currency Unit) oder die aus mehreren aufeinanderfolgenden Buchstaben bestehen, wie Merkozy aus Merkel und Sarkozy.

199 Laurent Fabius, Im Gespräch: »Wir sollten unsere Stärken addieren«, in: *Frankfurter Allgemeine Zeitung*, 21. November 2012, S. 6.

dig geworden. Hier agierte er an der Seite Mario Montis gegen die Kanzlerin.

Schäuble hatte es namens der deutschen Bundesregierung immer abgelehnt, marode Banken aus dem ESM, also aus Mitteln der Steuerzahler zu finanzieren[200]; doch genau das steht im Gipfelkommuniqué. Es heißt hier: Es sei von ausschlaggebender Bedeutung, »den Teufelskreis zwischen Banken und Staatsanleihen zu durchbrechen.«[201] Wenn aus dem ESM Kredite an Staaten ausgereicht würden, um die nationalen Banken zu stabilisieren, dann würden die Staatsschulden ansteigen und die von ihr ausgegebenen Anleihen an Wert verlieren; das brächte wiederum die Banken in Schwierigkeiten, die solche Staatsanleihen in ihrem Portefeuille hielten, und so weiter und so fort. Erläuternd heißt es: Nach Einrichtung eines wirksamen einheitlichen Aufsichtsmechanismus »hätte der ESM nach einem ordentlichen Beschluss die Möglichkeit, Banken direkt zu rekapitalisieren.« Dann würden also die Steuerzahler des Landes X für die Schulden der Bank in Land Y in Haftung genommen.

Tageszeitungen und Magazine haben über den Gipfel vom 28./29. Juni 2012 interessante Hintergrunddetails berichtet. Mario Monti habe es abgelehnt, dem Vorschlag der Wachstumsinitiative zuzustimmen. Er wusste, dass die Kanzlerin einen einstimmigen Beschluss mit nach Hause bringen musste; die Sozialdemokraten hatten ihre Zustimmung zu Fiskalpakt und ESM nur bei Anreicherung durch den Wachstumspakt signalisiert. So habe Angela Merkel die umstrittene Gipfelerklärung akzeptieren müssen.[202] Das war eine glatte Erpressung durch die Euro-Partner. Hier zeigt

---

200 Vgl. hierzu: ESM-Chef Regling widerspricht Schäuble, in: *Spiegel online*, 14.7.2012
201 Gipfelerklärung der Mitglieder des Euro-Währungsgebiets, 29. Juni 2012, S. 1.
202 *Spiegel online* (29. Juni (16:18 Uhr)) berichtet: »Merkel ist in Brüssel umgefallen, wieder einmal. Mit der Lockerung der Konditionen des Rettungsfonds ESM und der Möglichkeit einer direkten Bankenfinanzierung hat die Kanzlerin die Eurozone einen Schritt weiter Richtung Schuldenunion geführt. Nun ist es nicht das erste Mal, dass Merkel eine selbst gezogene rote Linie überschreitet. Jede Maßnahme der Euro-Rettung in den vergangenen zwei Jahren war anfangs tabu, bevor sie dann unter großer öffentlicher Empörung doch beschlossen wurde. Man könnte noch weiter gehen: Die gesamte Geschichte der europäischen Integration ist eine Folge solcher Tabubrüche.«

sich wieder, dass Angela Merkels Schritt-für-Schritt-Methode immer tiefer in die Haftungsgemeinschaft hineinführt: Wer erklärt: Scheitert der Euro, scheitert Europa, und wer darunter die Unauflöslichkeit der Eurozone versteht, muss sich schließlich der Mehrheit, die auf Nachgeben und weitere finanzielle Zugeständnisse drängt, beugen. Wenn sie hart geblieben wäre, dann hätte sie die Sozialdemokraten im Bundestag in eine schwierige Lage gebracht. Man kann sich leicht vorstellen, was auf den Finanzmärkten passiert wäre, wenn sie ihre Zustimmung verweigert hätten. Man kann auch sagen, die potentiellen »Reaktionen der Finanzmärkte« müssten als Drohnummer herhalten, um sich erpressen zu lassen. Freilich wäre dann das Drohpotential nie am Ende.

Die Bundesregierung hat verschiedene Male versucht, die Klausel zu verharmlosen oder in ihrem Sinne zu interpretieren. Dazu passt auch das Versteckspiel zwischen dem Finanzminister und dem Chef des Rettungsschirms, Klaus Regling. Regling hatte zu Protokoll gegeben, es bestehe die Möglichkeit, »dass wir Kredite direkt an Banken geben und sie nicht wie heute über die Regierung leiten. Dann ist das Land raus aus der Haftung.«[203] Damit widersprach er der Interpretation des deutschen Finanzministers, der die Haftung weiterhin bei den jeweiligen Staaten sah. Nachher hieß es, es gebe keinen Differenzen zwischen Schäuble und Regling.[204] Da fragt sich der Bürger doch, ob ihm mit diesem Versteckspiel Sand in die Augen gestreut werden soll.

Die Bankenrettung aus den Mitteln des ESM ist an die zeitliche Bedingung gekoppelt, dass zuvor eine funktionsfähige Bankenaufsicht ihre Arbeit aufgenommen haben muss. Als sich Angela Merkel bei einem europäischen Treffen gegen eine überhastete Erfolgsmeldung bei der Bankenaufsicht sperrte, hat Hollande öffentlich Angel Merkels Schielen auf den Wahltermin im Herbst 2013 ver-

---

203 Klaus Regling, Interview, in: *Welt am Sonntag*, 14. Juli 2012.
204 Der Sprecher des von Regling geleiteten vorläufigen Rettungsfonds EFSF, Christof Roche, wies die Darstellung zurück, Regling habe mit seinen Äußerungen dem Bundesfinanzminister widersprochen. Regling sei in dem Interview »nicht zu den Ansichten des Finanzministers befragt worden«, erklärte Roche gegenüber der Nachrichtenagentur AFP. *Handelsblatt,* 14. Juli 2012.

höhnt. Dass er noch nicht einmal in der Öffentlichkeit die Form wahrt, die bisher zwischen Staats- und Regierungschefs auf europäischer Ebene selbstverständlich war, lässt vermuten, dass das Verhältnis zwischen Angela Merkel und François Hollande auch atmosphärisch gestört ist – trotz Küsschen, Küsschen.

DRITTES KAPITEL

Die Irrwege der Politik

I. »Griechenland, das ist Euroland, das ist der Euro.«

Die Mitgliedstaaten der EU wollten gemeinsames Geld, aber keine gemeinsame Kontrolle der Finanzen. Die Architekten des Maastricht-Vertrages kannten die Gefahr, dass sich bei einer gemeinsamen Währung die Regierungen einzelner Mitgliedstaaten zu einer unseriösen Politik verleiten lassen könnten. Die Folgen, die zuvor bei willfährigen Zentralbanken in Form höherer Inflationsraten und steigender Zinsen die eigene Bevölkerung zu tragen hatte, könnten jetzt der Gesamtheit der Mitglieder in der Währungsunion aufgebürdet werden. Um dem entgegenzuwirken, ist in das europäische Vertragswerk die No-Bailout-Klausel aufgenommen worden: Weder die Gemeinschaft noch ein Mitgliedstaat treten für die finanziellen Verbindlichkeiten eines anderen Mitgliedstaates ein. Das war als ein unübersehbares Warnschild gedacht. Jedes Mitgliedsland wusste also, dass es finanzielle Schlamperei alleine ausbaden musste. Zudem sollte der nachgeschobene Stabilitäts- und Wachstumspakt die Regierungen auf dem Weg der finanzpolitischen Tugend halten. Und doch ist eingetreten, was Skeptiker befürchtet und nahezu alle Politiker für undenkbar gehalten haben.

Als Ende 2009 öffentlich wurde, dass Griechenland seit langem über seine Verhältnisse gelebt hatte und die Regierungen dies verheimlicht hatten, schossen die Renditeabstände (»Spreads«)

zu den Benchmark-Anleihen in die Höhe. Man hätte damals Griechenland den Austritt nahelegen oder ihn sogar erzwingen können, wenn die Euroländer sich an die No-Bailout-Klausel gehalten hätten. Die deutsche Bundesregierung hat das wohl erwogen, diese Option aber wegen des Widerstandes aus Frankreich und Großbritannien nicht weiterverfolgt. Die Partner-Staaten hielten Griechenland aus zwei Gründen in der Eurozone: Sie befürchteten einen Domino-Effekt – ein fallender Dominostein löst eine Kettenreaktion aus – und wollten die eigenen Banken schützen, die in erheblichem Maße Griechenland-Anleihen in ihrem Portefeuille hatten. Deswegen haben sie die No-Bailout-Klausel beiseitegeschoben. Die Begründung für die Öffentlichkeit hat die frühere französische Finanzministerin, Christine Lagarde, geliefert: »Griechenland, das ist Euroland, das ist der Euro.«[205] Es sind Griechenland aber nicht bloß Kredite ausgereicht worden, um den griechischen Staatsbankrott abzuwenden, zugleich ist anlässlich der Unterschrift unter diese Abmachungen in der Nacht vom 7. auf den 8. Mai 2010 ein Rettungsschirm aufgespannt worden, der schließlich insgesamt 750 Milliarden Euro umfasste. Damit war der Weg in eine europäische Haftungsgemeinschaft beschritten und der Boden des Maastricht-Vertrages verlassen worden.

In diesem Vertrag ist das Prinzip der Subsidiarität als Leitidee verankert: Jedes Land ist für seine Angelegenheiten selbst verantwortlich und damit auch für seine finanziellen Verpflichtungen. Als dieser Rechtsgrundsatz beiseitegeschoben und durch Rechtsvorschriften ersetzt wurde, die sich nach der politischen Opportunität richteten, hat sich die europäische Rechtsgemeinschaft in eine politische »Hauruckgesellschaft« verwandelt. Immer wieder muss nachgebessert und geflickt werden, wie auch die »Outright-Monetary-Transactions« (OMT) der Europäischen Zentralbank zeigen. Wird der Boden des Rechts verlassen, dann ist der Frieden zwischen den Völkern gefährdet, nicht in dem Sinne, dass sie auf-

---

205 Christine Lagarde, in: *Wallstreet Journal,* December 18th, 2010.

einander einschlagen, sondern dass kein Vertrauen mehr zwischen ihnen herrscht.

Die Akteure zweifelten, ob diese Summe ausreichen würde, wenn Schwergewichte aus der Eurogruppe wie Spanien oder Italien unter diesen Rettungsschirm schlüpfen müssten. Als Konsequenz weiteten sich die Renditedifferenzen auch bei diesen Ländern aus. Anleger stießen Anleihen aus diesen Ländern ab und verlagerten ihre Anlagen in »Safe-haven-Länder« wie die USA und Deutschland. Immer wieder haben sich die Mitglieder der Eurogruppe gegen solche Markttendenzen gestemmt – vergeblich. Die Politiker sagten zwar, der Euro sei eine Schicksalsgemeinschaft, wollten aber ihre Volkswirtschaften vor den damit verbundenen finanziellen Lasten möglichst bewahren. Solange sie das sagten, ihre Taschen aber nicht öffnen wollten, haben die Akteure auf den Märkten solche Statements als Lippenbekenntnisse abgetan. Sie wollten entweder hören, dass Angela Merkel zu den Schuldnerstaaten sagte, eure Schulden sind auch unsere Schulden, und sich nicht länger gegen gemeinschaftliche Staatsanleihen sperrte, oder aber, dass die EZB genau wie die US-Notenbank Federal Reserve (Fed) und die Bank of England Staatsanleihen aufkaufte, und zwar unbegrenzt.

Dass es schwer gewesen war, den Zentralbankpräsidenten hierfür zu gewinnen, kann man sich nicht vorstellen; es galt, die deutsche Bundesregierung zu überzeugen. Sie hat schließlich zugestimmt – gegen den ausdrücklichen Willen des Bundesbankpräsidenten. Wahrscheinlich war das folgende Motiv entscheidend: Der Bundesregierung ist es lieber, wenn andere die schmutzige Arbeit tun, als wenn sie selbst sich vor den Wählern wegen der Schuldenübernahme rechtfertigen müsste. Die mit dem Ankauf solcher Staatsanleihen verbundenen Gefahren werden geleugnet. Es hat bisher aber noch keine Inflation in der Welt gegeben, an der nicht Münzherren mit der Verschlechterung der Münzqualität oder Zentralbanken mit der Aufblähung der Geldmenge beteiligt gewesen wären.

In diesen Kontext gehören auch die Target-Salden. Seitdem die Banken notleidender Schuldnerstaaten international nicht mehr kreditwürdig sind, springen die nationalen Zentralbanken ein und versorgen ihre Geschäftsbanken gegen windige Sicherheiten mit Zentralbankgeld. So entstehen die Target-Salden als Forderungen der Bundesbank und Belastungen der Schuldner-Zentralbanken gegenüber dem Eurosystem. Als Target-Falle erweisen sich diese Salden, falls entweder Deutschland oder Spanien aus der Währungsunion ausscheidet, weil diese Salden dann nach Maßgabe des Auf- oder Abwertungssatzes entwertet würden.[206] Um dies zu vermeiden, müsste Spanien mit allen finanziellen Mitteln in der Währungsunion gehalten werden und Deutschland dürfte nicht ausscheiden.

II. In den europäischen Schuldensumpf

1. Die Nacht, die Europa veränderte

Nach Verabschiedung des Griechenlandpakets durch den Bundestag und den Bundesrat haben Wilhelm Hankel, Wilhelm Nölling, Dieter Spethmann und Joachim Starbatty sowie ihr Prozessbevollmächtigter Karl Albrecht Schachtschneider am 7. Mai 2010 ihre Beschwerde gegen die Griechenlandhilfe beim Bundesverfassungsgericht in Karlsruhe eingereicht:

> ➤ Die Griechenlandhilfe sei ein Verstoß gegen Artikel 125 AEUV (Haftungsausschlüsse);
> ➤ dieser unterminiere nicht bloß die Währungsunion als Stabilitätsgemeinschaft, sondern ziehe Deutschland in eine Haftungsgemeinschaft hinein;
> ➤ er werde den Bundestag vor weitere finanzwirksame Entscheidungen stellen, denen dieser sich nicht würde verweigern können.

---

206 Vgl. drittes Kapitel, V.2: »Konsequenzen bei Abschreibung der Target-Salden«.

Wer sich einmal auf die »Retterei« eingelassen habe, könne dann nicht mehr beliebig »Stopp« sagen, weil sonst die Gefahr bestehe, das Auseinanderbrechen der Eurozone zu riskieren. Die Abgeordneten müssten sich dann den Beschlüssen unterwerfen, die die Regierungen der Eurogruppe getroffen hätte. Der Bundestag könne dann bloß noch Demokratie spielen.

Natürlich hat mich auch persönlich beschäftigt und umgetrieben, was aus dem Bruch der No-Bailout-Klausel für Deutschland und die Eurozone erwachsen könnte. Das kann einem schon den Schlaf rauben. Als ich montags in den Frühnachrichten hörte, dass die Staats- und Regierungschefs sowie die Finanzminister just an diesem Wochenende vom 7. auf den 9. Mai einen Rettungsschirm in Höhe von 750 Milliarden Euro beschlossen hatten, zusätzlich werde die EZB Staatspapiere konkursgefährdeter Mitgliedstaaten ankaufen, dachte ich, mein Gott, das darf doch nicht wahr sein; das ist der Weg in die europäische Schuldenunion und damit in den Schuldensumpf. In Brüssel wollten die Staats- und Regierungschefs doch bloß im Rahmen eines Diners ihre Unterschriften unter den Griechenland-Vertrag setzen? Hat sich denn da die deutsche Bundeskanzlerin überrumpeln lassen? Hatte sie nicht zwei Monate zuvor noch zu bedenken gegeben, ob es nicht besser wäre, wenn die Griechen aus der Währungsunion ausschieden?

Um die Jahreswende 2009/2010 hatten sich die Entwicklungen in Griechenland geradezu überschlagen. Im Oktober 2009 korrigiert die neu gewählte sozialistische Regierung in Athen das Haushaltsdefizit kräftig nach oben; statt der prognostizierten 6 Prozent werden nun 10 Prozent für wahrscheinlich gehalten. Die EU-Kommission geht sogar von 12 Prozent aus; das Spiel sei aus, sie verlange seriöse Statistiken. Die »Spreads« schießen nach oben. Eine Pleite des griechischen Staates ist denkbar, ja sogar wahrscheinlich geworden. Der griechische Finanzminister spricht vom »Totalverlust der Glaubwürdigkeit« seines Landes. Die griechische Regierung drängt auf Garantie-Erklärungen der Eurogruppe. Die EU-Kommission will Griechenland auf ein rasches Sparprogramm verpflichten, die Regierung solle die Gehälter im öffentlichen Dienst kürzen und Neueinstellungen stoppen. Griechenland steht vor der Pleite. Die EU-Kommission stellt den griechischen Haushalt unter ihre Kontrolle.

Offensichtlich ist in Kreisen der Bundesregierung überlegt worden, ob es für überschuldete Staaten wie Griechenland nicht besser sei, aus der Währungsunion auszuscheiden. Damit hätten Wechselkurse und Zinsen wieder die zentrale Rolle wie vor der Währungsunion gespielt. Da es sich hier um eine Weichenstellung handelt, schwankt die Haltung der Bundesregierung zwischen Einhalten der No-Bailout-Klausel, was einen Ausschluss Griechenlands aus der Eurozone zur Folge gehabt hätte, und finanzieller Hilfe für Griechenland. Finanzminister Wolfgang Schäuble hatte sogar erwogen, dass die EU in letzter Konsequenz ein Land aus der Währungsunion ausschließen könne: »Das wäre konsequent. Sehen Sie: Warum muss Griechenland derzeit für seine Anleihen höhere Zinsen zahlen als Litauen, obwohl die beiden Länder hohe Schulden machen? Die Antwort liegt darin, dass Griechenland seine Währung nicht abwerten kann, weil es Mitglied der Eurozone ist. Deshalb wäre es vernünftig, wenn Euro-Länder im Notfall aus der Währungsunion ausscheiden könnten.«[207]

Bundeskanzlerin Angela Merkel hat diese Position Schäubles in ihrer Regierungserklärung vom 17. März 2010 im Deutschen Bundestag – unter Beifall der Koalitionsfraktionen – aufgegriffen: »Er (Bundesfinanzminister Schäuble) hat Vorschläge gemacht, dass wir für die Zukunft ein Vertragswerk bekommen, aufgrund dessen es als Ultima Ratio sogar möglich ist, ein Land aus dem Euro-Raum auszuschließen, wenn es die Bedingungen langfristig immer wieder nicht erfüllt. Sonst kann man nicht zusammenarbeiten.« (Beifall bei der CDU/CSU und der FDP.) »Wie müssten wir die Verträge entwickeln, damit man mit einer solchen Situation umgehen kann? Auch bei Griechenland muss jetzt gelten, dass die Stabilitätsgemeinschaft im Vordergrund steht und dass wir nicht

---

207 Wolfgang Schäuble, Interview, in: *Der Spiegel,* 16/2010, S. 101.

eine vorschnelle Hilfe leisten, die uns langfristig überhaupt nicht weiterbringt, sondern den Euro immer weiter schwächt.« (Beifall bei der CDU/CSU und der FDP).[208]

Man kann sich leicht vorstellen, dass nach dieser Erklärung die Telefone im Kanzleramt nicht still gestanden haben. Mit Sicherheit wird Nicolas Sarkozy angerufen haben, denn gerade französische Banken waren und sind stark in Griechenland engagiert; bei einem Austritt Griechenlands hätten sie massive Verluste erlitten. Das galt aber auch für jene deutschen Institute, die gerade mit dem Geld der Steuerzahler gerettet worden waren und – in der Hoffnung auf schnellen Gewinn – Griechenland-Anleihen gekauft hatten.

Oft ist auch gemutmaßt worden, die bevorstehenden Landtagswahlen in Nordrhein-Westfalen hätten die Bundeskanzlerin zu ihrer zunächst abwartenden, ja ablehnenden Haltung bewogen. Mag sein. Wer aber die Politik Angela Merkels verfolgt hat und ihre analytische Herangehensweise kennt, wird eher annehmen, dass Jens Weidmann, damals Leiter der Abteilung »Wirtschafts- und Finanzpolitik« im Bundeskanzleramt, sie darüber aufgeklärt hat, welche ökonomischen Konsequenzen es haben würde, die No-Bailout-Klausel beiseite zu schieben. Angela Merkel hat auch auf europäischer Ebene einen möglichen Ausschluss überschuldeter Staaten aus der Währungsunion sowie die Ausarbeitung und Implementierung einer Insolvenzordnung vorgeschlagen, ist dabei aber auf Granit gestoßen. Insbesondere Nicolas Sarkozy und Gordon Brown, damals britischer Premierminister, haben diese Initiative abgeblockt.[209] Dass Nicolas Sarkozy dagegen war, kann man wegen der finanziellen Engagements französischer Banken verstehen – aber warum ausgerechnet Brown, dessen Land nicht zur Eurogruppe gehörte? Ganz einfach: Auch britische Banken waren in Griechenland engagiert. Es ging den Politikern nicht

208 Regierungserklärung im Deutschen Bundestag, 17. Wahlperiode, 30. Sitzung, 17. März 2010, S. 2. 719.
209 Vgl. hierzu *Handelsblatt*, 26. März 2010 (http://www.handelsblatt.com/politik/deutschland/schuldensuender-sarkozy-und-brown-schmettern-merkels-ausschluss-idee-ab; 2552630).

darum, Griechenland zu retten; sie wollten ihren nationalen Banken Verluste ersparen.

Angela Merkels unentschiedene Haltung war auch in der Öffentlichkeit nicht unbemerkt geblieben. Immer wieder fragten insbesondere französische Journalisten, ob nicht ihr Zögern die Märkte verstört und damit die Krise verschlimmert habe, in die Griechenland nun geraten sei. Schließlich sagte sie »ja« zur Griechenland-Hilfe. In dem entsprechenden »Statement der Staats- und Regierungschefs vom 25. März 2010« heißt es: »Die Mitgliedstaaten des Euro-Währungsgebiets sind bereit, im Rahmen eines Pakets, das eine erhebliche Finanzierung durch den Internationalen Währungsfonds und einen Mehrheitsanteil aus europäischen Finanzmitteln umfasst, zu koordinierten bilateralen Darlehen beizutragen. Dieser Mechanismus, der die Finanzierung durch den Internationalen Währungsfonds ergänzt, ist als Ultima Ratio zu betrachten, was insbesondere bedeutet, dass die Finanzierung über den Markt nicht ausreicht ... Die Zinssätze werden nicht-konzessionär sein, d.h. sie werden kein Subventionselement enthalten.«

Der Wortlaut dieser Erklärung zeigt den Versuch der Bundesregierung, die Einmaligkeit der Griechenlandrettung festzuschreiben – »Ultima Ratio« – und die Hilfe als Brückenlösung zu betrachten – »Die Zinssätze werden kein Subventionselement enthalten.«. Die Bundesregierung ging also davon aus, dass Griechenland in einer Liquiditätskrise steckte, die es dem Land momentan verwehrte, am offenen Markt Kapital aufzunehmen, und nicht in einer Insolvenzkrise, in der private Geldgeber jetzt und in der Zukunft nicht mehr bereit sein würden, sich in Griechenland zu engagieren. Roland Vaubel zeigt dagegen auf, dass Griechenland damals bereits insolvent gewesen sei: Wenn sich Griechenland am Markt nicht mehr habe refinanzieren können, müsste der marginale Marktzins für Kredite an Griechenland unendlich sein.[210]

---

210 Roland Vaubel, Der »Bail out« für Griechenland: Schäuble setzt sich über Merkels Vorgaben hinweg (13. April 2010, Blog »wirtschaftlichefreiheit.de« – Unter einem marginalen Zinssatz verstehen wir die Höhe des Zinssatzes, der für eine zusätzliche Staatsanleihe hätte akzeptiert werden müssen.

Wenn der mit Griechenland vereinbarte Zins kein Subventionselement hätte enthalten sollen, hätte er ebenfalls unendlich sein müssen. Hätten die Staats- und Regierungschefs ihr Statement ernst genommen, hätte an Griechenland kein Geld fließen dürfen.

Nach dem politischen Beschluss über das Griechenlandpaket kehrte auf den Anleihemärkten aber keineswegs Ruhe ein – im Gegenteil. Die Finanzakteure begannen nun, an der Fähigkeit Irlands und Portugals zu zweifeln, ihren finanziellen Verpflichtungen zu entsprechen, und stießen deren Anleihen ab. Daraufhin weiteten sich die »Spreads« stark aus. Die Nervosität griff auch auf die Aktienmärkte über. Als der US-amerikanische Aktienindex am 6. Mai 2010 innerhalb von Minuten um mehr als 10 Prozent einbrach, breitete sich Panik in aller Welt aus. Es stellte sich dann rasch heraus, dass eine zufällige Verkettung von Computerprogrammen nicht geplante Verkaufsorders auslöste, die zu diesem massiven Einbruch geführt hatten. Doch haben dieser mysteriöse Crash und die Sorgen um Griechenland die Aktienbörsen weltweit auf Talfahrt geschickt. Die Stimmung auf dem Aktienparkett war angespannt; in der US-Administration war sie hochgradig nervös. Man nahm den kurzfristigen Einbruch als ein Menetekel für das, was kommen konnte, sollte die Eurozone auseinanderbrechen. Der US-Präsident Obama betonte in seinen Anrufen bei den Wortführern der Eurogruppe, dass eine Menge Geld auf dem Tisch liegen müsse, um die Welt von der Ernsthaftigkeit der europäischen Rettungsbemühungen zu überzeugen. Am 6. Mai hatte der EZB-Rat auf seiner Sitzung in Portugal die Möglichkeit des Ankaufs von Staatsanleihen besprochen und sich entsprechend verständigt.

Nachdem Bundestag und Bundesrat am 7. Mai 2010 die Griechenlandhilfe beschlossen hatten und die Kanzlerin den Bundespräsidenten gedrängt hatte, seine Unterschrift ohne eingehende Prüfung unter diese Dokumente zu setzen, brach sie nach Brüssel auf, wo die Staats- und Regierungschefs die Griechenlandhilfe besiegeln wollten. Das ist auch geschehen, war aber nebensächlich; an diesem Abend und in der sich daran anschließenden Nacht ist

Europa verändert worden. Über den Verlauf dieser Sitzung gibt es keine offiziellen Verlautbarungen. Die Öffentlichkeit weiß also nicht, wer welche Anträge gestellt hat oder welche Vorgespräche geführt wurden. Man kann nur vermuten, wie dieser Abend verlaufen ist. Wenn eine solche Spekulation hier versucht wird und wenn sie nicht zutreffen sollte, dann ist die Bundesregierung aufgerufen, über den Hergang zu berichten.

Warum gibt es für jedes deutsche Gesetz Vorgespräche mit Experten und Betroffenen, Beratungen und Verhandlungen in den beteiligten Ministerien, Aussprachen in den Arbeitskreisen der Fraktionen und in den Fraktionen selbst, erste Lesung im Bundestag, Überweisung an die einschlägigen Ausschüsse, Hearings, zweite und dritte Lesung im Parlament, Einholung der Zustimmung des Bundesrates, wenn es sich um ein zustimmungsbedürftiges Gesetz handelt? Warum ist das alles genau dokumentiert? Damit sich die Bürger ein Bild machen können. Transparenz und Information der Bürger sind Voraussetzungen einer funktionierenden Demokratie.

Wie könnte denn dieser schicksalhafte Abend verlaufen sein? Die Teilnehmer werden wohl einem entspannten Dinner entgegengesehen haben, galt es doch die Rettung Griechenlands zu feiern. Doch anstatt Papandreou, dem damaligen Ministerpräsidenten, zuzuprosten, hören sie Jean-Claude Trichet zu, wie er in seinem spezifischen Englisch erläutert, dass sich auf den Märkten Panik ausbreite; wenn nichts geschehe, drohe eine Finanzkrise, schlimmer noch als nach dem Kollaps von Lehman Brothers. Vom CDU-Bundestagsabgeordneten Leo Dautzenberg weiß man, dass sich der Europäische Rat und auch die Bundestagsfraktionen auf die Einschätzungen des EZB-Präsidenten verlassen hätten.[211]

Ob einige Gipfelteilnehmer eine Marschroute ausgearbeitet hatten, kann man nur vermuten. Journalistische Zaungäste berichten, dass sie eher Überforderung, Planlosigkeit und Getriebenheit wahrgenommen hätten. Wahrscheinlich ist aber, dass der Auftritt Trichets mit dem früheren französischen Staatspräsidenten abgestimmt war.

---

211 Statement in der Talkshow von Anne Will (ARD), 16. Mai 2010.

Wie ist es dann in der sicherlich hektischen Aussprache zugegangen? Welcher von den Staats- und Regierungschefs hat sich daran beteiligt? Gab es Unterbrechungen für bilaterale Besprechungen? Wer mit wem? Gab es interne Besprechungen mit Experten? Mit welchen Experten? Ist jemand über den Tisch gezogen worden? Es gibt keine offiziellen Dokumente. Wir wissen nicht, wie die Sitzung abgelaufen ist.[212] Wir wissen bloß, dass sie Europa verändert hat.

Tags darauf haben die Wirtschafts- und Finanzminister die Details ausgearbeitet. Aus Krankheitsgründen konnte Wolfgang Schäuble nicht teilnehmen; er wurde aber nicht von Wirtschaftsminister Brüderle, sondern von dem mit der Sache nicht befassten Innenminister Thomas de Maizière vertreten. Vermutlich war der Wirtschaftsminister nicht zu erreichen. Ist vielleicht auch nebensächlich. Wahrscheinlich war der damalige Finanzstaatssekretär Jörg Asmussen ohnehin der Einzige, der wusste, was gespielt wurde. Die Schlussfolgerungen des Rates für Wirtschaft und Finanzen vom 9. Mai markieren die Weichenstellung in eine andere Europäische Union.[213] Die Erklärung des französischen Europaministers Pierre Lellouche hat dies endgültig klargemacht. In einem Interview mit der Financial Times erläuterte er die Überzeugung der französischen Regierung, dass der jüngst beschlossene Rettungsschirm auf eine fundamentale Revision der Regeln der EU hinauslaufe und ein Sprung in Richtung der Wirtschaftsregierung für die Eurozone sei.[214]

Von dem Maßnahmepaket mit einem Volumen von 750 Milliarden Euro entfallen auf die Eurogruppe 500 Milliarden Euro; daran ist die EU-Kommission mit 60 Milliarden Euro beteiligt (Verordnung Nr. 407/2010); der IWF sagt 250 Milliarden Euro zu. Hinzu kommen die von Trichet angekündigten Ankäufe von

---

212 Der französische Staatspräsident Nicolas Sarkozy brüstete sich im Rahmen einer improvisierten Pressekonferenz damit, dass die Erklärung zu einem Rettungsschirm für den Euro zu »95 Prozent« die französische Handschrift trage. – Auch Berlusconi tritt lächelnd und gutgelaunt vor die Presse. Er spricht von einer »Ausnahmesituation«, er sagt: »Wenn das Haus brennt, ist es egal, woher das Wasser kommt. Ich bin sehr zufrieden mit diesem Abend, Frankreich und Italien haben sich durchgesetzt.« Quelle: Fiona Ehlers et al., »Wir haben nur einen Schuss«, in: Der Spiegel, 20/2010, S. 82.
213 Brüssel, 10. Mai 2010, SN 2564/1/10, REV 1.
214 Pierre Lellouche, Interview, in: Financial Times, May 28th 2010.

Staatsanleihen. Bei der Sofortmaßnahme der EU-Kommission (European Financial Stability Mechanism, EFSM) in Höhe von 60 Milliarden Euro stützt sich der Rat auf Artikel 122 AEUV (»Außergewöhnliche Maßnahmen bei Notlagen«): »Gemäß Artikel 122 Absatz 2 ist vorgesehen, Mitgliedstaaten, die aufgrund von außergewöhnlichen Ereignissen, die sich ihrer Kontrolle entziehen, von Schwierigkeiten betroffen sind, einen finanziellen Beistand zu gewähren. Derartige außergewöhnliche Ereignisse liegen derzeit vor, und der Mechanismus wird so lange in Kraft bleiben, wie es zur Wahrung der Finanzmarktstabilität erforderlich ist.«

Dass sich dieser finanzielle Beistand auf Artikel 122 Absatz 2 AEUV stützt – Naturkatastrophen oder außergewöhnliche Ereignisse, die sich der Kontrolle des Mitgliedstaates entziehen –, zeigt einmal die Verlegenheit der Euro-Staaten, ihre Sofortmaßnahmen zu legitimieren, und zum anderen die Unverfrorenheit, sich auf einen Artikel zu stützen, der mit dem Sachverhalt nichts zu tun hat; denn es handelt sich weder um eine Naturkatastrophe noch um ein Ereignis, das sich der Kontrolle des Mitgliedstaates entzogen hätte. Alle Haushalte und die damit verbundene Verschuldung sind Jahr für Jahr von der griechischen Regierung dem Parlament vorgelegt und Jahr für Jahr von diesem beschlossen worden. Der Träger des Nobel-Gedächtnispreises für Wirtschaftswissenschaft, Paul Krugman, beschrieb das Griechenland-Debakel bereits vor geraumer Zeit als »Chronik einer angekündigten Katastrophe«.[215] Seinerzeit hatte Finanzminister Schäuble das »außergewöhnliche Ereignis« mit der Weltfinanzkrise gerechtfertigt.[216] Doch sagt er inzwischen selbst, etwa in der Regierungserklärung vom 30. November 2012, dass Griechenland nicht in kürzester Zeit wettmachen könne, was es Jahrzehnte zuvor versäumt habe.[217] Die Politi-

215 Zitiert nach Andrea Köhler, »Kassandras Erben«, *Neue Zürcher Zeitung,* 20. Mai 2010, S. 21.
216 Wolfgang Schäuble, Eingangsstatement als Vertreter der Bundesregierung vor dem Bundesverfassungsgericht am 5. Mai 2011, Presseexemplar, S. 2 und 3.
217 Wolfgang Schäuble, Deutscher Bundestag, 17. Wahlperiode, 212. Sitzung, stenographisher Bericht, 30. November 2012, S. 25967 D.

ker haben seinerzeit bewusst Ursache und Wirkung vertauscht. Otmar Issing, der frühere Chefvolkswirt der EZB, spricht von Mären und Legenden, die in der Politik dazu dienten, »die Geschichte zurechtzubiegen, um mit Hilfe unzutreffender Behauptungen eigene politische Absichten zu befördern. Der Fall Griechenland offenbart ein eklatantes Beispiel für die Verbiegung der Tatsachen – eben eine Mär … Es war die Spekulation, die Griechenland an den Rand des Staatsbankrotts getrieben hat, und dieselbe Spekulation hat die Generalattacke gestartet, um den Euro zu Fall zu bringen. So die Mär, die von vielen verbreitet wird, nachzulesen zum Beispiel im Interview des früheren Außenministers Fischer im *Spiegel* vom 22. Mai.«[218]

Karl Otto Pöhl, früherer Präsident der deutschen Bundesbank, vermutet, dass Bedrohungsszenarien ausgemalt werden, um politische Entscheidungen zu beschleunigen. Er hat auf die Frage, ob die Politik den angeblichen Angriff der Spekulanten erfunden habe, um den Lissabon-Vertrag zu brechen, geantwortet: »Natürlich, das ist möglich. Es ist sogar plausibel.«[219] Der schwedische Außenminister hat sich sogar zu dem Bild hinreißen lassen, dass die internationalen Spekulanten nur darauf gewartet hätten, um sich wie Wölfe auf den Euro zu stürzen und ihn niederzureißen. Und wenn sie es getan hätten und der Euro abgestürzt wäre? Wem hätte das wehgetan? Den Konkurrenten der Euro-Staaten auf den Weltmärkten. Sie hätten aus eigenem Interesse den Euro gepflegt und im Zuge einer Gegenspekulation wären Euro gekauft worden – in der Annahme, dass er sich bald erholen würde. Allen Erfahrungen nach haben spekulative Attacken nur Erfolg, wenn politische Versprechen und ökonomische Realität sich nicht decken. Man kann vergleichbare Überlegungen für Aktien-, Rohstoff- und Anleihemärkte anstellen. Auch hier hätten spekulative Attacken nur Erfolg gehabt, wenn die politischen Zusagen unglaubhaft gewesen wären.

---

218 »Die Mär von der Spekulation«, *Frankfurter Allgemeine Zeitung*, 27. Mai 2010, S. 12.
219 Karl Otto Pöhl, Interview, in: *Der Spiegel*, 20/2010, S. 86.

Bemerkenswert ist die Eile, mit der Bundesregierung und Bundestag über ein Gesetz zum europäischen Rettungsschirm abgestimmt haben, an dessen Text in einer internationalen Rechtsanwaltskanzlei noch gearbeitet und gefeilt wurde. Der Rettungsschirm sollte als eine »Zweckgemeinschaft nach luxemburger Recht« ausgestaltet werden. Bei dieser Konstruktion hätten eigentlich die Alarmglocken schrillen müssen; denn Zweckgesellschaften – auch »conduits«, SPEs (Special Purpose Entities) bzw. SPVs (Special Purpose Vehicles) genannt – wurden im Zuge der Finanzkrise als mitverantwortlich für deren Entstehung gesehen, weil nicht mehr erkennbar war, wie weit das Engagement betroffener Institute reichte. Es ist weiter bemerkenswert, wenn einem Bericht« über die öffentlichen Anhörungen in der 21. Sitzung des Haushaltsausschusses zu entnehmen ist, dass EU-Kommissar Olli Rehn zu den Einzelheiten keine Stellung nehmen konnte, da er bei der Anhörung nicht anwesend war – obwohl rechtzeitig eingeladen. Es sei auch kein Stellvertreter anwesend gewesen.[220] Da wird über ein Finanzpaket von 123 Milliarden Euro – gegebenenfalls 20 Prozent mehr – abgestimmt, es wird dafür eine neuartige Konstruktion erstellt und der dafür zuständige EU-Kommissar bzw. ein sachverständiger Stellvertreter, die darüber Auskunft geben sollen, sind nicht zur Stelle. Dafür gibt es nur zwei Erklärungen: Entweder waren sie nicht hinreichend sachkundig oder das deutsche Parlament ist kein Ort, wo man Auskünfte geben müsste.

2. Von der Abwehr spekulativer Attacken zur Finanzierung notleidender Staaten

Die Europäische Finanzstabilisierungsfazilität (EFSF) – englisch: European Financial Stability Facility – ist am 7. Juni 2010 als Institution eingeführt worden. Es wurde eine Laufzeit von drei Jahren vorgesehen. Am 25.11.2010 bittet Irland um finanzielle Hilfen aus dem Rettungsfonds EFSF; die Euro-Staaten hatten Irland dazu gedrängt. Am 6. April 2011 schlüpft Portugal unter den Rettungs-

---

220 *Das Parlament*, Nr. 21/22, 25. Mai 2010, S. 3.

schirm. Damit ist auch der Zweck des EFSF erwiesen: Der Euro soll nicht vor hungrigen Wölfen geschützt werden, sondern finanzklamme Staaten sollen über Wasser gehalten werden. Die »Charts-Show«, die Trichet den Staats- und Regierungschefs geboten hatte, war ein groß angelegtes Ablenkungsmanöver. Als Finanzminister Schäuble der Öffentlichkeit am 24. Juli 2010 versicherte, dass der Rettungsschirm auslaufe, weil sie es klar vereinbart hätten, wird man nicht annehmen können, dass er wirklich daran geglaubt hätte. Er sagte, dass politisch vereinbart sei, dass der EFSF nach den vereinbarten drei Jahren auslaufe; er meinte damit nicht, dass ein solcher Schutzschirm ersatzlos verschwinden werde. In den einschlägigen Ministerien der Euro-Staaten ist garantiert mit Hochdruck an einem permanenten Schirm mit einer ausgefeilten Entscheidungs- und Operationsstruktur gearbeitet worden. Schäuble wird die Maxime »Was ich nicht weiß, macht mich nicht heiß« beherzigt und umgemünzt haben: »Was der Bürger nicht weiß, macht ihn nicht heiß.« Schäuble hat an verschiedenen Stellen demonstriert, dass er ein Meister des orwellschen »Neusprech« ist.[221]

Wer überprüft, wem letztlich die Milliarden aus dem Rettungsschirm zufließen, der erkennt, dass die Regierungen diese Gelder stellvertretend für die Gläubigerbanken in Empfang nehmen. Sie könnten ihre Gläubiger nicht voll befriedigen, wenn ihnen die Euro-Staaten nicht zu Hilfe kämen. In der Nacht vom 7. auf den 8. Mai ist also in Wahrheit ein riesiges Banken-Rettungsprogramm auf den Weg gebracht worden. Einigen strategischen Köpfen wird dieser Zusammenhang von vornherein bewusst gewesen sein. Das ist zunächst bloß eine Vermutung. Gewissheit bekäme man, wenn die Vorgespräche und Konzeptionspapiere bekannt wären, die dem entsprechenden Gipfel-Kommuniqué zugrunde lagen.

---

221 In seinem Zukunftsroman *1984* hat George Orwell den »Newspeak« als eine Sprache eingeführt, die aus politischen Gründen den Bürgern eine neue andere Welt zeigt, als sie selbst wahrnehmen. So ist z. B. das »Liebesministerium« eine Institution, wo störrische Menschen aus Liebe zur neuen Welt gefoltert werden, damit auch sie sie lieben lernen.

Es zeigte sich, dass das Volumen des EFSF in Höhe von 440 Milliarden Euro in Wirklichkeit geringer ausfiel, als bei der politischen Festlegung in Brüssel angenommen worden war. Die Euro-Staaten wollten natürlich für den EFSF die beste Bewertung durch die Rating-Agenturen erhalten, also »Triple A«. Da aber nur sechs von ihnen selbst ein »Triple A« aufweisen konnten – Frankreich, Niederlande, Luxemburg, Österreich, Finnland und Deutschland –, verlangten die Agenturen eine Überdeckung von 120 Prozent. Es war ja nicht unwahrscheinlich, dass alle anderen Euro-Staaten notleidend werden könnten. Zusätzlich musste der Fonds zur Absicherung akuter finanzieller Verpflichtungen auf eine Barreserve von 100 Milliarden Euro zurückgreifen können. Das Garantievolumen des EFSF betrug daher faktisch nur 250 Milliarden Euro. Daher haben sich die Staats- und Regierungschefs gezwungen gesehen, den Garantierahmen auf 780 Milliarden Euro zu erhöhen. Die Euro-Staaten stellen die notwendigen Garantien gemäß ihren Anteilen am Eigenkapital der EZB bereit. Der maximale Garantieanteil Deutschlands beträgt rund 211 Milliarden Euro.[222]

Nach Verabschiedung des EFSF sind beständig Gespräche zwischen den verschiedenen politischen und administrativen Ebenen geführt worden, um einen dauerhaften Rettungsschirm einzurichten. Die Euro-Finanzminister stimmten am 28. November 2010 der Schaffung des »Europäischen Stabilitätsmechanismus« (ESM) zu. Der Europäische Rat hat am 25. März 2011 die rechtliche Basis für den ESM geschaffen. Er hat den Artikel 136 AEUV dahingehend geändert, dass den Euro-Staaten die Einrichtung eines Stabilitätsmechanismus gestattet wird. Am 2. Februar 2012 einigten sich die Euro-Staaten dann auf den Vertrag über die Einrichtung eines Europäischen Stabilitätsmechanismus (ESMV). Der ESM wird als internationale Finanzinstitution gegründet, die ih-

---

222 Inzwischen sind Österreich und Frankreich aus dem Kreis der »Triple-A«-Länder ausgeschieden. Konsequenterweise hat daher die Ratingagentur Moody's auch dem EFSF den »Triple-A«-Status entzogen, wobei der Zusatz »negativer Ausblick« signalisiert, dass weitere Herabstufungen drohen können.

ren Mitgliedern unter strengen Auflagen Stabilitätshilfen gewähren darf.[223]

Ein solches Verfahren entspricht nicht den Prinzipien eines Rechtsstaates, wo auch die Regierungen unter dem Gesetz stehen (»rule of law«), sondern der Schaffung politischen Rechts, um die jeweilige politische Linie nachträglich zu legitimieren (»rule by law«). Ergänzend haben die Staats- und Regierungschefs am 9. Dezember 2011 vereinbart, Schritte in Richtung einer stärkeren wirtschaftspolitischen Koordinierung und einer fiskalpolitischen Überwachung zu unternehmen, um in Zukunft die ungleiche Entwicklung, die die Eurozone auseinander gerissen hat, vermeiden zu können. Der Vertrag über Stabilität, Koordinierung und Steuerung in der Wirtschafts- und Währungspolitik und der ESMV sollten als die beiden Seiten einer Medaille gesehen werden – Solidarität und finanzpolitische Disziplin: Finanzpolitische Disziplin als Voraussetzung für Solidarität und Solidarität als Voraussetzung für die Stabilisierung der Eurozone. Dieser völkerrechtliche Vertrag zur Gründung des ESM wurde von den Finanzministern der Euro-Staaten am 23. Januar 2012 beschlossen. Er trat am 27. September 2012 in Kraft und wird am 30. Juni 2013 den EFSF ablösen.

Bis jetzt sind uns drei verschiedene Rettungsschirme begegnet: Der EFSF (European Financial Stability Facility), der EFSM (European Financial Stability Mechanism) und der ESM (European Stability Mechanism). Wir wissen, dass der EFSF als zeitlich befristete Einrichtung beschlossen wurde, um zögerliche Mitgliedstaaten zum Mitmachen zu bewegen. Ein Zweifelnder stimmt eher einer auslaufenden als einer ewigen Verpflichtung zu. Nachdem sich die Euro-Staaten an die Existenz des EFSF gewöhnt hatten und eine Stabilisierung der Eurozone ohne einen entsprechenden Fonds undenkbar schien, haben sie sich auch mit der Dauerhaftigkeit einer solchen Einrichtung abgefunden. Warum gibt es aber

---

223 Vgl. hierzu: Wissenschaftliche Dienste, Deutscher Bundestag, aktueller Begriff: Das Urteil des Bundesverfassungsgerichts zu ESM- und Fiskalvertrag (Verfasserinnen: Birgit von Pflug (Fachbereich WD 3, Verfassung und Verwaltung) und Andrea Eriksson (Fachbereich WD 11, Europa).

einen EFSM in Höhe von 60 Milliarden Euro? Warum hat man nicht gleich den EFSF auf 500 Milliarden Euro aufgestockt? Da der EFSF und seine rechtlichen Grundlagen erst noch geschaffen werden und von den nationalen Parlamenten ratifiziert werden mussten, zugleich aber auf finanzielle Ressourcen zurückgegriffen werden sollte, haben die Euro-Staaten der EU-Kommission als Sofortmaßnahme 60 Milliarden Euro zur Verfügung gestellt, die sich auf Artikel 122 Absatz 2 AEUV stützt.

Sogar die Experten, die tagtäglich die Berichte über die verschiedenen Rettungsschirme auswerten, darüber schreiben und in Vorträgen erläutern, kommen oft ins Stolpern, wenn sie die Akronyme auseinanderhalten oder die Buchstaben in die richtige Reihenfolge setzen wollen. Wie mag es daher den Bürgern gehen, die weder die Zeit noch die Geduld haben, sich mit Entstehung und Bedeutung dieser Akronyme näher zu beschäftigen und sich immer wieder die Buchstabenfolge einprägen müssen? Daher werden die Leser des Enzensberger-Quiz die Frage »Sind Sie in der Lage, Akronyme wie EZB, EFSF, ESM, IMF und zusätzlich noch EFSM zu entziffern?« mit »nein« beantworten. Man könnte noch die Frage hinzusetzen: »Sind Sie der Auffassung, dass Regierungen solche Akronyme verwenden, um zu verbergen, was auf der politischen Bühne gespielt wird?«

Auf dem Brüsseler Gipfel vom 28./29. Juni 2012 hat der ESMV eine entscheidende Wende erfahren. Bislang galt, dass die finanziellen Leistungen an Länder fließen, die mit diesen Mitteln ihre Gläubiger befriedigen, Löcher in ihren Haushalten stopfen oder ihre Banken sanieren. Aber immer hafteten die Länder für diese Summen. Damit stieg zugleich ihr Schuldenstand und gefährdete ihre Kreditwürdigkeit. Im gleichen Maße sank auch die Kreditwürdigkeit der nationalen Banken, die solche Anleihen hielten – ein Teufelskreis, wie es in dem entsprechenden Gipfelkommuniqué heißt. Doch darf man auch nicht vergessen, dass die EZB über ihre Geldschwemme in Höhe von 1028 Milliarden Euro Ende 2011/Anfang 2012 gerade die Banken in den Peripheriestaaten verleitet hat, in Staatsanleihen der jeweiligen Länder zu investieren. Dieser den »Carry Trades« nachgebildete Vorgang – Verschuldung in Währungen mit niedriger Verzinsung, Anlage der aufgenommenen Gelder in Währungen mit höherer Verzinsung – wäre mit hohem Gewinn verbunden gewesen, wenn diese Anleihen werthaltig geblieben wären. Stattdessen nutzten ausländische Kapitalanleger den Kursanstieg, um sich von diesen Anleihen zu trennen, die nun von spanischen, italienischen oder französischen Banken gehalten werden. Dieser Teufelskreis soll durchbrochen werden, indem finanzielle Hilfen direkt aus dem ESM an die Banken fließen, »sobald unter Einbeziehung der EZB ein wirksamer einheitlicher Aufsichtsmechanismus für Banken des Euro-Währungsgebiets eingerichtet worden ist.«[224] Die beiden Neuerungen stellen die Währungsunion auf eine neue Grundlage. Da die Regierungen in den ESM einzahlen und für dessen Verpflichtungen einstehen, haften nun die Bürger des entsprechenden Landes für die Entscheidungen von Banken anderer Staaten und für die daraus möglicherweise resultierenden Schieflagen. Wenn aber Entscheidung und Haftung auseinandergenommen werden, machen wir einen weiteren Schritt in den Währungssozialismus.

Man hat diese Entwicklung von der Einrichtung eines wirksamen Aufsichtsmechanismus für Banken abhängig gemacht. Dieses Junktim wird sich in Wahrheit als ein weiterer Schritt in Richtung Politisierung der Bankenwelt entpuppen. Wenn eine Bankenunion geschaffen wird, dann werden die Staaten mit unterkapitalisierten Banken in Richtung Vergemeinschaftung von Risiken drängen. Und sie werden dabei Erfolg haben. Das Argumentationsmuster hat ja die Abgeordnete Petra Merkel (SPD) in ihrem Statement vor dem Bundesverfassungsgericht geliefert: Stützen wir Griechenland, dann helfen wir uns selbst. Wenn die Gläubigerländer unsere Banken retten, dann bewahren sie die Eurozone vor dem befürchteten »Kladderadatsch«. Wenn dazu noch die EZB die zentrale

---

224 Siehe Gipfelerklärung der Mitglieder des Euro-Währungsgebiets vom 29. Juni 2012.

157

Rolle bei der Bankenaufsicht übernimmt, wird sie zur Aufseherin auch jener Banken gemacht, die sich durch ihre Billig-Geld-Politik zu den Geschäften hinreißen ließen, die sie jetzt in eine Schieflage gebracht haben. Damit ist die EZB zur Richterin in eigener Sache geworden.[225]

Als das Gipfelergebnis und die Inpflichtnahme der Steuerzahler offenkundig wurden, gab es einen Sturm im wirtschaftswissenschaftlichen Wasserglas. Die Zunft der Ökonomen probte den Aufstand. Walter Krämer hat einen Text verfasst, der die Bürger dazu aufrief, sich dagegen zu wehren, dass ihre Kinder und Kindeskinder letztlich für die Fehler der Banken aufkommen sollten. Zu den ersten Unterzeichnern des Aufrufs gehörte auch Hans-Werner Sinn. So wurde der Aufruf populär und fand schließlich 277 Unterstützer. Er war emotionaler gefasst, als man sonst von Ökonomen gewöhnt war, und rief die Bürger dazu auf, die in diesem Brief geäußerten Sorgen den Abgeordneten ihres Wahlkreises vorzutragen, damit unsere Volksvertreter wüssten, welche Gefahren unserer Wirtschaft drohten.[226] Der Aufruf ist von einzelnen Ökonomen heftig kritisiert worden.[227] Es gab zusätzlich eine »Stellungnahme zur Europäischen Bankenunion«, die Frank Hei-

---

225 Das erinnert stark an Heinrich von Kleists Lustspiel »Der gebrochene Krug«, wo Dorfrichter Adam verzweifelt nach einem Sündenbock für eigene Vergehen sucht.

226 Die entscheidende Passage lautet: »Wir, Wirtschaftswissenschaftlerinnen und Wirtschaftswissenschaftler deutscher Sprache, sehen den Schritt in die Bankenunion, die eine kollektive Haftung für die Schulden der Banken des Eurosystems bedeutet, mit großer Sorge. Die Bankschulden sind fast dreimal so groß wie die Staatsschulden und liegen in den fünf Krisenländern im Bereich von mehreren Billionen Euro. Die Steuerzahler, Rentner und Sparer der bislang noch soliden Länder Europas dürfen für die Absicherung dieser Schulden nicht in Haftung genommen werden, zumal riesige Verluste aus der Finanzierung der inflationären Wirtschaftsblasen der südlichen Länder absehbar sind. Banken müssen scheitern dürfen. Wenn die Schuldner nicht zurückzahlen können, gibt es nur eine Gruppe, die die Lasten tragen sollte und auch kann: Die Gläubiger selber, denn sie sind das Investitionsrisiko bewusst eingegangen und nur sie verfügen über das notwendige Vermögen.« http://www.statistik.uni-dortmund.de/kraemer.html.

227 So heißt es bei Peter Bofinger: »Der Aufruf schadet dem öffentlichen Ansehen der deutschen Wirtschaftswissenschaft. In einer Diskussion, die naturgemäß durch viele Ängste und Emotionen geprägt ist, muss die Aufgabe der Wissenschaft darin bestehen, durch eine nüchterne Diagnose der Probleme und eine Analyse der Vor- und Nachteile alternativer Therapien zu einer Versachlichung beizutragen. Diesem Anspruch wird der Aufruf nicht gerecht.« http://archiv.sueddeutsche.de/B5938C/709345/Eine-direkte-Erwiderung.html.

nemann und Gerhard Illing initiiert hatten; sie verstand sich aber nicht als Gegenentwurf. Sie thematisierte ausdrücklich die Gefahren des Teufelskreises und plädierte für eine noch zu gründende Bankenunion. Die entscheidenden Passagen dieses Textes sind normativer Natur.[228] Wer die politische Praxis in der Eurozone, jeden Text aus der Perspektive der Stabilisierung der Eurozone zu sehen und für politische Zwecke zu instrumentalisieren, kennengelernt hatte, hätte wissen können und wissen müssen, dass die Politik gerne das übernimmt, was ihr opportun erscheint, und über einschränkende Konditionalsätze und Normen hinweggeht. Als Konsequenz dieser Auseinandersetzung unter Ökonomen ist festzuhalten: Die Öffentlichkeit hat nicht den Eindruck gewonnen, dass die Ökonomen ihre Sorgen teilen, sondern dass sie ein zerstrittener Haufen sind.

3. Von der Europäischen Rechtsgemeinschaft zur politischen Hauruckgesellschaft

Das Bundesverfassungsgericht hat den ESM-Vertrag passieren lassen, zur großen Erleichterung der Bundesregierung und der internationalen Finanzwelt. Hätte es den Vertrag gestoppt, dann hätte der Euro-Rettungspolitik die rechtliche Basis gefehlt, und die Krise wäre offen ausgebrochen. Nun wird sie weiter mit Geld zugedeckt, in der Hoffnung, dass die »Reformprogramme« greifen. Doch hat das Gericht dem Bundestag immerhin ins Pflichtenheft geschrieben, die Rechte ihres Prinzipals, des Wählers, gegenüber dem Gouverneursrat des ESM zu wahren. Es hat eine völ-

---

228 In der Stellungnahme heißt es u. a.: »Die Beschlüsse auf dem letzten EU-Gipfeltreffen gehen deshalb in die richtige Richtung. Nun kommt es darauf an, sie so umzusetzen, dass eine tragfähige Lösung mit einheitlichen europäischen Strukturen geschaffen wird. Es darf dabei keinesfalls um eine Vergemeinschaftung der Haftung für Bankschulden gehen. Vielmehr kommt es darauf an, dass die europäische Bankenaufsicht wirksame Durchgriffsrechte auf insolvente Banken in den Krisenländern bekommt. Die europäische Behörde muss mit der Kompetenz ausgestattet sein, eine ernsthafte Re-Kapitalisierung solcher Banken durch Ablösung der bisherigen Anteilseigner und durch die Umwandlung von Bankschulden in Eigenkapital durchzusetzen.« http://www.macroeconomics.tu-berlin.de/fileadmin/fg124/allgemein/Stellungnahme_zur_Europaeischen_Bankenunion.pdf.

kerrechtlich verbindliche Regelung verlangt. Nachdem die Mitgliedstaaten der Eurozone eine gemeinsame Erklärung, die dem Verlangen des Bundeserfassungsgerichts nachkommt, unterzeichnet haben, hat der Bundespräsident die Ratifikationsurkunde unterschrieben.

Die Europäische Wirtschaftsgemeinschaft (EWG) ist als eine Region des Freiverkehrs gestartet und als Europäische Union (EU) in einen Binnenmarkt eingemündet. Grenzüberschreitende Aktionen sind nicht bloß möglich; sie werden zum Normalfall. Der Grad der Integration verdichtet sich. Daher muss sich eine solche Region auch als Rechtsgemeinschaft verstehen und entwickeln; die Bürger müssen auf dieses Recht vertrauen können. Der Präsident des Deutschen Juristentages, Martin Henssler, hat dafür in Anlehnung an einen berühmten Rechtslehrer, Gustav Radbruch, ein poetisches Bild gewählt: »Die Rechtsordnung ... sorgt dafür, dass der Mensch seine Augen nicht unablässig wie Wachtposten aussenden muss, sondern sie manchmal unbesorgt zu den Sternen und den blühenden Bäumen, zu der Notwendigkeit und Schönheit des Daseins erheben kann.«[229] Umso mehr müssen die Bürger auf das Recht vertrauen können, wenn das Geld vergemeinschaftet wird. Sie müssen darauf bauen können, dass es verlässlich bleibt und die monetäre Schicksalsgemeinschaft nicht in einem unkalkulierbaren Risiko endet. Genau deswegen ist die No-Bailout-Klausel in den Maastricht-Vertrag aufgenommen worden: Kein Bürger sollte befürchten, für die unsolide Finanzpolitik eines Mitgliedstaates aufkommen zu müssen. Mit dieser Zusicherung ist in Deutschland für die Währungsunion geworben worden.

Doch hat Viviane Reding, Mitglied der EU-Kommission, in ihrer Rede vor dem 69. Juristentag am 18. September 2012 ausgeführt, dass eine solche »populärwissenschaftliche Aussage« mit der rechtlichen Lage wenig zu tun habe: Wenn es im Lissa-

---

229 Martin Henssler, Eröffnungsansprache zum 69. Deutschen Juristentag, München, 18. September 2012, Manuskript, S. 3.

bon-Vertrag heiße, ein Euro-Staat hafte nicht für die Schulden eines anderen Euro-Staates, dann sei nur eine automatische Mithaftung eines Euro-Staates für einen anderen ausgeschlossen; erlaubt sei dagegen die freie Entscheidung eines souveränen Staates, für einen Euro-Staat einzutreten.[230] Da Viviane Reding in der EU-Kommission das Ressort für Justiz, Grundrechte und Bürgerschaft innehat, ist ihre Rechtsauffassung von besonderer Bedeutung. Sie beruft sich zusätzlich noch auf den Artikel 122 AEUV, der in der deutschen Diskussion praktisch nie Erwähnung finde. Dort heiße es, der Rat der EU-Finanzminister dürfe mit qualifizierter Mehrheit beschließen, einem EU-Mitgliedstaat, der sich aufgrund außergewöhnlicher Ereignisse in Schwierigkeiten befinde, einen finanziellen Beistand der Union zu gewähren.[231] Die entscheidende Klausel – »außergewöhnliche Ereignisse, die sich seiner Kontrolle entziehen« – unterschlug Viviane Reding. Da die Haushaltsdefizite Jahr für Jahr vom griechischen Parlament beschlossen wurden, kann man nicht behaupten, die finanzielle Misere habe sich seiner Kontrolle entzogen. Was soll man glauben: Ist dem die Rede vorbereitenden Stab ein Flüchtigkeitsfehler unterlaufen oder handelt es sich um eine bewusste Täuschung des Publikums?

Den entscheidenden Hinweis, wie die No-Bailout-Klausel zu verstehen ist, gibt die Aussprache am 23./24. April 1998 im Bundestag und im Bundesrat vor der Beitrittsentscheidung zur Währungsunion. Der frühere Bundesfinanzminister Theo Waigel führte aus, die nationale finanzielle Verantwortung entspreche dem Subsidiaritätsprinzip; das Ziel gesunder öffentlicher Finanzen sei im europäischen Vertragswerk fest verankert und werde zusätzlich durch den Stabilitäts- und Wachstumspakt in rechtlich verbindlicher Form abgesichert.[232] Ganz in diesem Sinne

---

230 Viviane Reding, Europa, das Recht und die deutschen Juristen, Rede auf dem 69. Deutschen Juristentag, 18. September 2012, Europäische Kommission, Speech /12/ 64, S. 7.
231 Ebenda.
232 Theo Waigel, Bundesfinanzminister, Rede im Deutschen Bundestag, 13. Wahlperiode, Stenographischer Bericht, 230. Sitzung, 23. April 1998, S. 21031 A-D.

stellte der damalige Bundeskanzler Kohl fest: »Nach der vertraglichen Regelung gibt es keine Haftung der Gemeinschaft für Verbindlichkeiten der Mitgliedstaaten und keine zusätzlichen Finanztransfers.« Er wiederholte diesen Satz wegen der grundsätzlichen Bedeutung noch einmal und fügte hinzu: »Man muss doch einmal ehrlich sagen, was wir mit dieser Entscheidung anderen zugemutet haben; denn auch andere haben bestimmte Lebensgewohnheiten.«[233] Offensichtlich hofften einige Länder vor Abschluss des Maastricht-Vertrages darauf, dass es im Zuge der Währungsunion so etwas wie einen überstaatlichen Finanzausgleich gebe. Das wurde von der Bundesregierung abgelehnt. Der Kanzler machte unmissverständlich klar, dass es keine Haftung für die Finanzsünden von Euro-Staaten gebe – weder automatisch noch freiwillig.

Bemerkenswert ist die Replik von Oskar Lafontaine, damals Ministerpräsident des Saarlands: »Wenn Sie hier sagen, meine Damen und Herren: Wir haben im Stabilitätspakt vereinbart, dass es keine Transferzahlungen geben soll, dann ist das wirklich wunderbar. Wenn aber ähnliche Entwicklungen aufgrund des Auseinanderdriftens der Löhne und der Lohnstückkosten eintreten, wie wir sie in der Vergangenheit erlebt haben, was machen wir dann? Verweisen wir auf den Vertrag? Ich vermag nicht so viel Naivität aufzubringen, um daran zu glauben.« Er fährt fort: »Gelingt es nicht, zu einem Miteinander der Wirtschafts-, Finanz-, Steuer-, Lohnpolitik usw. zu gelangen, dann wird es zu Transferzahlungen kommen, Vertrag hin oder Vertrag her! Er wird dann der Realität weichen müssen, wie so oft in der Geschichte.«[234] Wer als Bürger daran zweifelte, ob sich die Politiker im Falle eines Falles an die No-Bailout-Klausel halten würden, der bekam von ihnen zu hören, es sei leichtfertig, an den europäischen Verträgen und Beschlüssen zu

---

233 Helmut Kohl, Bundeskanzler, Rede im Deutschen Bundestag, 13. Wahlperiode, Stenographischer Bericht, 230. Sitzung, 23. April 1998, S. 21054 A/B.
234 Oskar Lafontaine, Ministerpräsident des Saarlandes, Rede im Deutschen Bundesrat, 14. Wahlperiode, Stenographischer Bericht, 724. Sitzung, 24. April 1998, S. 175 C/D.

zweifeln.[235] Die No-Bailout-Klausel sei die Geschäftsgrundlage der deutschen Politik in der Währungsunion. Sie sei wie in Stein gemeißelt. Hätte die Bundesregierung die Öffentlichkeit wissen lassen, dass findigen Juristen immer ein Dreh einfallen werde, diese Klausel auszuhebeln, wäre das Projekt »Währungsunion« nicht politische Wirklichkeit geworden.

Bei dem feierlichen Start der Währungsunion war die politische Stimmung so euphorisch, dass an nationale Schieflagen niemand gedacht hat. Auch diejenigen, die, an verantwortlichen Stellen stehend, zuerst abgeraten und später nur zögerlich zugestimmt hatten, sahen inzwischen den Euro als eine einzige Erfolgsgeschichte. Auf die ersten warnenden Hinweise aus der EZB auf eine auseinanderklaffende Wettbewerbsstärke hat niemand hören oder reagieren wollen.[236] Ein finanzielles Desaster und einen damit verbundenen Staatskonkurs hatten die politisch Verantwortlichen nicht auf dem Schirm – aber auch die Akteure auf den Märkten nicht. Als dann der finanzielle Sturm über Griechenland losbrach und es »Land unter« hieß, war die Politik unvorbereitet. Sie sah sich vor die Alternative gestellt: Einhaltung der No-Bailout-Klausel und damit der faktische Ausschluss Griechenlands aus der Währungsunion oder Bruch der No-Bailout-Klausel. Es kam, wie Oskar Lafontaine vorhergesagt hatte: »Der Vertrag wird der Realität weichen müssen, wie so oft in der Geschichte.« Der Dreh, wie man den Vertrag aushebeln könne, war rasch gefunden: Kein Land könne zu finanzieller Solidarität gezwungen werden, aber freiwillig dürfe es das tun.

Die Politik hat sich über ein Vertragswerk hinweggesetzt, das

---

235 Auf einem Wahlplakat der CDU aus dem Jahre 1999 konnten die Bürger die Antwort auf die Frage »Muss Deutschland für die Schulden anderer Länder aufkommen?« lesen: »Ein ganz klares Nein! Der Maastrichter Vertrag verbietet ausdrücklich, dass die Europäische Union oder die anderen EU-Partner für die Schulden eines Mitgliedstaates haften. Mit den Stabilitätskriterien des Vertrags und dem Stabilitätspakt wird von vornherein sichergestellt, dass die Nettoneuverschuldung auf unter 3 % des Bruttoinlandsprodukts begrenzt wird. Die Euro-Teilnehmerstaaten werden daher auf Dauer ohne Probleme ihren Schuldendienst leisten können. Eine Überschuldung eines Euro-Teilnehmerstaats kann daher von vornherein ausgeschlossen werden.«

236 Vgl. hierzu: Wettbewerbsfähigkeit und Exportentwicklung des Euro-Währungsgebietes, in: EZB-Monatsbericht Juli 2006, S. 75–86.

eine europäische Stabilitätsgemeinschaft sichern und den Einstieg in die Transferunion, um die Eurozone zusammenzuhalten, verhindern sollte. Französische Politiker wie der damalige Staatssekretär für europäische Angelegenheiten Pierre Lellouche und die damalige französische Finanzministerin Christine Lagarde haben das nicht verheimlicht: Wir mussten die Verträge brechen, um den Euro zu retten.

In einem Interview mit der *Financial Times* erläuterte Lellouche, dass der jüngst geschlossene Rettungsschirm auf eine fundamentale Revision der Regeln der EU hinauslaufe und ein Sprung in Richtung einer Wirtschaftsregierung für die Eurozone sei.[237] Auch Christine Lagarde räumte ein, dass die Hilfskredite und der Rettungsschirm für die Euro-Staaten gegen den Lissabon-Vertrag verstießen: »Wir verletzten alle Rechtsvorschriften, weil wir einig auftreten und wirklich die Eurozone retten wollten.« Sie begründete den Vertragsbruch damit, dass man Griechenland habe helfen müssen: »Griechenland, das ist Euroland, das ist der Euro.«[238]

Der frühere Ministerpräsident von Baden-Württemberg Erwin Teufel hat den politischen Rechtsbrechern den Spiegel vorgehalten. Gegen die große Verunsicherung und Skepsis der Bürger würden nur die konsequente Wiedereinführung der Stabilitätskriterien und der Unabhängigkeit der EZB helfen, die die Staats- und Regierungschefs in wichtigen Teilen in einer einzigen Nacht »weggeputzt« hätten. Wörtlich sagte er: »Wie soll man von den Bürgern Rechtstreue verlangen, wenn sich ihre Staats- und Regierungschefs nicht an das Recht und an abgeschlossene Verträge halten?«[239] Die Erosion des Rechts und des Vertrauens in das Rechtssystem sollte – so der Präsident des Deutschen Juristentages – »einen Aufschrei der Juristen Europas nach sich ziehen.«[240]

---

237 In diesem Interview sagte der Staatssekretär (*Financial Times,* May 28ᵗʰ, 2010): »It is an enormous change. It explains some of the reticence. It is expressly forbidden in the treaties by the famous no bail-out clause. De facto, we have changed the treaty."

238 Christine Lagarde, Interview, in: *Wallstreet Journal,* December 18th, 2010.

239 Erwin Teufel, »Die Staatschefs brechen das Recht«, in: *Frankfurter Allgemeine Sonntagszeitung,* 31. Juli 2010, S. 3.

240 Martin Henssler, a.a. O., S. 4.

Das Bundesverfassungsgericht hat in seinem summarischen Urteil, verkündet am 12. September 2012, neben dem Verbot der Haftungsübernahme auch das Verbot der Haushaltsfinanzierung durch die EZB angesprochen und eine entsprechende Überprüfung angekündigt. Es hat auch den Bundestag aufgefordert, völkerrechtlich sicherzustellen, dass keine Vorschrift des ESM-Vertrages »so ausgelegt werden kann, dass für die Bundesrepublik Deutschland ohne Zustimmung des deutschen Vertreters höhere Zahlungsverpflichtungen begründet werden.«[241] Seit dem Maastricht-Urteil von 1993 orientiert sich das Bundesverfassungsgericht daran, dass dem Bundestag genügend Souveränität bleiben müsse, um dem Wählerwillen Genüge zu tun. Doch ist damit nicht viel gewonnen. Solange die im Bundestag vertretenen Parteien – mit Ausnahme der Linken – die derzeitige Euro-Rettungspolitik als alternativlos ansehen, werden sie das Demokratie-Spiel fortsetzen – Lesungen im Plenum, Ausschussberatungen und Hearings sowie Beteiligung des Bundesrates – und doch von Anfang an wissen, dass sie allem zustimmen werden.

Paul Kirchhof hat zu Recht gesagt, dass die Instabilität des Rechts schwerer wiege als eine Instabilität der Finanzen.[242] Das Vertrauen der Bürger in die Rechtsstaatlichkeit der Europäischen Union ist ein hohes Gut. Wer das zerstört, fügt der europäischen Idee irreparablen Schaden zu. Die Europäische Rechtsgemeinschaft ist, wie alle Staaten, die der Sicherung der Freiheit verpflichtet sind, aus der europäischen Tradition entstanden. Der Grundsatz »pacta sunt servanda« (»Verträge sind einzuhalten«) gewährt den Bürgern Sicherheit und Schutz. Nur so können sie ihren Lebensentwurf, für den sie Verantwortung tragen, in ihrem Sinne gestalten. Rechtsgemeinschaft heißt auch: Politiker stehen unter dem Gesetz. »Rule of Law« und »Government under the law« sind die zentralen Errungenschaften der europäischen Rechtstra-

241 Bundesverfassungsgericht, Urteil vom 12. September 2012, S. 6. http://www.bundesverfassungsgericht.de/Entscheidungen.html.
242 Paul Kirchhof, »Verfassungsnot! Die EU steckt in einer Krise, weil Recht missachtet wurde«, in: *Frankfurter Allgemeine Zeitung*, 12. Juli 2012, S. 25.

dition. Die Wandlung der europäischen Rechtsgemeinschaft in eine politische Hauruckgesellschaft enthebt die Regierungen der Kontrolle durch die Bürger und liefert deren existentielles Schicksal im wahrsten Sinne des Wortes politischer Willkür aus. »Es gilt das gebrochene Wort« darf nicht die europäische Losung bleiben.[243] Ohne Recht gibt es keinen Frieden.[244]

Weil die Politiker glaubten, die Eurozone zusammenhalten zu müssen, haben sie die europäische Rechtsgemeinschaft zu einer Hauruckgesellschaft gemacht. Wegen dieses Vertragsbruchs sind sie zu Getriebenen des Marktes geworden, die von Konferenz zu Konferenz, von Gipfel zu Gipfel hasteten, um notdürftig Löcher zu flicken und zu stopfen. Die Akteure auf den jeweiligen Märkten warteten auf zwei weitere Rechtsbrüche: Entweder kommt die Bundesregierung unbegrenzt für die Schulden der notleidenden Schuldnerstaaten auf, indem sie Gemeinschaftsanleihen (Euro-Bonds) akzeptiert, oder die Notenpresse muss angeworfen werden. Vorher hätten sie keine Ruhe gegeben. Mario Draghi hat am 26. Juli 2012 auf der »Global Investment Conference« in London das erlösende Zeichen gegeben: »Die EZB wird alles Notwendige tun, um den Euro zu erhalten.« Er fügte hinzu: »Und glauben Sie mir, es wird reichen.«[245] Damit sagte er den internationalen Anlegern: Ihr könntet gar nicht so schnell Anleihen von Schuldnerstaaten abstoßen, wie wir Geld drucken können, um sie aufzukaufen. Das haben die Börsen verstanden: Alle Indizes schossen ins Plus, besonders die Aktien von Banken und Versicherungen, deren Anleihebestände zuvor ein Klumpenrisiko waren.

Das Bekenntnis, unlimitiert Anleihen aufzukaufen, kann nicht mehr mit der Auflösung geldpolitischer Blockaden erklärt werden; das ist als monetäre Staatsfinanzierung ausdrücklich verboten.

---

243 Hans D. Barbier, »Zur Ordnung: Das gebrochene Wort«, in: *Frankfurter Allgemeine Zeitung*, 20. März 2010, S. 11.

244 Paul Kirchhof, »Verfassungsnot!«, a.a.O., S. 25.

245 Vgl. hierzu: Philip Plickert et al., »Die EZB wird ,alles tun, um den Euro zu erhalten‘«, in: *Frankfurter Allgemeine Zeitung*, 27. Juli 2012. http://www.faz.net/aktuell/wirtschaft/mario-draghi-deutet-anleihekaeufe-an-ezb-wird-alles-tun-um-den-euro-zu-erhalten-11832819.html

Mario Draghi hat das selbst zugegeben: »Es ist jedoch wichtig zu verstehen, dass die Treue zu unserem Mandat es gelegentlich verlangt, über die üblichen geldpolitischen Maßnahmen hinauszugehen.«[246] In die politische Wirklichkeit übertragen, heißt das: Die Treue zum Euro verlangt es, gelegentlich gegen Gesetze zu verstoßen.

III. Die falschen Federn der Europäischen Zentralbank

1. Gewerkschaften als Hüter der Geldwertstabilität
Der frühere Präsident der Europäischen Zentralbank, Jean-Claude Trichet, streicht als großes Verdienst seiner Politik heraus, dass die EZB einen besseren Erfolgsausweis als die Deutsche Bundesbank habe, da die jährlichen Preissteigerungen über die gesamte Zeit hinweg niedriger als zu Bundesbankzeiten gewesen seien. Doch hat sich das wirtschaftliche Umfeld in den letzten Jahrzehnten entscheidend gewandelt. Da in Deutschland bis Mitte der 1970er-Jahre Vollbeschäftigung herrschte, ließen sich höhere Lohnforderungen mit entsprechend preistreibenden Effekten durchsetzen; wegen der Bindung der D-Mark an den Dollar waren der Bundesbank lange Jahre die geldpolitischen Hände gebunden; bei Erdölpreiserhöhungen kam es zu Zweitrundeneffekten, da die Gewerkschaften das dadurch geminderte Realeinkommen durch höhere Lohnforderungen wettmachen wollten und konnten; den Älteren wird noch die sogenannte Kluncker-Runde aus dem Jahre 1974 im Gedächtnis sein, als der damalige Vorsitzende der ÖTV (Gewerkschaft Öffentliche Dienste, Transport und Verkehr), Heinz Kluncker, eine Lohnerhöhung von 11 Prozent durchsetzte, die die Preise und auch die Arbeitslosigkeit in die Höhe trieb, weil die höheren Kosten nicht gänzlich von den Unternehmen auf den privaten Verbrauch überwälzt werden konnten.

---

246 Mario Draghi, »Zukunft Euro: Stabilität durch Wandel«, in: *Die Zeit,* 29. August 2012. http://www.ecb.int/press/key/date/2012/html/sp120829.de.html

Im Gegensatz dazu haben seit Gründung der Währungsunion die geldpolitisch Verantwortlichen mit Erfolg vor den gefährlichen Folgen sich fortwälzender Preis- und Lohnerhöhungen nach Erdölpreiserhöhungen gewarnt; die Zweitrundeneffekte blieben aus. Die unterschiedliche Qualität der verblichenen D-Mark und des heutigen Euro wird offenkundig, wenn man folgendes Gedankenexperiment nachvollzieht: Nehmen wir an, vor Beginn der Europäischen Währungsunion am 1. Januar 1999 wären sämtliche Währungsexperten der Welt gefragt worden: Nennen Sie die drei Währungen, die für Sie seit dem Zweiten Weltkrieg die höchste Qualität aufweisen. Zwei Währungen wären immer dabei gewesen – Schweizer Franken und D-Mark. Nehmen wir weiter an, dieselben Experten würden heute gefragt, welchen drei Währungen nach Gründung der Währungsunion sie die höchste Qualität zuschreiben würden. Schwer zu sagen. Aber niemand würde behaupten: Der Euro ist immer dabei.

Die Bundesbank und auch die Bundesregierung haben als Erfolg gefeiert, dass sie im Maastricht-Vertrag ein Tauschgeschäft institutionell abgesichert hätten: Aufgabe der D-Mark gegen Übernahme des Bundesbankmodells auf europäischer Ebene – die Europäisierung der Deutschen Bundesbank. Allerdings ist seinerzeit die geldpolitische Konzeption der Bundesbank nicht übernommen worden. Sie hatte sich darauf festgelegt, die Geldmengenentwicklung in einem bestimmten Korridor zu halten, um so mittel- und langfristig Preisstabilität zu sichern. Zwar waren die Korridore bisweilen so reichlich bemessen, dass der geldpolitische Ermessungsspielraum beträchtlich war. Daher sprach man auch von einer potentialorientierten Geldmengenpolitik mit diskretionärem Ausnahmevorbehalt. Entscheidend bei diesem Konzept war, dass die Preisentwicklung in Abhängigkeit von der Geldmenge gesehen wurde und dass die Bundesbank sich bemühte, die Geldmenge wieder in den Korridor zurückzuführen, wenn sie zu stark expandiert war. Sie hat selbst in ihren Monatsberichten die Differenz zwischen aktueller und potentialorientierter Geldmengenentwicklung, also einen Geldmengen-Überschuss, als einen Indikator für die zu erwartende Preissteigerungsrate angesehen. Vor allem musste sie Abweichungen vom Geldmengenziel begründen.[247]

Stattdessen ist im Vorfeld der konzeptionellen Ausgestaltung der zukünftigen Geldpolitik das Zwei-Säulen-Konzept entwickelt worden, das sich einmal auf die Säule »Geldmenge« und zum anderen auf einen Satz wirtschaftlicher Indikatoren stützte, der Aufschluss über die zu erwartende Preissteigerungsrate gab. So konnte die EZB vom Geldmengenziel nach oben abweichen, wenn sie die Preisstabilität nicht bedroht sah. Insofern hatte sie mehr Spielraum für eine von der Geldmengenentwicklung abweichende Politik; sie konnte darauf verweisen, dass die wirtschaftlichen Indikatoren eine Gefährdung der Geldwertstabilität nicht erwarten ließen. Dass die Geldpolitik unter ihrem Präsidenten Wim Duisenberg reichlich erratisch war und keineswegs die Erwartungen verstetigt hat, kann an den außerordentlich kritischen Kommentaren der »ECB-Watcher« abgelesen werden, also der Experten, die für ihre Institute – Banken, Versicherungen und Pensionsfonds – die Geldpolitik der EZB beobachteten.[248] Schließlich entschloss sich der Zentralbankrat der EZB dazu, die Geldmengensäule nicht mehr als Zielwert, sondern nur noch als Orientierungspunkt zu

---

247 Insbesondere Markus Lusser, früherer Präsident der Schweizerischen Nationalbank, hat das betont: »Klare Zielvorgaben erschweren es einem Notenbankleiter – auch bei massivem Druck –, vom mittelfristig konzipierten Pfad der Geldmengenausweitung abzuweichen. Der Notenbankleiter, der diesen Expansionspfad verlässt, muss sein Verhalten vor der Öffentlichkeit rechtfertigen. Dies setzt allerdings voraus, dass die Öffentlichkeit die Geldmengenziele kennt. Deren Publikation ist deshalb ebenso wichtig wie die Festlegung.« Aus: Einige Bemerkungen zur Autonomie der Notenbanken – oder: Geldpolitik zwischen Unabhängigkeit und Bindung, in: ASM-Bulletin (2/1994, S. 10) anlässlich der Verleihung der Alexander-Rüstow-Plakette an Helmut Schlesinger.

248 Dieses kritische Urteil über die Qualität der EZB lässt sich beliebig oft belegen. Hier eine Auswahl: »Rätselraten über die EZB-Politik« *Frankfurter Allgemeine Zeitung*, 23. November 1999; »Die EZB sollte aufklären statt vernebeln« (Norbert Häring, Financial Times Deutschland, 16. März 2000; »Verlogene Geldpolitik« *Financial Times Deutschland*, 17. März 2000, »Das Risiko der flatternden Hand« (Thomas Mayer, *Frankfurter Allgemeine Zeitung*, Nr. 236, 11. November 1999; »Völlige Orientierungslosigkeit« (Michael Hüther, in: »EZB-Chef Wim Duisenberg steht unter Druck. Deutsche Volkswirte sehen eine fatale Zinspolitik«, in: *Welt am Sonntag*. 6. Februar 2000); »ECB-Beobachter: Die Marktteilnehmer sind über die geldpolitische Strategie im Unklaren. *Frankfurter Allgemeine Zeitung*, 16. Mai 2000).

betrachten. Die Geldmengenpolitik war nun auch offiziell begraben worden. Damit war die Politik der EZB nicht mehr regelgebunden, sondern ausschließlich diskretionär ausgerichtet, also allein abhängig von der jeweiligen politischen Einschätzung des EZB-Direktoriums.

Nun gibt es seit Beginn der Währungsunion einen frappierenden Bruch zwischen Geldmengen- und Preisentwicklung. Im Europäischen Währungssystem, als die Ankerwährung noch von der Bundesbank gesteuert wurde, folgte der Anstieg des Harmonisierten Verbraucherpreisindex (HVPI) der Entwicklung der Geldmenge. Ab dem Jahr 2000 gilt dieser Zusammenhang nicht mehr. Die Überschuss-Geldmenge hat erheblich zugenommen, ohne dass die Preisentwicklung nachgefolgt wäre. Der bislang theoretisch begründete und empirisch nachvollziehbare Zusammenhang zwischen Wachstum der Geldmenge und Preisanstieg des privaten Verbrauchs war nicht mehr nachvollziehbar. Die Lösung dieses Preisrätsels finden wir, wenn wir auf die schwache wirtschaftliche Entwicklung Deutschlands zu Beginn des dritten Jahrtausends blicken. Deutschland galt damals als der »kranke Mann Europas«. In einer wirtschaftlichen Misere lassen sich Preissteigerungen am Markt nicht durchsetzen; zudem betrieben die Gewerkschaften bewusst eine maßvolle Lohnpolitik und duldeten auch, dass die wöchentlichen Arbeitszeiten ausgedehnt wurden. Viele Unternehmen hatten darauf verwiesen, dass sie sich ansonsten zu Standortverlagerungen gezwungen sähen. Daher sind bei uns seit 1996 die Lohnstückkosten für die Unternehmen bis zum Jahre 2008 konstant geblieben.

Empirische Untersuchungen belegen, dass die Lohnstückkosten die Verbraucherpreise treiben. Bleiben sie konstant, dann bleibt auch der Geldwert stabil. Die beiden Nobelpreisträger Paul A. Samuelson und Robert Solow haben anhand dieser Korrelation die Modifikation der berühmten »Phillipskurve« vorgenommen. Sie gibt jetzt den Zusammenhang von Preisentwicklung und Beschäftigungsniveau wieder: Zunehmende Beschäftigung bei anziehender Preissteigerungsrate und rückläufige Beschäftigung bei sinkender Preissteigerungsrate.[249] Dies ist ein Zusammenhang, den wir von den Arbeitsmärkten kennen: Wenn der Faktor »Arbeit« knapper wird, dann lassen sich leichter höhere Lohnforderungen durchsetzen, weil die Betriebe ihre Arbeitskräfte halten wollen und annehmen, höhere Lohnkosten bei guter Konjunktur in den Preisen fortwälzen zu können. Umgekehrt sind Lohnforderungen und -erhöhungen maßvoller, wenn bei schwacher Konjunktur Entlassungen drohen. Die Schlussfolgerung lautet daher: Die Gewerkschaften sind mit ihren maßvollen Lohnforderungen verantwortlich für die relative Preisstabilität. Bei stagnierenden Realeinkommen gibt es auch kaum Spielraum für Preiserhöhungen. Niemand käme auf die Idee, die faktische Nullzinspolitik der Bank of Japan seit dem Platzen der Aktienkurs- und Immobilienblase 1990/91 für die zeitweilige Deflation dort verantwortlich zu machen. Wenn die Wirtschaft lahmt und Investitionschancen auf breiter Front ausbleiben, dann kann die Geldpolitik nicht viel ausrichten. Die Zentralbanken können zwar die Tröge mit Liquidität füllen, aber, wie es so schön heißt: Man kann die Pferde zur Tränke führen, saufen müssen sie selbst.

Das starke Gewicht der deutschen Volkswirtschaft im Harmonisierten Verbraucherindex drückt natürlich den Durchschnittswert in der Eurozone erheblich. Ein zweites kommt hinzu: Der geringere Preisanstieg in Deutschland entspricht einer realen Abwertung des deutschen Euro bzw. einer realen Aufwertung der Länder mit höherem Preisanstieg. Der deutsche Exportüberschuss füllt die Güterlücke dieser Länder und liefert damit einen maßgeblichen Beitrag zur Preisdämpfung. Deutschland exportiert Stabilität und die anderen importieren Stabilität. Auch dürfen wir den Stabilitätsimport aus den aufkommenden Volkswirtschaften Südostasiens und vor allem Chinas nicht vernachlässigen. Der geradezu stürmische Exportanstieg der Volksrepublik China hat nicht

---

249 Samuelson, P./Solow, R.: *Analytical Aspects of Anti-Inflation Policy, American Economic Review, Papers and Proceedings,* 1960, S. 177–197.

nur in den USA, sondern in allen konsumhungrigen Staaten der Eurozone die Verkaufsregale gefüllt und damit preisdämpfend gewirkt. Trotz des zweifachen Stabilitätsimports haben sich in der Eurozone die nationalen Preisniveaus, die sich unter der Ägide der Bundesbank deutlich angenähert hatten, kräftig auseinanderentwickelt.

Ist Geld zu billig und zu reichlich zu haben, so neigen die Akteure in aller Regel zu einem »underpricing of risk«. Diese Feststellung des früheren Bundespräsidenten Horst Köhler trifft genau den Prozess der Blasenbildung in den letzten zwanzig Jahren.[250] Auch Otmar Issing war sich dessen bewusst: »Der sehr expansive Kurs der Geldpolitik hat die Liquidität global wie im Euro-Raum stark erhöht. Die hohe Liquidität birgt ein inflationäres Potenzial in sich. Sie hat auch dazu beigetragen, dass bei der Jagd nach Renditen die Risikoprämien so abgeschmolzen sind, dass sie für viele Anlagen das wirkliche Risiko nicht angemessen abbilden.«[251] Wenn der Geldmengenüberschuss nicht durch stark steigende Löhne absorbiert wird und damit die Preise für Konsumgüter nicht getrieben werden, sucht er sich andere Wege: Es steigen die Preise für reale Aktiva wie Aktienkurse, Immobilien, Rohstoffe, Unternehmensbeteiligungen und Kunstgegenstände. Hier gibt es so bald auch kein Korrektiv, da die steigenden Preise nicht die Nachfrage abschrecken, sondern gerade anlocken, weil sie als Möglichkeiten zukünftiger Gewinnerzielung angesehen werden.

Wir halten fest: Gerade die Tatsache, dass der Harmonisierte Verbraucherpreisindex nur knapp oberhalb des Zieles lag, bei dem die EZB die Geldwertstabilität noch gesichert sah, hat sie darin bestärkt, ihre expansive Politik fortzusetzen. Damit hat sie genau die Länder der südlichen Peripherie der Eurozone in das Verhängnis gestoßen, dessen Kosten nun von der breiten Bevölke-

---

250 Horst Köhler, Interview: »Die Finanzmärkte sind zu einem Monster geworden«, in: *Stern*, 15. Mai 2008, S. 42–48.
251 Otmar Issing, »Unsere Strategie ist zukunftsweisend« (Interview), in: *Frankfurter Allgemeine Zeitung*, 9. Februar 2006, S. 13.

rung getragen werden müssen. Dass dieser Zusammenhang von dem früheren Präsidenten der EZB, Jean Claude Trichet, nicht verstanden wird und er sich bei seinen öffentlichen Auftritten immer noch damit brüstet, dass unter seiner Ägide der Preisanstieg geringer gewesen sei als zu Zeiten der allseits bewunderten Bundesbank, zeigt vielleicht, dass er mit der Übernahme des geldpolitischen Chefpostens überfordert war. Zumindest steckt er sich falsche Federn an den Hut.

2. Den Becket-Effekt gibt es nicht mehr

Deutsche haben ein inflationäres Trauma, Franzosen ein deflationäres. Die Menschen in Deutschland haben zwei Inflationen durchlitten. Während der galoppierenden Inflation nach dem Ersten Weltkrieg häuften sich die Nullen auf den Geldscheinen. Um der inflationären Entwicklung zuvorzukommen, wurde den Arbeitern der Lohn täglich ausbezahlt, schließlich stündlich und sofort an die an den Fabriktoren wartenden Frauen weitergegeben; die Entwertung des Geldes begann bereits bei der Auszahlung. Doch vollzog sich der Wertverlust gegenüber der ausländischen Valuta noch rascher, weil auf den Devisenmärkten die erwartete Entwertung vorweggenommen wurde. Als sich die Abwertung der Reichsmark auf unvorstellbare Prozentsätze aufgeschaukelt hatte, wurde Deutschland ausverkauft.[252] In diesen Tagen unmittelbar vor der Währungsreform kam ein Münchner Bürger ganz aufgeregt zu Karl Valentin, dem bayerischen Humoristen, gerannt: »Stellen Sie sich vor, Herr Valentin, jetzt kostet ein US-Dollar 4,2 Billionen Reichsmark!« Valentin entgegnete: »Ja, mehr ist der Dollar auch nicht wert.« Schließlich machte Reichskanzler Gustav Stresemann dem monetären Spuk ein Ende; er stoppte die Rotation der Notenpresse. Am 15. November 1923, dem Stichtag der Währungsreform, wurde die Rentenmark eingeführt. Sie wurde am 30. August 1924

---

252 Einen praktischen Anschauungsunterricht dieses Verarmungsprozesses liefert uns Stefan Zweigs Biographie *Die Welt von gestern. Erinnerungen eines Europäers*, Stockholm 1942.

von der Reichsmark abgelöst; Geld galt wieder etwas. Weil das Deutsche Reichsgericht am Nominalwertprinzip – Mark gleich Mark – festgehalten hatte, wurden alle Sparer und Gläubiger enteignet; der Mittelstand war ruiniert.

Einen anderen Typus von Inflation haben die Deutschen während des Zweiten Weltkriegs und in der unmittelbaren Nachkriegszeit erlebt – die zurückgestaute Inflation. Die Menschen konnten mit ihren labberigen Reichsmarkscheinen nur in Verbindung mit Lebensmittelkarten die zum Überleben notwendigen Güter erwerben; vor den Geschäften bildeten sich lange Schlangen, Schwarzmärkte blühten auf und Schieber machten ihr Glück. Die Menschen versuchten auf Hamsterfahrten, die ihnen verbliebenen Schätze gegen Essbares einzutauschen. Der Stichtag für die zweite Währungsreform war der 20. Juni 1948. An diesem Tag wurde den Bürgern das neue Geld – die Deutsche Mark – ausgehändigt: pro Kopf 40 DM, Kinder die Hälfte. Und dann geschah etwas Erstaunliches. Am Tag nach der Währungsreform waren die Regale in den Läden voller Waren; sie waren vorher gehortet worden; es gab keine Schlangen mehr, und die schwarzen Märkte verschwanden über Nacht. Warum? Weil Ludwig Erhard zugleich die Lebensmittelkarten abschaffen ließ. Jetzt war die D-Mark alleiniges Zahlungsmittel und mehr wert als jedes andere Gut, weil es allseitig verwendbar war. Vergessen waren die Hamsterfahrten und die dabei erlittenen Erniedrigungen. Diese Erlebnisse haben sich tief in das kollektive Gedächtnis der Deutschen eingegraben; doch geht das Wissen um diese Geschehnisse allmählich verloren.

Das Trauma der Franzosen ist die Deflation. Im Anschluss an die Weltwirtschaftskrise Anfang der 30er-Jahre des vorigen Jahrhunderts versuchte die damalige französische Regierung, die verloren gegangene internationale Konkurrenzfähigkeit durch deflationäre Maßnahmen zurückzugewinnen. Nach der Abwertung des britischen Pfund und des US-amerikanischen Dollar waren die französischen Preise entschieden höher als die der Dollar-

und Pfund-Sterling-Gebiete.[253] Die meisten Fachleute sahen darin einen Beweis, dass die Preise französischer Erzeugnisse zu hoch seien und durch deflationären Druck gesenkt werden müssten. Eine Minderheit von Fachleuten behauptete, die Disparität rühre aus einer Überbewertung des Franc her; sie sei nur über eine Abwertung zu beheben. Die Regierung musste sich zwischen diesen beiden entgegengesetzten Diagnosen entscheiden und ließ sich bei ihrer Entscheidung für den deflationären Weg mehr von politischen Rücksichten als von wirtschaftlichen Tatsachen leiten. Über Ausgabebeschränkungen wollte sie zu einem Budgetausgleich kommen; sie beschloss unter anderem im Juni 1935, die Gehälter der Staatsangestellten um 10 Prozent zu senken, und drängte die Unternehmen, die gleichen Maßnahmen zu ergreifen. Claude Fohlen schreibt, dass die Erfolge dieser Politik in keinem Verhältnis zu ihrer Unbeliebtheit standen.[254] Zwar erholte sich die Industrieproduktion etwas, gleichzeitig stieg aber die Arbeitslosigkeit – eine zu erwartende Folge der Deflationspolitik; die Preise sanken dagegen kaum; die Politik konnte weder die Transport- und Energiekosten reduzieren noch auf die Rohstoffpreise Einfluss nehmen. Die Deflationspolitik war fehlgeschlagen und hatte in der Arbeitnehmerschaft, die zu den eigentlichen Verlierern gehörte, zu Missstimmung und Aufruhr geführt – die Ursache für den Erfolg der Volksfront »Front Populaire« in den Parlamentswahlen von 1936. Die Parallele zu Angela Merkels Politik, über internes Sparen, also über eine deflationäre Politik, die verloren gegangene Konkurrenzfähigkeit der notleidenden Euro-Staaten zurückzugewinnen, ist frappierend. Auch die Ergebnisse – Unzufriedenheit, Demonstrationen und Streiks bis hin zum Aufruhr – sind ähnlich.

---

253 Wir stützen uns hier auf Claude Fohlen, Frankreich, 1920–1970, in: *Europäische Wirtschaftsgeschichte,* Bd 5: Die europäischen Volkswirtschaften im zwanzigsten Jahrhundert, hrsg. von Carlo M. Cipolla und Knut Borchardt, Stuttgart und New York 1980, S. 112–115.
254 Ebenda, S. 113.

Es ist verständlich, dass aus solchen Erfahrungen – in Verbindung mit den jeweiligen Traditionen – unterschiedliche Konsequenzen für die Gestaltung der Geldpolitik gezogen werden. In Deutschland, so hieß es bisher, ist stabiles Geld für die Bürger zu wichtig, als dass die Sorge um dieses hohe Gut Politikern anvertraut werden dürfe; eine unabhängige Notenbank, die nicht unmittelbarem politischem Druck ausgesetzt ist, solle daher über den Geldwert wachen. Für Frankreichs Politiker war die Verfügung über die Notenpresse zu wichtig, als dass man sie geldpolitischen Technokraten überlassen könne. Da die gewählten Regierungen für das Schicksal des französischen Volkes verantwortlich seien, müssten sie auch über das wichtigste Instrument, die Notenpresse, verfügen können; anderenfalls könnten sie ihren Wählerauftrag nicht wahrnehmen. Nun sind im Vorfeld der Währungsunion die Verfassungen der Notenbanken der potentiellen Mitgliedstaaten dem deutschen Modell nachgebildet worden; freilich gab es auch nicht unwesentliche Abweichungen. Aber allgemein herrschte die Ansicht vor, dass alle Notenbanken inzwischen gelernt hätten, dass Geldwertstabilität nicht nur für die Sparer ein hohes Gut, sondern auch Voraussetzung für nachhaltiges Wachstum sei, also für ein Wachstum, das nicht zwischen »boom« und »bust« hin und her taumele. Natürlich konnte nicht ausgeschlossen werden, dass bei der Abfassung des entscheidenden Maastricht-Vertrages auch Taktik im Spiel war: Wir müssen erst einmal einen Fuß in der Tür haben, und dann sehen wir weiter.

In der Notenbankverfassung des Maastricht-Vertrages ist die Unabhängigkeit der Zentralbank institutionell (operativ) in Form der für die Geldsteuerung notwendigen Instrumente und Kompetenzen, finanziell in Form eines eigenen Haushalts und personell in Form einer einmaligen achtjährigen Amtszeit für die Mitglieder des EZB-Direktoriums gesichert. Die einmalige Bestellung sollte gewährleisten, dass sich die Mitglieder des Direktoriums nicht durch vorauseilenden Gehorsam ihre Wiederwahl sicherten. Doch lässt sich auch durch Belohnungen anderer Art Einfluss nehmen –

zum Beispiel durch das Angebot bezahlter Beratertätigkeit bei interessierten Institutionen nach dem Ausscheiden aus der geldpolitischen Verantwortung.

Die institutionell abgesicherte Autonomie ist die Grundlage für eine stabilitätsorientierte Geldpolitik, aber die Bestellung der verantwortlichen geldpolitischen Lenker spielt eine nicht zu unterschätzende Rolle. Und da war die deutsche gesetzliche Regelung der Bestellung des Direktoriums und der damaligen Zentralbankpräsidenten in Deutschland nicht über jeden Zweifel erhaben. Für die Entsendung in das Direktorium war die Bundesregierung zuständig; die Bestellung der Landeszentralbankpräsidenten war Sache der Länder. Und dass hier auch die parteipolitische Farbe eine Rolle spielte, kann niemand leugnen. Von manchen Landeszentralbankpräsidenten lässt sich sagen, dass sie wohl über allgemeine und spezifische Kenntnisse politischer Abläufe verfügten und dass sie auch das Wort Zins richtig schreiben konnten, dass sich damit aber ihre geldpolitischen Kenntnisse erschöpften. Auch für die Bestellung des Direktoriums galt, dass politische Präferenzen nicht unwichtig waren, aber niemand hätte den geldpolitisch Verantwortlichen nachsagen können, dass ihre Handlungen parteipolitisch motiviert gewesen wären. Sämtliche Mitglieder des Zentralbankrates verband ein stabilitätspolitischer »esprit de corps«, der es jedem Hinzukommenden relativ rasch verdeutlichte, dass nur Sachargumente zählten und alles andere den Ruf schädige.

Dass sich die geldpolitisch Verantwortlichen nicht der entsendenden Bundes- oder Landesregierung, sondern dem Auftrag ihres neuen Amtes verpflichtet fühlten, wird allgemein als »Becket-Effekt« bezeichnet. Hier wird auf den Erzbischof von Canterbury, Thomas Becket, Bezug genommen, der als Günstling des englischen Königs Heinrich II. als Bischof inthronisiert wurde, der aber zur Enttäuschung seines Königs sich nicht als dessen verlängerter Arm verstand, sondern für die Interessen seiner Kirche focht. Becket wurde auf den Stufen seines Altars von drei Häschern des Königs gemeuchelt, wobei nicht feststeht, ob diese wirklich im

Auftrag des Königs gehandelt haben. Dieses Einstehen für die Pflichten des Amtes billigte man nahezu unterschiedslos den Mitgliedern des Direktoriums und des Zentralbankrates zu. Das Vertrauen auf den Becket-Effekt sah auch Wolfgang Franz, der frühere Vorsitzende des Sachverständigenrates zur Begutachtung der gesamtwirtschaftlichen Entwicklung, bei den zukünftigen Mitgliedern des EZB-Direktoriums und des Zentralbankrates gerechtfertigt: Ein bei Berufung weniger stabilitätsorientierter Notenbankpräsident würde vermutlich recht schnell die Unabdingbarkeit einer auf Geldwertstabilität gerichteten Politik erkennen, »weil ihn gegebenenfalls die übrigen Mitglieder des EZB-Rates davon überzeugen würden.«[255] Damit drückte Franz aus, was auch altgediente Mitglieder der Bundesbankführung dachten. Von ihnen war noch bis vor kurzem zu erfahren, wie erstaunlich homogen es im Zentralbankrat bei Sicherung der Geldwertstabilität zugehe und dass die nationale Herkunft keine Rolle spiele.

Dass hier der Wunsch der Vater des Gedankens war, zeigte schon der Kuhhandel um die Besetzung des ersten Präsidenten der Europäischen Zentralbank. Bundeskanzler Helmut Kohl und mit ihm die überwiegende Mehrheit der potentiellen Mitgliedstaaten wollten Wim Duisenberg als EZB-Präsidenten inthronisieren, da sie annahmen, er hätte die Philosophie der Bundesbank internalisiert, während der französische Staatspräsident Chirac darauf bestand, seinen Kandidaten, Jean-Claude Trichet, zu küren. Otto Graf Lambsdorff hat hierzu im Deutschen Bundestag zu Protokoll gegeben, dass es bei diesem politischen Tauziehen letztlich um die Frage der Unabhängigkeit der EZB gegangen sei. Wir lassen Otto Graf Lambsdorff ausführlich zu Wort kommen, weil sich die FDP bei ihrer Euro-Rettungspolitik von Hans-Dietrich Genscher leiten lässt und darüber vergisst, dass und warum Otto Graf Lambsdorff in der entscheidenden Bundestagssitzung am 23. April 1998 der Währungsunion seine Stimme versagt hat. Der entscheidende

---

255 Wolfgang Franz, »Wie der ›Becket-Effekt‹ den Euro stützt«, in: *Focus Magazin*, 23. November 1998.

Punkt war für ihn: »Wenn wir mit dem Mühlstein italienischer – übrigens auch belgischer – Gesamtverschuldung in die Europäische Währungsunion gehen, dann ist die Stabilitätspolitik der Europäischen Zentralbank besonders gefordert. Kann die EZB das leisten? Ja, wenn ihre Unabhängigkeit nicht unterminiert wird. Aber solche Versuche laufen.« Lambsdorff ging es nicht um Personen, sondern um die Frage, »ob hier ein Kuhhandel veranstaltet wird. Eine Aufteilung der achtjährigen Amtszeit darf die Bundesregierung nicht akzeptieren. Das ginge gegen Buchstaben und Geist des Maastricht-Vertrages. Es wäre ein verheerender Anfang, es würde das Vertrauen der Bürger in die EZB schwer erschüttern und öffnete Tür und Tor für künftige politische Manipulationen.«[256]

Der französische Staatspräsident hat seinen Willen durchgesetzt. Es hat den von Graf Lambsdorff befürchteten Kuhhandel gegeben. Wim Duisenberg hat nach der Hälfte der Amtszeit seinen Platz für Trichet geräumt. Wenn es Chirac darum gegangen wäre, dass die EZB Stabilitätspolitik betreibt, dann hätte er ja acht Jahre warten können. Wenn er dagegen darauf setzte, uber seinen EZB-Präsidenten Einfluss auf die Geldpolitik nehmen zu können, dann ist seine Hartnäckigkeit verständlich. Und in der Tat hat er sich in Jean-Claude Trichet nicht getäuscht. Vor einigen Jahren hat der frühere deutsche Finanzminister Peer Steinbrück über die Versuche des früheren französischen Staatspräsidenten Nicolas Sarkozy, die EZB auf Linie zu bringen, gespottet: »Ich verstehe nicht, warum er an der Tür rüttelt – es ist vollkommen idiotisch.«[257] Er konnte nicht ahnen, dass der EZB-Präsident Trichet selbst die Tür öffnen würde. In der denkwürdigen Sitzung in Brüssel in der Nacht vom 7. auf den 8. Mai 2010 wurde neben der Einrichtung eines Rettungsschirms mit Zustimmung des EZB-Präsidenten auch der Ankauf von Anleihen notleidender Euro-Staaten beschlossen. Jean-Claude Trichet hat auf die Frage, ob nicht ein Ausscheiden Grie-

---

256 Otto Graf Lambsdorff, Erklärung nach § 31 GO, in: Deutscher Bundestag, Stenographischer Bericht, 230. Sitzung vom 23. April 1998, S. 21160.
257 Peer Steinbrück im Jahre 2008, zitiert nach: David Marsh, *Der Euro. Die geheime Geschichte der neuen Weltwährung*, Hamburg 2009, S. 287.

chenlands aus der Währungsunion möglich und einem Ankauf griechischer Staatsanleihen vorzuziehen sei, geantwortet: »Nein, das kommt nicht infrage. Wenn ein Land in die Währungsunion eintritt, teilt es mit den anderen Ländern ein gemeinsames Schicksal.«[258] Von dem Präsidenten der Europäischen Zentralbank, die der Geldwertstabilität verpflichtet ist, hätte man erwarten müssen, dass er sämtliche Maßnahmen unter dem Gesichtspunkt der Erhaltung der Geldwertstabilität prüft. Trichets Antwort zeigt dagegen, dass er politische Vorgaben dem gesetzlichen Stabilitätsauftrag vorschaltete. Damit hat er dem Einmünden der Währungsunion in eine Haftungsgemeinschaft Vorschub geleistet.

Es hat gegen den Ankauf von Staatsanleihen Widerstand im Zentralbankrat der EZB gegeben. Man weiß, dass der Präsident der Deutschen Bundesbank, Axel Weber, und das deutsche Mitglied des EZB-Direktoriums, Jürgen Stark, gegen den Ankauf gestimmt haben. Trichet hat in seinem Hause Begründungen anfertigen lassen, dass der Ankauf griechischer Staatsanleihen nötig sei, um die Effektivität der Geldpolitik zu bewahren; doch ist ersichtlich, dass das Ergebnis politisch vorgegeben wurde und die passenden Begründungen dafür gesucht werden mussten. Dem Vernehmen nach soll es darüber auch Wortgefechte zwischen Trichet und Axel Weber gegeben haben. Geht man die Presseberichte, Interviews und Stellungnahmen von Axel Weber selbst und über Axel Weber durch, ist eine solche Einschätzung nicht abwegig.

Die Gründe für Axel Webers Rücktritt als Präsident der Deutschen Bundesbank mit Wirkung zum 30. April 2011 sind der Öffentlichkeit verborgen geblieben.

Als die Nachfolge Trichets zwischen den beteiligten Regierungen ventiliert wurde, ging es immer um zwei Namen, Axel Weber und Mario Draghi, wobei Weber für die stabilitätspolitische Tradition der Bundesbank stand und Mario Draghi eher für die romanische Interpretation von Geldwertstabilität. Dabei war es Weber wohl klar geworden, dass die stabilitätspolitische Tradition im

---

258 Jean-Claude Trichet, Interview, in: *Der Spiegel*, 20/2010, S. 81.

Zentralbankrat nicht mehr dominierend war und dass von der EZB erwartet wurde, dass sie sich ohne Bedenken und in aller Konsequenz für die Erhaltung des Euro und die Stabilisierung der Eurozone einsetzen würde. Damit stünde nicht mehr im Vordergrund, wie die EZB einen wertstabilen Euro sichert, sondern wie sie es schafft, dass der Euro für alle Mitgliedstaaten die gültige Währung bleibt.

Es zeichnete sich schließlich ab, dass ein EZB-Präsident Axel Weber nicht zu verhindern gewesen wäre, wenn die deutsche Bundeskanzlerin darauf bestanden hätte, dass er die Nachfolge von Jean-Claude Trichet anträte. Dazu ist es nicht gekommen. Von ausschlaggebender Bedeutung ist dabei die Rückendeckung, die ein deutscher EZB-Präsident von der deutschen Bundesregierung in kritischen Situationen erwarten konnte. Dies ist natürlich ein sensibles Feld. Da kann man durch Gesten Billigung oder Missbilligung kundtun. So hat Angela Merkel bei einem Frühstück auf dem Davoser Weltwirtschaftsforum vom 26. bis 30. Januar 2011 die Chefs der deutschen Wirtschaft eingeladen und auch den damaligen Präsidenten der Schweizerischen Nationalbank, Philipp Hildebrand, der in dem illustren Kreis einen Vortrag über die monetären Weltläufte hielt. Axel Weber wurde danach von mehreren Teilnehmern des Frühstücks auf sein Fehlen hin angesprochen. Eine solche Geste kann dann schon für Irritationen sorgen. Auch konnte man sich fragen, warum die Kanzlerin keine Anstalten machte, nach einem anderen stabilitätsorientierten Kandidaten zu suchen. In der Person des Chefvolkswirts der EZB wäre sie fündig geworden. Eine Beförderung vom Chefvolkswirt zum Präsidenten wäre vorstellbar und möglich gewesen.

Der politische Druck, nicht den Euro stabil zu halten, sondern die Eurozone durch eine faktische Null-Zins-Politik und Ankauf von Staatsanleihen zu stabilisieren, ist inzwischen so mächtig, dass deutsche Mitglieder ihren Protest nur noch durch einen Rücktritt artikulieren können. Es ist bemerkenswert, dass die Rücktrittsankündigung von Jürgen Stark die Kurse auf den Aktienmärkten hat deutlich einbrechen lassen – wenn auch nur kurzfristig. Vielleicht erwarteten die Akteure, dass mit seinem Abgang die Verlässlichkeit der EZB Schaden leide. Wie schnell sich die Zeiten ändern: Heute jubiliert die Börse, wenn Mario Draghi den unbeschränkten Ankauf von Staatsanleihen verkündet, weil sie dann hofft, dass die Party an den verschiedenen Börsen weitergehe. Jürgen Stark hat in einem Brief an die früheren Mitarbeiter der EZB vor dem gefährlichen Weg in Richtung Inflation gewarnt. Natürlich streitet das Direktorium ab, einen solchen Weg gehen zu wollen.

Axel Weber ist durch Jens Weidmann ersetzt worden, der als Leiter der Abteilung Wirtschafts- und Finanzpolitik im Bundeskanzleramt ein einflussreicher Zuarbeiter und Ratgeber von Angela Merkel war. Jörg Asmussen als Nachfolger von Jürgen Stark war rechte Hand des früheren Finanzministers Peer Steinbrück und seines Nachfolgers Wolfgang Schäuble. Während man von Jens Weidmann, dem zuvor nicht die Herzen aller Vertreter einer klaren stabilitätspolitischen Linie zugeflogen waren, sagen muss, dass er als Präsident der Deutschen Bundesbank in der stabilitätsorientierten Tradition steht, diese Haltung auch standhaft und mutig vertritt und den »Becket-Effekt« geradezu verkörpert, passt auf den Nachfolger von Jürgen Stark, Jörg Asmussen, besser der Titel »His Master's Voice«. Er fällt durch Neudefinitionen uns geläufiger Begriffe auf: Ein Euro ist nicht stabil, wenn er die Kaufkraft unserer Währung wahrt und die Sparer vor Enteignung schützt; ein Euro, an dessen Fortbestehen es keinen Zweifel gibt, ist stabil.[259] Wenn ein solcher Euro inflationär aufgeweicht wird, weil die EZB die Staatsdefizite notleidender Euro-Staaten finanziert, dann ist er eben stabil, weil so die Eurozone zusammenbleibt. Wenn Wolfgang Schäuble, Asmussens früherer Chef, die Ausweitung der Kompetenzen des Währungskommissars, um die nationalen Parlamente zu disziplinieren, ins Spiel bringt oder über ein Sperrkonto für Gelder nachdenkt, die in Richtung Griechen-

---

259 »EZB-Direktor Asmussen verteidigt Anleihekäufe«, in: *Spiegel online,* 20. August 2012.

land fließen, immer ist Asmussen zur Stelle und begründet die Notwendigkeit solcher institutionellen Änderungen: »His Master's Voice«. Den »Becket-Effekt« gibt es in der EZB nicht mehr.

3. Ankauf von Staatsanleihen ist Finanzierung von Staatsdefiziten

Von Mario Draghi ist bekannt, dass er früher für die Investmentbank Goldman Sachs gearbeitet hat. Der auch mehrfach im Fernsehen ausgestrahlte Report über Goldmann Sachs zeichnet diese Bank als eine »Krake«, die ihre Fangarme über die finanzielle und politische Welt gespannt hat und daran verdient, dass andere verlieren.[260] Wer die Personalpolitik dieser Bank verfolgt, stößt auf ein ganz bestimmtes Muster. Neben der Rekrutierung von smarten Leuten, die das eigentliche Investmentgeschäft betreiben, sichert sich die Bank die gut bezahlten Dienste von Persönlichkeiten, die ihnen jetzt und in Zukunft die Türen öffnen und ein geschäftsförderndes Wort bei den Entscheidungsträgern einlegen können oder später selbst zu den Entscheidern zahlen. Zum europäischen Netzwerk zählen so illustre Persönlichkeiten wie Mario Monti und Mario Draghi. Draghi wird vorgeworfen, dass seine frühere Bank während seiner Tätigkeit dort die Ausgaben- und Einnahmeströme des griechischen Staatshaushalts in Richtung »Maastricht-Tauglichkeit« manipuliert habe und damit Griechenland zum Beitritt in die Währungsunion verholfen habe.[261] Dies mag ein Licht auf die Bank und die damals Verantwortlichen werfen, für die Entscheidung, Griechenland in die Währungsunion aufzunehmen, war es wohl nicht entscheidend. Jeder »Haushälter«, der Statistiken zu lesen versteht, hätte bei einem Zeitvergleich feststellen können, dass hier Ausgaben verschwunden oder Einnahmen aufge-

---

260 »Goldman Sachs – Eine Bank lenkt die Welt.« – Der Bericht, der mehrfach über den Fernsehkanal Arte ausgestrahlt wurde, kann über YouTube abgerufen werden (www.youtube.com/watch?V=XRTjx4laZs8).
261 Im Maastricht-Vertrag sind die numerischen Konvergenzkriterien (Preisniveaustabilität, Wechselkurskriterium, langfristiger Zinssatz und Defizitquote sowie Schuldenstand) aufgeführt, die bei Aufnahme in die Währungsunion erfüllt sein müssen. Kritisch waren in diesem Fall besonders die Defizitquote und der Schuldenstand.

taucht waren, die aus dem normalen Geschäftsgang nicht zu erklären sind. Es wäre dann ein Leichtes gewesen, bei den politisch Verantwortlichen nachzuhaken und sich die Diskrepanzen erklären zu lassen. Nein, wir bleiben bei unserer Erkenntnis: Die Politiker wollten nicht genau hinsehen – wer im Glashaus sitzt, soll nicht mit Steinen werfen – und die Spezialisten von Eurostat durften nicht genau hinsehen.

Genauso wenig ist anzunehmen, dass Draghi jetzt das Geschäft von Goldman Sachs betreibt. Er sah sich vor folgende Alternative gestellt: Entweder dem gesetzlichen Auftrag, die Preisstabilität zu gewährleisten, zu folgen, oder in Not geratene Staaten durch den Ankauf von Staatsanleihen zu stabilisieren oder gar zu retten. Mehr oder weniger haben alle Regierungen der Mitgliedstaaten auf den Ankauf von Staatsanleihen gedrängt. Hier wäre ein Einflüsterer von Goldman Sachs gänzlich überflüssig gewesen. Dass das Goldman Sachs ins Konzept passt, steht außer Zweifel; das gilt aber nicht bloß für diese Investmentbank. Nicht ausschließen kann man natürlich, dass die Bank Herrn Draghi mit sachdienlichen Argumenten versorgt. Aber all das gehört ins Reich der Spekulation. Mario Draghi würde auch Staatsanleihen ankaufen, wenn es Goldman Sachs nicht gäbe.

Als Draghi als EZB-Präsident inthronisiert war, hat er, wie es sich gehört, zunächst einmal »einen ausgegeben«. Ende November 2011 hat er für alle Banken Liquidität in Höhe von 500 Milliarden Euro zu einem Zinssatz von 1 Prozent für drei Jahre zur Verfügung gestellt. Eine solche Aktion widerspricht den Regeln der Geldpolitik, die auf Geldwertstabilität ausgerichtet ist. Eine Zentralbank, die auf so lange Sicht zu einem so niedrigen Zins ausleiht, nimmt sich einen großen Teil ihrer Manövrierfähigkeit, wenn sie gezwungen sein sollte umzusteuern. Letztlich hat Draghi mit dieser Aktion den schwächelnden Banken der südlichen Peripherie unter die Arme greifen wollen. Die Liquiditätsflut verschaffte den Banken die Möglichkeit, nach gewinnversprechenden Arbitragegelegenheiten Ausschau zu halten. Diese Maßnahme ist zunächst von den Märkten wohlwollend aufgenommen worden, verpuffte dann aber relativ rasch. Zu Beginn des Jahres 2012 hat Draghi dann noch einmal die Liquiditätsschleusen geöffnet und weitere 500 Milliarden Euro zur Verfügung gestellt.

Eine solche Liquiditätsflut lädt zu Carry-Trade-Geschäften ein: Kreditaufnahme bei der EZB zu Niedrigstzinsen und Anlage dieser Gelder in Investments, die eine höhere Rendite versprechen – Rohstoffe, Aktien, Immobilien, Staatsanleihen, Gold. Der frühere französische Staatspräsident hat den Banken generell geraten, das billige Geld der EZB zu nehmen und dafür hoch verzinsliche Staatsanleihen aus Italien oder Spanien zu kaufen. Auf den Märkten sprach man in diesem Zusammenhang von »Sarko-Trade«. Viele Banken haben sich dazu auch verleiten lassen. Als sie solche Papiere in ihre Portefeuilles nahmen und sich damit die Kurse von Staatsanleihen erholten, haben sich ausländische Banken von solchen Papieren getrennt. Nun halten alle italienischen und spanischen Banken Staatsanleihen ihrer eigenen Staaten und haben damit ein gefährliches Klumpenrisiko in ihrer Bilanz. Daher haben Mario Monti, Mariano Rajoy und François Hollande auf dem Brüsseler Gipfel vom 28./29. Juni darauf gedrängt, »den Teufelskreis zwischen Banken und Staatsanleihen zu durchbrechen.«

Draghi hat zwar die Märkte geflutet, doch die eigentlichen Probleme blieben ungelöst. Da sich Kapitalanleger von den Krisenstaaten abwandten, stiegen die Risikoprämien wieder deutlich an. Marktakteure, Politiker, aber auch das breite Publikum wurden von der Frage umgetrieben, wie lange das gut gehen könne. Paul Krugman, jederzeit für einen flotten Spruch gut, der von allen weltweit gehört wird, sah das Ende der Währungsunion heraufdämmern: »And we're talking about months, not years, for this to play out.«[262] Besonders Politiker aus Spanien attackierten die EZB als »Tu-nix-Bank«. Dann kam, wie bereits geschildert, Draghis Euro-Schwur: Die EZB werde alles tun, um den Euro zu retten. Und dann der Paukenschlag: »And believe me, it will be enough.«

---

262 http://krugman.blogs.nytimes.com/2012/05/13/eurodammerung-2

Natürlich gab es Widerstand. Jens Weidmann, Präsident der Deutschen Bundesbank, verglich den Einsatz der Notenpresse für notleidende Staaten mit Junkies, die nur existieren könnten, wenn sie ihre Droge bekämen. Der *Spiegel* hat dazu eine Titelgeschichte gebracht, die in einem keineswegs alarmierenden Ton das Ende der bisherigen Stabilitätspolitik nachzeichnete.[263] Wer diesen Text und das Interview durcharbeitete, kam zu der Erkenntnis: Wenn die Politiker bisher bloß mit der Möglichkeit gespielt hatten, mittels Inflation notleidende Staaten zu retten und damit zugleich die Staatsschulden zu senken, also die Sparer zu enteignen, jetzt wird es Ernst; jetzt gilt es für die Bürger, ihr Geld und ihr Vermögen in Sicherheit zu bringen.

Als Mario Draghi den Entschluss des EZB-Zentralbankrats vom 6. September 2012 verkündete, konnte er ein triumphierendes Lächeln nur mühsam überspielen. Wolfram Weimer schreibt: »Die romanische Interpretation von Stabilität hat über die deutsche Stabilitätsphilosophie gesiegt.«[264] Genüsslich hat Draghi auch öffentlich gemacht – über Abstimmungsergebnisse wird entsprechend den Gepflogenheiten nicht berichtet –, dass es nur eine Gegenstimme gab: die von Jens Weidmann. Draghi wollte damit wohl nicht sagen, dass Weidmann stabilitätspolitisches Rückgrat bewiesen habe, sondern dass ein Mitglied aus dem Tritt gefallen sei. Es ist wirklich erstaunlich, dass alle Mitglieder des Zentralbankrates, also auch aus den Ländern, von denen man hätte annehmen können, dass sie die deutsche Stabilitätsphilosophie teilen, für Draghis Kurs votierten.[265]

---

263 »Notenbankfinanzierung kann süchtig machen wie eine Droge«, sagte Weidmann dem *Spiegel* (35/2012). http://www.spiegel.de/wirtschaft/soziales/bundesbankpraesident-weidmann-warnt-ezb-vor-anleihekaeufen-a-852081.html.

264 http.handelsblatt.com/meinung/kolumnen/weimers-woche/euro-krise-erniedrigte-bundesbank-auf-lira-kurs/7106420.html.

265 Der niederländische Notenbankchef Klaas Knot sieht zwar die Risiken der Anleihekäufe, steht aber trotzdem auf Draghis Seite: »Sie werden aber verstehen, dass ich abgewogen habe, wie deutlich ich mich äußern sollte, denn es gilt in der EZB immer noch das Prinzip, dass wir mit einer Stimme sprechen – und diese Stimme ist der EZB-Präsident.« (»Ist die Preisstabilität gefährdet, greifen wir ein«, Interview in: *Die Welt*, 21. Dezember 2012. http://www.welt.de/wirtschaft/article110070256/Ist-die-Preisstabilitaet-gefaehrdet-greifen-wir-ein.html)

Nun bestreiten Politiker und die Mitglieder des Zentralbankrats, dass sie Staatsfinanzierung betreiben oder einer Inflation Vorschub leisten wollten. Das deutsche Mitglied des EZB-Direktoriums, Jörg Asmussen, hat erklärt, es gehöre zum normalen Geschäft der EZB, Staatsanleihen anzukaufen, um ihrer Geldpolitik, wenn es Not tue, mehr Durchschlagskraft zu verleihen.[266] Ja, warum kauft sie dann bloß Anleihen notleidender Staaten und warum sitzt sie immer noch auf dem Berg in Höhe von 211 Milliarden Euro von Staatsanleihen, den sie seit Beginn ihrer Ankaufsaktion nach der spektakulären Nacht vom 7. auf den 8. Mai 2010 angehäuft hat? Repräsentanten der EZB und Mario Draghi haben mehrfach geäußert, dass die Ankäufe eingestellt würden, wenn sich die inflationären Anzeichen verdichteten oder wenn die Schuldnerländer, deren Anleihen aufgekauft würden, den Auflagen nicht nachkämen, zu denen sie sich im Rahmen finanzieller Leistungen aus dem ESM verpflichtet hätten. Mit der Kopplung – Ankauf von Staatsanleihen bei Erfüllung der Sanierungsauflagen – schwingt sich Draghi überdies zum politischen Oberaufseher auf. Hier haben wir eine klare Mischung von finanz- und geldpolitischer Sphäre, die der Maastricht-Vertrag gerade verhindern sollte. Die entscheidende Frage lautet aber: Kann Draghi Schuldnerstaaten fallen lassen, wenn Regierung und Bevölkerung sich gegen solche Programme sträuben? Täte er es, bräche die Eurozone sofort auseinander.

CSU-Generalsekretär Alexander Dobrindt sah Draghi »auf dem besten Weg, als der Falschmünzer Europas in die Geschichte einzugehen.«[267] Er ist dafür von seinem Parteichef Horst Seehofer öffentlich gerüffelt worden.[268] Doch Dobrindt hat recht. Im Mittelalter konnten die Fürsten sich höhere Staatsausgaben leisten

---

266 »EZB-Direktor Asmussen verteidigt Anleihekäufe«, in: *Spiegel online,* 20. August 2012 http://www.spiegel.de/wirtscahft/soziales/ezb-direktor-asmussen-verteidigt-anleihekaeufe-a-850899-druck.html.

267 *Spiegel online,* 26. August. 2012. http://www.spiegel.de/politik/deutschland/csu-alexander-dobrindt-beleidigt-draghi-als-falschmuenzer-europas-a-852133-druck.html.

268 Wegen der massiven Kritik an dieser Äußerung hat CSU-Parteichef Horst Seehofer Dobrindt zurückgepfiffen: »Ich denke, er wird diesen Begriff nicht wiederholen.« (*Süddeutsche Zeitung,* 29. August 2012, http://www.sueddeutsche.de/politik/2.220/verbal-attacken-zur-eurokrise-seehofer-pfeift-dobrindt-zurueck-1.1452849)

oder ihre Schulden zurückzahlen, wenn sie aus dem ihnen zur Verfügung stehenden Schlagschatz (meistens Silber) die doppelte Zahl an Münzen ausprägten. Die Verschlechterung der Münzqualität konnte man durch Beißen, Brechen oder Wiegen feststellen. Die Verdoppelung der Münzproduktion bei gleichem Schlagschatz ist Münzbetrug. Und wer das tut, ist ein Falschmünzer. Die Folge war Inflation, unter der im Mittelalter besonders die werktätige Bevölkerung litt. Heute besteht der Schlagschatz aus Papier, der beliebig ausgeweitet werden kann. Man sieht zwar dem Gelde nicht mehr die Qualitätsverschlechterung an – Papier bleibt Papier –, aber der Vorgang entspricht dem Münzbetrug. Es gibt langfristig nur eine sichere Ursache von Inflation – die Finanzierung von Staatsdefiziten durch die Notenbank.

Die Bundesregierung selbst hat vor der entscheidenden Zentralbanksitzung geschwiegen. Dies darf mit Fug und Recht als »konkludentes Schweigen« aufgefasst werden: Wer schweigt, stimmt zu. Dafür spricht auch, dass der Nachfolger von Jürgen Stark, Jörg Asmussen, für den Ankauf gestimmt hat und auch öffentlich dafür eingetreten ist. Anzunehmen, dass es zuvor keine Abstimmung zwischen ihm und seinem früheren Chef, Finanzminister Wolfgang Schäuble, gegeben habe, wäre weltfremd. Warum setzt die Bundesregierung aufs Spiel, was alle Regierungen zuvor beschworen haben: Der Geldwert muss aus ökonomischen und sozialen Gründen stabil bleiben? Das Vermächtnis von Ludwig Erhard – »...alle Kräfte darauf zu konzentrieren, eine Inflation zu verhüten und jedes schuldhafte Verhalten, das zu einer inflationistischen Entwicklung führen könnte, vor der gesamten Öffentlichkeit zu brandmarken und dadurch zu verhindern«[269] – gilt nicht mehr.

Was und wen die Politik vor allem vergisst: Die Arbeitnehmer sparen Monat für Monat zirka 20 Prozent ihres Einkommens für ihren Lebensabend. Aber sie haben kein Vermögen erworben, über das sie disponieren könnten, sondern bloß Ansprüche, über

---

269 Ludwig Erhard, *Wohlstand für alle*, Köln 2009 (Originalausgabe 1957 im Econ Verlag), S. 298.

die die Politik verfügen kann. Vor allem sie müssen um die Sicherheit ihres Lebensabends fürchten. Und nur, weil Politiker hoffen, so doch noch die Eurozone zusammenhalten zu können. Dabei werden ihnen diejenigen lästig, die wie der Bundesbankpräsident von Amts wegen gehalten sind, für Geldwertstabilität zu sorgen und vor einem inflationsträchtigen Kurs wenigstens zu warnen, wenn ihnen die Hände gebunden sind. Die interessierte Öffentlichkeit könnte auf diese Weise ja aufgescheucht werden. Es ist das bis vor kurzem Unfassbare geschehen, dass der Finanzminister am liebsten dem Bundesbankpräsidenten den Mund verbieten möchte. Er hat verlauten lassen, er fände es nicht glücklich, dass der Bundesbankpräsident sich zur Politik der EZB öffentlich äußere, und hat mehr Zurückhaltung angemahnt.[270]

Die beiden ausgeschiedenen Mitglieder aus dem EZB-Direktorium, Otmar Issing und Jürgen Stark, kritisieren die EZB-Politik Mario Draghis scharf. Issing tut dies, obwohl er sich vorgenommen hatte, die Geldpolitik der EZB nach seinem Ausscheiden nicht zu kommentieren. Er fühle sich aber an diesen Vorsatz nicht mehr gebunden, da die EZB nicht mehr Geldpolitik im Sinne ihres gesetzlichen Auftrages betreibe: »Die Idee des Euro war, dass es ein entpolitisiertes Geld wird.« Da das nicht mehr gelte, sei das Grundprinzip des Euro verletzt. Die EZB habe kein Mandat zur monetären Staatsfinanzierung: »Das ist verboten.«[271] Aus seiner Enttäuschung über die Politik der EZB und die Haltung der Bundesregierung macht auch Jürgen Stark keinen Hehl: Er habe sich nie träumen lassen, dass ausgerechnet die Bundesbank als erfolgreichste europäische Zentralbank nach dem Zweiten Weltkrieg einmal in eine absolute Minderheitenposition geraten würde; die heutige Währungsunion baue auf ihrer erfolgreichen Geldpolitik auf. Dass sie ins Abseits gestellt werde und die Position, die ihr

---

270 »Schäuble und Weidmann gehen auf Distanz«, in: *Wirtschaftswoche*, 16. September 2012, http://www.wiwo.de/politik/konjunktur/ezb-politik-schaeuble-und-weidmann-gehen-auf-distanz/v_detail_tab_print/7140154.html.

271 Otmar Issing, in: Patrick Welter (pwe), »Otmar Issing warnt vor Politisierung der Notenbank«, in: *Frankfurter Allgemeine Zeitung*, 6. September 2012, S. 12.

jetziger Präsident vertrete, heute beinahe lächerlich gemacht werde, dass all das möglich sei, bedrücke ihn sehr.[272]

Die von Draghi ins Auge gefassten Aktionen zur Rettung notleidender Euro-Staaten werden der Öffentlichkeit als »Outright Monetary Transactions« präsentiert, hierfür wird allgemein das Akronym OMT verwandt. Es handelt sich um endgültige Käufe und Verkäufe (Outright-Geschäfte) von Staatsanleihen an den Sekundärmärkten. Es dürfte den Kapitalmarktspezialisten in der EZB nicht schwer fallen, die unmittelbare Finanzierung von Staatsdefiziten über Sekundärmärkte abzuwickeln: Bankenkonsortien übernehmen frisch begebene Staatsanleihen, die sie zu einem zuvor vereinbarten Zinssatz auf dem Sekundärmarkt anbieten, wo sie von der EZB sogleich übernommen werden. So könnten sich zugleich marode Banken ein Zubrot verdienen.

OMT – das ist wieder ein Akronym, das vor der Öffentlichkeit verbirgt, was eigentlich gespielt wird. Hans Magnus Enzensberger sollte es in sein Euro-Quiz aufnehmen: Halten Sie OMT für einen Anbieter von Mobilfunkleistungen? – Ja   Nein ; für den Namen eines neuartigen Geländewagens? – Ja   Nein ; für eine Maßnahme zur Finanzierung maroder Staaten? – Ja   Nein ; oder steht OMT für »Out of the Mandate Transactions«? (Jürgen Stark) – Ja   Nein . Es kann mehr als eine Antwort richtig sein.

IV. Die verdeckten Folgen der Geldschwemme

1. Geldmengenaufblähung ist der inflatorische Prozess

Draghi hängt dem Beschluss der EZB, Staatsanleihen notleidender Schuldnerstaaten anzukaufen, ein geldpolitisches Mäntelchen um. Inflatorische Folgen werden geleugnet, ansonsten wäre der Ankauf das offene Zugeständnis, gegen europäisches Vertrags-

---

272 Diese Position hat Jürgen Stark nach seinem Rücktritt in allen seinen Interviews vertreten. Vgl. hierzu insbesondere: »Das Vertrauen in die EZB geht verloren«, Interview in: *Handelsblatt*, 25. März 2012.

recht zu verstoßen. Die Bilanz der EZB schwillt nach Maßgabe solcher Aktivitäten an und spiegelt damit das inflatorische Potential wider. Wenn die Ankäufe von Staatsanleihen wirklich der geldpolitischen Effizienzsteigerung gegolten hätten, hätten die Griechenland-Anleihen längst wieder auf den Sekundärmärkten gehandelt werden müssen. Die Einschätzungen der inflatorischen Auswirkungen einer solchen Bilanzausweitung gehen auseinander:

(1) Die Ursache der Inflation: Anleihekäufe untergraben den Geldwert und vernichten ihn schließlich auch;

(2) die vorsichtigere Einschätzung: Die Folge von Draghis Politik dürfte eine höhere Inflationsrate sein;

(3) die gegenteilige Auffassung: Da eher deflationäre Gefahren drohten, wären Anleihekäufe ein Beitrag zur Stabilisierung des Preisniveaus;

(4) der Willkommensgruß: Käme es tatsächlich zu Preissteigerungen in Höhe von 4 oder 5 Prozent, dann würden sie sogar die Eurokrise überwinden helfen.

Zu (1): Es ist in der Öffentlichkeit kaum bekannt – sogar vielen Ökonomen nicht –, dass der einflussreichste Ökonom der Neuzeit, John Maynard Keynes, einer der schärfsten Kritiker inflatorischer Versuchungen gewesen ist. In seiner Abrechnung mit dem Versailler Vertrag warnt er vor den verheerenden Folgen der Inflation, wenn die in Finanzierungsschwierigkeiten steckenden Regierungen – unfähig, zu zaghaft oder zu kurzsichtig, um ihren notwendigen Bedarf aus Mitteln des Kapitalmarktes und Steuern zu bestreiten – für den Fehlbetrag Geldnoten drucken würden.[273] Der frühere Bundesbankpräsident Helmut Schlesinger hat den Ankauf von Staatsanleihen durch die EZB mit der Geldpolitik im Kriegszeiten verglichen: »Es ist die Methode der Kriegsfinanzierung Deutsch-

---

273 John Maynard Keynes, *The Economic Consequences of the Peace,* London 1919, S. 223. Deutsche Übersetzung: *Die wirtschaftlichen Folgen des Friedensvertrags* (übersetzt von M. J. Bonns und C. Brinkmann), München und Leipzig 1920, S. 194.

lands im Ersten Weltkrieg, der Kriegsfinanzierung Deutschlands im Zweiten Weltkrieg und der Kriegsfinanzierung vieler anderer Länder. Ergebnis war überall Inflation oder Währungsreform«.[274] Keynes weist vor allem auf die unausweichliche Enteignung der Bürger durch den Staat hin, auf die Verarmung vieler und die Bereicherung weniger: »Lenin soll erklärt haben, dass der beste Weg zur Vernichtung des kapitalistischen Systems die Vernichtung der Währung sei. Durch fortgesetzte Inflation können Regierungen sich insgeheim und unbeachtet einen wesentlichen Teil des Vermögens ihrer Untertanen aneignen. Auf diese Weise konfiszieren sie nicht nur, sondern sie tun es auch willkürlich, und während viele arm werden, werden einige in der Tat reich.« Keynes fährt fort: »Lenin war gewiß im Recht. Es gibt kein feineres und kein sichereres Mittel, die bestehenden Grundlagen der Gesellschaft umzustürzen, als die Vernichtung der Währung. Dieser Vorgang stellt alle geheimen Kräfte der Wirtschaftsgesetze in den Dienst der Zerstörung, und zwar in einer Weise, die nicht einer unter Millionen richtig zu erkennen imstande ist.«[275] Da nicht einer unter Millionen diesen Prozess, der alle geheimen Kräfte ökonomischer Gesetze in den Dienst der Zerstörung stellt, richtig einschätzen kann, können wir vielleicht vermuten, dass auch Draghi nicht weiß, dass er sich in den Dienst der Zerstörung der bürgerlichen Gesellschaft gestellt hat.

Zu (2): In einer Welt der Unsicherheit, in der wir die auf bestimmte Aktionen einwirkenden Kräfte nicht hinreichend exakt abschätzen können, kann niemand mit Sicherheit die quantitativen Ergebnisse des Ankaufs von Staatsanleihen vorhersagen. Daher werden oft bloß Tendenzaussagen gewagt: Die Folge von Draghis Politik dürfte eine höhere Inflationsrate sein. Solange Arbeitslosigkeit herrsche und sich die Gewerkschaften Zurückhaltung auferlegten, werde es an der Preisfront ruhig bleiben. Dies sehen wir auch in

---

274 Interview in der *Wirtschaftswoche*, 19. Februar 2011.
275 *The Economic Consequences*, a.a.O., S. 220. Deutsche Übersetzung S. 192.

Japan, wo sogar bei einer Null-Zins-Politik Inflation ausbleibt.[276] Daraus folgt, dass man genau auf den Weg achten muss, den die Geldschwemme nimmt, um Aussagen über deren inflatorische Auswirkungen machen zu können.

Zu (3): Die Auffassung, dass der Ankauf von Staatsanleihen geradezu gefordert werden müsse, um den Euro zu stabilisieren und einer drohenden Deflation entgegenzuwirken, vertreten vorzugsweise Chefvolkswirte von Banken und Versicherungen – verständlich, sind diese doch aus Geschäftsinteressen immer an einer entgegenkommenden Geldpolitik und an niedrigen Zinsen interessiert. So ist an den Börsen die zeitweilig verschwundene Party-Stimmung wiedergekehrt. Holger Schmieding, Chefvolkswirt der Berenberg Bank, ist sich sogar sicher, dass sich die Inflationsängste nicht durch Fakten stützen ließen; die Eurozone stecke noch in der Rezession. Ein inflationärer Boom der Binnennachfrage oder ein Kollaps des Euro-Wechselkurses, der die Preise treiben könne, zeichne sich nicht einmal im Ansatz ab: »Die Gefahr einer echten Inflation ist bei uns im Nachgang der aktuellen Finanz- und Wirtschaftskrise etwa ebenso gering wie die Gefahr eines Sonnenbrandes im norddeutschen Landregen«.[277] Das scheint nicht bloß ein anschauliches Bild, sondern auch eine glasklare Aussage zu sein, aber wenn man genauer hinschaut, so hat sich Schmieding doch ein Schlupfloch gelassen. Wenn es zu Preissteigerungen von 5, 10 oder sogar 20 Prozent kommen sollte, so könnte Schmieding darauf verweisen, dass das noch keine »echte Inflation« sei; die Geldentwertung und der Zusammenbruch der Währung im Jahre 1923 – das sei eine echte Inflation gewesen. Allerdings setzt die Beren-

---

276 Dies hängt auch mit dem spezifischen japanischen Wirtschaftsstil zusammen, der verhindert, dass angeschlagene große Unternehmen sich gesundschrumpfen oder aus dem Markt ausscheiden. Wenn die Beschaffung von Geld bei der Bank of Japan nahezu nichts kostet, dann zahlt es sich für Banken aus, Zombie-Unternehmen weiter am finanziellen Tropf zu lassen, weil man dann auch die eigenen Bücher nicht bereinigen und keine hohe Verluste ausweisen muss.

277 Holger Schmieding, »Die EZB läutet die Wende ein«, in: *Frankfurter Allgemeine Zeitung*, 22. Oktober 2012, S. 18.

berg Bank nicht auf die Expertise ihres Chefvolkswirts. Jürgen Raeke, Geschäftsführer der Berenberg Bank, kennt seine Kunden: »Die Kunden wollen ihr Vermögen in Sicherheit wissen«. Das bedeute: investieren in alles, was mit Händen greifbar ist: Mietshäuser, Edelmetalle wie Gold und Silber, Wald und Ackerland. [278]

Zu (4): Für Wolfgang Münchau, meinungsbildender internationaler Kommentator, würde Draghis »Einkaufssause« zu höherer Inflation führen, solange wir es mit normalen konjunkturellen Phasen zu tun hätten. Das sei aber nicht der Fall. Er fügt hinzu: Überdies seien mit geringer Inflation und geringem realen Wachstum eine Schuldenkrise wie die derzeitige nicht lösbar; er würde daher einen moderaten Preisanstieg von etwa 4 Prozent begrüßen, weil sich dann die wirtschaftliche Erholung beschleunigte.[279] Der Chefvolkswirt des Internationalen Währungsfonds (IWF), Olivier Blanchard, sieht das ganz ähnlich. Er verstehe die Logik der deutschen Position nicht, sagt er. Wenn in der Eurozone die Peripherieländer wettbewerbsfähiger werden müssten, dann wäre es passend, wenn hier die Preissteigerungsrate für den privaten Verbrauch unter 2 Prozent läge, in Deutschland aber darüber; nur so könne sich der Riss in der Eurozone schließen. Daher wäre es für Deutschland nötig, über höhere Löhne die Kaufkraft zu beleben. Er würde aber lieber von einer Anpassung der relativen Preise statt von Inflation sprechen; denn deutsche Produkte seien bisher zu billig gewesen und die der Peripheriestaaten zu teuer. Auch müsse man in Deutschland mit dem Wort Inflation vorsichtig umgehen, da Deutsche aufgrund historischer Erfahrungen allergisch auf dieses Wort reagierten und annähmen, dass Inflation der erste Schritt zur Hyperinflation sei. »Aber«, so führt Blanchard aus, »ich sehe nicht das geringste Risiko für so etwas wie eine Hyperinflation, solange die EZB dem 2-Prozent-Ziel verpflichtet ist und ihre Un-

---

278 Zitiert in: Ferdinand Dyck, Martin Hesse und Alexander Jung, »Kalte Enteignung«, in: *Der Spiegel*, 41/2012, S. 76.
279 Wolfgang Münchau, »Deutschland braucht die Inflation«, in: *Spiegel online*, 5. September 2012.

abhängigkeit unangetastet bleibt.«[280] Das ist wieder so ein Satz, der beruhigen soll, in Wirklichkeit aber die Entwicklung, die mit Staatsanleihekäufen eingeschlagen wurde, verharmlost. Wenn die Preise um 10 oder sogar 20 Prozent steigen, könnte Blanchard sagen, das sei noch keine Hyperinflation. Auch seine Unterstellungen, solange die EZB ihrem Auftrag verpflichtet und unabhängig bleibe, beschreiben nicht die geldpolitische Wirklichkeit, hat doch Draghi öffentlich zu erkennen gegeben, dass er vom gesetzlichen Auftrag abweichen müsse, um das historische Projekt Euro zu sichern. Mit seiner Versicherung, Anleihekäufe von wirtschaftspolitischen Zusagen abhängig zu machen, hat er bewusst die Grenze zwischen Geld- und Finanzpolitik überschritten.

Inflationen werden nicht mit der Glocke eingeläutet: Geldillusion und die Trägheit wirtschaftlicher Anpassungsprozesse wirken einem raschen Preisanstieg zunächst entgegen. Politiker und Zentralbanker können dann sagen: »Noch nichts passiert« oder »Noch nicht viel passiert«, aber wenn dieser Prozess einmal in Gang gekommen ist, wird sich der inflatorische Prozess von selbst beschleunigen, weil die Inflationserwartung die Umlaufgeschwindigkeit treibt und der Außenwert der inflationierten Währung noch schneller verfällt als der Binnenwert. Bei den Römern hieß es deswegen: »Principiis obsta … Wehre den Anfängen.« Alfred Müller-Armack, einer der Architekten der Sozialen Marktwirtschaft und der europäischen Integration, hat dafür in seinen Vorträgen folgenden Vergleich herangezogen: »Inflationen muss man wie Diktatoren bekämpfen, bevor sie die Macht errungen haben.«

Nachdem wir die Auffassungen über die inflationären Gefahren von Draghis Politik vorgestellt haben, kommen wir auf unsere

---

280 Olivier Blanchard, »Es ist jetzt nicht die Zeit für finanzpolitische Stimuli«, Interview in: *Frankfurter Allgemeine Zeitung*, 11. Oktober 2012, S. 12. Erst kürzlich hat Blanchard vorgeschlagen, eine höhere Inflationsrate zu tolerieren – etwa 4 bis 6 Prozent –, um der Geldpolitik mehr Durchschlagskraft zu verleihen. Weiter plädieren Blanchard und auch die FED dafür, frühzeitig eine höhere Inflationsrate anzukündigen, um die Bürger zu vorgezogenen Käufen und damit zur Konjunkturstimulierung heute zu ermuntern. Das Zündeln mir der Inflation kommt offensichtlich in Mode.

Feststellung zurück, dass die Geldmengenaufblähung der eigentliche inflatorische Prozess ist und dass die Preise in den Sektoren nach oben getrieben werden, in die das zusätzliche Geld geflossen ist. Nicht ohne Grund hat der Präsident der Deutschen Bundesbank, Jens Weidmann, die enge Verzahnung von Notenbankpolitik und Bargeld hervorgehoben: Von Papiergeld, das nicht mit Edelmetallen unterlegt sei, könne theoretisch eine unendlich große Menge gedruckt werden; deshalb versuche die Politik stets, die eigenen Finanznöte mit der Notenpresse zu überwinden.[281] In der Tat sind Herrscher zu allen Zeiten der Versuchung erlegen, sich auf diese Weise zu bereichern oder ihre Schulden loszuwerden. Wenn sie in der Antike und im Mittelalter ihr Münzregal veruntreuten und aus einem gleichbleibenden Schlagschatz die doppelte Summe an Münzen ausprägten, so war dieser Münzbetrug der eigentliche inflatorische Prozess. Eine effiziente Methode hat Dionysios (430 bis 367 v. Chr.), Tyrann im sizilianischen Syrakus, ersonnen: Er ließ sämtliche Münzen einsammeln und aus einer Drachme zwei ausprägen; die eine gab er den Eigentümern zurück, mit der anderen beglich er seine Schulden. Deswegen müssen nicht unbedingt die Preise der Güter des täglichen Bedarfs gestiegen sein; die Gläubiger des Tyrannen, nachdem sie ausbezahlt worden waren, konnten beispielsweise damit Land erwerben. Dann wären die Preise für Ackerland gestiegen. Das ist der entscheidende Punkt: Wir müssen prüfen, wohin das von der EZB frisch gedruckte Geld fließt.

2. Verzerrung der volkswirtschaftlichen Produktionsstruktur

Wenn Notenbanker stolz darauf sind, dass unter ihrer Ägide die Preisentwicklung für den privaten Verbrauch dem selbst gesetzten Anspruch – »unter, aber nahe bei zwei Prozent« – entsprochen habe, aber von den von ihnen zugelassenen Vermögenspreisblasen schweigen, dann muss man ihnen sagen, dass der Preisanstieg an

---

281 Eröffnungsrede anlässlich des ersten Bargeldsymposiums der Deutschen Bundesbank. 10. Oktober 2012. http://www.bundesbank.de/Redaktion/DE/Reden/2012/2012_10_ 10_weidmann_bargeldsymposium.html.

den Kassen in den Warenhäusern weniger schädliche Auswirkungen hat als Vermögenspreisblasen. Wenn sich wegen der unterschiedlichen Verteilung der Geldmengenaufblähung die relativen Preise einzelner Vermögensklassen verändern und damit auch die Profitraten, so wird zugleich der volkswirtschaftliche Produktionsaufbau verzerrt. Wir haben die verhängnisvollen Auswirkungen dieses Prozesses in Spanien verfolgen können – einmal die wirtschaftlichen Kosten in Form später brachliegender Kapazitäten und Ressourcen und dann die Verelendung der arbeitslos gewordenen Werktätigen und der Hauseigentümer, die auf überteuerten Immobilien sitzen, wie in Irland, oder aus ihren Häusern verjagt werden, weil sie ihre Hypotheken nicht mehr bedienen können. Thorsten Polleit hat diesen Zirkel von Geldmengenexpansion und nachfolgender Zerstörung anhand der konjunktur- und inflationstheoretischen Überlegungen der österreichischen Schule von Hayek erläutert.[282]

Polleit sieht auch die Eurokrise als unausweichliche Folge des Papiergeldsystems, das die Fachleute als »Fiatgeld« bezeichnen – von lateinisch »fiat – es geschehe«. Das von den Zentralbanken produzierte Geld wird durch Bankkreditvergabe in den Umlauf gebracht. Es handelt sich also um Kredite, die nicht durch »echte Ersparnis« gedeckt sind.[283] US-Dollar, Euro, japanischer Yen, chinesischer Renminbi, Britisches Pfund oder Schweizer Franken sind Fiatgeld. Das zusätzliche Kreditangebot über die Ausgabe von Fiatgeld senke zunächst den Marktzins unter das Niveau, das ohne Liquiditätsschwemme vorherrschend gewesen wäre, und produziere so einen künstlichen »Boom«. So fließe Geld auch in Kapitalverwendungen, die bei unverzerrtem Marktzins nicht lohnend gewesen wären. Bei Normalisierung des Zinssatzes, nachdem die

---

282 Herausragende Vertreter sind Ludwig von Mises (1881–1973) und Friedrich August von Hayek (1899–1992). Ludwig von Mises hat nach seiner Übersiedlung in die USA durch sein Wirken eine weitverbreitete Schule gegründet (»The New Austrian Economics«), die auch Einfluss auf die ordnungspolitische Ausrichtung der US-republikanischen Partei nimmt.
283 Thorsten Polleit, »Der wirtschaftspolitische Kommentar«, in: Degussa Marktreport, 15. Juni 2012, S. 7–9.

Zentralbanken Stufe um Stufe den Refinanzierungssatz angehoben haben, um die zuvor erfolgte künstliche Absenkung zu revidieren, stellt sich ein großer Teil der Kapitalverwendungen als Fehlinvestition heraus.

Die daraus resultierende Rezession/Depression fällt umso schwerer aus, je länger der Fiatgeld-Boom angedauert hat. Sobald sich eine solche Entwicklung am Horizont abzeichnet – in Form strauchelnder Staaten, Banken und steigender Arbeitslosigkeit –, versuchen Regierungen und Notenbanken der notwendigen Korrektur durch die Märkte durch noch mehr Liquidität, noch niedrigere Refinanzierungssätze und Ausweitung der Staatsverschuldung zu entkommen. So hoffen sie, Wachstumsprozesse anzustoßen, im Zuge derer sich die Fehlentwicklungen zurückbilden. Japan hat das mit Billigstgeldpolitik und immer größer werdenden Budgetdefiziten vorgemacht – mit der Konsequenz, dass das japanische Haushaltsdefizit von 60 Prozent (1990) auf mittlerweile 225 Prozent des BIP (2012) angestiegen ist, ohne dass die japanische Volkswirtschaft aus ihrer desolaten Lage herausgefunden hätte. Polleit stellt fest: »Die Krankheit wird also mit dem Mittel bekämpft, das die Krankheit verursacht hat. Das ist natürlich in höchstem Maße unvernünftig. Warum aber geschieht es dennoch, und zwar wieder und wieder? Die Antwort ist bei handfesten ökonomischen Anreizen zu finden.«[284]

Es ist erstaunlich, wie wenig Zentralbanker und Politiker aus den Erfahrungen der letzten 25 Jahre gelernt haben.[285] Mehr oder weniger periodisch sind Vermögenspreisblasen mit billigem Geld

---

284 Thorsten Polleit, ebenda, S. 7. – Für Japan lässt sich inzwischen feststellen, dass ein dichtes Autobahnnetz Japan überzieht und dass im Voraus Brücken gebaut werden, für die man auf spätere Verwendung hofft. Nun ist knapper Boden verbaut worden, ohne dass eine volkswirtschaftliche Rendite dabei herausgesprungen wäre. Dann wären die von Keynes selbst vorgeschlagenen Maßnahmen, Löcher zu graben und Fahrräder von A nach B und wieder zurück zu schieben, doch günstiger gewesen, da sich das ohne Verschandelung der Landschaft hätte machen lassen.

285 Das gilt wohl nicht für die Bundesbank. Entsprechend einem »More Symmetric Monetary Approach«, an dem sie arbeitet, muss die Geldpolitik schon bei Vermögenspreiserhöhungen restriktiv werden, um ein späteres Überschwappen auf das allgemeine Preisniveau oder um gravierende volkswirtschaftliche Fehlentwicklungen zu verhüten. Der Ansatz findet aber in der EZB keine Beachtung.

aufgepumpt worden, ohne dass Politiker über die Ursache-Wirkungsketten nachgedacht hätten. Ende der 80er-Jahre des letzten Jahrhunderts hat die Bank of Japan auf Druck der US-Administration die Zinsen stark gesenkt, damit über Kapitalabflüsse die Abwertungstendenz des US-Dollar gebremst würde. Das billige Geld verlockte japanische Anleger, sowohl in Grundstücke als auch in Aktien zu spekulieren; die Preise und Kurse stiegen und zogen weitere Käufer an; so schaukelten sich Grundstückswerte und Aktienkurse gegenseitig auf schwindelerregende Höhen, bis die Zentralbank die Zügel anzog und die Hausse in sich zusammenbrach. Danach kam die Blase in Südostasien; die Projekte dort galten wegen hoher Zinsen und der Bindung an den Dollar als gutes Investment; insbesondere Japaner haben sich auf Anraten ihrer Banken zu Carry-Trade-Geschäften verleiten lassen: sich zu niedrigen Zinsen in Japan verschulden, die Gelder in Südostasien anlegen und an den Zinsdifferenzen verdienen. Dazu brauchte man wenig Eigenkapital; mit diesen »gehebelten« Transaktionen ließen sich die Gewinne vervielfachen; dafür waren auch die Verluste übermäßig hoch, wenn die Anleger den Zeitpunkt des rechtzeitigen Absprungs verpasst hatten. Als die regionalen Blasen – überwiegend durch Immobiliengeschäfte getrieben – dort zu platzen drohten, zogen ausländische Kapitalanleger rasch ihr Geld ab und machten damit wahr, was sie befürchteten. Eine Reihe südostasiatischer Staaten konnten die Dollarbindung ihrer Währungen nicht halten. Wegen der sich anschließenden, teilweise überaus starken Abwertungen haben japanische Anleger hohe Verluste erlitten, da sie den Zeitpunkt des Aussteigens verpasst hatten.

Die New-Economy-Blase in den USA geht auf das Konto von Alan Greenspan, dem wegen seiner »verschwurbelten« Statements staunendes Vertrauen entgegengebracht worden war.[286] Er hat den vor dem Aus stehenden LTCM-Fonds (das Akronym steht für Long-Term Capital Management) in einer Blitzaktion unter Mit-

---

286 Einer seiner Sprüche, so erzählt man sich, lautet: »Junger Mann, wenn Sie glauben, Sie hätten mich verstanden, dann haben Sie mich nicht verstanden.«

wirkung der weltbestimmenden Banken und Notenbanken gerettet. Danach hat er zweimal – außerhalb des Turnus – die Refinanzierungssätze der Fed (US-amerikanischen Zentralbank) gesenkt, sodass alle Welt wusste: Alan Greenspan lässt uns nicht hängen. Diese Einstellung ist in den Jargon der Banker als »Greenspan Put« eingegangen: Wenn die Geschäftsaktivitäten und damit auch die Aktienkurse einzubrechen drohen, dann wird Greenspan die ganze Klaviatur der Notenbank bespielen, um einen eventuellen Fall aufzufangen. Er hat dann nach »Nine-Eleven« – den Terroranschlägen auf das World Trade Center am 11. September 2001 – den Refinanzierungssatz auf 1 Prozent gesenkt und die EZB wenig später auf 2 Prozent, was sowohl den USA als auch den Ländern in der EU – Irland, Griechenland, Spanien und Portugal – fünf Jahre lang negative Realzinsen bescherte. Die weltweiten wirtschaftlichen und sozialen Verwerfungen dieser Billig-Geld-Politik kennen wir.

Und nun haben diese Zentralbanken ihre Zinssätze auf null oder auf nahezu null gesetzt, einmal um die Volkswirtschaft wieder auf einen Expansionspfad zu hieven oder um die Eurozone zu stabilisieren. Also wieder dasselbe Spiel – bloß mit höherer Dosis. Emanuel Derman – Finanzmathematiker, Analyst und Wissenschaftler – spottet über die Notenbanken: Obwohl viele Kräfte auf die Entstehung von Blasen eingewirkt hätten, spielten die Zentralbanken und ihre Nullzinspolitik eine zentrale Rolle in der Krisenentstehung, indem sie »beim ersten Anzeichen von Abkühlung den Kater mit Alkohol bekämpfen.«[287] Zunächst scheint das Spiel der Notenbanken auch aufzugehen. Sie stellen billiges Geld zur Verfügung, die Anleger bedienen sich an der sprudelnden Liquiditätsquelle. Da sie hier Geld zu Niedrigstzinsen bekommen, suchen sie nach Verwendungen, die ihnen eine positive Marge versprechen. So sind die Notenbanken zu den entscheidenden Treibern der Carry-Trade-Geschäfte geworden.

---

287 Emanuel Derman, »Finanzmodelle betrügen uns«, in: *Frankfurter Allgemeine Zeitung*, 1. November 2012, S. 28.

Das Schema, nach dem das Spiel abläuft, kennen wir: Wenn genügend Anleger in eine bestimmte Vermögensklasse oder Rohstoffsparte investieren, dann steigen die Preise der nachgefragten Assets und damit auch die erwarteten Gewinne. Solange Anleger glauben, bei einem bestimmten Investment Gewinne einfahren zu können, und sich entsprechend verhalten, machen sie durch ihr Handeln das wahr, was sie erwarten. Genau das ist die »Selffulfilling Prophecy«. Der Investor lässt sich dabei von folgendem Kalkül leiten: Wenn ich bei der Rallye steigender Vermögenspreise dabei sein will, darf ich nicht das tun, was ich selbst für richtig halte; ich muss vielmehr abschätzen, welches Investment für die meisten Anleger attraktiv sein könnte. John Maynard Keynes vergleicht diesen Vorgang mit einem Schönheitswettbewerb, den eine Tageszeitung ausrichtet, bei dem derjenige Leser gewinnt, der aus 100 Fotografien die sechs Bewerberinnen herauspickt, die von der Masse der Leser als die Hübschesten ausgewählt werden würden.[288] Daher wird der Leser nicht diejenigen auswählen, die er selbst am hubschesten findet, sondern er versucht die Vorlieben der anderen Leser zu erraten, um den ausgelobten Preis zu gewinnen. Dies ist ein anschauliches Bild, um den Herdentrieb auf den verschiedenen Spielfeldern verstehen zu können. Natürlich sind solche Wetten ein riskantes Unterfangen. Die daraus entsprechenden Gewinne stehen bloß auf dem Papier und verflüchtigen sich, wenn Anleger ihre Assets abstoßen. Dann verschwinden die Gewinne so rasch, wie sie entstanden sind. Obwohl die Anleger wissen, dass sich hier Blasen bilden und ihre Anlagen entwertet werden können, halten sie oft lange an ihren Engagements fest, in der sicheren Überzeugung, bei kritischen Punkten noch Anleger zu finden, die dumm genug sind, ihre Engagements zu übernehmen.

Wo wir jetzt Blasen finden können? Auf dem deutschen Aktienmarkt nähern sich die Kurse wieder den Höchstständen. Dann schauen wir uns doch einmal die Kursentwicklung von deutschen Staatsanleihen an. Als sich vor zwei Jahren der Preisauftrieb für

---

288 John Maynard Keynes, *The General Theory*, a.a.O., S 156.

Verbrauchsgüter beschleunigte, sind auch die Renditen deutscher Staatsanleihen mit 10-jähriger Laufzeit als Entgelt für eine höhere Inflationsrate gestiegen. Zugleich sind deren Kurse gesunken. Mit dem Misstrauen internationaler Anleger gegenüber spanischen und italienischen Anleihen kehrte sich die Renditeentwicklung um; nun galten deutsche Anleihen – oder »Bunds« im Anlegerjargon – als »Safe-haven«-Anlagen. Die Renditen sanken zeitweise auf 0,9 Prozent, also sind die Kurse deutscher Staatsanleihen beträchtlich gestiegen. Inzwischen liegt die Rendite bei etwa 1,5 Prozent (Januar 2013). Neuerdings sinken die Renditen italienischer und spanischer Anleihen; doch ist die Verringerung der »Spreads«, also der Zinsdifferenz zu den deutschen Anleihen, bloß »geborgt«, da sie Draghis Ankündigung zu verdanken sind. Auch die Schweizerische Nationalbank trägt zu dem niedrigen deutschen Zinsniveau bei, da sie einen beträchtlichen Teil der ihr zufließenden Euro aus Deutschland in deutschen Staatsanleihen anlegt. Dann ergibt sich das Paradoxon, dass Deutsche schweizerisches Bargeld bunkern, dessen Gegenposten deutsche Staatsanleihen sind.[289] Diesen durch Kapitalflucht induzierten Kursanstieg deutscher Staatsanleihen können wir als Blase interpretieren. Diese Blase würde platzen, wenn die Halter dieser Staatsanleihen wegen geänderter Risikoeinschätzung ihr Portefeuille umschichteten – etwa in spanische Anleihen – oder wegen erwarteter Inflation ihre Anleihenbestände gänzlich abstießen. John Maynard Keynes zitiert in seiner *General Theory* einen treffenden Satz von Walter Bagehot, dem Theoretiker der Lombard Street (des britischen Geldmarktes): »John Bull can stand many things, but he cannot stand two percent ... John Bull hält vieles aus, aber zwei Prozent hält er nicht aus.«[290]

---

289 Brian Blackstorm und David Wessel (»Die brisante Wette der Schweizer Nationalbank«) schreiben: «Die Schweiz fährt eine hochriskante Strategie, um den Kurs des Franken gegenüber dem Euro zu drücken und so der eidgenössischen Exportwirtschaft zu helfen. Auf diese Weise wird das Land doch noch in die Euro-Krise hineingezogen«. *Spiegel online,* 13.Januar 2013,10:46.
290 Zitiert in: John Maynard Keynes, *The General Theory,* a.a.O., S. 309.

John Bull als der typische englische Rentier nimmt an, dass Papiere mit lumpigen Zinssätzen nur an Wert verlieren können, und bevor er selbst getroffen wird, stößt er sie lieber ab. Wenn nun Kapitalanleger überlegen, ob der Renditeabstand zwischen Deutschland und Spanien gerechtfertigt ist, wenn Spanien nicht Konkurs gehen kann und die EZB durch ihre Ankäufe dazu beiträgt, warum sollten sie dann nicht ihr Portefeuille umschichten? Und wenn die Haftung in der Eurozone letztlich von zwei Ländern geleistet wird – von Frankreich mit 20 und Deutschland mit 27 Prozent –, dann braucht man nicht viel Phantasie, um sich vorzustellen, wohin sich das deutsche Zinsniveau bewegen wird, wenn die Märkte an der Durchhaltefähigkeit Frankreichs zweifeln. Da die Politik auf eine europäische Haftungsgemeinschaft unter Draghis monetärem Geleit zusteuert, ist auf das schwächste Glied zu achten. Bricht Frankreich unter seiner Last zusammen, dann ist die europäische Staatsanleihen-Blase geplatzt und die Zinsen für alle Staatsanleihen der Eurozone schießen durch die Decke.

3. Verlust der Geldillusion und Kapitalflucht

Die Verschlechterung gemünzten Geldes als Folge des Münzbetrugs ließ sich durch Wiegen, Beißen und Schaben feststellen. Die Konsequenz war, dass das vollwertige Geld aus dem Kreislauf verschwand; es wurde entweder in Truhen gehortet oder ins Ausland verbracht, da dort nur die vollwertigen Münzen akzeptiert wurden. Das ist der Hintergrund des berühmten »Greshamschen Gesetzes«: »Das schlechte Geld verdrängt das gute Geld.«[291] Im Herrschaftsgebiet des Münzbetrügers war der Wechselkurs zwischen voll- und minderwertigen Münzen festgeschrieben; Arbeitskräfte tauschten ihre Leistungen gegen schlechteres Geld

---

291 Das Gesetz ist nach Sir Thomas Gresham (1519–1579), dem Begründer der Londoner Börse, benannt, der dieses Phänomen auf seinen Reisen durch Flandern entdeckt hatte. – Wer sich dafür näher interessiert, kann Einzelheiten in folgendem Aufsatz finden: Joachim Starbatty, Zur Umkehrung des Greshamschen Gesetzes bei Entnationalisierung des Geldes, in: *Kredit und Kapital*, 15. Jg., 1982, S. 387–410.

und die Produzenten mussten ihre Waren gegen minderwertige Münzen hergeben, bis sie schließlich ihre Waren ins Ausland schmuggelten und ein allgemeiner Verarmungsprozess einsetzte, der sich auch in immer stärker steigenden Preisen niederschlug. So wurden vor allem die Werktätigen und die Bauern Opfer des inflationierten Münzgeldes.

Beim Münzgeld genossen also nur die vollwertigen Münzen das Vertrauen der Bürger. Wie verhält es sich aber mit Papiergeld? Hier kann man die »Münzverschlechterung« durch Verdopplung der Geldmenge physisch nicht mehr feststellen, zumal alle Regierungen sagen, dass der Euro stabil bleibe, auch wenn er vorübergehend an Wert verliere. Aber letztlich haben wir bloß ein Stück Papier in der Hand, das nur einen Wert hat, weil die Bürger darauf vertrauen, dass sie für ihre Arbeitsleistung mit einem Geld entlohnt werden, das sie ohne Abstriche – also ohne Beziehungen und ohne Bezugsscheine – gegen die von ihnen erwünschten Waren eintauschen können. Zwar hat in der Nachkriegszeit keine Währung ihren vollen Wert behalten – sogar der Geldwertschwund des Schweizer Franken und der D-Mark seit Kriegsende war nicht unbeträchtlich –, doch blieb das Vertrauen in diese Währungen erhalten. Der Euro wird im Volksmund »Teuro« genannt, weil die Bürger das Gefühl hatten, dass der Wechsel zum Euro die allgemeine Lebenshaltung verteuert habe. Und doch behandeln die meisten Menschen den Euro so, als ob er seinen Wert nicht verloren hätte. Sie machen keinen Unterschied zwischen dem Euro von heute und dem Euro von Morgen. Sie unterliegen damit einer Geldillusion: Obwohl der Euro an Kaufkraft verliert, handelt die Mehrzahl der Bürger noch so, als ob sein Wert konstant bliebe. Daraus können wir schließen, dass die Teuerung des Euro offensichtlich eine bestimmte Merklichkeitsschwelle überschreiten muss, ab der alle Bürger anfangen, minderwertige Euro gegen vollwertige Zahlungsmittel einzutauschen oder in sichere Häfen zu wechseln versuchen.

Bisher haben die Gewerkschaften sich bei ihren Lohnforderungen so verhalten, als ob es einen Kaufkraftschwund nicht gäbe. Die Kaufkraft der Masseneinkommen ist seit Beginn der Währungsunion gleich geblieben, bei bestimmten Lohngruppen sogar gesunken. Derzeit werden die Gewerkschaften aber geradezu aufgefordert, höhere Löhne zu verlangen. Wenn sie daher im Sinne des IWF-Chefvolkswirts Olivier Blanchard für eine Korrektur der relativen Preise sorgen, also bisher Versäumtes in aktuellen und zukünftigen Lohnforderungen geltend machen und damit die Lohnstückkosten nach oben treiben, wird das erhebliche Auswirkungen auf die Lebenshaltungskosten haben. Dann wird auch die Merklichkeitsschwelle überschritten. Deutschland wird als Schwergewicht beim Harmonisierten Verbraucherpreisindex (HVPI) den Durchschnittswert der Preisentwicklung in der Eurozone nach oben drücken. Weiter wird es dann nicht mehr wie bisher Stabilität in andere Euro-Staaten exportieren und natürlich auch Marktanteile auf den Märkten in den Wachstumsregionen der Welt verlieren.

Über die Steuerung einer Währung, die immer weniger das Vertrauen der Bürger genießt, haben wir im Nachkriegsdeutschland noch keine Erfahrungen. Zwar hat es Perioden gegeben, in denen Zweitrundeneffekte, etwa nach Erdölpreiserhöhungen, die Preise drastisch nach oben trieben, doch hat die Bundesbank mit einer konsequenten Stabilitätspolitik solche Ausbrüche der Preise nach oben wieder unter Kontrolle gebracht. Es gab Mitte der 70er-Jahre eine Situation zwischen Bundesbank und Gewerkschaften, die in der Spieltheorie als »chicken game« charakterisiert wird. Darunter kann man sich besagtes Spiel vorstellen, in dem zwei Pkws mit hoher Geschwindigkeit aufeinander zu rasen, wobei einer von ihnen in eine Nothaltebucht ausweichen müsste, um einen Zusammenprall zu verhindern. Derjenige Fahrer, der das täte, wäre dann das »chicken«, also der Fahrer mit den schwächeren Nerven und dem geringerem Durchsetzungsvermögen. Bei diesem »chicken game« hat sich schließlich die Bundesbank durchgesetzt – ruhig, aber bestimmt.

Dass die Gewerkschaften nun in Tarifrunden nachholen wollen, was sie bisher versäumt haben, liegt im Bereich des Wahrscheinlichen. Nicht wahrscheinlich wäre dagegen, dass es wieder zu einem »chicken game« käme, da dieses Mal die EZB nachgeben würde, zumal eine höhere Inflationsrate in Deutschland und damit ein Verlust an Wettbewerbsfähigkeit im Sinne der Stabilisierung der Eurozone willkommen wäre. Daher müssen wir uns fragen, was passieren würde, wenn die Menschen nach Überschreiten der Merklichkeitsschwelle ihre Geldillusion verlören? Sie würden höchstwahrscheinlich das tun, was ihnen ihr Verstand sagt, Instinkt eingibt und die Nachbarn ihnen vormachen. Sie würden das entwertete Geld immer rascher loswerden wollen, in aktuellen Konsum umsetzen, in fremde Währungen konvertieren und in ihren Augen sichere Häfen anlaufen. Also können wir mit ziemlicher Sicherheit das Abschmelzen der privaten Ersparnisse voraussagen. Aber wie dann eine hohe Investitionstätigkeit aufrechterhalten werden kann, um die internationale Wettbewerbsfähigkeit zu sichern, muss die Politik uns noch erklären.

Weiter könnte man eine Abwertung des Euro gegenüber den Weltwährungen erwarten. Aber da beim japanischen Yen ein Kollaps nicht ausgeschlossen werden kann, die US-Administration an einer Schwächung des Dollar interessiert ist, um die Exporte zu steigern, und der chinesische Yuan Renminbi von der Politik manipuliert wird, bleiben nicht viele Fluchtwährungen übrig. Diese werden sich auch gegen Zuflucht suchende Bürger abschirmen wollen, um nicht durch übermäßige Aufwertung ihrer Exportchancen verlustig zu gehen. Keine leichte Aufgabe, aus einer minderwertigen Papierwährung zu flüchten, wenn man nicht durch Wiegen, Beißen oder Schaben die Qualität möglicher »Safe-haven«-Währungen ermitteln kann.

V. Die Kontroverse um die Target-Falle

1. Zentralbankkredite ersetzen fehlendes privates Kapital

Befürworter der Europäischen Währungsunion sahen für alle Mitgliedstaaten eine Ära der Geldwertstabilität anbrechen, weil die Regierungen nun in ein monetäres Umfeld eingebunden seien, wo sie die zur Finanzierung ihrer Haushaltsdefizite benötigten Geldmittel sich nicht selbst beschaffen könnten. Wir wissen inzwischen, dass die Präsidenten der EZB selbst die Hände zur Staatsfinanzierung reichen. Hans-Werner Sinn hat in einer unermüdlichen Aufklärungskampagne auf eine weitere Geldschöpfungsmöglichkeit hingewiesen: Alle nationalen Zentralbanken in der Eurozone hätten in ihren Kellern Druckmaschinen stehen, mit Hilfe derer sie ihre Geschäftsbanken gegen minderwertige Sicherheiten mit Euro-Noten versorgen könnten.[292]

Wenn wir die Entwicklung dieser Target-Forderungen der Deutschen Bundesbank seit Gründung der Währungsunion verfolgen, so blieben sie bis zum Jahre 2006 nahezu unverändert. Sie betrugen im Jahr 1999 39.760 Millionen Euro, im Jahr 2006 18.344 Millionen Euro.[293] Danach schossen sie nach oben: Von 84.064 Millionen Euro im Jahr 2007 bis auf 764.080 Millionen Euro im August 2012; im Monat September dann ein Rückgang auf 708.090 Millionen Euro. »Target« ist ein Akronym und steht für einen komplexen Ausdruck (Trans-European Automated Real-Time Gross Settlement Express Transfer System), »den man«, so Sinn, »am besten sofort wieder vergisst, wenn man ihn gehört hat, weil er nichts zum Verständnis beiträgt.«[294] Das Target-System transferiert und misst die Geldüberweisungen zwischen den

---

292 Hans-Werner Sinn, *Die Target-Falle. Gefahren für unser Geld und unsere Kinder,* München 2012, passim.
293 Deutsche Bundesbank, Monatsberichte, Statistischer Teil, XI. Außenwirtschaft, 9. Auslandsposition der Deutschen Bundesbank seit Beginn der Europäischen Währungsunion.
294 Hans-Werner Sinn, »Die Target-Falle«, in: *Frankfurter Allgemeine Sonntagszeitung,* 7. Oktober 2012, S. 32. – Die »Erfinder« von Akronymen wählen oft aus den Anfangsbuchstaben einer umständlichen Bezeichnung eines komplexen Sachverhalts solche aus, die ein bekanntes Wort oder einen eingängigen Begriff ergeben könnten, wie beispielsweise TARGET, der für »Ziel« steht, aber sonst nichts damit zu tun hat.

nationalen Notenbanken der Euro-Staaten aufgrund internationaler Überweisungsaufträge, die von den jeweiligen Geschäftsbanken erledigt werden.

Solche Target-Salden entstehen bei Ungleichgewichten in der Leistungsbilanz, die nicht über normale Kapitalimporte finanziert werden.[295] Ein einfaches Beispiel: Gewährt eine Geschäftsbank einem spanischen Importeur einen Kredit, so unterscheidet er sich nicht von einem Kredit, der an ein Unternehmen aus Hamburg für den Einkauf von Waren aus Baden-Württemberg vergeben wird. Gleichgültig, ob der Kreditnehmer ein Spanier oder Deutscher ist, entscheidend ist die jeweilige Bonität. Wir können unser Beispiel variieren: Eine spanische Bank leiht sich bei einer deutschen Bank Geld, um es an einen spanischen Importeur weiterzureichen, genau wie sich eine Hamburger Bank Geld bei einer aus Stuttgart besorgen kann. Solche Vorgänge wirken sich nicht auf die Target-Salden zwischen den Zentralbanken aus, wie es bis zum Jahre 2006 auch der Fall war. Diese veränderten sich erst, als Banken aus Deutschland oder anderen Euro-Staaten keine Kredite mehr nach Spanien ausreichten, weil die Bonität spanischer Importeure oder Banken angezweifelt wurde. Und jetzt treten die nationalen Zentralbanken auf den Plan; was vorher zwischen privaten Banken ablief, vollzieht sich nun auf der Ebene der Zentralbanken.

Aus Ex- und Importen sowie den daraus resultierenden Geldbewegungen resultieren dann Zahlungsströme zwischen den Zentralbanken des Eurosystems, wobei die kreditgebende Zentralbank eine Target-Forderung gegen das EZB-System erwirkt und die kreditnehmende Bank eine entsprechende Target-Belastung auf ihrem Konto hat. Die Target-Salden geben dann darüber Auskunft, wie hoch die eine Zentralbank bei einer anderen verschuldet ist. Sind alle Länder gleichermaßen kreditwürdig, dann wer-

---

295 Eine gute Übersicht über den Target-Mechanismus findet sich in: Malte Fischer, »Target-Salden drängen Deutschland an den Abgrund«, in: *Wirtschaftswoche*, 5. März 2012. http://www.wiwo.de/politik/europa/euro-krise-target-salden-draengen-deutschland-an-den-abgrund/6277238.html

den jeweils bloß die Spitzen abgedeckt, und Forderungen und Verbindlichkeiten gegenüber der EZB kompensieren sich. Hans-Werner Sinn hat nun nachgewiesen, dass die Zentralbanken der Krisenstaaten ihren nationalen Banken eine Refinanzierung über eine dramatische Absenkung der Sicherheitsstandards ermöglichten. Wir können es auch so formulieren: Seitdem die nationalen Zentralbanken Schrott als Sicherheit für Euro-Noten akzeptieren, werden Kredite an Importeure für den Erwerb erstklassiger Güter und Dienstleistungen aus aller Welt ausgereicht.

Der frühere Bundesbankpräsident Helmut Schlesinger hat als Erster in Vorträgen und Diskussionsbeiträgen auf diese sich auftürmenden Salden hingewiesen.[296] Er hat nach den damit verbundenen Konsequenzen gefragt: Müssen diese Forderungen abgeschrieben werden – schließlich sogar bis auf null –, wenn sie uneinbringbar geworden sind? Hans-Werner Sinn ist diesen Hinweisen nachgegangen. Er fürchtet, dass wir deswegen in der Target-Falle säßen: Verließen Deutschland oder Spanien die Eurozone, so würden die Forderungen schlagartig nach Maßgabe des Aufwertungs- bzw. Abwertungssatzes der jeweiligen Währungen entwertet. Über Ursachen und Auswirkungen dieser Target-Kredite ist intensiv diskutiert, ja gestritten worden; teilweise gingen die Auseinandersetzungen bis zur persönlichen Verunglimpfung.

---

296 Charles Beat Blankart hat den Beginn der Nachforschungen nach dem Hintergrund und den realen Konsequenzen der Target-Salden festgehalten: Vor einer Gruppe von Ökonomieprofessoren am 24. Juni 2010 in München habe der frühere Bundesbankpräsident Helmut Schlesinger auf eine Spalte kleingedruckter Zahlen des statistischen Teils der aktuellen Monatsberichte der Bundesbank verwiesen. Hier würden unter der Überschrift »Auslandsposition der Deutschen Bundesbank in der Europäischen Währungsunion« auch die »Forderungen innerhalb des Eurosystems« erfasst. Einst sei dieser Posten vernachlässigbar gewesen, aber seit Ende 2006 sei er geradezu nach oben geschossen. Wörtlich heißt es dann bei Blankart: »Weshalb verzeichnete die Deutsche Bundesbank einen solchen Forderungszuwachs? Zeigt sich da geborstener Damm für bisher noch unbekannte Bailout-Zahlungen, die über die eben beschlossenen fiskalische Rettungsschirme hinausgingen? Was stand hinter diesen Milliarden? Ein Rätsel. Die Ökonomen gingen auseinander, jeder seines Wegs. Nur Hans-Werner Sinn wollte es genauer wissen und recherchierte bei Bundesbank und Europäischer Zentralbank (EZB). Zunächst mit wenig Erfolg. ›Ein reiner Verrechnungsposten‹, hieß es dort. Doch Sinn entgegnete: ›Jeder Forderung müssen Schulden gegenüberstehen.‹« Quelle: Charles B. Blankart und Achim Klaiber, »Ein echter Glücksfall für Deutschland«, in: *Handelsblatt*, 8. Oktober 2012.

Gustav Horn, maßgeblicher wirtschaftspolitischer Berater der Gewerkschaften, hat Sinn einen Märchenerzähler genannt, dessen Erzählungen in einen national-chauvinistischen Ton gekleidet seien.[297] Da Sinn aber definitiv kein Nationalist sei, diene der Tonfall der kommerziellen und ideologischen Verbreitung seiner Ideen: »Das ist ethisch verwerflich.« Wer Sinns Buch durcharbeitet, dem fällt zwar auf, dass Sinn kein Blatt vor den Mund nimmt, aber einen national-chauvinistischen Ton hört er nicht. Auch die von Gustav Horn herausgegriffenen Kritikpunkte widerlegen Sinn nicht. Er stellt wie Sinn fest, dass die Krisenländer Liquidität aus dem Zahlungssystem der Europäischen Zentralbank erhielten und sich deshalb die negativen Target-Salden ergäben, die besonders bei der Bundesbank aufliefen, die diese Transaktionen im Auftrag der EZB tätige. Dabei übersehe Sinn geflissentlich, dass es zu den Pflichten einer Zentralbank gehöre, den Zahlungsverkehr innerhalb eines Währungsraums aufrechtzuerhalten. Dieser Vorwurf trifft Sinn nicht; diese Funktion hat das Target-System ja bis zum Jahre 2006 ausgeübt. Horn selbst übersieht geflissentlich, dass nach 2006 die Regulierung des Zahlungsverkehrs zu Kreditierungen von Zentralbanken notleidender Schuldnerstaaten mutiert ist. Was im Übrigen Horn sogar bestätigt, wenn er feststellt, dass ohne diesen Transfer an Liquidität die Eurozone längst auseinandergebrochen wäre. Schließlich wirft Horn Sinn vor, dass Sinns Forderung nach einem Ausscheiden Griechenlands aus der Eurozone jenes finanzielle Desaster heraufbeschwöre, vor dem Sinn selbst immer gewarnt habe. Dann allerdings, so Horn, wären die transferierten Mittel »perdu«. Damit bestätigt er Sinns These von der Target-Falle: Deutschland könne sich aus der Eurozone nicht lösen, da ansonsten die Forderungen der Bundesbank abgewertet würden. Sinns Forderung nach einem Ausscheiden Griechenlands ist insofern konsequent, als dieses Land weder innerhalb noch außerhalb der Währungsunion die kreditierten Beträge wird zurückzahlen können. Bei einem Aus-

---

297 Gustav Horn, »Sinns national-chauvinistischer Ton ist ethisch verwerflich«, in: *Handelsblatt*, 8. Oktober 2012.

scheiden können wir sogar annehmen, dass Griechenland zur Ablösung solcher Forderungen eher in der Lage wäre, da die Abwertung der neuen griechischen Währung, die wieder Drachme heißen könnte, die Erzielung von Leistungsbilanzüberschüssen möglich machte. Es ist schon erstaunlich, dass Gustav Horn dermaßen viel Polemik aufbieten muss, um zu vertuschen, dass Sinn recht hat.

Die Aufgeregtheiten bei Erscheinen von Sinns *Target-Falle* entpuppten sich bei genauerem Hinsehen als ein Sturm im Wasserglas. Der frühere Vorsitzende des Sachverständigenrates zur Begutachtung der gesamtwirtschaftlichen Entwicklung, Bert Rürup, warf Sinn »missionarischen Eifer« vor. Seine Forderung, die Target-Salden zu beschränken, sei nur langfristig machbar. Da hat Rürup recht; denn es setzte voraus, dass Spanien seine internationale Wettbewerbsfähigkeit zurückgewänne und internationale Kapitalanleger wieder Zutrauen zu Spanien fassten. Kurzfristig würde eine Begrenzung sowie die Empfehlung eines Austritts einzelner Länder zu »Panik, Kapitalflucht, Bankeninsolvenzen und Depressionen führen.« Das allerdings hört sich selbst nach Panikmache an. Es ist bloß seine andere Lesart von Angela Merkels Satz: »Meine Politik ist alternativlos.« Im Grunde bestätigt Rürup Sinns These von der »Target-Falle«: Drinbleiben und weitermachen. Für den Parlamentarischen Staatssekretär Steffen Kampeter (CDU) sind die Target-Salden nicht Ursache, sondern ein Symptom der Vertrauenskrise in der Eurozone, an deren Bewältigung die Regierungen der Euro-Staaten mit Nachdruck arbeiteten. Auch dies ist keine Widerlegung von Sinns Target-Falle, sondern eine politische Beruhigungspille: Vertraut uns, es wird schon gut enden. Für den haushaltspolitischen Sprecher der SPD-Bundestagsfraktion Carsten Schneider wird mit der Höhe der Zahlen »eine Angstkampagne« geführt, da Zahlungsausfälle nur bei einem Auseinanderbrechen des Euro zu befürchten seien.[298] Wiederum ein Satz, der die These

---

298 Die Zitate sind abgedruckt in: Philip Plickert und Manfred Schäfers (ppl/mas), »Diskussion über ›verdeckten Rettungsschirm‹«, in: *Frankfurter Allgemeine Zeitung,* 9. Oktober 2012, S. 9.

von der Target-Falle bestätigt und von der Hoffnung lebt, dass die Forderungen der Bundesbank werthaltig bleiben. Es bleibt bloß der Vorwurf übrig, dass Sinn nicht müde wird, auf die Risiken für die Deutsche Bundesbank und damit für die Bürger hinzuweisen. Die Forderungen der Bundesbank gehören in dieselbe Kategorie wie Gewährleistungen und Bürgschaften. Wenn der Kreditnehmer nicht mehr zahlen kann, tritt der Bürgschaftsfall ein. Die Politiker sagen uns Bürgern nichts anderes, als dass wir den Kopf in den Sand stecken sollten; dann sähen wir auch keine Gefahren mehr.

Bei einem Vergleich zwischen dem Kreditierungsverfahren über Target-Salden und dem im Rahmen des Europäischen Währungssystems (EWS) zeigt sich die disziplinierende Wirkung des letzteren. Wenn im EWS die Mitgliedstaaten Devisen ihrer Partnerstaaten brauchten, entweder um ihre Wechselkurse zu stabilisieren oder um Leistungsbilanzdefizite zu finanzieren, so konnten sie auf den sehr kurzfristigen finanziellen Beistand zwischen den beteiligten Notenbanken zugreifen, der ihnen Mittel in unbegrenzter Höhe für drei Monate zur Verfügung stellte, die noch einmal um drei Monate verlängert werden konnten. Dieser Beistand gewährte also eine Atempause, um auf den Devisenmärkten die Mittel zur Rückzahlung aufzubringen. Die Schuldnerländer konnten versuchen, durch internes Sparen bei Staatsausgaben oder Löhnen ihre verloren gegangene Wettbewerbsfähigkeit zurückzugewinnen oder über höhere Zinsen Kapital ins Land zu holen. Letztlich wurden also die Kredite über Markttransaktionen abgelöst. Wenn trotz dieser Maßnahmen ein fundamentales Ungleichgewicht in der Leistungsbilanz bestehen blieb, dann konnten die Schuldnerländer ihre Währung im Rahmen einer konzertierten Aktion, also bei Zustimmung aller EWS-Partnerstaaten, abwerten. Oft einigte man sich auch auf ein sogenanntes Realignment, bei dem die Wechselkurse sowohl der Defizit- als auch der Überschussländer angepasst wurden.

Da in der Währungsunion Anpassungen über den Wechselkurs entfallen, kommen jetzt die nationalen Notenbanken ins Spiel. Die nationalen Geschäftsbanken offerieren ihnen minderwertige Sicherheiten, erhalten dafür erstklassige Euro-Noten, die sie an ihre Kunden weiterreichen, damit diese die gewünschten Importe tätigen können. Über die bereits geschilderten Kanäle landen diese Mittel bei den nationalen Zentralbanken, die damit Forderungen gegen die entsprechenden Partnernotenbanken erwerben. Die Mittel, die hier im Feuer stehen, übertreffen die Beiträge Deutschlands zum ESM bei weitem. Kein Wunder, dass Politiker hierüber schweigen oder diese Beträge im Sinne eines üblichen zahlungstechnischen Vorgangs gewertet wissen wollen. Und die Auskünfte, dass sie nicht abgeschrieben werden müssten, solange Deutschland und Spanien Mitglieder der Eurozone blieben, sind nicht gerade beruhigend. Einen Austritt Spaniens aus der Währungsunion kann niemand ausschließen. Aber auch wenn Spanien nicht aus der Eurozone ausscheidet, kann nicht damit gerechnet werden, dass die Forderungen gegen die spanische oder gegen eine andere nationale Notenbank werthaltig bleiben.

2. Konsequenzen bei Abschreibung der Target-Salden

Um die Target-Salden abzubauen, müssen Spanien oder Griechenland Überschüsse in den Leistungsbilanzen erwirtschaften; nur so können sie ihre Kredite zurückzahlen. Da der Aufbau der Target-Kredite die Entwicklung der Leistungsbilanzdefizite widerspiegelt, setzt der Abbau der Target-Salden entsprechend hohe Leistungsbilanzüberschüsse voraus. Daher kann der Vorschlag, dass Target-Salden nach einem Jahr wieder zurückgefahren werden, nur greifen, wenn über Markttransaktionen – wachsende Exporte oder Kapitalzuflüsse – die aufgelaufenen Target-Forderungen abgebaut werden. Aus dieser Perspektive müssen wir prüfen, ob Deutschland in der Target-Falle gefangen bleiben muss, um nicht seiner Forderungen verlustig zu gehen. Willem Buiter hat in einer aktuellen Studie nachzuweisen versucht, dass die Verluste geringer ausfallen, als von Sinn vermutet wird.[299] Er verweist darauf, dass die

---

299 Willem Buiter, Misleading Europe's Targets stories (https://ir.citi.com/01fB%2Bj6dld
d0sZpFJBJdjZAJ%2BvkEPOlBLTGBe%2FBxItY6C55KRL5Blg%3D%3D)

Zentralbanken des Eurosystems an den Verlusten entsprechend ihren Quoten am Eigenkapital der EZB – Deutschland mit 27 Prozent – beteiligt seien. Diese Quoten ergeben sich, wenn alle Notenbanken an Bord bleiben und leisten können. Wenn mehrere Länder ausscheiden oder deren Zentralbanken zahlungsunfähig sind, erhöht sich automatisch die Quote, mit der die Bundesbank an den Verlusten beteiligt ist. Der entscheidende Punkt von Willem Buiter ist aber folgender: Er bezweifelt generell, ob Zentralbank-Verluste wirklich reale Verluste seien. Während eine Geschäftsbank wegen mangelnder Liquidität Konkurs anmelden müsse, wenn ihr Hauptschuldner nicht leiste, könne eine Notenbank sich die benötigte Liquidität selbst beschaffen. Daher muss dieser Vorgang grundsätzlich geprüft werden. Hier betreten wir insofern Neuland, als Ausfälle solcher Forderungen noch nicht vorgekommen sind.

Um diesen Sachverhalt zu klären, wollen wir annehmen, dass eine private Geschäftsbank Forderungen gegen ausländische Banken hält, die über Nacht uneinbringbar geworden sind. Wenn der Anteil dieser Banken an den Aktiva beträchtlich war, kann die kreditierende Bank mit in den Abgrund gezogen werden. Daher rührt das Misstrauen unter den Banken nach dem Untergang von Lehman Brothers und jetzt neuerdings gegenüber den Banken der südlichen Peripherie. Bei einem Konkurs der Gläubigerbank erleiden die Einleger Verluste in Abhängigkeit von der Konkursmasse und den Sicherungsfonds (dann entstehen natürlich Defizite an anderer Stelle); die Aktionäre verlieren das bereitgestellte Kapital und die Beschäftigten verlieren ihren Arbeitsplatz – von irgendwelchen systemischen Vernetzungen ganz abgesehen. Eine Notenbank kann dagegen nicht Konkurs gehen, da sie keine Liquiditätsschwierigkeiten kennt; es sei denn, sie hätte am offenen Markt US-Dollars aufgenommen und diese an notleidende Notenbanken verliehen. In diesem Fall hätte sie einen Engpass an Dollars und müsste Dollars über Markttransaktionen ankaufen. Dann wären ihre Verluste offenkundig und mit denen einer Geschäftsbank vergleichbar.

Um zu erkennen, wie es einer Notenbank im Eurosystem ergeht, wollen wir uns vorstellen, dass sie ebenfalls eine Privatbank ist und dass die Bürger ihre Aktionäre wären. Das ist nicht aus der Welt: so ist die Bank of England ursprünglich eine Privatbank gewesen, die vornehmlich für die Finanzierung der Transaktionen der englischen Krone zuständig war. Wenn eine solche Bank nun Forderungen gegenüber einer anderen Notenbank abschreiben muss, so entfallen zunächst einmal Einnahmen nach Höhe des vereinbarten Zinssatzes. Die Bundesbank bucht diese Forderungen unter »Währungsreserven und sonstige Auslandsforderungen«. Wenn die Bundesbank über Devisenreserven in US-Dollar, britischen Pfund oder in chinesischen Yuan Renminbi verfügt, dann könnten mit diesen Beträgen Produkte, Dienstleistungen oder Vermögenswerte dieser Länder erworben werden. Wenn die spanische Zentralbank ihre Forderungen einlöst, so fließen der Bundesbank Mittel zu, mit Hilfe derer ebenfalls Güter, Dienstleistungen und Vermögenswerte in der Eurozone und überall in der Welt erworben werden können. Wir können also sagen, dass mit dem Verlust dieser Forderungen sich auch die Ansprüche der Aktionäre der Bundesbank, also der deutschen Bürger, an Gütern, Dienstleistungen und Vermögenswerten in anderen Staaten in Luft aufgelöst haben. Sie haben entsprechend der Höhe dieser Verluste umsonst gearbeitet. Wenn diese Forderungen werthaltig geblieben wären, dann hätte man sie als Vorsorge für spätere Zeiten ansehen können, wenn wegen des Rückgangs der produktiv Beschäftigten in unserem Land Leistungsbilanzdefizite finanziert werden müssen. Stattdessen müssen die Bürger länger arbeiten, um diesen Verlust wieder einzuholen, oder Verzicht leisten. Bilanzmäßig sieht das dann so aus, dass die Position »Währungsreserven und sonstige Auslandsforderungen, insgesamt« nach Maßgabe des Verlusts an »Forderungen innerhalb des Eurosystems« geringer ausfiele. Dann ginge zwar unsere Notenbank nicht Konkurs, aber den realen Verlust trügen die Aktionäre der Notenbank und damit die Bürger des jeweiligen Landes.

Staub aufgewirbelt hat die Kontroverse zwischen dem international renommierten belgischen Ökonomen Paul de Grauwe und Hans-Werner Sinn. De Grauwe bestreitet nicht die Risiken, die die Target-Salden für die Bundesbank in sich bergen, sondern behauptet, dass die Deutschen selbst daran schuld seien, wenn sie um den Ausfall ihrer Forderungen fürchten müssten.[300] Diese seien ja nur zustande gekommen, weil deutsche Exporteure den Warenhunger der Blasen-Ökonomien der südlichen Peripherie gestillt hätten. In der Tat – hier kommt das Problem der Währungsunion zum Ausdruck: Das Wechselkursventil, um unterschiedliche Entwicklungen der internationalen Wettbewerbsfähigkeit auszugleichen, ist verstopft. De Grauwe sagt also bloß: Ihr seid selbst schuld, dass ihr euch die Finger verbrennt, warum wart ihr auch so tüchtig und sparsam und warum haben eure Banken keine kalten Füße bekommen, nachdem sie einen kritischen Blick auf die Bilanzen spanischer Banken geworfen hatten. Oder haben sie etwa nicht?

Befindet sich Deutschland also in der Target-Falle, weil die angewachsenen, oft schlecht besicherten Forderungen gegenüber den Staaten der EU-Peripherie Deutschland erpressbar machen? Dass ein solcher Verlust eintreten kann, steht außer Frage. Ob Deutschland in der Falle sitzen bleiben sollte, hängt von der Entwicklung in den Schuldnerstaaten ab. Wenn Angela Merkels Kurs aufginge, dass die mit den ausgereichten Krediten gekaufte Zeit dazu genutzt würde, um in den notleidenden Schuldnerländern ein zukunftsträchtiges Geschäftsmodell zu entwickeln, dann wäre es sinnvoll, auf diese besseren Zeiten zu warten. Aber alle Erfahrungen mit Ländern und Unternehmen, die durch Kostensenkungen und Lohnverzicht vor und nach dem Konkurs wieder wettbewerbsfähig werden wollten, zeigten, dass solche Versuche nicht fruchten, wenn sich diese Länder und Betriebe nicht zugleich Ge-

---

300 Paul de Grauwe und Yuemei Ji, »What Germany should fear most is its own fear. An Analysis of TARGET2 and Current Account Imbalances«, CEPS, September 12th, 2012 (http://www.voxeu.org/article/how-germany-can-avoid-wealth-losses-if-eurozone-breaks-limit-conversion-german-residents) – Eine Auswertung der Kontroverse zwischen Sinn und de Grauwe findet sich in: Philip Plickert, »Ist ›Target2‹ nur ein Sündenbock?«, in: *Frankfurter Allgemeine Zeitung*, 19. November 2012, S. 12.

schäftsfelder erschließen, die Einnahmen generieren und Leistungsbilanzbeschlüsse über einen wachsenden Export ermöglichen. Die derzeit rückläufigen Leistungsbilanzdefizite der Schuldnerstaaten sind Konsequenz von anhaltender Rezession und Verarmung und nicht das Resultat der Früchte eines nachhaltigen Geschäftsmodells.

Die bisher ausgereichten Kredite und angehäuften Forderungen sind als »sunk costs« (versunkene Kosten) zu betrachten, also als Kosten, die aufgebracht werden mussten, damit die Eurozone nicht auseinander brach. Solche Kosten können nicht zurückgeholt werden. In diesem Fall sollte man nicht auf das bisher finanziell Geleistete achten, sondern auf die Möglichkeit der Schuldnerstaaten, über den Aufbau eines Geschäftsmodells Überschüsse in der Leistungsbilanz und in den nationalen Primärhaushalten zu erwirtschaften. Es muss also die Frage entschieden werden, welche Kosten schließlich höher sein würden – die des Ausstiegs oder die des Verbleibens. Wenn der Verbleib in der Eurozone bedeutete, weiter gutes Geld schlechtem hinterherzuwerfen, dann wäre ein Ausstieg aus finanziellen Gründen geboten.

Fassen wir noch einmal zusammen: Sollte Deutschland aus der Eurozone ausscheiden, dann würde der Euro stark abgewertet, weil mit Deutschland noch weitere leistungsstarke Länder ausscheiden würden. Schieden Spanien und mit ihm weitere überschuldete Euro-Staaten aus der Währungsunion aus, dann würden deren wieder national gewordenen Währungen kräftig abgewertet. In den Abwertungsländern könnte fehlende inländische durch eine zunehmende ausländische Nachfrage ersetzt werden, das Lohnkostenniveau würde entsprechend dem Abwertungssatz absinken und dies würde sie für ausländische Investitionen interessanter machen. Dann wäre die Basis für die Entwicklung eines nachhaltigen Geschäftsmodells gelegt worden. In diesem Fall müssten die Forderungen nicht gänzlich abgeschrieben werden.

VIERTES KAPITEL

Wege zur Rettung des Euro und Europas

I. Nicht Banken, sondern Länder retten

Zwar habe sich Griechenland wie ein blinder Passagier an Bord geschmuggelt, doch könne man es auf hoher See nicht ins Wasser werfen und damit dem Untergang preisgeben, sagt Theo Waigel, früherer Finanzminister Helmut Kohls.[301] Alle Politiker behaupten, es ginge ihnen um die Rettung Griechenlands. Wenn wir genauer hinschauen, ist Griechenland nur ein durchlaufender Posten für die Rettung der in Griechenland engagierten Banken. Wolfgang Schäuble hat das mit seiner Forderung nach einem Sperrkonto der Gelder, die in Richtung Griechenland fließen, unmissverständlich klargemacht. Griechenland soll gar nicht erst in Versuchung geführt werden, einen Teil davon für heimische Zwecke abzuzweigen. Jetzt soll Griechenland in der Eurozone bleiben, damit sein Ausscheiden keine Kettenreaktion auslöst. Den Politikern geht es auch nicht um die Stabilität des Euro, sondern um die Stabilisierung der Eurozone. Bei einem Auseinanderbrechen der Eurozone, so fürchten sowohl Gewerkschaften als auch die Chefs der Konzerne in Deutschland, würden massive Auf- und Abwertungen eintreten, die den deutschen Export einbrechen ließen und uns Massenarbeitslosigkeit bescherten. Wenn man diese Aussagen

---

301 Theo Waigel sieht Griechenland als »blinden Passagier«, in: *Focus Money online*, 12. Oktober 2011. http://www.focus.de/finanzen/news/staatsverschuldung/der-vater-des-euro-theo-waigel-sieht-griechenland-als-blinden-passagier_aid_674187.html

auswertet, so drängt sich der Eindruck auf, dass Griechenland in der Eurozone gehalten werden soll, damit der deutsche Export nicht abstürzt.

Im Gegensatz dazu geht dieses Buch von der Grundüberzeugung aus, dass es wichtiger ist, Länder als Banken zu retten. Das ist zugegebenermaßen eine normative Setzung; aber auch die Überzeugung, die Eurozone um jeden Preis stabilisieren zu müssen, ist eine normative Setzung. Wenn man das große Wort »Menschenrechte« bemüht, dann ist die Rettung von Ländern vorrangig. Daher muss in erster Linie darauf geachtet werden, dass sie wirtschaftlich auf eigenen Füßen stehen, ihre Angelegenheiten eigenverantwortlich in ihren Parlamenten regeln und nicht als Bittsteller durch das europäische Haus schleichen müssen. Wenn wir wissen, dass sie innerhalb der Eurozone nicht gesunden können, dann bleibt nur der Ausstieg aus der Währungsunion. Natürlich ist das komplizierter als eine Auf- oder Abwertung im Rahmen eines Festkurssystems, weil der Prozess der wirtschaftlichen Integration gerade im finanziellen Sektor weiter vorangeschritten ist. Vielfach wird die Währungsunion mit einem Omelett verglichen: Nachdem die Eier aufgeschlagen und miteinander verrührt worden seien, könne man diesen Prozess nicht zurückdrehen und daraus wieder Eier machen. Es gibt Vergleiche, die einen Sachverhalt erhellen, und solche, die eigenes Nachdenken überflüssig machen sollen. Der Omelett-Vergleich gehört zu der letzteren Kategorie.[302]

Wir werden am Beispiel Island prüfen, wie sich der Prozess der Gesundung nach einem Ausstieg aus der Eurozone vollziehen könnte, welche Schwierigkeiten dabei bewältigt werden müssten und wie dieser Ausstieg sich auf die Eurozone im Allgemeinen und auf Deutschland im Besonderen auswirkte. Island wäre von seinen

---

302 Zu diesem Argument fiel dem Sozialphilosophen Hans Joas ein, dass es stets von der sowjetischen Führung verwendet worden sei, um die Einheit der Sowjetunion als unverbrüchlich auszuweisen. Nach dem Fall des Eisernen Vorhangs hat sich das »Omelett« wegen des Freiheitsdrangs der Völker dann in seine Bestandteile aufgelöst. http://www.faz.net/aktuell/wirtschaft/soziologe-hans-joas-mich-schaudertdas-tremolo-in-den-europa-reden-11916327.html

Banken beinahe in den Abgrund gezogen worden. Die Menschen dort mussten Einkommensverluste von etwa 50 Prozent hinnehmen. Nahezu jeder Kapitalanleger hätte dieses Land vor Jahren noch als verloren angesehen. Es hat aus eigener Kraft sein Schicksal gewendet. Es ist in vieler Hinsicht auch ein Lehrstück für Griechenland.

Es wird vermutet, dass bei einem Ausscheiden Griechenlands eine Kettenreaktion ausgelöst würde, weil dann auch andere Mitgliedstaaten freiwillig austräten oder die Finanzwelt den Durchhaltewillen weiterer Euro-Staaten testete. Hier muss wieder unterschieden werden zwischen solchen, die innerhalb der Eurozone keine Chance zur Gesundung hätten, und solchen, die jetzt und in Zukunft in der Eurozone gut aufgehoben wären. Spekulanten machen ihren Schnitt – wie George Soros im Jahre 1992 –, wenn politische Versprechen und wirtschaftliche Realität auseinanderklaffen.

Das Beste, was der Welt, Europa und der Eurozone passieren könnte, wäre eine Konsolidierung der Länder in der Eurozone, die aus eigenem Interesse ihre Finanzen in Ordnung halten und an einem stabilen Euro interessiert sind. Dieser konsolidierte Euro könnte auch eine Ankerfunktion für andere Währungen übernehmen und wäre für einen Beitritt der Länder der EU offen, die sich nicht mittels kreativer Buchführung in die Währungsunion hineinschleichen müssten, sondern sich über einen nachgewiesenen Gleichklang von Wirtschafts- und Finanzpolitik ihre Zugangsberechtigung erarbeitet hätten. Dann würde auch die Krönungstheorie der Ökonomen wieder aufleben.[303] Das Argument, dass bei Konsolidierung der Eurozone der Export einbrechen und Deutschland in Arbeitslosigkeit versinken würde, ist irrig. Ein Blick in Richtung Schweiz ist da hilfreich.

---

303 Vgl. hierzu den Abschnitt II.1 des ersten Kapitel (Frühe Bekanntschaft mit Europa).

II. Konsolidierung der Eurozone

1. Island als Modell für Griechenland

Jean Claude Juncker, früherer Chef der Eurogruppe, warf deutschen Politikern im Sommer 2012 vor, über einen möglichen Ausschluss Griechenlands zu räsonieren, um murrende deutsche Wähler zu beruhigen. Man werde, so sagte er damals, zielorientiert über Griechenland sprechen, wenn der Troika-Bericht vorliege.[304] Doch hätte es, wenn es nach Juncker gegangen wäre, nichts zu besprechen gegeben. Der Chef der Eurogruppe hatte sich bereits festgelegt: Mit dem Ausschluss Griechenlands aus der Eurozone würden dessen Probleme nicht behoben; im Gegenteil – die Regierungen der Mitgliedstaaten seien fest entschlossen, den Euro in seinem Bestand, also mit allen Ländern zu erhalten. Damit stand von vornherein fest: Gleichgültig, wie der Bericht der Troika auch ausfallen würde, gleichgültig, ob die griechische Regierung ihre Zusagen einhielt oder nicht, Griechenland bliebe in der Eurozone. Genauso ist es auch gekommen. Griechenland hatte zwar Haushaltskürzungen und Steuererhöhungen in einem Maße vorgenommen, dass die Bürger sich empörten, weil sie ihre wirtschaftliche Existenz bedroht oder sogar vernichtet sahen, doch waren das nur Notoperationen; die grundsätzlichen Übel – Klientelwirtschaft, verkrustete Märkte und personell übersetzte Staatswirtschaft – sind bis heute nicht angegangen worden.

Zumindest deutsche Politiker hatten von der Erfüllung dieser Zusagen weitere Zahlungen abhängig gemacht. Dagegen wiederholte der französische Staatspräsident geradezu gebetsmühlenartig: »Griechenland bleibt drin.« Diese Position setzte sich durch. Die Politik befürchtete, dass bei einem Ausscheiden Griechenlands die internationalen Kapitalanleger auch auf das Ausscheiden anderer Euro-Staaten setzen und durch einen Verkauf entsprechender Staatsanleihen die Zinsen für diese Länder in die Höhe treiben

---

304 Jean-Claude Juncker, »Wir haben doch nichts als den Euro«, Interview, in: *Süddeutsche Zeitung*, 30. Juli 2012, S. 2.

könnten. So wären auch diese Länder gezwungen, die Eurozone zu verlassen – das bekannte Phänomen der sich selbst erfüllenden Prognose. Noch schlimmer wäre für die Politik, wenn Griechenland nach einem Ausstieg aus der Eurozone ökonomisch gestärkt – nach einer harten Anpassungsphase – daraus hervorginge. Das würde beweisen, dass die Euro-Rettungspolitik gescheitert wäre. Bei einem Verbleib in der Eurozone wäre hingegen zu bedenken, dass sich weitere Finanztransfers zwischen den noch zahlungsfähigen und den nicht mehr zahlungsfähigen Mitgliedstaaten nicht vermeiden ließen und zugleich die Schuldnerstaaten wegen der damit verbundenen Auflagen – keine Gelder ohne Kontrolle, solange ich Bundeskanzlerin bin, sagt Angela Merkel – in der Rezessionsfalle gefangen blieben. Damit risse zugleich die Kluft zwischen Nord und Süd weiter auf.[305]

Warum steigen die Griechen aber nicht von selbst aus? Sie haben einmal Angst vor dem Sprung ins kalte Wasser und zum anderen hören sie andauernd von Politikern der Euroländer, aber auch von Ökonomen, ein Ausstieg werde ihre Lage verschlimmern. Clemens Fuest, Mitglied des Wissenschaftlichen Beirats beim Bundesministerium der Finanzen, erwartet zwar, dass der Export sofort wieder auf die Füße käme, aber eine Verarmung der Bevölkerung wäre die Folge; Benzin und Medikamente wären auf einen Schlag sehr teuer; es drohe Hyperinflation; die griechische Notenbank müsse die Zinsen stark erhöhen und das bremse das Wachstum. Seine Schlussfolgerung lautet: »Ein Euro-Austritt Griechenlands wäre sehr teuer – vor allem für die Griechen.«[306]

Man gewinnt den Eindruck, dass für Ökonomen und Politiker nach Gründung der Europäischen Währungsunion eine neue Zeitrechnung angebrochen sei, in der andere ökonomische Gesetze

---

305 Das EU-Statistikamt Eurostat hat am 9. Januar 2013 mitgeteilt, dass die Arbeitslosigkeit in der Eurozone im November 2012 mit 11,8 Prozent Höhen erreicht habe, wie man sie während fast zweier Jahrzehnte nicht gekannt habe. Daher sei auch das Nord-Süd-Gefälle größer geworden, eine Tendenz, die sich fortsetzen würde. Vgl. hierzu René Höltschi, »Das Nord-Süd-Gefälle wird größer«, in: *Neue Zürcher Zeitung* (Internationale Ausgabe), 10. Januar 2013, S. 9.
306 Clemens Fuest, Interview, in: *Süddeutsche Zeitung*, 30. August 2012, S. 30.

gelten. Wäre Griechenland nicht Mitglied der Eurozone und hätte einen Abwertungsbedarf von etwa 50 Prozent, dann würden Politiker und Ökonomen vereint das Mittel der Abwertung empfehlen. So sehen es auch die Statuten des Internationalen Währungsfonds (IWF) bei einem fundamentalen Ungleichgewicht der Leistungsbilanz vor. Jetzt werden für den Fall eines Austritts Horrorszenarien gemalt. Dabei zeigen empirische Fälle, dass Erfolgsstorys nach manchmal drastischen Abwertungen geschrieben wurden. Man blicke nach Südostasien Ende der 90er-Jahre des vorigen Jahrhunderts: Nach Abwertungen von teilweise 50 Prozent und mehr in Thailand und Indonesien sind die Staaten nun geachtete Mitspieler im Globalisierungskonzert. Man könnte geradezu den Eindruck gewinnen, dass Griechenland auch deshalb in der Eurozone bleiben solle, weil ihm außerhalb der Währungsunion die wirtschaftliche Erholung gelingen könnte. Man fühlt sich an den Spott des großen Aufklärers Immanuel Kant über jene Vormünder erinnert, die ihr »Hausvieh« erst dumm gemacht und ihm dann Angst vor der Selbständigkeit eingeflößt hätten. Ebenso gütigst haben einige Mitglieder der Währungsunion die Oberaufsicht übernommen. Nachdem sie einige Mitglieder entmündigt haben, verhindern sie nun sorgfältig, dass diese einen Schritt »außerhalb des Gängelwagens, darin sie eingesperrt waren«, wagen. Nach der Entmündigung zeigen ihnen die Oberaufseher »die Gefahr, die ihnen droht, wenn sie versuchen, allein zu gehen.«[307]

Wie ein Erholungsprozess außerhalb des Gängelwagens verläuft, zeigt das isländische Beispiel. Vor drei Jahren hätten weder Experten noch Politiker einen Pfifferling um Island gegeben. Die isländischen Banken hatten ein übermäßig großes Rad gedreht: Ihre Bilanzsumme war auf das 10-Fache des nationalen Bruttoinlandsprodukts gestiegen. Sie waren in der allgemeinen Euphorie auf risikoreiche Finanzvehikel aufgesprungen. Die Begründung für eine solche Risikobereitschaft finden wir in Sätzen wie »Dieses Mal

---

307 Immanuel Kant, »Beantwortung der Frage: Was ist Aufklärung?«, *Berlinische Monatsschrift*, Dezember-Heft 1784, S. 481.

ist es anders ... Es wird schon gut gehen.« Solche Vermutungen sind jeweils der Beginn nachfolgender Katastrophen. Da die isländischen Banken höhere Zinsen boten als konkurrierende Banken, zogen sie auch ausländische Mittel für ihre Finanzgeschäfte an. Nach dem Platzen der US-Immobilienblase und der nachfolgenden Entdeckung, dass die Banken statt gesicherter zinstragender Papiere nur Schrott auf der Aktivseite hatten – also der Seite der Bilanz, auf der sie gewinnbringende Geschäfte machen wollen –, brachen sie unter ihrer Schuldenlast zusammen.

Natürlich wollten inländische und ausländische Kapitalanleger und Sparer ihr Geld zurückhaben. Es wurde reichlich Druck auf die isländische Regierung ausgeübt, für die ausländischen Kreditgeber einzuspringen. Während sich Irland, dessen Banken ähnliche Geschäfte gemacht hatten, mit staatlichen Garantien für die Bankschulden einen schweren Mühlstein um den Hals gehängt hatte, begrenzte die isländische Regierung die potentielle Explosion der Staatsschuld dadurch, dass sie sowohl die Aktionäre wie auch die andernorts geschonten Obligationäre bluten ließ.[308] Wenn einige Finanzanalysten heute sagen, dass Island im Prinzip keine Alternative zum Banken-Default gehabt hätte, weil es sonst unter der Schuldenlast zusammengebrochen wäre, so gilt dies auch für Irland, das sich, wie sich mittlerweile zeigte, die umfang-

---

308 Die spannende Geschichte, wie sich das isländische Volk dagegen gewehrt hat, für die Spekulationslust ausländischer Anleger geradestehen zu müssen, kann bei Henryk M. Broder (»Island ist glücklich ohne die EU und den Euro«, in: *Welt online*, 3. Juli 2012) nachgelesen werden: Die isländische Regierung hatte sich zunächst bereit erklärt, die ausländischen Anleger teilweise zu entschädigen; »das isländische Parlament verabschiedete, wenn auch mit knapper Mehrheit, ein entsprechendes Gesetz. Doch dann passierte etwas, womit niemand gerechnet hatte. Präsident Olafur Ragnar Grimsson legte ein Veto gegen das Gesetz ein, er verweigerte seine Unterschrift. (...) Die Briten und Holländer tobten und drohten mit Sanktionen; die Isländer waren begeistert und forderten eine Volksabstimmung, ein Novum in der Geschichte des Landes. Bei dem Referendum vom 6. März 2010 stimmten 93 Prozent der Isländer gegen das Entschädigungsgesetz. Die Regierung fürchtete um ihre Glaub- und Kreditwürdigkeit und legte dem Parlament eine modifizierte Fassung des Gesetzes vor, die mit großer Mehrheit angenommen wurde. Die Laufzeit sollte bis 2046 verlängert werden, die jährlichen Zahlungen höchstens fünf Prozent der Staatseinnahmen betragen. Präsident Grimsson verweigerte auch diesmal seine Unterschrift. Bei einem zweiten Referendum am 9. April 2011 stimmten 57 Prozent der Isländer gegen das Gesetz.«

reichen Garantien für die Banken ebenso wenig leisten konnte, sie aber dennoch gegeben hat.[309]

Als Konsequenz des Banken-Defaults ist die isländische Wirtschaft eingebrochen; die Realeinkommen sanken teilweise um 50 Prozent und mehr. Viele Isländer hatten sich vor der Weltfinanzkrise überreden lassen, zinsgünstige Hypotheken in Euro oder US-Dollar aufzunehmen. Da die isländische Krone zunächst im Wert noch anstieg, weil ausländische Devisen gegen isländische Kronen eingetauscht wurden, die man zum Erwerb isländischer Immobilien brauchte, schien es besonders vorteilhaft zu sein, Immobilienprojekte mit billigem ausländischen Geld zu finanzieren. Nach dem Banken-Crash und dem nachfolgenden Absturz der isländischen Krone erwiesen sich solche Carry-Trade-Geschäfte – Verschuldung in Währungen mit niedrigen Zinsen und Umtausch in die eigene oder fremde Währungen, um den Zinsvorteil mitnehmen zu können – als eine zusätzliche Belastung, da die finanziellen Belastungen für die isländischen Bauherren nach Maßgabe des Abwertungssatzes nach oben schossen.

Diese Abwertung war zwar schmerzvoll, weil sie den inländischen Konsum schmälerte und die Fremdwährungsschulden von Privatleuten nach oben drückte, vor allem aber hilfreich, weil der Export ansprang und zu einer raschen Anpassung der isländischen Volkswirtschaft beitrug: CO_2-arme Energie, Kultur, Hightech- und Wissensbranchen waren nun wettbewerbsfähig. Insbesondere für Touristen ist Island attraktiv geworden. Die isländische Regierung hat aus Angst, dass Kapital aus Island abwandere, zusätzlich Kapitalverkehrskontrollen eingeführt. Branchen mit grenzüberschreitender Arbeitsteilung ächzen nun unter dem bürokratischen Aufwand, den sie für die Devisenbeschaffung auf sich nehmen müssen.[310] Diese Restriktionen werden langsam abgebaut. Es wer-

---

309 Vgl. hierzu Christian Severin (sev.), »Islands ›Kaltschnäuzigkeit‹ zahlt sich aus«, in: *Neue Zürcher Zeitung* (Internationale Ausgabe), 7. Juli 2011, S. 11.
310 Vgl. hierzu Sebastian Balzter, »Vorbild Island?«, in: *Frankfurter Allgemeine Zeitung*, 8. Oktober 2012, S. 11.

den Auktionen veranstaltet, an denen diejenigen teilnehmen können, die dringend Kapital abziehen wollen.[311]

Was die isländische Regierung als beispielhaft empfiehlt, ist ihre Behandlung der Sparer und Banken. Am Vorabend des Zusammenbruchs im Jahre 2008 habe das isländische Parlament Sparern beim Anspruch auf das Vermögen kollabierter Banken Vorrang eingeräumt. Da die Abwicklung solcher Banken weitergehe, stellten Gesetze sicher, dass die Ansprüche aller Sparer gedeckt würden. Islands Industrieminister Sigfússon empfiehlt Entscheidern und Politikern daher, darüber nachzudenken, eine Rangliste der Prioritäten gesetzlich zu regeln.[312]

Nachdem die Isländer die verschiedenen Phasen der Schockverarbeitung durchlaufen hatten – ungläubiges Staunen, Wut, Enttäuschung und Verzweiflung, Akzeptanz des Ereignisses, das viele wie ein Blitz aus heiterem Himmel getroffen hatte, und schließlich zurückkehrende Tatkraft –, haben sie nicht über ihren Kummer gejammert und die Welt angeklagt, sondern sich einen Zweitjob gesucht, überhaupt jede Möglichkeit für ein zusätzliches Einkommen genutzt. Da war sich niemand zu fein. Wer Arbeit sucht und findet, nimmt sie niemandem weg, sondern schafft Einkommen für sich und so wiederum Arbeit für andere. So stiegen auch das Bruttoinlandsprodukt und die Beschäftigung. Die Arbeitslosenquote, die von 2,3 Prozent zum Zeitpunkt des isländischen Booms auf 7,6 Prozent im Jahr 2010 hochgeschossen war, ging 2011 wieder auf 7,1 und 2012 auf 6,4 Prozent zurück. Das Bruttoinlandsprodukt, das im Jahr 2010 6,6 Prozent unter dem Vorjahr lag, ist auf einen moderaten Wachstumspfad eingeschwenkt: 2011 auf 2,6 Prozent und 2012 auf 2,7 Prozent. Die Staatsverschuldung ist rückläufig von 98,8 im Jahr 2011 auf 91,7 Prozent im Jahr 2012. Die Isländer geben wieder Geld aus. Die Hotels sind ausgebucht – Konsequenz

---

311 Vgl. hierzu Steingrímur J. Sigfússon (isländischer Industrieminister), Interview, in: *Frankfurter Allgemeine Zeitung*, 4. Oktober 2012, S. 13.

312 Steingrímur J. Sigfússon, Euro-Krise: »Europa sollte sich Island als Vorbild nehmen«, in: *Financial Times Deutschland*, 22. August 2012. http://www.ftd.de/politik/konjunktur/:euro-krise-europa-sollte-sich-island-als-vorbild-nehmen/70079806.html.

des gestiegenen Tourismusstroms –, die Cafés voll, in den Geschäften mangelt es an nichts. »Was ist das für eine Krise, die man nicht sehen, nicht anfassen, nicht riechen und nicht schmecken kann?«, fragt sich Henryk M. Broder.[313] Man könnte Island mit dem Baron von Münchhausen vergleichen, der sich am eigenen Schopf aus dem Sumpf zog. Ein entscheidender Faktor dabei war, dass sich die isländische Krone gegenüber dem Rest der Welt um zirka 40 Prozent abwertete und damit die nationale Industrie schlagkräftiger und wettbewerbsfähiger machte. Als die Krise in Island kulminierte, wären viele Isländer am liebsten unter das schützende Dach des Euro geflüchtet. Davon redet inzwischen niemand mehr.

Die Schlussfolgerungen für Island lauteten:
(1) Eine Rückkehr zur nationalen Währung und die damit verbundene Abwertung stärken die nationale Industrien;
(2) eine staatliche Garantieerklärung für alle Sparer schafft Vertrauen in der Bevölkerung;
(3) das Prinzip, Gewinne privat abschöpfen zu lassen und spätere Verluste zu sozialisieren, wird abgelehnt;
(4) jede Arbeitsmöglichkeit, die hilft, die eigene Existenz zu sichern, wird angenommen.

Was können wir von Island für Griechenland lernen? Wir tragen erst einmal zusammen, was wir über Griechenland wissen:
(1) Eine derzeit hoffnungslos wettbewerbsunfähige Volkswirtschaft;
(2) eine Schuldenlast, die das Land nicht bedienen und deren Rückzahlung »ad calendas graecas«[314] verschoben wird;
(3) eine aufgrund der lang andauernden Rezession steigende Arbeitslosigkeit (inzwischen 26 Prozent, bei Jugendlichen sogar 50 Prozent);
(4) zunehmende Staatsverschuldung, die weitere Schuldenschnitte erforderlich macht;

---

313 Henryk M. Broder, »Island ist glücklich ohne die EU und den Euro«, a.a.O.
314 Damit ist der Sankt Nimmerleinstag gemeint.

(5) eine Austerity-Politik, die vor allem die sozial schwachen Schichten trifft;

(6) ausbleibende private Kapitalimporte, solange Griechenland in diesem Zustand verharrt;

(7) sich weiter auftürmende Schulden und Zinslasten wegen gemeinschaftlicher Konkursverschleppung.

Aus diesen Vorgaben kann man nur folgern, dass Griechenland in der Währungsunion immer Bittsteller bleiben wird. Alle Vergleichsrechnungen – was kostet es, wenn Griechenland Mitglied der Eurozone bleibt oder austritt – müssen davon ausgehen, dass weitere Zahlungen an Griechenland, damit es seinen Verpflichtungen nachkommen kann, in ein schwarzes Loch geschüttet werden. Damit handeln die leistenden Mitgliedstaaten wie der Kaufmann an der Ecke, der weiter anschreiben lässt und sich über seinen Umsatz freut, obwohl er weiß, dass seine Kunden niemals zahlen werden. Die Haltung des Kaufmanns ist sogar eher noch verständlich, weil er seine Kunden nicht verhungern lässt, während die Einstellung der Zahlungen an Griechenland und der damit verbundene Austritt Griechenlands aus der Währungsunion diesem Land die Chance gäbe, wieder auf eigenen Füßen zu stehen, seine wirtschaftliche Lage zu verbessern und sogar Überschüsse in der Leistungsbilanz zu erzielen. Sollte das der Fall sein, dann könnte Griechenland zumindest einen Teil seiner Schulden zurückzahlen. Um es auf den Punkt zu bringen: Bleibt Griechenland Mitglied der Währungsunion, dann fließt nichts zurück; scheidet es aus, könnten die Gläubiger wenigstens auf eine Quote von 20 Prozent – plus/minus – hoffen.

Bei einem Verbleib Griechenlands in der Währungsunion wird es immer wieder auch zu Kuriositäten im Zuge von Schuldenschnitten kommen. Bei dem von der EZB finanzierten Rückkauf griechischer Staatsanleihen haben diejenigen einen guten Schnitt gemacht, die frühzeitig davon Wind bekommen haben. Solche Maßnahmen werden zuvor in kleineren Kreisen, an denen auch in die Geldpolitik eingebundene Verantwortliche teilnehmen, besprochen. Jörg Asmussen, deutsches Mitglied des Direktoriums der EZB, hat eine solche Maßnahme öffentlich zur Diskussion gestellt.[315] Verständlich, dass schon zuvor und erst recht danach ein Run auf griechische Anleihen erfolgt ist. Dass Hedgefonds solche Windfall-Profits in hohem Maße mitgenommen haben, ist bekannt. Nicht bekannt ist, ob nicht griechische Politiker und ihre ministeriellen Zuarbeiter Tipps an investitionsbereite Anleger weitergegeben haben. Bei dieser Aktion, vor allem, wenn sie noch gehebelt war, sind Gewinne von 100 Prozent und mehr herausgesprungen. Das zeigt auch, wie schnell clevere Investoren aus den dilettantischen Rettungsversuchen notleidender Mitgliedstaaten ihren Profit ziehen können.

Auch wenn Unternehmen, Banken und Versicherungen beteuern, dass Griechenland Mitglied der Eurozone bleiben müsse, so haben sie doch einen Austritt Griechenlands (»Grexit«) längst »eingepreist« – Welche Verluste fallen bei uns an und wie können wir uns dagegen absichern? – und haben auch entsprechende Notfallpläne ausgearbeitet. Die wichtigste Vorsorge für Unternehmen und Banken besteht darin, abends die Konten leer zu räumen und die Gelder ins Mutterland zu transferieren – nicht gerade hilfreich für notleidende Volkswirtschaften. Daraus können wir aber den Schluss ziehen, dass wir die Rückwirkungen eines griechischen Austritts auf deutsche Unternehmen und Banken beiseiteschieben können. Das ist längst eingepreist worden. Solche Pläne gelten für einzelne Unternehmen, lassen sich aber auf andere Unternehmen und Banken übertragen; sie liefern uns jedoch keine Informationen über die volkswirtschaftlichen Auswirkungen. Hier betreten wir Neuland.

---

315 Asmussen sagte der *Süddeutschen Zeitung* (12. Oktober 2012) am Rande der Jahrestagung des Internationalen Währungsfonds (IWF) in Tokio, er könne sich vorstellen, dass die griechische Regierung mit geliehenem Geld eigene Staatsanleihen auf dem Sekundärmarkt zurückkaufe, um damit die Schuldenquote zu senken. http://www.sueddeutsche.de/wirtschaft/neuer-hilfsplan-fuer-griechenland-asmussen-schlaegt-griechenland-rueckkauf-von-staatsanleihen-vor.1.1495033.

Ein volkswirtschaftliches Übergangsszenario können wir auf drei Ebenen skizzieren:

➤ Rückkehr zur Drachme und die daraus resultierende Abwertung der nationalen Währung;

➤ Behandlung inländischer Sparer, Anleger und Banken;

➤ Bewertung und Behandlung von Schulden ausländischer Gläubiger; hier geht es um Schuldenquote, Zinssatz, Fristen und gegebenenfalls Sicherheiten.

Da die Euro-Staaten nicht wie Eier in einem Omelett verrührt worden sind, sondern Staaten mit eigenem Parlament und eigenen Sozialversicherungssystemen geblieben sind, wird nicht ein Bundesstaat wie in den USA oder Deutschland herausgebrochen werden, sondern ein verunglücktes Währungsexperiment soll für ein Mitgliedsland rückgängig gemacht werden. Wenn Finnland austreten würde, wäre das hauptsächlich ein technisches Problem; Kosten entstünden für die Abwicklung des technischen Procedere. Scheidet Griechenland aus, dann müssen zusätzlich die Gelder abgeschrieben werden, die bereits nach Griechenland geflossen sind. Den Politikern, die immer darauf verweisen, dass es genau das zu verhindern gelte, sei noch einmal gesagt: Diese Gelder waren ein Beitrag zur Konkursverschleppung und sind als »versunkene Kosten« zu betrachten, die nun durch den Austritt für alle sichtbar werden.

Repräsentanten deutscher Unternehmer und Politiker warnen vor dem Zerfall der Eurozone, weil der zu erwartende Aufwertungseffekt Deutschlands Export einbrechen und die Arbeitslosigkeit nach oben schnellen ließe. Wenn das für Deutschland richtig sein sollte – wir kommen darauf noch zu sprechen, es geht hier nur um die dahinter stehende ökonomische Logik –, dann müsste natürlich die griechische Drachme stark abwerten. Wir haben es in der Eurozone mit einem unterbewerteten deutschen Euro zu tun und mit einem überbewerteten griechischen Euro. Dass deutsche Unternehmer und Politiker über den Wechselkurs Arbeitslosigkeit exportieren, also den Nachbarn zum Retter machen wollen, ist die oft und zu recht gescholtene »beggar my neighbour policy« der 30er-Jahre des letzten Jahrhunderts.[316] John Maynard Keynes, der große Ökonom dieses Jahrhunderts, hat diese Methode zur nationalen Beschäftigungssicherung empfohlen.[317] Und jetzt wollen Politiker und sogar Ökonomen Griechenland von einem Schritt abhalten, der diese gegen das Land gerichtete »beggar my neighbour policy« beendete.

Die Einführung der neuen Drachme müsste sich über ein Wochenende vollziehen. Der Wechselkurs würde zunächst »eins zu eins« umgestellt und dann würde man die Kursbewertung dem Markt überlassen. Technisch ist das kein Problem; es ist ja schon viele Male durchexerziert worden. Im Falle Griechenlands muss auch nicht eine alte durch eine neue Währung ersetzt werden; die Euro-Noten bleiben ja weiter im Umlauf. Es wird Griechenland daher auch empfohlen, zwei Währungen umlaufen zu lassen – Euro und Drachme. Das war zu D-Mark-Zeiten ganz ähnlich, als in Grenzgebieten ganz selbstverständlich die D-Mark akzeptiert wurde, und gilt auch heute fur den Euro, mit dem in der Schweiz gezahlt werden kann. Entscheidend sind der jeweilige Wechselkurs und die Akzeptanz beider Währungen. Insofern ist der Vorschlag eines Parallel-Währungssystems keineswegs neu und aufregend.

Viele Experten empfehlen zumindest im Anfangsstadium Kapitalverkehrskontrollen, die eine denkbare Kapitalflucht verhindern sollen. Währungen mit solchen Konvertibilitätsbeschränkungen werden »Mausefallen-Währung« genannt: Man kommt hinein, aber nicht mehr heraus. Damit sind sie von vornherein minderwertig. Wirtschaftssubjekte reagieren in der Regel auf solche Beschränkungen, indem sie erfolgreich nach Schlupflöchern suchen: Wenn man den Warenverkehr von solchen Beschränkungen freistellen will, wird man Kapitalexporte als Gegengeschäfte zu Warenimporten zu deklarieren versuchen. Angesichts der bekannten

---

316 Am besten zu übersetzen als »den Nachbarn zum Bettler machen.«
317 John Maynard Keynes, *The General Theory* ..., a.a.O., S. 334 f.

Zuverlässigkeit der griechischen Bürokratie dürfte das nicht allzu schwer sein. Dass Rationierung oft das Gegenteil des Gewollten bewirkt, kennen wir aus unserem aktuellen Umfeld: Sobald bekannt wird, dass rationiert wird, wollen alle den zu erwartenden Beschränkungen zuvorkommen, horten die rationierte Ware oder bringen sie möglichst rasch ins Ausland und schaffen oft so die Notsituation, die durch Rationierung verhindert werden sollte. Ist dagegen verlässlich sichergestellt, dass es keine Kapitalverkehrskontrollen gibt, dann muss nicht vorsorglich Kapital ins Ausland gebracht werden. Kommt es doch zu solchen Kapitalabflüssen und wird die Drachme übermäßig abgewertet, was als »overshooting« nicht ungewöhnlich ist, so wird der Export begünstigt; zugleich fließt wieder Kapital ins Land, mit dem günstige Anlageobjekte erworben werden.

Nun wird argumentiert, es sei nicht sicher, dass der griechische Export bei Abwertung anspringe – Wer kaufe schon griechische Waren? – und dass das Leistungsbilanzdefizit sogar noch ansteigen könne, weil sowohl Importe als auch Exporte relativ träge auf Wechselkursänderungen reagierten – der sogenannte »J-Kurven-Effekt«.[318] Diese Sorgen sind im Falle Griechenlands unbegründet. Der entscheidende Devisenbringer ist der Tourismus. Sollte die Drachme um 50 Prozent an Wert verlieren – die am meisten genannte und wohl auch zutreffende Abwertungsrate –, dann würde schlagartig der Export von touristischen Dienstleistungen anspringen und die Umsätze in Hotellerie, Gastronomie und Einzelhandel nach oben schießen lassen. Der Zweck des Abwertungseffekts besteht ja gerade darin, ausländische Nachfrage ins Land zu holen, die die weggebrochene inländische Nachfrage kompensieren könnte. Der danach einsetzende Kapitalzustrom wird für den Ausbau des Tourismussektors und damit zusätzlich für Beschäftigung sorgen. Wer Griechenland kennt und liebt, weiß, dass die touristi-

---

318 Dieser Effekt unterstellt, dass sich ein Leistungsdefizit nach einer Abwertung einstellt oder erhöht, weil die Importe sofort teurer würden und die Exporte erst mit Verzögerung anstiegen. Da die graphische Darstellung dieser Entwicklung entfernt an den »Buchstaben J« erinnert, spricht man von einem J-Kurven-Effekt.

sche Infrastruktur Kapitalspritzen gut gebrauchen könnte. Und die Griechen sind gute Gastgeber. Ist das griechische Preis-Leistungs-Verhältnis international konkurrenzfähig, fließt Kapital auch nicht mehr an Griechenland vorbei nach Bulgarien oder in die Türkei. Die Abwertung der Drachme hätte, wie bei jeder Abwertung einer Währung, zusätzlich den dynamischen Effekt, dass sich das Exportportfolio um solche Sektoren erweitert, die bisher aufgrund der Überbewertung gar nicht existenzfähig waren. Das zieht Investoren an (auch aus dem Ausland), die in neue, nunmehr exportfähige Branchen investieren. Die gesamte Exportbasis wird also erweitert. Wer jetzt noch nicht glaubt, dass es in Griechenland genügend Investitionsmöglichkeiten gebe, schreibe die deutsche Handelskammer in Athen an und lasse sich die dort zusammengestellten Listen schicken.

Die Kehrseite der Medaille ist natürlich der Preisanstieg ausländischer Produkte und Dienstleistungen. Das ist bei Abwertungen unausweichlich. Freilich werden ausländische Produkte auch unerschwinglich, wenn die Realeinkommen wegen einer hartnäckigen Rezession Jahr für Jahr sinken.[319] Wir haben genügend Erfahrungen mit Abwertungen, um zu wissen, dass es sich hier um einen vorübergehenden Zustand handelt und dass die zunehmende Beschäftigung auch Einkommen schafft. Island macht das gerade vor. Die Behauptung, ein Austritt aus der Währungsunion führe zwangsläufig zu Inflation, trifft nicht zu. Richtig ist, dass die Verteuerung ausländischer Produkte auf das inländische Preisniveau durchschlägt. Dies ist aber ein Einmaleffekt, genau wie ein Erdölpreisschock. Wie soll es bei vorherrschender Rezession und gedrückten Realeinkommen zu Inflation kommen? Doch nur, wenn die griechische Regierung massiv Geld drucken ließe, um

---

319 Michael Haliassos, Professor an der Goethe-Universität Frankfurt/M., hat nachgewiesen, dass im Falle Griechenlands die von Politikern, aber auch von Ökonomen empfohlene Therapie der internen Abwertung zwar die Realeinkommen permanent senken würde, ohne dadurch jedoch die griechische Wettbewerbsfähigkeit zu erhöhen (»Löhne kürzen schadet der Wettbewerbsfähigkeit«, in: *Frankfurter Allgemeine Zeitung,* 11. Januar 2013, S. 15).

ihren Verpflichtungen nachkommen zu können, und die Menschen ihre Geldillusion verlören. Wenn Mario Draghi von seiner Geldpolitik sagt, sie wirke nicht inflationstreibend, solange Rezession herrsche, warum sollten dann für Griechenland andere ökonomische Gesetze gelten? Wenn die griechische Notenbankleitung erkennen lässt, dass sie nicht die Notenpresse anwerfen will, werden die Menschen auch Vertrauen in die neue Drachme fassen. Man kann es nicht oft genug sagen: Inflation ist und bleibt ein monetäres Phänomen. Warum die Arbeitslosigkeit ansteigen soll, ist unerfindlich. Wenn dieselben Experten bei einer Aufwertung nach einem Ausstieg aus der Eurozone Arbeitslosigkeit bei uns erwarten, wie kann dann umgekehrt bei Abwertung Arbeitslosigkeit entstehen?

Das schwierigste Problem ist die Abwicklung der Banken und die Behandlung ihrer Aktionäre, Gläubiger und inländischen Sparer. Griechische Banken sind praktisch zahlungsunfähig, weil ihr größter Schuldner, der griechische Staat, bereits seit mindestens zwei Jahren bankrott ist. Die Frage lautet dann: Wie verfährt ein bankrotter Staat mit seinen bankrotten Banken? Es wäre jedenfalls abwegig, wenn der griechische Staat wieder Gelder von den Euro-Staaten aufnähme, um Aktionäre und Gläubiger zu entschädigen. Er sollte sich stattdessen um die inländischen Sparer kümmern und ihnen die Zusage geben, dass ihre Guthaben sicher seien und jederzeit abgehoben und transferiert werden könnten. Die griechischen Bürger sind bereits genügend geschädigt worden. Diejenigen, die an der Verschuldung verdient haben, sind mit ihrem Vermögen längst außer Landes gegangen. Handelten die Griechen so schlau, wie ihnen Außenstehende immer nachsagen, dann hätten sie ihre Konten längst leer geräumt und ihre Ersparnisse ins Ausland transferiert – deutsche Sparkassen haben schon ihre Dienste angeboten – oder an einen sicher scheinenden Ort deponiert.

Der isländische Industrieminister empfiehlt, sich an der »unorthodoxen Art und Weise« zu orientieren, wie Island mit seinen

Banken verfahren sei: Es hat die ausländischen Gläubiger seiner Banken nicht ausbezahlt und auch nicht versucht, seine Banken mit Steuergeldern zu retten. Vielmehr hat die isländische Regierung den Gläubigern erklärt, dass auch sie von der Erholung der isländischen Wirtschaft profitieren würden, während mit einem völligen wirtschaftlichen Zusammenbruch niemandem geholfen wäre. Manche Gläubiger, so erläutert der isländische Industrieminister, würden sogar nun noch einen Gewinn machen, weil sie Forderungen anderer Gläubiger kurz nach dem Kollaps der isländischen Banken zu sehr niedrigen Preisen aufgekauft hätten.[320] Das griechische Bankensystem wird ohne Zufuhr frischen Kapitals nicht saniert werden können. Der Wert eines griechischen Bankenmantels hängt daher auch davon ab, wie attraktiv das zukünftige griechische Geschäftsmodell eingeschätzt wird. Entscheidend wird hierbei sein, dass die intellektuellen und finanziellen Ressourcen Griechenlands dem Land selbst zugutekommen. Eine solche Entwicklung vollzieht sich am ehesten, wenn Griechenland in die eigene Selbständigkeit entlassen wird.

Gegen den Austritt und die Rückkehr zu einer nationalen Währung, die kräftig abgewertet wird, wird in der Regel vorgebracht, dass sich dann auf Euro ausgestellte finanzielle Verpflichtungen nach Maßgabe des Aufwertungssatzes erhöhten. Dies gelte sowohl für öffentliche wie für private Schulden. Natürlich steigen in Euro denominierte Schulden bei Abwertung der neuen Drachme; die Frage ist aber, ob Griechenland bereit ist, die Schulden entsprechend zu bedienen. Die Antwort wird »nein« sein. Realistischerweise kann mit einer Rückzahlungsquote zwischen 10 und 20 Prozent gerechnet werden. Für Griechenland ist dies eine Erleichterung, weil nun die Schuldverpflichtungen gegenüber ausländischen Gläubigern um mindestens 80 Prozent reduziert werden, wobei auch souveräne Gläubiger bluten müssten. Über Fristen, Zinshöhe und Sicherheiten müsste dann noch verhandelt

---

320 Steingrímur J. Sigfússon, Interview, in: *Frankfurter Allgemeine Zeitung*, 4. Oktober 2012, a.a.O., S. 13.

werden. Die Kosten dieses Zahlungsausfalls müssen mit den Kosten des Verbleibs verrechnet werden. Wenn Griechenland nur dann seinen Verpflichtungen nachkommen kann, wenn die Euro-Staaten nachschießen, wird Geld in ein schwarzes Loch geschüttet. Gegenüber einem Zustand, in dem ein Schuldner seine Schulden nicht begleichen kann und immer wieder um Nachschuss bitten muss, um in der Eurozone bleiben zu können, ist eine Rückzahlungsquote von 10 bis 20 Prozent ein privat- und volkswirtschaftlicher Gewinn.

2. Kladderadatsch, Domino-Effekte oder Konsolidierung

Bei der Analyse dessen, was kommen kann, ist nicht entscheidend, welche Lösung wir uns wünschen – beispielsweise Teilung der Eurozone in einen nördlichen oder südlichen Teil oder eine Rückkehr zur D-Mark –, sondern welche Entwicklung unter den gegebenen Umständen als die wahrscheinlichste anzusehen ist. Wir befinden uns in einem dynamischen Prozess, da wir nicht von einer konstanten Datenkonstellation ausgehen können. Sollte das Bundesverfassungsgericht die Anleihekäufe der EZB als ausbrechende Rechtsakte ansehen und damit feststellen, dass sich die EZB außerhalb ihres gesetzlichen Auftrags bewegt, sollte Finnland aussteigen oder Angela Merkel schließlich doch die Geduld mit den Griechen verlieren, dann entstünde eine Situation, in der alle politischen Optionen wieder auf den Prüfstand gestellt würden. Wir wollen versuchen, das bisher nur in Bruchteilen Angedachte in eine Ordnung zu bringen. So können wir zumindest erreichen, dass sich unsere Gedanken klären und wir besser verstehen, was vor sich geht.

Im Sommer des Jahres 2012 haben eine dichte Folge von Telefongesprächen – die urlaubende Bundeskanzlerin mit Staatspräsident Hollande und kurz danach mit Ministerpräsident Monti – und eine hektische Reisediplomatie – US-Finanzminister Geithner sucht den auf Sylt urlaubenden Wolfgang Schäuble auf, unmittelbar danach Mario Draghi bei der EZB in Frankfurt, der zuvor

gerade von einer Unterredung mit Mario Monti aus Rom zurück-
kam – signalisiert, dass es ums Ganze ginge, nicht bloß um einzelne Länder oder neue Rettungspakete.[321] Finanzminister Schäuble
und Abgeordnete haben vor einem »Kladderadatsch« gewarnt, als
das Bundesverfassungsgericht die Eilanträge zum ESM-Vertrag
verhandelte. Damals schien das Schicksal der Währungsunion
noch in der Schwebe zu sein. Mittlerweile ist klar geworden, dass
sich die Politiker der Eurozone aller verfügbaren Mittel bedienen
werden, um die Eurozone zusammenzuhalten. Daher wird die Annahme eines plötzlichen chaotischen Zusammenbruchs für immer
weniger wahrscheinlich gehalten.

Die »Spreads« zwischen Spanien und Italien einerseits und
Deutschland andererseits haben sich daher deutlich verringert. Da
die EZB die notleidenden Schuldenstaaten nicht hängen lassen will
und damit ein Staatsbankrott dieser Länder vorerst immer weniger
wahrscheinlich wird, ist zu erwarten, dass Fluchtgelder wieder aus
Deutschland nach Spanien und Italien zurückfließen. Ein »Kladderadatsch« ist daher aus der Sicht der Kapitalanleger keine wahr-
scheinliche Option mehr. Aus dieser Perspektive ist auch die »Domino-Theorie«[322] immer weniger stichhaltig, wenn sie es überhaupt
jemals gewesen ist. Sie besagt in aller Kürze: Wenn in einem Kreis
von Dominosteinen einer umfällt, so stürzen nacheinander auch
alle anderen Dominosteine. Die »Theorie« wird insbesondere im
politischen Raum vertreten.[323] Sie hat aber auch Anhänger unter

---

321 Vgl. hierzu Daniel Brössler und Cerstin Gammelin, »Das Ende des Euro, in Scheiben
     serviert«, in: *Süddeutsche Zeitung*, 30. Juli 2012, S. 2. – In diesem Artikel wird auch
     Jean-Claude Juncker zitiert: »Die Welt redet darüber, ob es die Euro-Zone in einigen
     Monaten noch gibt.«
322 Vgl. drittes Kapitel, I., »Griechenland, das ist Euroland, das ist der Euro«, S.137ff.
323 Dass die »Domino-Theorie« gerade in der Politik praktische Wirkungen zeigt, wird
     aus der Reaktion des ausgewiesenen Finanzexperten, Hermann Otto Solms (MdB),
     deutlich. Zu einem möglichen Ausscheiden Griechenlands sagt er: »Dann hätten die
     Märkte den Eindruck gewonnen, dass der Euroraum doch eher nur ein loser Verbund
     ist. Spekulationen über das Ausscheiden weiterer Länder hätten die Stabilität der
     Währungsunion im Kern beschädigt. In Abwägung der Gefahren habe ich mich für
     Zustimmung entschieden.« (»Wegen Rot-Grün kommt unweigerlich ein Steuerwahl-
     kampf auf uns zu«, Interview, in: *Frankfurter Allgemeine Zeitung*, 4. Dezember
     2012, S. 13)

Ökonomen.[324] Dieses Bild trifft aber nicht die Wirklichkeit; die »Triple-A«-Staaten hätten mit Sicherheit nicht zu den gefallenen Steinen gehört. Doch konnte nicht ausgeschlossen werden, dass Spekulanten den Durchhaltewillen einiger Wackelkandidaten getestet hätten. Ob der Sturz eines Eurolandes ein anderes mit sich gerissen hätte, wäre von der jeweiligen wirtschaftlichen Verfassung der betreffenden Staaten abhängig gewesen.

Plausibler ist der Ansatz des Ökonomen Friedrich Sell. Er übernimmt aus der Medizin das Phänomen der Ansteckung, um den Prozess zu erfassen, der sich in der Eurozone abspielen könnte. Bei Verwendung dieses Ansatzes können wir klären, welche Mitgliedstaaten für eine Ansteckung prädestiniert sind und wie sich diese vollzieht.[325] Sell unterscheidet zwischen einer Ansteckung über die realwirtschaftliche Interdependenz (Waren- und Kapitalbewegungen) und einer über die Nachahmung des »Moral-Hazard«-Verhaltens, die gefährlichste Form der Ansteckung. »Moral Hazard« wird allgemein als »moralisches Risiko« übersetzt. Gemeint ist, wie bereits erwähnt, die »leichtfertige Vernachlässigung« von Pflichten, die im Rahmen von Vereinbarungen oder Verträgen übernommen worden sind.

Die Ansteckung über die realwirtschaftliche Interdependenz könnte folgendermaßen verlaufen: Nehmen wir an, Griechenland verließe von sich aus die Eurozone und kehrte zur Drachme zurück. Eine daraus resultierende Abwertung würde Touristen an die griechischen Strände ziehen; es kämen Touristen, die sonst in die Türkei flögen; so mancher würde seinen Urlaub nicht in Spanien, Portugal oder Italien, sondern in Griechenland verbringen

---

324 Sowohl Christoph M. Schmidt, Mitglied des Sachverständigenrates, als auch Wolfgang Franz, früherer Vorsitzender des Sachverständigenrates, sprachen sich auf der jährlichen Konferenz der deutschsprachigen Ökonomen im September 2012 in Göttingen für einen Verbleib Griechenlands in der Währungsunion aus; sonst könnte bald die Frage kommen, welches Land als nächstes die Eurozone verlassen müsse. Vgl. hierzu Matthias Müller, »Alternativen gibt es. Ökonomen uneins über die Zukunft der Währungsunion«, in: *Neue Zürcher Zeitung* (Internationale Ausgabe), 12. September 2012, S. 11.

325 Friedrich L. Sell, »Es gibt nicht nur die Wahl zwischen Skylla und Charybdis«, in: *Neue Zürcher Zeitung* (Internationale Ausgabe), 28. August 2012, S. 8.

wollen. Auch die von Griechenland erzwungene Herabsetzung der Schuldenquote wäre ein Vorteil, den andere Schuldnerstaaten gerne wahrnehmen möchten. Da in Island die Wirtschaft wieder auf einen Wachstumspfad eingeschwenkt ist und die Arbeitslosigkeit vor allem wegen der Abwertung der isländischen Krone zurückgegangen ist, könnte sich eine vergleichbare Entwicklung auch in Griechenland ergeben. Auf jeden Fall würde die rezessive Talfahrt gestoppt. Insofern könnte sich die Eurozone in eine erste Gruppe, die sich von einem Ausstieg Vorteile verspricht, und in eine zweite Gruppe aufteilen, die am Euro festhalten will. Bei einem freiwilligen Ausstieg würden wir ähnliche Prozesse und Politiken wie in Griechenland erleben. Die Gläubigerländer würden hinnehmen müssen, dass ein Großteil ihrer Forderungen nicht mehr werthaltig ist und ihre Bürger, die zuvor gebürgt hatten, dafür haften müssen.

Gehen wir aber davon aus, dass nach dem Ausstieg Griechenlands alle Mitgliedstaaten am Euro festhalten wollen, dann sind die Erfolgsaussichten der Sanierungs- und Reformprogramme zu prüfen. Sie müssen vor allem in Richtung Wiedergewinnung der Wettbewerbsfähigkeit gehen und von der Bevölkerung hingenommen werden. Diese interne Abwertung muss über einen Zeitraum von mehreren Jahren durchgehalten werden. Dazu gehört natürlich auch, dass sich Industrien entwickeln, die sich auf den Weltmärkten behaupten können. Sollte das gelingen, dann hätte sich Angela Merkels Hoffnung erfüllt. Danach sieht es allerdings nicht aus. Nach unserer Analyse, die der von der EU-Kommission am 9. Januar 2013 veröffentlichte Sozialbericht bestätigt, befinden sich die Mitgliedstaaten der südlichen Peripherie in einem Teufelskreis, aus dem es, wie die Dinge nun einmal stehen, kein Entkommen gibt.[326] Daher haben sich die Politiker der Eurozone auch bemüht, Wachstumsprogramme aufzulegen; vergeblich, wie hier nachgewiesen wurde.

---

326 Vgl. hierzu René Höltschi, »Das Nord-Süd-Gefälle wird größer«, in: *Neue Zürcher Zeitung* (Internationale Ausgabe), 10. Januar 2013, a.a.O., S. 9.

Da im Zuge dieses Teufelskreises auch die Staatsschulden noch stärker auf Wirtschaft und Gesellschaft lasten werden und weder Bedienung noch Tilgung der Schulden erwartet werden können, beschreiten die Länder der südlichen Peripherie den Weg, den Griechenland vor ihnen gegangen ist. Dann würden sich auch die Investoren wieder aus diesen Ländern verabschieden. Die Kurse von Staatsanleihen würden fallen. Die EZB würde dann in die Bresche springen. Sie würde nicht bloß Papiere kaufen, um einem aktuellen und vorübergehenden Kursverfall entgegenzuwirken, sondern auch bei Neuemissionen zur Stelle sein müssen. Stoßen die Anleger Altanleihen ab, so werden sie sich auch bei Neuemissionen zurückhalten. Wie man es einrichtet, dass Neuemissionen auf einem künstlich geschaffenen Sekundärmarkt von der EZB übernommen werden, hat Draghi bei Goldmann-Sachs sicherlich gelernt. Da, wie wir von Jörg Asmussen wissen, nur ein dauerhafter Euro stabil ist, wird sich die EZB nicht an ihre Zusicherung halten können, nur Staatsanleihen der Länder anzukaufen, die sich an den strengen Auflagen im Rahmen des ESMV orientieren. Die EZB wird dies unlimitiert und unkonditioniert tun müssen.

Dann sind wir mit der gefährlichsten Form der Ansteckung konfrontiert – der allgemeinen Ausbreitung eines »Moral-Hazard«-Verhaltens. Da die Euro-Politiker Griechenland unbedingt in der Eurozone halten wollen, haben sie folgendes Signal ausgesendet: Auch wenn ein Land nicht die Auflagen erfüllt, die für den Verbleib in der Eurozone maßgeblich sind, werden weiter Gelder fließen. Obwohl Griechenland bereits mehrfach die »gelbe Karte« gezeigt worden ist – bei Nichteinhaltung der Vorgaben keine weiteren Zahlungen mehr –, hat es doch die entscheidenden Punkte der Auflagen nicht in die Tat umgesetzt: Entlassungen aus dem Staatsdienst, Reformen auf den Arbeitsmärkten und Privatisierung des Staatsvermögens. Wenn die griechische Regierung weiß, dass bei weiterer vertragswidriger Vernachlässigung der Sanierungsauflagen nicht die gelb-rote Karte des Feldverweises gezückt, sondern bloß mit einer dritten und vierten gelben Karte gewinkt wird, so wirkt dieser Vorgang nicht disziplinierend. Sehen die Regierungen der anderen Mitgliedstaaten, dass man die Reform- und Sanierungsauflagen nicht erfüllen muss, wenn sie nicht in das politische Konzept passen, sind sie versucht, dem griechischen Beispiel zu folgen. Mit Bedienung und Tilgung von Staatsanleihen kann daher immer weniger gerechnet werden. Dann könnte sogar das Paradoxon auftreten, dass Anleger ihre Papiere wegen der EZB-Interventionen und der künstlichen Stabilisierung des Kursniveaus abstoßen, da dies für sie weniger verlustbringend ist, als auf einen Schuldenschnitt bei Verbleib dieser Länder in der Eurozone zu warten.

Denkbar ist aber auch, dass nicht ein schwaches, sondern ein starkes Land wie Finnland aussteigt, weil es die zu erwartenden Belastungen nicht länger tragen will. Wirtschaftlich und kulturell eher den skandinavischen Ländern als der südlichen Peripherie zugeneigt, hat die finnische Regierung bereits durch ihr Pochen auf besondere Sicherheiten bei den ausgereichten Krediten signalisiert, dass sie nicht jeden Schritt mitgehen wolle. Auch sieht sie sich mit einer Stimmung im Lande konfrontiert, die einer »Weiter-so-Politik« nicht viel länger zusehen will. Bei der Diskussion in unserem Land, die auf die hohen finanziellen Verpflichtungen abstellt, wird oft übersehen, dass proportional alle potentiellen Geberländer gleich belastet werden. Im Gegensatz zu Deutschland, das sich aus historischen und emotionalen Gründen zu besonderer Solidarität verpflichtet fühlt, werden die Finnen die Zugehörigkeit zur Währungsunion als eine Frage des ökonomischen Kalküls betrachten: Was kostet es, wenn wir drinbleiben oder austreten? Dass sie sich dann an die alte Kaufmannsregel »Weg mit Schaden« halten, also einer vorausgegangenen Fehlentscheidung kein weiteres Geld hinterherwerfen wollen, dürfte nicht überraschend sein. Eine Politik des »Weg mit Schaden« ist immer noch besser als ein finanzieller Schrecken ohne Ende.

Die Anwendung dieser Kaufmannsregel kommt für die deutsche Politik aus zwei Gründen nicht in Frage: Träte Finnland aus, so würde die Währungsunion weiter bestehen bleiben. Sie würde dagegen bei einem Ausscheiden Deutschlands zusammenbrechen oder ihren Charakter völlig ändern. Daher trägt unsere Regierung ein höheres Maß an politischer und wirtschaftlicher Verantwortung. Auch kann Deutschland nicht aus seiner Geschichte aussteigen. Die auf Deutschland und die jeweilige Regierung herunterprasselnden Vorwürfe – wie unverantwortlich von diesem Land, sich aus der europäischen Verantwortung zu stehlen, nach allem, was es Europa angetan habe – kann man jetzt schon hören. Solche Vorwürfe blieben aus, wenn Frankreich – in der Erkenntnis, dass es weitere Euro-Lasten nicht schultern könne – die Flucht nach vorne ergriffe und die Währungsunion verließe. Deutschland und andere Staaten der nördlichen Peripherie würden sich wohl anschließen.

Dann könnte sich das entwickeln, was der langjährige Thyssen-Chef und Frankreich-Kenner, Dieter Spethmann, die »karolingische Währungsunion« nennt, zur Erinnerung an das Geschlecht der Karolinger, unter deren Führung und Herrschaft ein Reichsgebilde entstand, das dem Staatsraum der »karolingischen Währungsunion« entspräche.[327] Doch stellt sich die Frage, ob Frankreich sich in einer solchen Teilunion halten könnte. Es ist anzunehmen, dass die Währung dieses Verbundes, wie auch immer man sie nennen mag, kräftig aufgewertet würde, setzte sich doch die »karolingische Währungsunion« vornehmlich aus Ländern mit Aufwertungspotential zusammen. Da Frankreich während seiner Zugehörigkeit zur Eurozone kräftig an internationaler Wettbewerbsfähigkeit eingebüßt hat, ist kaum zu erwarten, dass es über einen längeren Zeitraum in einem solchen Währungsverbund verbleiben und weitere Arbeitsplätze verlieren wollte. Daher würde Frankreich von vorneherein einer solchen Gruppierung fernbleiben wollen. Eher wäre denkbar, dass Frankreich von sich aus zum Franc zurückkehrt, um wieder über eine nationale Beschäftigungspolitik

---

327 Die Euro-Peripheriestaaten müssten zu eigenen Währungen zurück, um abwerten zu können (mehr als 50 Prozent), schreibt Spethmann als »Kind der Weimarer Republik« und »Veteran des Londoner Schuldenabkommens« von 1953 den Abgeordneten des Deutschen Bundestages (21. Juli 2012). Für Deutschland plädiert er auf eine »Karolingische Währungsunion«: Deutschland, Frankreich, Benelux – offen für andere. (http://www.deutschland.net/tags/karonlingische-waehrungsunion)

zu dem Maß an Beschäftigung zurückzufinden, das es vor der Währungsunion gekannt hat.

Die nördliche Peripherie ohne Frankreich wäre die Ländergruppe, deren Währung der Nordeuro wäre. Für diese Lösung wirbt seit langem Hans-Olaf Henkel.[328] Ihr würde dann die südliche Peripherie gegenüberstehen. Dass eine solche Konstellation über einen politischen Beschluss herbeigeführt würde, ist wenig wahrscheinlich, leistet doch die nördliche Peripherie die Transfers, die auf dem Kreditwege verteilt, schließlich aber zu verlorenen Zuschüssen werden. Auf solche Zahlungen will derzeit offensichtlich kein Land der südlichen Peripherie verzichten, und sie müssen auch geleistet werden, um die Eurozone zu stabilisieren. Geberländer, insbesondere Deutschland, sind dazu noch bereit. Die deutsche Regierung sieht sich zudem durch eine Industrie- und Bankenlobby bedrängt, die eine mit dem Austritt verbundene Aufwertung verhindern will.

Den Vorschlag, dass Deutschland aus der Währungsunion austreten solle, hat George Soros in die Diskussion eingebracht.[329] Er hat das Dilemma, mit dem sich die Staaten der südlichen Peripherie konfrontiert sehen, akzentuiert herausgearbeitet und in Deutschland den zentralen Störenfried der Währungsunion ausgemacht: Die Devise von Angela Merkel – keine finanziellen Mittel ohne Auflagen und Kontrollen – treibe die notleidenden Schuldnerländer noch tiefer in Rezession und Zahlungsunfähigkeit hinein. Er hat vorgeschlagen, dass Deutschland entweder ein wohlwollender Hegemon wird oder die Eurozone verlässt.

Wohlwollender Hegemon heißt zweierlei: Aus seinen offenen Taschen fließen erstens die notwendigen Mittel, um die Eurozone zu stabilisieren, und zweitens achtet er darauf, dass die Nehmerländer diese Mittel im Sinne der Steigerung der nationalen Leis-

---

328 Hans-Olaf Henkel, *Rettet unser Geld! Deutschland wird ausverkauft – Wie der Euro-Betrug unseren Wohlstand gefährdet*, München 2010.
329 George Soros, »Die Tragödie der Europäischen Union«, in: *Spiegel online*, 9. September 2012. http://www.spiegel.de/wirtschaft/george-soros-deutschland-muss-fuehren-oder-aus-dem-euro-austreten-a-854595.html.

tungsfähigkeit verwenden. Wenn die nationalen Anteile der Mitgliedstaaten am Eigenkapital der EZB zugrunde gelegt werden, trägt Deutschland 27, Frankreich 20 und Italien 18 Prozent der Lasten. Scheidet Italien aus der Reihe der Geberländer aus, dann wird diese Quote auf die übrigen Kapitaleigner aufgeteilt. Dann liegt die Hauptlast auf Deutschland und Frankreich. Wenn es dann wirklich zu weiteren finanziellen Verpflichtungen kommt – über das bereits genehmigte Maß hinaus –, weiß niemand, wie lange Frankreich diese Last noch tragen kann. Auch kommt in Soros' Essay das für solche Konstellationen typische »Moral-Hazard«-Verhalten nicht vor. Da sich für Transfersysteme fast ausnahmslos zeigen lässt, dass »Moral Hazard« auftritt, muss Deutschland als Hegemon ständig bei solchen Regierungen vorstellig werden, um sie zur Ordnung zu rufen oder sogar wieder auf Linie zu bringen. Keine Nation wird es aus natürlicher Selbstachtung heraus ertragen können, Geld zu erhalten, dankbar sein zu müssen, über die erhaltenen Gelder Rechenschaft abzulegen und sich fügen zu müssen. Dann lässt sich rasch das, was gegen Deutschland vorgebracht wird, wenn es die Währungsunion verlässt, auf die neue Situation ummünzen: Im Ersten Weltkrieg ist Deutschland gescheitert, Europa seinem Hegemonialstreben zu unterwerfen; im Zweiten Weltkrieg ist es ebenfalls gescheitert und jetzt versucht es wieder, Europa botmäßig zu machen. Die Rolle eines wohlwollenden deutschen Hegemons ist das Letzte, was man Europa und Deutschland wünschen kann.

Daher wäre das Ausscheiden des Störenfrieds vorzuziehen. Es ist dann abzusehen, dass alle die Länder, die über Handel und Kapitalverkehr mit Deutschland stark verflochten sind, ebenfalls die Eurozone verließen. Zurück blieben die notleidenden Schuldnerländer. Den besonderen Vorteil für sie sieht Soros darin, dass die dabei entstehenden Transaktionskosten gänzlich von den austretenden Staaten getragen würden. Das gelte insbesondere für die in Euro denominierten Schuldverhältnisse. Deren Nominalwerte änderten sich nicht, wohl aber deren reale Werte, da davon auszugehen sei, dass der Euro stark abgewertet würde. Allerdings ist nicht ganz einsichtig, worin nun der Vorteil für die Schuldnerländer läge, wenn Deutschland und andere Länder aus der Eurozone ausschieden. Bei einem Ausstieg Deutschlands würde der Abwertungssatz für die finanziellen Verpflichtungen für alle in der Eurozone verbleibenden Staaten identisch sein; bei einem Ausstieg der südlichen Länder und Rückkehr zur angestammten Währung würden hingegen die Schulden nach Maßgabe des jeweiligen Abwertungssatzes entwertet. Auch könnten sie ihre Beschäftigungspolitik nicht völlig auf nationale Belange abstellen. So wird der Grad der Abwertung von Land zu Land unterschiedlich sein müssen. Welchen Vorteil es ferner bieten sollte, wenn sich Ertrinkende in einer geschrumpften Eurozone aneinander klammern und versuchen sollten, Handel und Kapitalverkehr untereinander zu intensivieren, ist nicht ersichtlich.[330]

Die Europäische Währungsunion war von vornherein eine Gemeinschaft der Ungleichen. Die Verführung der niedrigen Zinsen und die einheitliche Geldpolitik, die nicht auf einen heterogenen Währungsraum passte, haben diese Ungleichheit noch verschärft. Die zentrale Feststellung unseres Buches lautet: Diese Ungleichheit in einem in der Welt noch nie gesehenen Parforceritt wettzumachen, endet in einem Teufelskreis. Ein Ausstieg aus der Währungsunion, wie es hier beispielhaft für Griechenland durchgespielt wurde, wird auch anderen notleidenden Staaten den Neubeginn erleichtern. Sie könnten nun daran gehen, sich um den Aufbau eines zu ihnen passenden »Geschäftsmodells« zu kümmern. Die Vereinbarung eines Schuldenschnitts mit den Gläubigerstaaten ließe ihnen wieder Luft zum Atmen.

Die dabei entstehenden Verluste für die Gläubigerstaaten sind geringer, als es auf dem Papier aussieht. Finanzminister Schäuble

---

330 Eine polemische Randbemerkung: Die Tatsache, dass jemand eine gute Nase für spekulative Attacken hat, macht ihn deswegen noch lange nicht zu einem politischen Ökonomen, der die verschiedenen Aspekte zu einem stimmigen Bild fügen kann. Die mediale Aufmerksamkeit hat George Soros nicht seinem volkswirtschaftlichen Sachverstand zu verdanken.

selbst kann dafür als Zeuge benannt werden. Seine Überlegung, ein Sperrkonto für Zahlungen an Griechenland einzurichten, zeigt ja, dass die Gläubigerstaaten in Wirklichkeit mit diesem Geld ihre eigenen Banken retten wollen und dass die »begünstigten« Länder nur ein durchlaufender Posten sind. Wären diese Gelder direkt für die Bankenrettung verwendet worden, wären die nationalen Haushalte der Geberländer entsprechend stärker belastet worden und die nationale Gesamtverschuldung wäre entsprechend gestiegen. Das wird nachgeholt, wenn über die Höhe der Schuldenschnitte verhandelt wird und entsprechende Abstriche an den eigenen Forderungen gemacht werden müssen.

Wenn die verschiedenen Möglichkeiten auf ihre Vorteilhaftigkeit hin geprüft werden, so schält sich ein »konsolidierter Euro« als die ökonomisch und letztlich auch politisch günstigste Lösung heraus. Darunter verstehen wir einen stabilen Euro, der die Währung einer Gruppierung von Ländern ist, die die damit verbundenen Aufwertungskonsequenzen auch aushalten können. Der Unterschied zum Wiederaufleben nationaler Währungen wäre nur minimal, da sich auch bei dieser Variante sogleich ein informeller Wechselkursverbund herauskristallisierte, der mit dem konsolidierten Euro-Gebiet vergleichbar wäre.[331] Ein solcher Euro-Verbund könnte auch den US-Dollar als Weltwährung herausfordern. Kapitalanleger, vor allem aber die Zentralbanken, würden einen Teil ihrer Dollarbestände in auf Euro denominierte Papiere kon-

331 Diese Überlegung ist keineswegs revolutionär. Wilhelm Hankel hat zentrale Einsichten zu dieser Lösung vorgelegt (Wilhelm Hankel, Europa nach dem Scheitern des Euro – Staat und Währung lassen sich nicht trennen, in: Wilhelm Hankel et al., *Das Euro-Abenteuer geht zu Ende,* Rottenburg 2011, S. 47–55). – Diese Überlegung findet sich ferner in einer Reihe von Stellungnahmen.: David Marsh, Finanzexperte und Historiker der Deutschen Bundesbank, hat die Reduzierung auf einen harten Kern schon vor geraumer Zeit prognostiziert: »Der Euro bleibt, aber es wird einen anderen Euro geben. Die Währungsunion wird eher zu einer Koalition der Willigen. Im Laufe der Zeit wird sich der Euro auf einen harten Kern reduzieren.« (»Euroland wird auf einen harten Kern reduziert«, Interview in: *Frankfurter Allgemeine Zeitung,* 7. Juli 2011, S. 11) – Desgleichen Hansjörg Häfele, früherer Parlamentarischer Staatssekretär bei Finanzminister Stoltenberg, »Ein ›Euro der Willigen‹ als Ausweg«, in: *Frankfurter Allgemeine Zeitung,* 18. Oktober 2012, S. 9, sowie Axel Herbst, Generaldirektor a. D. der Europäischen Kommission, »Den Euro retten, nicht die Eurozone!« (Leserbrief), in: *Frankfurter Allgemeine Zeitung,* 7. Dezember 2012, S. 16.

vertieren. Ein auf Dauer für schwach gehaltener Euro hätte niemals die Dominanz des US-Dollars erschüttern können. Ein Ausstieg aus der Eurozone bedeutet keineswegs, auf Ewigkeit von der Währungsunion ferngehalten zu werden.[332] Wenn diese Länder über einen längeren Zeitraum im Vorraum der Währungsunion – im System des Wechselkursmechanismus II – ihre Tauglichkeit für eine Mitgliedschaft unter Beweis gestellt haben, können sie sich diesem Stabilitätsblock anschließen. Man braucht dann auch keinen Fiskalpakt und keine verfassungsmäßig verankerten Schuldenbremsen; man braucht keinen europäischen Finanzminister und auch keine Wirtschaftsregierung. Eine auf Regeln basierte Wirtschaftsverfassung ist völlig ausreichend.[333] Dabei muss eine Regel unumstößlich sein: Es gilt die No-Bailout-Klausel.

Es liegt nahe, die Lösung eines konsolidierten Euro mit einer Amputation gleichzusetzen. Das ist richtig und falsch zugleich. Bei einer Amputation wird ein brandiger Arm oder ein brandiges Bein amputiert, um den Körper zu retten. Wenn es sich um Operationen am menschlichen Körper handelt, so fehlen dauerhaft die amputierten Gließmaßen. Die Auflösung der Währungsunion in ihrer jetzigen Konstellation und ihre nachfolgende Konsolidierung haben dagegen nicht die bei einer menschlichen Amputation unausweichlichen Folgen; denn die amputierten Gliedmaßen leben fort und können sich später wieder mit dem alten Leib vereinen. Wir können deshalb das treffende Bild einer »atmenden Währung«

---

332 In diese Richtung geht auch der Vorschlag von Hans-Werner Sinn: »Was wir brauchen, ist ein Mittelweg zwischen dem Dollar-System innerhalb der USA und dem Festkurssystem à la Bretton Woods. Dieser Mittelweg könnte eine ›offene Währungsunion‹ mit assoziierten Mitgliedern sein, die früher Vollmitglied waren, nun temporär eine eigene Währung führen und die Option haben, später wieder voll mitzumachen. Der Status des assoziierten Mitglieds könnte für jene Länder attraktiv sein, die sich den harten Weg der realen Abwertung im Euro-Raum, der mit Preis- und Lohnzurückhaltung einhergeht, nicht zumuten wollen. Assoziierte Mitglieder werden beim Austritt und der temporären Wiedereinführung einer eigenen Währung von den anderen Mitgliedern unterstützt, müssen aber Reformauflagen erfüllen, wenn sie zurückkommen wollen.«, in: *ifo Standpunkt* Nr. 137, Die offene Währungsunion, 18. Juli 2012.
333 Vgl. hierzu: »Wirtschaftsverfassung statt Wirtschaftsregierung. Frankfurter Aufruf der Jenaer Allianz zur Erneuerung der Sozialen Marktwirtschaft«, veröffentlicht in: *Frankfurter Allgemeine Zeitung* (Die Ordnung der Wirtschaft), 22. Juli 2012. http://www.faz.net/aktuell/wirtschaft/aufruf-von-ordnungspolitikern-wirtschaftsverfassung.

von Frank Schäffler übernehmen.[334] Lässt man jedoch alles so weiterlaufen wie bisher, weil man vor einer durchgehenden Gesundungspolitik zurückschreckt oder sie falsch einschätzt, dann gefährdet man wirklich das europäische Aufbauwerk. Noch sind der Euro und die Integrationserfolge zu bewahren.

3. Der vermutete Aufwertungsdruck – Untergang für Deutschlands Wirtschaft?

Vor dem Bundesverfassungsgericht in Karlsruhe hat Finanzminister Schäuble am 5. Juli 2012 gesagt und ist immer wieder auf diesen Satz zurückgekommen: »Wir Deutsche profitieren noch mehr als andere Europäer von der Währungsunion und vom gemeinsamen Binnenmarkt.« Damit hat er eine zweifache Botschaft übermittelt:

➤ Die erste richtet sich an die deutschen Wähler: Auch wenn Deutschland für andere Euro-Staaten hafte, so werde dies durch den höheren Profit mehr als ausgeglichen;

➤ die damit verbundene zweite Botschaft haben die Euro-Partner sofort verstanden: Wenn ihr mehr profitiert als wir, dann zahlt bitte auch mehr.

Wie ist der Sachverhalt? An den Profiten der ersparten Informations- und Transaktionskosten bei gemeinsamem Geld partizipieren unterschiedslos alle Mitgliedstaaten; ebenso am wechselseitigen Tausch im gemeinsamen Binnenmarkt. Kein Franzose oder Italiener kauft deutsche Produkte, weil er uns einen Gefallen tun will, sondern weil er in der Welt keine besseren Produkte findet. Dagegen ist die Behauptung, die deutsche Wirtschaft habe von der Einführung des Euro insofern besonders profitiert, als die Exporte in die Eurozone stark zugenommen hätten, falsch. Der Exportanteil der Eurozone ist für Deutschland von 45,4 Prozent im Jahr

---

334 Frank Schäffler plädiert für eine »atmende Währung«: Europa brauche eine atmende Währung mit Ausstiegs- und Einstiegsmöglichkeiten. »Und für jene, die sich dauerhaft nicht an vereinbarte Regeln halten, muss es auch Ausschlussmöglichkeiten geben.« http://www.frank-schaeffler.de/presse/wahlkreis/2020.

2000 auf 39,7 Prozent im Jahr 2011 zurückgegangen, während er außerhalb der EU im gleichen Zeitraum von 35,9 auf 40,8 Prozent angestiegen ist. Der Grund dafür liegt in der unterschiedlichen Wachstumsdynamik und der unterschiedlichen Ausrichtung der Produktionsstruktur; in den Euro-Staaten hat der niedrige Zins nicht den Ankauf von Ausrüstungsgütern, sondern vor allem den Erwerb von Immobilien und den aktuellen Konsum stimuliert. In den letzten Jahren ist der deutsche Export wegen der Rezession in den notleidenden Schuldnerstaaten geschrumpft. Wenn Länder von der Währungsunion profitiert haben, dann zunächst die der südlichen Peripherie, die mit der Auszahlung der Eurodividende Milliarden über Milliarden erhalten haben, die sie in die Sanierung ihrer Industrie und der Staatshaushalte hätten investieren können.

Als ein besonderer Vorteil wird herausgestellt, dass Europa ohne den Euro im Zuge der Finanz- und Wirtschaftskrise im Währungschaos versunken wäre: Die Wechselkurse wären uns um die Ohren geflogen, weil die Devisenkurse der Länder der südlichen Staaten abgesackt, die der nördlichen in die Höhe geschnellt wären. Bundestagspräsidenten Lammert belehrt uns: »Aber welch hohen Preis wir für die souveräne Beibehaltung der D-Mark ab dem Herbst 2008 mit gnadenlosen Aufwertungen hätten zahlen müssen, zeigt, wie riskant es ist, politische Fragen von dieser Komplexität zum Gegenstand von Stimmungen zu machen.«[335] In Wirklichkeit zeigt sich hier, wie mangelnder ökonomischer Sachverstand Politiker in die Irre führen kann.

Wenn es den Euro nicht gegeben hätte, wären die Währungen der Schuldnerstaaten schon zuvor abgewertet worden – nach Maßgabe der Leistungsbilanzdefizite und der unterschiedlichen Inflationsraten. Umgekehrtes wäre in den Gläubigerstaaten geschehen, wie auch schon vor der Währungsunion. Deutschland war immer ein Aufwertungsland und gehörte von jeher zu den exportstärksten Nationen der Weltwirtschaft. Ohne den Euro

---

335 Norbert Lammert, Interview, in: *Die Wirtschaftswoche*, 18. April 2011.

hätte es weder das Zinsgeschenk noch die Billig-Geld-Politik der EZB gegeben und damit keine Verführung zum Konsumrausch. Auch wäre die verzerrte Produktionsstruktur, die heute die Zurückgewinnung internationaler Konkurrenzfähigkeit hemmt, ausgeblieben. Wenn Bundestagspräsident Lammert erleichtert über das Ausbleiben gnadenloser Aufwertungen ist, so sagt er damit zugleich, dass sich die Wechselkurse in der Eurozone nicht in einem Gleichgewicht befinden. Wenn Politiker und Industrielle bei einer Aufwertung der renationalisierten Währung oder eines »konsolidierten Euro« Arbeitslosigkeit befürchten, dann verurteilen sie die Länder der südlichen Peripherie zu Arbeitslosigkeit und Rezession, weil diese, gefangen in der Euro-Falle, nicht abwerten können.

Siemens-Chef Peter Löscher sagt: »Ohne den Euro würde unser Land erheblich an Wettbewerbskraft verlieren.«[336] Ganz dramatisch wird es bei Roman Herzog, dem früheren Bundespräsidenten. Auf die Frage, ob er noch einen anderen Weg als eine Politikverlagerung in Richtung Brüssel sehe, antwortete er: »Gnade uns Gott, wenn der Euro platzt. Die D-Mark und einige andere Währungen würden an den Finanzmärkten durch die Decke gehen. Und dann wäre es um die deutsche Exportwirtschaft geschehen.«[337] Bei all diesen Äußerungen wird übersehen, dass das Festhalten an der jetzigen Wechselkursstruktur wirtschaftlich Starke noch stärker macht, Schwache noch schwächer. Denn – so argumentiert der Wirtschaftswissenschaftler Alfred Schüller – »der gemeinsame Wechselkurs wirkt, gemessen an den marktmäßigen Wechselkursen der Euroländer, für die abwertungsreifen Schuldnerländer wie Subventionen auf Importe und Steuern auf Exporte, umgekehrt für die aufwertungsreifen Staaten.«[338]

---

336 Peter Löscher, Interview, in: *Frankfurter Allgemeine Zeitung*, 9. Juli 2012.
337 Roman Herzog, Interview, in: *Focus Magazin*, 2012.
338 Alfred Schüller, Leserbrief zu dem Interview von Peter Löscher, in: *Frankfurter Allgemeine Zeitung*, 12. Juli 2012, S. 30.

Für dieses merkantilistische Privileg unserer Exportwirtschaft zahlt Deutschland, so Schüller, einen hohen Preis:

➤ Die Zahlungen aus den verschiedenen Rettungsfonds sind Beihilfen zur Wechselkursstabilisierung und verzerren damit dauerhaft die nationalen Leistungsbilanzen; solange die Verzerrungen nicht verschwinden, wird gezahlt werden müssen;

➤ die Rosskuren interner Abwertungen müssen dermaßen drastisch ausfallen, dass Regierungen gegen ihre Bevölkerung regieren müssen; das kann keine demokratisch gewählte Regierung über einen längeren Zeitraum durchhalten;

➤ bei Verzicht auf marktmäßige Wechselkurse müssen schließlich dirigistische Ausgleichsmaßnahmen ein künstliches Gleichgewicht herstellen.

Und dann gilt: Es ist leichter, einen Starken schwach, als einen Schwachen stark zu machen. Die internationale Konkurrenzfähigkeit Deutschlands lässt sich über eine aggressive Lohnpolitik oder über administrative Kontrollen – beispielsweise in Form von Schwellenwerten für Leistungsbilanzüberschüsse, von Exportkontingenten oder Selbstbeschränkungsabkommen – mindern.[339] Es wird übersehen, dass nicht die Billig-Geld-Politik der EZB die Preisentwicklung für den privaten Konsum gedämpft hat, sondern die maßvolle Lohnpolitik deutscher Gewerkschaften. Gehen von nun an deutsche Gewerkschaften aggressiv vor und verlangen sie zusätzlich noch einen Nachschlag für Bescheidenheit, dann wird mit hoher Wahrscheinlichkeit eine Lohn-Preis-Spirale ausgelöst. Sind aber die deutschen Leistungsbilanzüberschüsse eingeebnet worden, dann sinkt auch die Leistungs- und Zahlungsfähigkeit Deutschlands.

Und jetzt wollen wir uns doch einmal genauer anschauen, was bei einer Konsolidierung der Eurozone und bei einer daraus resul-

---

339 Lüder Gerken (»EU verkehrt: Sanktionen gegen Wettbewerbsfähigkeit«, in: *Frankfurter Allgemeine Zeitung*, 16. Mai 2012, S. 11) hat den Prozess nachgezeichnet, wie sich schließlich die von Frankreich geforderte Sanktionierung »übermäßiger« Leistungsbilanzüberschüsse durchgesetzt hat. Dieser Fall zeigt auch, wie eine geschickte Verhandlungsführung Mitspieler isolieren kann.

tierenden Aufwertung des konsolidierten Euro geschehen würde. Blicken wir zunächst auf die Schweiz. Obwohl der Schweizer Franken gegenüber dem Euro übermäßig stark aufgewertet wurde – vor allem deswegen, weil gerade deutsche Bürger dort ihr Geld in Sicherheit bringen wollen –, sind weder Exporte, das Wachstum noch die Beschäftigung eingebrochen. Die Arbeitslosigkeit in der Schweiz verharrt auf einem staunenswert niedrigen Niveau.[340] Wie lässt sich das erklären? Weder die Schweiz noch Deutschland exportieren Bananen, wo wenige Cents Unterschied die Nachfrager abwandern lassen. Weil die meisten Menschen die Qualitätsunterschiede nicht herausschmecken können, ist für sie Banane gleich Banane. Die Schweiz und Deutschland exportieren Hochtechnologie- und Ausrüstungsgüter, die nicht so rasch substituiert werden können. Deutschland gilt als die industrielle Werkbank gerade der erstarkenden und teilweise schon den Weltmarkt bestimmenden Schwellenländer wie China, die ihre industrielle Expansion hauptsächlich deswegen fortsetzen können, weil Deutschland die hierfür notwendigen Ausrüstungsgüter in der gewünschten Präzision und Zuverlässigkeit liefert.

Weiter verbilligt die Aufwertung die in den Exportprodukten verarbeiteten importierten Rohstoffe und Halbfertigprodukte. Im Zuge der Globalisierung ist deren Anteil ständig gewachsen. Auch zwingt die Aufwertung zur Ausschöpfung von Produktivitätsreserven. Deutschland ist seit 1950 Nettoexporteur, obwohl die D-Mark immer wieder aufgewertet wurde. Die Aufwertungen haben nicht geschadet. Der Ökonom Wolfgang Stützel sprach in diesem Zusammenhang von einem »Circulus virtuosus«, einem tugendhaften Zirkel, weil über die Aufwertung Stabilität und zugleich

---

340 Nach den im Herbst des Jahres 2012 vom Staatssekretariat für Wirtschaft (Seco) veröffentlichten Angaben ist die Arbeitslosenquote im Zeitraum 2010 bis 2012 von 3,7 auf mittlerweile 2,8 Prozent zurückgegangen (September 2012). Gute Nachrichten kommen vom Arbeitsmarkt für die 15- bis 24-Jährigen. Die Quote lag hier bei 3,5 Prozent. Damit schneidet die Schweiz besser als jedes Euroland ab. Vgl. hierzu auch: Matthias Müller, »Schweizer Arbeitsmarkt robust. Arbeitslosenquote verharrt unter der Marke von 3 Prozent – Aussichten intakt«, in: *Neue Zürcher Zeitung* (Internationale Ausgabe), 9. Oktober 2012, S. 8.

Kaufkraft importiert würden. Die gestiegenen Realeinkommen trügen zum sozialen Frieden bei. Ausbleibende Streiks und daraus resultierende Zuverlässigkeit bei Terminabsprachen wären ein nicht zu unterschätzender Wettbewerbsparameter.[341] Der frühere Wirtschaftsminister Karl Schiller setzte Aufwertungen mit einer »Sozialdividende« gleich. Diese Sozialdividende gibt es seit Beginn der Währungsunion nicht mehr. Seit dem Jahre 2000 sind die Realeinkommen für die abhängig Beschäftigten nicht gestiegen; für die unteren Lohnklassen sind sie sogar gesunken. Eine Preissteigerungsrate von gut 2 Prozent und die heimliche Progression haben die Nominallohnsteigerungen weggefressen. Im Vergleich mit der Entwicklung der Masseneinkommen sind die Bezüge der DAX-Vorstände dagegen seit dem Jahre 2000 um 170 Prozent gestiegen. Jetzt sieht man, wem die unterbliebene Aufwertung genutzt hat. Die abhängig Beschäftigten haben mit Fleiß, Disziplin und fachlichem Können den Unternehmen Exporterfolge ermöglicht und hohe Gewinne beschert, doch den Rahm schöpfen die oberen Hierarchien ab. Bisher hat noch kein Unternehmer auf diesen Zusammenhang hingewiesen. Wenn die »Sozialdividende« wie früher wieder ausgeschüttet würde, wären auch die Masseneinkommen höher, weil importierte Produkte wie Textilien, Benzin oder Heizöl billiger würden und damit auch mehr Kaufkraft für inländische Produkte zur Verfügung stünde.

Freilich, ganz ohne Blessuren würde die Konsolidierung der Eurozone nicht abgehen. Die unterlassene Aufwertung hat besonders die deutsche Industrieproduktion in Richtung Exportmärkte gesteuert. Zu Beginn der Währungsunion betrug der Anteil des Exports (Waren und Dienstleistungen) am Bruttoinlandsprodukt 33,4 Prozent, im Jahr 2011 50,1 Prozent. Wenn jetzt die Wechselkurse freigegeben würden, würde ein Teil der für den Export bereitstehenden Kapazität nicht mehr ausgelas-

341 Auf diesen Zusammenhang hat Wolfgang Stützel in verschiedenen Vorträgen aufmerksam gemacht, u.a. auf dem Forum für deutschsprachige Ökonomen, den Tagungen des »Vereins für Socialpolitik«.

tet werden können, sinkende Exportpreise müssten die Aufwertung kompensieren und die Produktpalette müsste ergänzt oder sogar erneuert werden. Nicht auszuschließen ist, dass Kapazitäten stillgelegt und Arbeitskräfte entlassen werden müssten. Da wir derzeit aber einen Facharbeitermangel beklagen, wird die Verweildauer in der Arbeitslosigkeit nicht dauerhaft, sondern bloß vorübergehend sein.

Der Linde-Chef Wolfgang Reitzle ist als erster aus der Phalanx der Industrievertreter, die in einer Aufwertung des Euro den Untergang Deutschlands sehen, ausgebrochen. Er befürchtet, dass der Reformwille in den Krisenländern nachlasse, wenn die EZB eingreife: »Wenn es nicht gelingt, die Krisenländer zu disziplinieren, muss Deutschland austreten.« Dies würde zu einer Aufwertung »der D-Mark, des Nord-Euro oder welche Währung wir dann auch hätten, führen.« Zwar würde in den ersten Jahren die Arbeitslosigkeit steigen, weil der Export einbreche, aber dann würde der Druck zunehmen, noch wettbewerbsfähiger zu werden. Die deutsche Wirtschaft könnte diesen Schock nach einigen Jahren überwunden haben. »Schon fünf Jahre später könnte Deutschland im Vergleich zu den asiatischen Wettbewerbern noch stärker dastehen«, glaubt Reitzle. Dieses Szenario ist für ihn »nicht wünschenswert, aber es darf auch nicht zum Tabu erklärt werden«.[342]

Die Kluft in der Eurozone hat sich nach der Weltfinanzkrise noch vertieft. Erstaunlicherweise hat als einziger Politiker Gregor Gysi eine solche Entwicklung in der Eurozone in der Aussprache des Bundestages über den Eintritt in die Europäische Währungsunion angesprochen. Die Sprecher aller Fraktionen – mit Ausnahme der PDS – hatten zuvor hervorgehoben, dass Lohnzurückhaltung oder höherer Produktivitätszuwachs nicht mehr durch nachfolgende Aufwertungen kompensiert würden. Damit haben sich alle, ohne es wohl zu wissen, für Valutadumping ausgesprochen.

---

342 Wolfgang Reitzle, »Dann muss Deutschland austreten«, Interview, in: *Der Spiegel*, 3/2012, 16. Januar 2012, S. 64ff.

Genau das würde Europa spalten: »Ob Frau Matthäus-Maier, ob die Sprecherin der GRÜNEN, ob CDU/CSU oder F.D.P., alle würdigen am Euro, dass sich die Exportchancen Deutschlands erhöhen würden. Wenn das dann so ist, dann müssen doch andere Produktionsunternehmen in anderen Ländern darunter leiden. Anders ginge es doch gar nicht.« (Beifall bei der PDS). »Das heißt, wir wollen den Export Deutschlands erhöhen und damit die Industrie in Portugal, Spanien und anderen Ländern schwächen. Die werden verostdeutscht, weil sie diesem Export nicht standhalten können. Das ist eines der Probleme, das zu einer weiteren Spaltung innerhalb Europas führt«.[343]

Eine Aufwertung eines »konsolidierten Euro« oder einer renationalisierten D-Mark würde Deutschland nicht untergehen lassen, vielmehr wäre eine Neuadjustierung der Wechselkurse im Rahmen eines europäischen »Realignment« ein Beitrag zur Einebnung der Spaltung in der Eurozone.

4. Bricht die Europäische Union auseinander?

Die Furcht, dass die Währungsunion nach dem Austritt eines Mitgliedstaates zerbrechen könnte, veranlasste politisch Verantwortliche in der EZB und der Bundesregierung, nach rechtlichen Gründen zu suchen, die ein solches Vorhaben vereiteln könnten. So waren Experten in der EZB zu dem Schluss gekommen, dass ein Ausscheiden aus der Währungsunion ohne Austritt aus der EU nicht vorstellbar sei. In einer internen Vorlage für Finanzminister Schäuble hieß es ganz ähnlich, nach Ansichten von Rechtsexperten müsse ein Land nach seinem Austritt aus der Eurozone auch die Europäische Union verlassen.[344]

Im Lissabon-Vertrag ist der Austritt aus der EU geregelt. Der Vertragstext sieht vor, dass der Austritt ordnungsgemäß vonstat-

---

343 Bundestag, Deutscher Bundestag, 724. Sitzung, stenographischer Bericht, 23. April 1998, S. 21048 D.
344 Vgl. hierzu Reinhard Müller, »Trennung als letztes Mittel«, in: *Frankfurter Allgemeine Zeitung*, 9. Mai 2011, S. 10.

tengehe und die EU als Gesamtheit nicht geschädigt werde.[345] Aber wenn ein Ausscheiden aus der übergeordneten Institution möglich ist, muss er auch aus einer Teilintegration möglich sein. An keiner Stelle des Lissabon-Vertrages ist kodifiziert, dass Länder bei einem EWU-Austritt auch aus der EU ausscheiden müssten. Wenn die Mitgliedschaft in der Währungsunion Bedingung für die Zugehörigkeit zur EU wäre, müssten konsequenterweise alle EU-Mitgliedstaaten ausgeschlossen werden, die nicht Mitglieder der EWU sind und auch nicht Mitglieder werden wollen. Wollte Griechenland aus eigenen Stücken ausscheiden, so könnte es argumentieren, dass es sich den Eintritt in die Eurozone mittels manipulierter Statistiken erschlichen habe; es habe nun schmerzlich festgestellt, dass seine innere Strukturen für einen stabilen und starken Euro noch nicht geeignet seien und dass es sich die Mitgliedschaft durch eine ehrliche Erfüllung der Konvergenzkriterien nun erarbeiten wolle. Wer wollte dem widersprechen?

Rein theoretisch wäre auch denkbar, dass Deutschland aus der Währungsunion ausschiede, um die Staatsanleihekäufe durch Mario Draghi nicht länger hinnehmen zu müssen. Wenn es dann auch aus der EU ausgeschlossen würde, dann fiele ja das gesamte Umverteilungssystem der EU in sich zusammen. Mithin kann man rasch durchschauen, dass die rechtlichen Erwägungen keinen Sachverhalt klären und erhellen, sondern einzelne Mitgliedstaaten von nicht gewollten Austritten abhalten sollten. Martin Seidel, als langjähriger zuständiger Ministerialrat im Bundeswirtschaftsministerium eng mit dem Europäischen Vertragsrecht vertraut, schreibt, dass es Griechenland freistehe, jederzeit seine Mitgliedschaft in der EU aufzugeben. Aus der Währungsunion könne Griechenland streng juristisch gesehen weder »austreten«, noch hätte

---

345 Zu Sezession und »Opting out« allgemein und in Hinsicht auf die EU siehe Wolf Schäfer, Europäische Union: Dat se bliven ewich tosamende ungedelt?, in: Wilhelm Hankel et al. (Hrsg.), *Der Ökonom als Politiker, Festschrift für Wilhelm Nölling*, Stuttgart 2003, S. 325–334. – Wolf Schäfer (S. 332) sieht in Sezession und Opting out Instrumente »gegen Zentralisierung und zentral gesteuerte Umverteilungsinstitutionen, sie leisten einen Beitrag zur Operationalisierung des Subsidiaritätsprinzips, sie bilden eine Gegenkraft zu Minderheiten dominierenden Mehrheitsentscheidungen.«

es in die Währungsunion »eintreten« können: »Die Währungsunion ist kein Staatenverband.« Hinter der sogenannten Währungsunion verberge sich lediglich die von den Mitgliedstaaten der Europäischen Union überantwortete Kompetenz und Zuständigkeit, für die Mitgliedstaaten der Europäischen Union eine zentrale gemeinsame Geldpolitik zu gestalten.[346] Inzwischen ist die politische Wirklichkeit über die Frage der rechtlichen Zulässigkeit längst hinweggegangen.

Das Ausscheiden einzelner Mitgliedstaaten sei nicht bloß ein ökonomisches Problem, sondern treffe das gesamte europäische Aufbauwerk in seinem Mark, so liest und hört man oft. So wurde in einem großen Artikel in der *Süddeutschen Zeitung* vom 4./5. August 2012 behauptet, bei einem Auseinanderfallen der Eurozone zerbräche viel mehr als nur ein Währungsraum: »Wirtschaftlich würde Europa weit ins 20. Jahrhundert zurückkatapultiert, in einen Kontinent der Zölle und Handelsschranken. Und politisch würden Wunden gerissen, die auf Jahrzehnte alle Einigungsbemühungen zunichtemachen würden.«[347] Das erinnert an das Wort der Kanzlerin. »Scheitert der Euro, dann scheitert Europa.« Solche Sätze dienen in aller Regel dazu, der interessierten Öffentlichkeit die Alternativlosigkeit des Regierungshandelns vor Augen zu führen. Aber je öfter der Satz als beschwörende Formel verwendet wird, desto mehr wird er zum eigenen Credo. Wieso sollte der Versuch der Konsolidierung der Eurogruppe die bisherigen Erfolge des europäischen Integrationsprozesses zunichtemachen? Da wir nicht unterstellen wollen, dass die Vertreter dieser Ansicht daran interessiert wären, die Menschen zu verunsichern, scheint mangelnder Sachverstand die plausibelste Erklärung zu sein.

Zunächst haben wir als Faktum festzuhalten, dass es innerhalb der Europäischen Union auch zwischen den Ländern einen gere-

---

346 Martin Seidel, Austritt aus der Währungsunion – eine freie Entscheidung Griechenlands, in: Dirk Meyer (Hg.), *Die Zukunft der Währungsunion – Chancen und Risiken des Euro*, Münster 2012, S. 157–166.
347 Simone Boehringer et al., »Euro-Stress«, in: *Süddeutsche Zeitung*, 4. August 2012, S. 31.

gelten freien Austausch gibt, die nicht Mitglieder der Eurozone sind. Warum sollte das bei den Mitgliedstaaten anders sein, die bisher der Eurozone angehörten? Natürlich wird es an den Devisenmärkten Turbulenzen geben, wenn einzelne Staaten zu nationalen Währungen zurückkehren. Doch zeigen die Erfahrungen, dass nach einem Ausscheiden aus einem Festkurssystem – in der Regel einseitige Wechselkursbindungen an den Dollar – die daraus resultierenden Abwertungen den betroffenen Ländern verloren gegangene Konkurrenzfähigkeit zurückgaben. Die jeweiligen Auf- und Abwertungen kompensieren dann Zölle und nichttarifäre Handelshemmnisse, zu denen Zuflucht gesucht würde, wenn es die Bewegungen auf den Devisenmärkten nicht gäbe. Im Übrigen gilt, dass die Europäische Union für alle Länder so viele Vorteile bringt – allein schon über die verschiedenen Fonds –, dass kein Mitgliedstaat sich selbst aus der Europäischen Union herauskatapultieren würde. Und welche politischen Wunden sollten denn gerissen werden? Wird es nicht umgekehrt sein, dass die politischen Wunden, die derzeit immer tiefer werden, weil zusammengehalten werden soll, was nicht zusammengehört, sich nach einer Konsolidierung der Eurozone allmählich schließen und schließlich auch heilen werden?

Die Eurozone, die um jeden Preis erhalten werden soll, wird an einem falsch konstruierten Euro scheitern. Diese Politik bringt »Europa in Not, Deutschland in Gefahr«, warnt Otmar Issing.[348] Deutschland hilft Europa nicht, wenn es auf einer schwierigen Bergtour die schweren Rucksäcke der Seilschaft übernimmt, unter der Last zusammenbricht und abstürzt. Wenn der Euro scheitert, dann scheitert eine falsch konzipierte Währungsunion mit einer falsch zusammengesetzten Seilschaft. Sie hat sich auf einen Weg begeben, der immer gefahrvoller wird und der, je länger man ihn geht, die ganze Seilschaft in einen Abgrund rutschen lässt. Wenn

---

348 Otmar Issing, »Europa in Not – Deutschland in Gefahr«, in: *Frankfurter Allgemeine Zeitung*, 11. Juni 2012. (http://www.faz.net/aktuell/wirtschaft/schuldenkrise-europa-in-not-deutschland-in-gefahr)

man jetzt innehält und sich neu sortiert – Wer geht weiter mit, wer scheidet aus? –, dann bleibt zumindest die Chance, eine konsolidierte Eurozone zu retten.

III. Die politische Dimension des Euro

1. Welches Europa wollen wir?

Wer nach einem Vortrag zur Krise in der Eurozone mit der Formel endet: »Wir brauchen nicht weniger, sondern mehr Europa«, kann mit Beifall rechnen. »Weniger Europa« gilt als Rückfall in überkommenes, nationalstaatliches Denken und Handeln. »Mehr Europa« heißt: Mehr von dem, was Europa mächtig und zugleich liebenswert gemacht hat. Weil die meisten Redner diese Formel als Schlusspointe ihres Vortrages wählen, brauchen sie sie auch nicht mehr zu begründen. Letztlich heißt »mehr Europa« mehr Kompetenzen für Brüssel.

Wie stark Brüssel tagtäglich in das Leben der Europäer eingreift, erfahren wir nicht nur beim Einkauf von Glühbirnen; auch im Metzgerladen hören wir erstaunt, dass Brüssel sogar darüber befindet, dass in der EU nur in ausgesuchten zentralen Orten geschlachtet werden darf. Dass weitere Wege als früher in Kauf genommen werden müssen und dass das auch mit Tierschutz wenig zu tun hat, ist aus Gründen europäischer Normierung hinzunehmen. Ungebeten ist Brüssel auch um unsere Gesundheit besorgt. Die EU-Kommission hatte eine Richtlinie vorbereitet, die Beschäftigte in der Bauindustrie oder in Gartenwirtschaften vor den Risiken übermäßiger Sonneneinstrahlung schützen sollte; sie sollten keine nackte Haut mehr zeigen dürfen und gegebenenfalls Schutzbekleidung tragen müssen. Dann wäre es mit den tiefen Dekolletés und üppigen Trinkgeldern in den bayerischen Biergärten vorbei gewesen. Nein, kein Witz. Die bayerischen EU-Parlamentarier – angestachelt vom Gaststättenverband und von der Bauindustrie – sind dagegen Sturm gelaufen, mit Erfolg. Das Europaparlament hat die »Sonnenschein-Richtlinie« in zweiter Lesung abgelehnt.[349] Aber jetzt basteln Mitarbeiter der EU-Kommission an Wasser sparenden Duschköpfen.[350] Das Vergnügen, frühmorgens kaltes Wasser auf sich herunterprasseln zu lassen, soll das vorbei sein? Manche Kritiker vergleichen die EU-Kommission mit dem sowjetischen Politbüro und Brüssel mit der Sowjetunion – EUDSSR. Ein solcher Vergleich ist ungerecht. Die sowjetische Spitze hat Land und Leute ausgebeutet; die EU-Kommission ist dagegen um unser Wohl besorgt und will unser Bestes, auch wenn wir selbst das nicht wollen.

Es ist auf den ersten Blick erstaunlich, dass gerade Finanzanalysten und Anlageberater, die sonst gegenüber staatlichen Interventionen reserviert sind, für eine politische Union mit Durchgriffsrechten plädieren. Bei Anton Brender, Chefvolkswirt bei »Dexia Asset Management«, lesen wir: »Lassen Sie mich das ganz klar sagen: Ohne eine stärkere Integration, die ab einem bestimmten Moment auch bedeutet, in sehr wichtigen Gebieten Souveränität wenigstens teilweise abzugeben, wird die Währungsunion auf Dauer nicht funktionieren.«[351] Ganz ähnlich äußert sich Martin Lück, Chefvolkswirt der UBS-Investmentbank: »Es gibt doch im Grunde nur zwei Möglichkeiten: Entweder der Euro bricht auseinander oder es gibt eine tiefere, vor allem fiskalische, aber insgesamt wirtschaftspolitische Integration in der Eurozone. Ich gehe davon aus, dass Letzteres passieren wird.«[352] Für Martin Hüfner, Volkswirt alter Schule und in verschiedenen Sätteln gesessen, könne eine europäische Währung nur für die Vereinigten Staaten von Europa funktionieren; wenn das nicht gelinge, müssten wir früher oder später zu nationalen Währungen zu-

349 Vgl. hierzu: »Das Dekolleté bleibt Privatsache«, in: *Süddeutsche Zeitung*, 11. Mai 2010 http://www.sueddeutsche.de/muenchen/2.220/sonnenschutz-richtlinie-das-dekollete-bleibt-Privatsache)

350 Vgl. hierzu: »Widerstand gegen EU-Duschkopfpläne«, in: *Frankfurter Allgemeine Zeitung*, 11. Januar 2013, S. 13.

351 Interview, in: *Frankfurter Allgemeine Zeitung*, 25. Juli 2012, S. 18.

352 Interview, in: www.fondsprofessionell.de/02/2012, S. 133.

rück.[353] Zu Zeitbedarf und institutioneller Ausgestaltung schweigen sie. Aus der Sicht des früheren Präsidenten der Deutschen Bank und heutigen UBS-Verwaltungsratspräsidenten, Axel Weber, ist es in der aktuellen Lage wenig zielführend, über die Konstruktionsfehler der Eurozone zu brüten. Die stark verschuldeten Peripherieländer müssten vielmehr so rasch wie möglich strukturelle Reformen umsetzen, um verlorenen fiskalpolitischen Spielraum zurückzugewinnen.[354]

Dies wird auch Finanzanalysten und Anlageberatern bekannt sein. Wer die Eurozone zusammenhalten und sie später mit einer politischen Union überwölben will, muss jetzt die Haftungs- und Transferunion absichern und ausbauen, um das große Ziel, die politische Union, nicht zu gefährden. Aus dieser Perspektive wird die Einstellung der Finanzanalysten verständlich: Sie wollen die Transferunion, um weiter in Ruhe ihren Geschäften nachgehen zu können.

Wenn wir wissen wollen, in welche Richtung die politische Fundamentierung gehen muss, müssen wir die spezifischen Eigenschaften gemeinsamen Geldes kennen. Währungsunionen und Wechselkursunionen als Vorstufen zur Währungsunion sind immer dann auseinandergebrochen, wenn die Teilnehmerstaaten ihren nationalen Interessen folgten, anstatt sich supranationalen Pflichten zu unterwerfen. Es sind daher Regeln und Institutionen zu entwickeln, die von vornherein sichern, dass es keine Konflikte zwischen nationalen Interessen und supranationalen Pflichten gibt oder dass sich die Mitgliedstaaten im Konfliktfalle gezwungen sehen, ihren supranationalen Pflichten nachzukommen.

Vor dem Beginn der Europäischen Währungsunion konnte man hören, bereits der Eintritt in die Währungsunion sei mit hohen nationalen Souveränitätsverlusten verbunden; wer dazu bereit gewesen sei, werde auch die damit verbundenen Pflichten er-

---

353 Martin Hüfner, »Wir müssen wirklich mutige Reformen durchführen«, in: www.fondsprofessionell.de/3/2012, S. 150-154.
354 »Axel Weber kritisiert Politik des billigen Geldes«, in: *Neue Zürcher Zeitung* (Internationale Ausgabe), 19. September 2012, S. 12.

füllen; der politische Sachzwang lege ein solches Verhalten – gerade aus einem nationalen Interesse heraus – nahe.[355] Doch waren die Motive für die Gründung der Währungsunion und für die Teilnahme höchst unterschiedlich. Für die Bundesregierung war der Maastricht-Vertrag mehr als ein währungspolitisches Projekt: »Maastricht zielt vielmehr auf die Errichtung einer dauerhaften Friedensordnung auf dem europäischen Kontinent.«[356] Zugleich würde die Einbindung Deutschlands in die Währungsunion als eine politische Rückversicherung gegen eine politisch-ökonomische Vormachtstellung des wieder größer gewordenen Deutschlands verstanden.[357] Für die übrigen Mitgliedstaaten waren die Motive handfester ökonomischer Natur: Genuss der Eurodividende und gleichberechtigte Mitsprache bei der Steuerung der gemeinsamen Geldpolitik. Man konnte also nicht von vornherein sichergehen, dass alle Mitgliedstaaten den Anforderungen, die gemeinsames Geld an die Mitglieder der Währungsunion stellt, genügen wollten.

Von den erhofften Vorteilen können Mitglieder, wenn sie in die Währungsunion aufgenommen worden sind, nicht mehr ausgeschlossen werden. Diese Vorteile verbrauchen sich auch nicht; dies gilt allerdings nur dann, wenn die Währungsunion eine Stabilitätsgemeinschaft bleibt. Wegen »Nicht-Ausschließbarkeit« und »Nicht-Rivalität« können wir dem Euro »Kollektivgut-Charakter« zuschreiben. Freilich mussten die interessierten Nationalstaaten erst die Konvergenzkriterien des Maastricht-Vertrages erfüllen, um Mitglied der Währungsunion zu werden und die erwarteten Vorteile wahrnehmen zu können; insofern können wir von einem »Club-Gut« sprechen.

---

355 Jack Lang, Vorsitzender des außenpolitischen Ausschusses der französischen Nationalversammlung, machte seinerzeit geltend, dass bereits die Bereitschaft zur Bildung einer Währungsunion als ein wesentlicher Schritt zu einer politischen Union aufgefasst werden könne. (J. Lang, »Je ne voterai pas le traité d'Amsterdam«, in: *Le Monde*, 19. August 1997)
356 Theo Waigel, Der Euro im politischen Kontext, in: Wilhelm Hankel et al. (Hrsg.), *Der Ökonom als Politiker*, a.a.O., S. 578.
357 Ebenda.

Die Vorteile eines solchen »Club-Gutes« fallen im vollen Umfang nur dann an, wenn die Mitglieder nationale Interessen gegenüber supranationalen Interessen zurückstellen. Eine besondere Versuchung für die Mitgliedstaaten ist eine laxe Finanzpolitik. Mussten vor der Währungsunion die Regierungen und vor allem die Bürger in den jeweiligen Mitgliedstaaten die Kosten unsolider Finanzpolitik über höhere Inflation, höhere Zinsen und periodische Abwertungen selbst tragen, so würden sie nun auf die Gemeinschaft umgelegt.[358] Bei der Bereitstellung von Club-Gütern lautet daher die prinzipielle Frage: Wie können die Nutznießer dazu gebracht werden, die mit der Erstellung dieser Güter verbundenen Kosten zu tragen? Hierauf gibt es zwei grundsätzliche Antworten:

➤ Die Mitglieder verpflichten sich gemeinschaftlich zu einer soliden Finanzpolitik, um die gemeinsame Zentralbank bei der Erfüllung ihres Auftrages, Preisstabilität zu gewährleisten, zu unterstützen.[359]

➤ Ein Hegemon sorgt dafür, dass die zur Erhaltung des Club-Gutes »stabiler Euro« notwendigen Regeln und Verpflichtungen auch eingehalten werden. Er muss daher mit entsprechenden Durchgriffsrechten ausgestattet sein.

Deutschland neigt dazu, eher auf Regeln zu setzen, die den einzelnen Akteuren Bewegungs- und Entscheidungsfreiheit lassen, solan-

---

358 O. Issing (»Europa: Politische Union durch gemeinsames Geld?«, in: Deutsche Bundesbank, Auszüge aus Presseartikeln, Nr. 50/1995, S. 5) schreibt: »Die Währungsunion vermindert aber auf der anderen Seite die Hemmschwelle für die staatliche Kreditaufnahme, indem unter dem Regime der gemeinsamen Währung das Wechselkursrisiko entfällt und die zinssteigernde Wirkung erhöhter nationaler Haushaltsdefizite im gemeinsamen Kapitalmarkt abgeschwächt wird. Die Partner haben die negativen Auswirkungen fiskalischen Fehlverhaltens eines Mitgliedstaates über höhere Zinsen mit zu tragen, der Kapitalmarkt einer gemeinsamen Währung schafft somit ohne entsprechende Vorkehrungen einen Anreiz zu höheren Defiziten, erzeugt also ein Moral-Hazard-Problem.«

359 Aus theoretischer Warte können wir solche Regeln aus Elementen ableiten, die eine auf Dauer funktionsfähige Währungsunion konstituieren. Hierzu gehören neben der Integration von Güter-, Dienstleistungs- und Kapitalmärkten auch die der Arbeitsmärkte. Vor allem müssen sie und auch die Sozialleistungssysteme, die die Lohnnebenkosten maßgeblich determinieren, elastisch auf endogene und exogene Schocks reagieren. Was das im Einzelnen heißt, kann bei Wilhelm Nölling studiert werden: Euro – der Sozialstaatsbruch, in: Wilhelm Hankel et al., *Die Euro-Illusion. Ist Europa noch zu retten?* Reinbek bei Hamburg 2001, S. 107ff.

ge die Regeln beachtet werden. Der ursprüngliche Stabilitätspakt war eine solche Regel, deren Befolgung das Club-Gut »stabiler Euro« sichern sollte. Damit die Regel auch eingehalten wurde, war sie mit unmittelbaren Sanktionen verbunden. Dieser »sanktionsbewehrte Regelmechanismus« ist, wie hier geschildert wurde, von der französischen Regierung nicht akzeptiert, sondern in ein politisches Entscheidungsverfahren überführt worden, das aber keine disziplinierende Wirkung entfaltet hat. Der jetzt von Angela Merkel erzwungene Fiskalpakt wird ein ähnliches Schicksal erleiden. Die Mitgliedstaaten werden sich nicht an solche Regeln halten, wenn über Verfehlungen politisch abgestimmt wird und keine Steuerpolizei losgeschickt werden kann, die die Sanktionen vollstreckt.

Finanzminister Schäuble war sich dessen wohl bewusst, wenn er den Vorschlag eines Währungskommissars mit Durchgriffsrechten in die politische Arena eingebracht hat. Dieser Kommissar hätte die Funktion eines Hegemons übernehmen sollen. Diesen Vorschlag hat bereits Jean-Claude Trichet im Rahmen seiner Dankesrede anlässlich der Verleihung des Karlspreises im Jahre 2011 gemacht: »Wäre es zu kühn, sich eine Union vorzustellen, die nicht nur einen gemeinsamen Markt, eine gemeinsame Währung und eine gemeinsame Zentralbank hat, sondern auch ein gemeinsames Finanzministerium?«[360] Er führte aus, dass ein solches Ministerium nicht unbedingt ein großes europäisches Budget verwalten solle. Er dachte eher an ein Finanzministerium mit direkten Zuständigkeiten in drei Bereichen:

➤ Aufsicht über Haushaltspolitik und Wettbewerbsfähigkeit sowie der Durchgriff auf die Wirtschaftspolitik der Länder;
➤ Bündelung aller typischen Zuständigkeiten eines Finanzministeriums in Bezug auf den integrierten Finanzsektor der Union;
➤ Vertretung der Union in internationalen Institutionen.

---

360 Jean-Claude Trichet, Europa voranbringen – Institutionen stärken. Rede zur Entgegennahme des Internationalen Karlspreises 2011 (http://www.Karlspreis.de/preistraeger/2001/rede_von_jean_claude_trichet).

Das hat Trichet alles sehr vorläufig, tastend und schemenhaft skizziert. Jeder kann sich aber leicht vorstellen, dass nach Realisierung dieser Vorstellungen nationale Regierungen und Parlamente nach der Pfeife des finanziellen Oberaufsehers hätten tanzen müssen. Trichet stieß zunächst auf starke Vorbehalte und Bedenken. Zu früh, hieß es; dafür sei die Zeit noch nicht reif. Auch fehle es an der demokratischen Legitimation. Bei fortschreitender Eurokrise sind aber immer mehr Politiker bereit, budgetäre Kompetenzen an Brüssel abzutreten, weil anders die Eurozone vor einem Auseinanderbrechen nicht bewahrt werden könne. Wenn ein europäischer Finanzminister oder Währungskommissar wirkungsvoll agieren soll, dann muss er über einen entsprechenden fachlichen Unterbau mitsamt Sekretariaten und sonstigen Hilfskräften verfügen. Wenn für einen überflüssigen europäischen Außenminister 6000 Planstellen vorgesehen sind, dann kann man sich Vorstellungen über die notwendige Personaldecke eines europäischen Finanzministers machen.

Freilich würde die französische Regierung einem solchen Souveränitätstransfer nicht zustimmen. Es entspricht vielmehr der französischen Linie, dass sich die Regierungen der Euro-Staaten in einem bestimmten zeitlichen Rhythmus zusammenfinden und eine verbindliche Marschroute für die Eurozone festlegen. Das Projekt einer europäischen Wirtschaftsregierung in Form einer intergouvernementalen Abstimmung ist seit jeher Ziel der französischen Politik gewesen – unabhängig von der jeweiligen politischen Ausrichtung. Die bisher vorgelegten Konzepte gehen davon aus, dass sich die Staats- und Regierungschefs zweimal im Jahr zu Sitzungen treffen. Ein Stab soll die Sitzungen vorbereiten und die Koordination zwischen den beteiligten Regierungen besorgen. Strategische Entscheidungen der Wirtschaftsregierung sollen ersetzen, was bisher von Fall zu Fall von den Regierungen der Eurozone vereinbart wurde. Die Wirtschaftsregierung muss in nationale Belange hineinwirken können, andernfalls wäre sie überflüssig. Dann stehen die Kompetenzen der nationalen Parlamente im Feuer. Gegen eine Wirtschaftsregierung lassen sich vier Argumente vorbringen:

➤ Der politische Druck auf die EZB nimmt zu;
➤ »Benchmark« für die Wirtschaftsregierung wird der »mittlere Sünder« sein;
➤ die Kompetenzen der nationalen Parlamente werden weiter beschnitten;
➤ das Prinzip »Wettbewerb als Entdeckungsverfahren« wird entscheidend geschwächt.

Gegen eine Wirtschaftsregierung hatten sich insbesondere die deutschen Mitglieder des Direktoriums der Europäischen Zentralbank (EZB) und die Repräsentanten der Deutschen Bundesbank ausgesprochen. Sie fürchteten um die politische Unabhängigkeit der EZB, wenn sich die Wirtschaftsregierung auf einen bestimmten Kurs geeinigt habe. Bei 17 Regierungen mit unterschiedlicher Ausrichtung konnte die EZB dagegen darauf hoffen, dass ein Machtvakuum entstehe, das ihr Freiraum für eine konsequente Stabilitätspolitik verschaffte. Seitdem sich die EZB in die Rettung von Euro-Staaten einschaltet, hat sie sich in die politische Arena begeben; sie wird bei den Verhandlungen ein entscheidendes Wort mitreden wollen und wird dann auch in die jeweilige Politik eingebunden werden.

Währungsunionen unterliegen Zerreißproben, wenn sich die Wettbewerbsfähigkeit der Mitgliedstaaten auseinanderentwickelt, also die einen ständig Defizite in ihrer Leistungsbilanz aufweisen, die anderen Überschüsse. Die gefährdeten Euro-Staaten sind nicht bloß überschuldet; ihnen fehlen Wirtschaftskraft und internationale Konkurrenzfähigkeit, um ihre Schulden bedienen und tilgen zu können. Also wird eine Wirtschaftsregierung versuchen wollen, solche Diskrepanzen von vornherein zu verhindern. Dann müssen die jeweiligen Politiken, die am weitesten auseinander liegen, auf einen gemeinsamen Kurs gebracht werden. »Benchmark« einer Wirtschaftsregierung wird also nicht eine stabilitätsorientierte Politik sein, wenn alle anderen Regierungen eine andere Zielrichtung verfolgen. »Benchmark« ist vielmehr der »mittlere Sünder«.

Rechtfertigen für abweichende Politik müssen sich die »Tugendhaften« und die »großen Sünder«. Eine Kostprobe hatte bereits Christine Lagarde, die frühere französische Finanzministerin, geliefert. Sie sah die Ursache für die schwindende Wettbewerbsfähigkeit einiger Mitgliedstaaten der Eurozone in den deutschen Exportüberschüssen begründet, die durch das Versäumnis der deutschen Bundesregierung, den privaten und öffentlichen Konsum zu stimulieren, hervorgerufen worden seien. Das für Sozialpolitik verantwortliche Mitglied der EU-Kommission, László Andor, hat solche Überlegungen jüngst wiederholt.[361]

Im Sinne eines finanzpolitischen Gleichgewichts innerhalb der Eurozone wird die Wirtschaftsregierung auch auf die Budgetentscheidungen der nationalen Parlamente Einfluss nehmen müssen. Es ist das vornehmste Recht des Parlaments, für das Geld der Steuerzahler verantwortlich zu sein. Wie ein roter Faden zieht sich durch die Urteile des Bundesverfassungsgerichts zu den Euro-Verfassungsbeschwerden die Mahnung, dass sich der Deutsche Bundestag nicht selbst entmachten dürfe. Das Budgetrecht ist für das hohe Gericht unantastbar. Doch werden bereits derzeit die Parlamente der Schuldenstaaten an die Kandare genommen und entmündigt und die der Gläubigerstaaten werden zu Krediten und Gewährleistungen genötigt, weil anderenfalls die Währungsunion zu Bruch gehe. Das Gericht hat hiergegen keine Einwände erhoben, solange der Bundestag darüber abstimmen könne. Daher ist die Schlussfolgerung erlaubt, dass die Parlamente zukünftigen Beschlüssen einer Wirtschaftsregierung zustimmen dürften, wenn

---

361 László Andor hat auf die Frage »Ist nicht das Problem eher gewesen, dass die heutigen Krisenstaaten jahrelang über ihre Verhältnisse gelebt haben?« geantwortet: »Die Ungleichgewichte im Euroraum sind nicht nur das Ergebnis fehlerhafter Politik in den Krisenstaaten. Deutschland hat dabei ebenso eine Rolle gespielt; es hat mit seiner nach Ansicht einiger merkantilistischen Wirtschaftspolitik die Ungleichgewichte im Euroraum verstärkt und so die Krise mitverursacht. Wir müssen deshalb die Lohnentwicklung künftig auf europäischer Ebene genau beobachten und so dazu beitragen, dass sie innerhalb des Euroraums nicht wieder so stark wie zuletzt auseinanderläuft.« László Andor, »Deutschland hat die Krise mitverursacht«, Interview, in: *Frankfurter Allgemeine Zeitung*, 22. September 2012. (http://www.faz.net./aktuell/wirtschaft/menschen-wirtschaft/eu-kommissar-laszlo-andor...)

nur so die Eurozone zusammengehalten werden könne. Das Argument, ein Zerbrechen müsse gerade im Interesse Deutschlands verhindert werden, da es Hauptprofiteur in der Eurozone sei, wird wieder im Mittelpunkt stehen; das sei auch im Interesse der Steuerzahler. Wenn diese Argumente – wie behauptet – bisher richtig waren, können sie in Zukunft nicht falsch sein. Auch gibt es eine normative Kraft des Faktischen: Man stelle sich einmal vor, wie die Finanzmärkte reagierten, wenn ein nationales Parlament einem Beschluss der Wirtschaftsregierung nicht zustimmte. Das würde doch als eine Aufkündigung der Eurozone aufgefasst.

Einen weiteren entscheidenden ordnungspolitischen Einwand gegen die Zentralisierung der Entscheidungsfindung hat Kurt Biedenkopf vorgebracht: Es sei gefährlich für Europa, wenn wir in Bereichen, über deren künftige Entwicklung wir relativ wenig wüssten, zentrale Antworten auf der Grundlage gegenwärtiger Kenntnisse gäben.[362] Karl Popper habe uns geraten, immer dann, wenn wir über entscheidende Zukunftsfragen in der offenen Gesellschaft keine gesicherten Antworten hätten, einen Wettbewerb zu organisieren. Auf diese Weise ermöglichten wir die Entstehung von Alternativen. Je mehr Mitgliedstaaten an der Entscheidungsfindung beteiligt seien und je mehr Probleme zentral gelöst würden, desto weniger könnten sich Bürger und Regierungen darin wiederfinden und den Entscheidungsweg nachvollziehen. In der Tat ist oft noch nicht einmal erkennbar, welche Länder, welche Koalitionen und welche Paketlösungen für die Entscheidungen der EU verantwortlich waren, die direkt in die Lebenswirklichkeit der Bürger eingreifen und die von den Bürgern nicht nachvollzogen werden können.

Was die Menschen in Europa wirklich fasziniert, ist nicht das politische, sondern das kulturelle Europa. Wir können die europäische Nachkriegsgeschichte als eine Entwicklung in Richtung Be-

---

362 Kurt Biedenkopf, Vom Komplizierten zum Einfachen – Wege zu einer neuen Problemlösungsfähigkeit in Staat und Wirtschaft, Rede auf dem VIII. Internationalen Kongress »Junge Wissenschaft und Wirtschaft« (3.–5. Juni 1998), *Veröffentlichungen der Hanns-Martin-Schleyer-Stiftung*, Bd. 52, Köln 1998, S. 17ff.

friedung und gute Nachbarschaft sehen. Es begann mit der berühmten Rede Winston Churchills in Zürich im Jahre 1946, in der er »eine Art Vereinigte Staaten von Europa« skizzierte. Bemerkenswert ist die Einstellung Helmut Kohls zu dieser Rede. In einem Vortrag vor den Studierenden der Universität Tübingen am 23. Januar 2007 kam er immer wieder auf Churchills Rede zu sprechen.[363] Doch sagte er, dass europäische Länder keine Vereinigten Staaten wie die USA werden könnten; sie blieben vielmehr Länder mit einer eigenen Identität, die sich zusammengetan hätten, um gemeinsame Ziele zu verwirklichen. Keiner habe das Recht, auf den anderen mit Herablassung zu reagieren, betonte Kohl. Europa brauche kein »Direktorium«. Es gelte das Prinzip der Subsidiarität. Zugleich betonte er, dass Europa vor allem ein Europa der Kulturen und ein Europa der Jugend sei. Ein lebendiges Zeugnis dafür sei für ihn eine Begebenheit auf der Karlsbrücke in Prag gewesen. Dort hätten sich viele junge Leute aus ganz Europa getroffen. »Und im Hintergrund hörte man das Murmeln des Flusses, die Moldau von Smetana. So stelle ich mir das kulturelle Europa vor.«

Auch Jean-Claude Trichet hat in seiner Karlspreis-Rede die kulturelle Einheit Europas angesprochen: »Erlauben Sie mir, auch als Zentralbanker, einige Gedanken zum Thema Kultur – ganz im Sinne von Jean Monnet, der sagte: ›Wenn ich noch einmal von vorne anfangen müsste, würde ich mit der Kultur beginnen.‹ Die Wurzeln des Projektes Europa liegen in seiner kulturellen Vielfalt und Einheit zugleich.«[364] Auch Martin Walser hat in einem bewegenden Text das Hohe Lied des kulturellen Europa gesungen. Er höre auch die jeweiligen Experten daraufhin ab, ob sie Europa (noch) wollten oder ob sie uns zurücksteuern wollten in die eurolose Währungsvielfalt.[365] Seine Schlussfolgerung lautet: »Es darf

363 Vgl. hierzu Indira Gurbaxani, »So stelle ich mir das kulturelle Europa vor«, in: ASM (Aktionsgemeinschaft Soziale Marktwirtschaft)-Bulletin, 2007, Nr. 1 (www.asm-ev.de/publikationen-und-texte/schriftenreihe-marktwirtschaftliche-reformpolitik.html).
364 Jean-Claude Trichet, Europa voranbringen., a.a.O., S. 8.
365 Martin Walser, »Das richtige Europa«, in: *Frankfurter Allgemeine Zeitung*, 21. August 2012, S. 25.

nur nicht der als Sachverstand kostümierte Kleinmut das Sagen haben. Ein Rückschritt jetzt würde das richtige Europa für unvorstellbar viele Jahre auf den Müllhaufen der Geschichte werfen.« Wer Walsers Text auf sich wirken lässt, wird geradezu in ein europäisches Gemeinschaftsgefühl hineingerissen. Walser will allerdings keine Machtkonzentration in Brüssel; er möchte mit Paul Kirchhof zur europäischen Rechtsgemeinschaft zurückkehren. Wer wie er Europa als Lerngemeinschaft, gegründet auf Freiwilligkeit und Selbstbestimmung, sieht, dem wird eine Superbehörde nicht schmecken, die uns den wirtschafts- und finanzpolitischen Takt vorgibt. Wenn für ihn die gemeinsamen Euroscheine Ausdruck europäischer Kultur sind, so fällt doch auf, dass der Euro-Begeisterte sich offensichtlich noch nie einen Euroschein genau angeschaut hat. Was hätte er hier entdecken können?

Auf der Vorderseite stilisierte Portale und Eingänge, auf der Rückseite stilisierte Brücken und Aquädukte und eine dunkel unterlegte Landkarte von Europa. Diese fiktiven Bauelemente können überall und nirgends in Europa stehen. Wir finden auf den Euroscheinen nichts wirklich Reales von dem, was wir an Europas Kultur und Geschichte schätzen und lieben: Weder Platon, Aristoteles, Descartes noch Kant können wir entdecken, weder Cäsar, Kaiser Karl, Maria Theresia oder Napoleon, weder Beethoven, Mozart noch Verdi, weder Racine, Shakespeare noch Goethe – von dem berühmten Denkmälern, Schlössern und Burgen ganz zu schweigen. Warum sind unsere Euroscheine geschichts- und kulturlos? Die Politiker werden darüber sicherlich diskutiert haben und festgestellt haben, dass sie sich über das kulturelle Erbe Europas und seine Geschichte nicht einig sind oder auch nicht einig werden wollen. Als Ersatz haben sie die stilisierten »vaterlandslosen« – nein: »europalosen« – Kunstprodukte gewählt.

Wer hat schon einmal Euroscheine und US-Dollarnoten nebeneinander gehalten?

Ein Blick auf die Vorderseite des US-Dollars zeigt die Insignien der nationalen monetären Autoritäten: das Siegel der »Federal Reserve Bank und des Department of the Treasury, die Unterschriften des Treasurer of the United States und des Secretary of the Treasury und das jeweilige Datum bei der Signierung der Druckplatten. Auf der Rückseite lesen wir den großartigen Satz: »In God We Trust.« Man sieht die bekannten amerikanischen Gebäude – Capitol und Weißes Haus – und die großen Staatsmänner. Schaut man sich dann die Vorderseite des Euroscheins an, dann erkennt man nicht, wer für das Geld geradesteht. Nur die Kenner wissen, dass das, was wie ein Sternenschweif aussieht, die Signatur des früheren Präsidenten der Europäischen Zentralbank, Wim Duisenberg, ist und dass die Hieroglyphen auf Scheinen jüngeren Datums die Signaturen von Jean-Claude Trichet und Mario Draghi sind. Es ist für die Bürger nicht erkennbar, wer die Druckplatten signiert hat und wann das geschehen ist. Bei jedem Vertrag sind Ort und Datum aufgeführt, bloß bei dem wichtigsten Vertrag zwischen Bürger und Notenbank fehlen diese Angaben. Warum eigentlich?

Eine weitere Merkwürdigkeit: Auf der Rückseite verraten Buchstaben vor den Zahlenkolonnen den Eingeweihten, aus welchem Land der Eurozone die Scheine stammen: Z steht für Belgien, Y für Griechenland, X für Deutschland, V für Spanien, U für Frankreich… Warum hat man das so kompliziert gemacht? Warum hat man nicht B für Belgien, D für Deutschland, F für Frankreich oder I für Italien genommen? Vielleicht hat man befürchtet, dass die Menschen, wenn sie wissen, woher die Geldscheine kommen, in ihre alten Vorurteile verfallen und Scheine aus bestimmten Ländern zurückweisen. Wer die Herkunft der Euroscheine anhand der vorausgesetzten Buchstaben identifizieren kann, ist natürlich neugierig, woher die Scheine kommen. Dann entdeckt er im Zeitverlauf, dass gerade bei höheren Beträgen von 50 Euro an aufwärts immer weniger das »X«, also Deutschland, vor den Zahlenkolonnen zu finden ist, sondern mehr und mehr »V« für Spanien und »S« für Italien, auch »Y« für Griechenland ist nicht selten. Man könnte natürlich sagen, dieses sei die Konsequenz der engeren monetären Integration und des grenzüberschreitenden Waren-

und Kapitalverkehrs. Wenn das so wäre, müsste der Buchstabe »U« für Frankreich häufiger zu finden sein, das anteilsmäßig Italien und Spanien weit übertrifft. Könnte es sein, dass dies die Konsequenz der Kapitalflucht aus bedrohten Schuldnerstaaten ist oder der auflaufenden Target-Salden ist?

Das kulturelle Europa wird in den Hintergrund gedrängt, weil jede Aktion nur noch unter dem Aspekt der Stabilisierung der Eurozone betrachtet wird. Alles was Europa groß und liebenswert gemacht hat, wird auf dem Altar der gemeinsamen Währung geopfert. Otmar Issing hat voller Sympathie für das Europa, das wir lieben, und in voller Kenntnis der geschichtlichen Zusammenhänge gezeigt, dass das Projekt der politischen Union nicht als Instrument zur Bewältigung der Eurokrise tauge: »Wer die bloße Absicht, diesen Weg zu gehen, als Mittel benutzt, um einen unwiderruflichen Transfer von finanziellen Ressourcen einzuleiten, handelt nach dem Motto ›Geld heute für die Vision der Politischen Union morgen‹.« Europa bestehe aus vielen Völkern, die alle ihre spezifischen Begabungen, aber auch Schwächen hätten. Im freien Austausch und Wettbewerb hätten sich die Kräfte gebildet, die Europa zu einer kulturellen Nation gemacht hätten und weiter machen könnten: »Darüber und über die Spielregeln und Haftungen sollte Einigkeit bestehen, ohne der Utopie einer verordneten Einheit zu verfallen.«[366]

Dass eine solche politische Einheit wirklich eine Utopie ist, hat unfreiwillig der Abschlussbericht einer Gruppe von europäischen Außenministern demonstriert, die sich auf Initiative des deutschen Außenministers zusammengefunden hat.[367] Sie hat ihren Abschlussbericht am 17. September 2012 vorgelegt. Anlass für die Treffen und die Ausarbeitung eines allerdings unverbindlichen

366 Otmar Issing, »Zur Zukunft Europas«, in: *Frankfurter Allgemeine Zeitung,* 3. September 2012, http://www.faz.net/aktuell/feuilleton/debatten/europas-zukunft/otmar-issing-zur-zukunft-europas-grosser-beifall-von-allen-seiten-11877707.html.

367 Zu der Gruppe gehörten die Außenminister Belgiens, Dänemarks, Deutschlands, Frankreichs, Italiens, Luxemburgs, der Niederlande, Österreichs, Polen, Portugals und Spaniens. Der Abschlussbericht ist zu finden unter: http://www.wien.diplo.de/contentblob/3664830/Daten/2689429/Zukunftsgruppe_DL.pdf

Textes war die Sorge, dass die Eurokrise längst eine politische Dimension habe; in vielen Teilen Europas seien Nationalismus und Populismus auf dem Vormarsch, während gleichzeitig Solidarität und das Zusammengehörigkeitsgefühl in Europas nachließen; das Vertrauen in das gemeinsame europäische Projekt müsse wiederhergestellt werden; es sei von entscheidender Bedeutung, dass die Bürgerinnen und Bürger Europas einbezogen würden. An dem Abschlussbericht der elf Außenminister ist immerhin anzuerkennen, dass der Dissens innerhalb der Arbeitsgruppe freimütig zugegeben wird: »Wir betonen, dass nicht alle teilnehmenden Minister mit allen Vorschlägen einverstanden sind, die im Laufe unserer Diskussionen vorgebracht worden sind, und dass die individuellen vertraglichen Verpflichtungen und Rechte der Mitgliedstaaten innerhalb der einzelnen Politikbereiche berücksichtigt werden müssen.« Als Quintessenz wird festgehalten, dass Europa am Ende eines längeren Prozesses ein schlankes und wirksames System für die Gewaltenteilung bräuchte, das über volle demokratische Legitimität verfüge. Einige Mitglieder der Gruppe verstehen darunter einen direkt gewählten Kommissionspräsidenten, der die Mitglieder seiner »europäischen Regierung« selbst bestimmen könne, ein Europäisches Parlament mit der Befugnis, Gesetzgebungsverfahren zu initiieren, und eine zweite Kammer für die Mitgliedstaaten. Da genau das in der Gruppe aber strittig geblieben ist, dokumentiert dieser Bericht, dass über den Weg zu einer politischen Union unter den Politikern kein Einvernehmen besteht.[368]

Auch ohne den Weg zu kennen, wird doch, wie Peter Graf Kielmansegg feststellt, die Krise zum Anlass genommen, »Europa eine Art von Zwangsintegration zu verordnen, ein Integrationsprogramm, das mit logischer Unabweisbarkeit – so sehen es seine Ver-

---

[368] Ein europäischer Diplomat spottete, der Abschlussbericht sei »unwichtig für die Zukunft Europas, aber sehr wichtig für die Zukunft Westerwelles.« Quelle: »Europa-Manifest der Uneinigkeit«, in: *Der Spiegel*, 39/2012, S. 15. – Hier ist auch zu lesen, dass vor allem Frankreich die »Zukunftsgruppe« schon frühzeitig abgelehnt habe. Zu den Treffen erschien der französische Außenminister nur einmal persönlich; zur letzten Sitzung in Warschau konnte Amtsinhaber Laurent Fabius nur mit Mühe überzeugt werden, überhaupt einen Vertreter zu schicken.

fechter – aus der Krise entspringt und deshalb eigentlich gar nicht mehr Gegenstand politischer Meinungsverschiedenheiten sein kann.« Er fährt fort: »Die Währungsunion – so lautet die Logik – erzwingt die politische Union, weil sie anders nicht funktionsfähig ist.« Ein nach diesem Handlungsmuster gebautes oktroyiertes Europa wäre ein wurzelloses Europa. Nur ein von den Menschen angenommenes Europa wäre eine legitime politische Ordnung, die für Europa selbst und für die Welt das Versprechen einlösen könnte, das dem europäischen Projekt zugrunde liege.[369]

Ja, welches Europa wollen wir denn? Ein Europa, das von der politischen Hauruckgesellschaft wieder zu einer europäischen Rechtsgemeinschaft zurückkehrt, wo die Völker in Frieden und im Einvernehmen miteinander leben, wo sie sich als vollwertige Mitglieder der europäischen Familie empfinden und ihre Regierungen und Parlamente eigenverantwortlich handeln können. Wir wollen ein demokratisches Europa des Rechts, das den Frieden des Einvernehmens, der Freundschaft und der guten Nachbarschaft wahrt.

2. Zum Verhältnis von Souveränität und Globalisierung

Unsere Politiker sagen uns, Deutschland sei zu groß für Europa – daher müsse man es stärker in Europa einbinden –, aber zu klein im Rahmen der Globalisierung, daher brauche es den Euro. Eine zweite, damit zusammenhängende These lautet: Verlierer der Globalisierung seien die nationalen Regierungen, weil sie nicht mehr wie in der Vergangenheit ihre Volkswirtschaften zu Gunsten ihrer Wählerschaft kontrollieren könnten. Nationale Souveränität solle daher an eine europäische Instanz delegiert werden, die die Rechte und Interessen für die Mitglieder der EU wahrnehme. Die EU und der Euro böten sich als »sicherer Hafen« vor den Stürmen der Globalisierung an. Das gemeinsame Geld schütze sie gegen spekulative Attacken und verschaffe ihnen Mitsprache und Mitwirkung

---

369 Peter Graf Kielmansegg, »Zwangsintegration. Das Desaster der Währungsunion erzwingt keine politische Union«, in: *Frankfurter Allgemeine Sonntagszeitung*, 16. September 2012, www.faz.net/aktuell/wirtschaft/europas-schuldenkrise/zum-umbau-der-eu-zwangsintegration-11995056.html.

auf der monetären Weltbühne. Die europäischen »Dorfwährungen« würden gegenüber den zukünftigen Weltwährungen hoffnungslos ins Hintertreffen geraten.[370]

Die Einführung einer gemeinsamen Währung ist mit einem Souveränitätsverlust verbunden. Eine Volkswirtschaft hat drei unmittelbare Parameter, um ihre internationale Wettbewerbsfähigkeit zu sichern: Zins, Wechselkurs und Lohn. In der Währungsunion werden die Parameter Zins und Wechselkurs vergemeinschaftet, stehen also nicht mehr unter nationaler Kontrolle. Da der Parameter »Lohn« weitgehend von den Tarifvertragsparteien kontrolliert wird, scheint der Verzicht auf eine nationale Währung ein erheblicher Souveränitätstransfer zu sein. Dies trifft nicht auf alle Mitglieder der Europäischen Währungsunion gleichermaßen zu. Da sich im Europäischen Währungssystem (EWS) die D-Mark als Ankerwährung und die Bundesbank als deren Hüterin im Zeitverlauf herauskristallisiert hatten, waren die anderen nationalen Währungen bloß Trabanten, die um die D-Mark kreisen. Mit dem Übergang zur Währungsunion wurde die asymmetrische Willensbildung – die Bundesbank gibt den Kurs vor, dem die anderen Zentralbanken folgen – durch eine symmetrische Willensbildung abgelöst: Im Zentralbankrat hat jedes Land eine Stimme und kann wieder aktiv auf die Steuerung von Zins und Wechselkurs einwirken. Aus dieser Perspektive war der Eintritt in die Währungsunion mit einer faktischen Renationalisierung währungspolitischer Souveränität verbunden. Anders verhielt es sich bei Bundesbank und Bundesregierung. Jetzt konnte aufgrund der Mehrheitsverhältnisse eine Politik gegen die Interessen von Bundesregierung und Bundesbank betrieben werden. Die Bundesbank tröstete sich mit dem Gedanken, dass ihre Politik auf europäischer Ebene fortgesetzt werde; die Bundesregierung war stolz darauf, dass die deutsche Stabilitätsphilosophie in Europa obsiegt habe. Man glaubte gewis-

---

370 Zu den »Dorfwährungen« hat der damalige Außenminister Klaus Kinkel auch die D-Mark gezählt. Dagegen hat sich allerdings der damalige Präsident der Deutschen Bundesbank, Hans Tietmeyer, verwahrt. In: *Berliner Zeitung*, 15. Januar 1997.

sermaßen an das Überleben der D-Mark in einem supranationalen Verbund.

In einer Währungsunion gibt es nicht bloß ein gemeinsames Geld, man teilt auch ein gemeinsames Schicksal. Um die damit verbundenen Risiken unter Kontrolle zu halten, sollte jedes Land für seine eigene Finanzwirtschaft verantwortlich sein. Wenn alle ihre finanziellen Pflichten erfüllen, muss kein Land für ein anderes einspringen. Wenn das aber nicht der Fall ist und die »Sünder« nicht verstoßen werden sollen, geht wieder Souveränität verloren. Wenn ein Land für ein anderes haftet, wird sein Budgetrecht faktisch beschnitten, weil entweder geplante Projekte zurückgestellt werden müssen oder die Staatsschulden steigen; aber auch das Budgetrecht der zu rettenden Länder wird unter Kuratel gestellt. Diese Form von Solidarität ist der Feind der Souveränität, da sie nicht bereitwillig ausgeübt wird, sondern an Bedingungen geknüpft ist.[371] Diese müssen auf Einhaltung hin kontrolliert werden. Dass nun eine »Troika« von Beamten der EU-Kommission, der EZB und des IWF durch Griechenland zieht, der Regierung und den Abgeordneten auf die Finger schaut, die Bücher prüft, moniert, rät und anordnet – das alles ist aus der Sicht der Gläubigerländer verständlich und notwendig, und doch ist es, wie Rainer Hank schreibt, die Zertrümmerung nationaler Souveränität. Das Pendant liegt »in der erpresserischen Macht, die der Solidaritätsdruck auf die Parlamente der Geberländer ausübt.« Da sie die »Hilfe« nicht verweigern könnten, unterliege ihr Gewissen einem Druck der Zwangsläufigkeit, der die Souveränität nur noch auf dem Papier bestehen lasse: »Beide, Geber und Nehmer, sind in Solidarität aneinander gekettet, die die Souveränität morsch werden lässt.«[372]

Wenn das Budgetrecht zwangsläufig an eine supranationale Instanz delegiert wird, sind die Abgeordneten immer weniger für

---

371 Rainer Hank, »Solidaritätsverbot. Zur Theorie nationalstaatlicher Souveränität in Europa«, in: *Merkur*, Heft 764, Januar 2013, S. 14–24.
372 Rainer Hank, »Solidaritätsverbot …«, a.a.O.

ihre Wähler verantwortlich. Sie können ihnen erklären, warum sie das und jenes aus europäischem Interesse tun müssten und warum das gerade aus der Sicht deutscher Wähler vorteilhaft sei; denn Deutschland profitiere am meisten von der Währungsunion. Daraus kann der Schluss gezogen werden: Es ist in eurem Interesse, dass wir im nationalen Rahmen demokratisches Recht abbauen, damit auf supranationaler Ebene der Europäische Rat der Staats- und Regierungschefs für das europäische Wohl sorgen kann. Der Präsident des Europa-Parlaments, Martin Schulz (SPD), kritisierte dagegen diesen »modernen Wiener Kongress«: »Hinter verschlossenen Türen wird beraten, um den erstaunten Untertanen hinterher mitzuteilen, worauf sie sich nicht geeinigt haben.« Das müsse sich ändern: »Wir müssen die Demokratie in Europa stärken. Wir brauchen mehr Legitimation durch die parlamentarische Debatte«.[373]

Für Wolfgang Schäuble sind dieser Souveränitätstransfer und damit zwangsläufig auch der Verlust an Demokratie vor Ort der Preis, den wir im Rahmen der Globalisierung zahlen müssen, um die Bürger zu beschützen.[374] Immer wieder hat er im Rahmen der Verhandlungen vor dem Bundesverfassungsgericht, erst als Innenminister zum Lissabon-Vertrag und dann als Finanzminister zum ESM-Vertrag, argumentiert, dass im Zuge der Globalisierung auch die Reichweite nationaler Souveränität neu bedacht werden müsse. Angesichts aufstrebender wirtschaftlicher Großmächte in Südostasien und Lateinamerika und einflussreicher Erdölproduzenten werde auf Deutschlands Stimme im globalen Diskurs immer weniger gehört, wenn es seine Interessen nicht über die Europäische Union wahrnehme. Schäubles Plädoyer gleicht der Argumentationsfigur seines berühmten schwäbischen Landsmanns,

---

373 Zitiert in: Daniel Eckert et al., »Alle wollen mehr Europa – nur welches?«, in: *Die Welt*, 9. Januar 2013. Abgedruckt in: Deutsche Bundesbank, Auszüge aus Presseartikeln, Nr. 2, 9. Januar 2013, S. 7.

374 Wolfgang Schäuble, »Institutioneller Wandel und Europäische Einigung«, in: *Frankfurter Allgemeine Zeitung*, 11. Januar 2013. http://faz.net/aktuell/wirtschaft/wirtschaftspolitik/rede-von-wolfgang-schaeuble-institutioneller-wandel-und-europaeische-einigung-12021794-11.html.

Georg Friedrich Wilhelm Hegel: These – Antithese – Synthese. Hegel verwendet zur Erläuterung des Gangs der Weltgeschichte die dreifache Bedeutung des Verbs »aufheben«: Die Antithese hebe die These auf, beseitige sie also; zugleich würden deren wesentliche Elemente aufgehoben, also bewahrt, um schließlich als Synthese auf eine höhere Ebene gehoben zu werden.[375]

Diese dreifache Bedeutung von »Aufheben« findet sich auch im dialektischen Zusammenspiel von Nation als These und Europa als Antithese: Die Einbringung von Souveränität in Richtung Europa hebe diese auf nationaler Ebene auf, beseitige sie also; sie werde aber in und durch Europa aufgehoben, also bewahrt; dadurch ändere sich auch Europa und hebe so nationale Souveränität auf ein höheres Niveau, wo sie wirkungsvoller als im nationalen Rahmen zur Geltung gebracht werde. Wenn Schäuble nationale Interessen durch Europa oder genauer – durch die EU – vertreten sieht, verwendet er eine Argumentationsfigur, die Joseph Schumpeter »methodologischen Kollektivismus« genannt hat: Eine Gruppe von Individuen, Parteimitgliedern oder Staaten wird so behandelt, als ob sie eine Einzelperson wären. Mögliche nationale Interessenkonflikte zwischen ihnen werden dann ausgeblendet.[376]

Wie ist die empirische Realität? Bündelt die EU die verschiedenen nationalen Interessen dergestalt, dass ein europäischer Mehrwert daraus erwächst? Empfindet sich jedes Land und jede Regierung als Teil eines größeren Ganzen, das das europäische Wohl formuliert und nach außen vertritt? Wie sehen das die Akteure vor Ort? Der Kabinettschef des früheren EU-Kommissars Peter Schmidhuber, Marcell von Donat, hat nach seinem Ausscheiden

---

375 Hierzu passt auch der Hinweis von Karl Lamers, dem langjährigen außenpolitischen Kombattanten von Wolfgang Schäuble, dass Politik heute auf zentralen Feldern immer mehr grenzüberschreitend, transnational und global sei und deswegen als eine »leere Hülse« zu betrachten sei, die es zu füllen gelte. Hegels Diktum im Ohr – »Freiheit ist die Einsicht in die Notwendigkeit« –, sei nicht mehr zu fragen, »was wir wollen, sondern vor allem, was wir müssen!« Lamers fährt fort: »Und was man muss, muss man auch wollen, und zwar, um es gestalten zu können.« Karl Lamers, Europa – die Antwort der Europäer auf die Globalisierung, in: Nils Ole Oermann et al., *Der fröhliche Sisyphos, Festschrift für Wolfgang Schäuble*, Freiburg, Wien, Basel 2012, S. 117.

376 Joseph Schumpeter, *Das Wesen und der Hauptinhalt der theoretischen Nationalökonomie*, 2. Aufl. Berlin 1970, S. 90f.

aus der Kommission seine Erfahrungen in dem Satz zusammengefasst, die EU kranke dran, dass alle Mitgliedstaaten immer nur »Ich, ich« riefen, aber niemand »Wir«.[377] Klaus Gretschmann, früherer Generalsekretär im Ministerrat der EU, beschreibt das Verhalten der politischen Akteure nicht als eines, das sich in den Dienst des europäischen Wohls stellt, sondern als Verhalten von Individuen, die für ihr nationales Interesse wirken, genau wie Individuen, die ihr persönliches Interesse im Auge hätten.[378] Das Gemeinschaftsinteresse, so wie es die Kommission versteht, deckt sich immer weniger mit den Vorstellungen der Mitgliedstaaten. Der frühere Kommissionspräsident Romano Prodi sieht das eigentliche Problem darin, »dass wir uns irgendwann einmal mit unseren Mitgliedstaaten nicht mehr über die Marschrichtung einig gewesen sind und es immer mühsamer geworden ist, unsere Uneinigkeit hinter subtilen Protokollen und immer komplizierteren Formeln zu verbergen.«[379] Aus diesem empirischen Befund kann man nur den Schluss ziehen, dass Schäubles aus dem methodologischen Kollektivismus stammende Argumentationsfigur den Sachverhalt verfehlt. Da weder die EU-Kommission noch der Ministerrat aus systematischen Gründen das europäische Wohl verkörpern, wird hier weder nationale Souveränität bewahrt noch

---

377 Marcell von Donat, »Kabinettschef in der Eurokratie, rastlos«, in: *Frankfurter Allgemeine Zeitung*, 1. Oktober 1994. – Die verschiedenen nationalen Interessen hat Otto Schlecht, langjähriger Staatssekretär im Bundeswirtschaftsministerium und exzellenter Kenner des europäischen Integrationsprozesses schlaglichtartig zusammengefasst: »Frankreich will über die EU weiter Weltmachtsambitionen frönen, z. T. mit antiamerikanischem Akzent, schreckt aber andererseits vor einem besseren institutionellen Gefüge zurück; Großbritannien hofft ganz offen, dass mit der Erweiterung nur eine bessere Freihandelszone herauskommt; Spanien will die EU weiter als Melkkuh nutzen; die Kleinen wollen nicht unter die Räder der Großen geraten; und in Deutschland irrlichtern die politischen Akteure zwischen dem Traum von den Vereinigten Staaten von Europa und Verstärkung der intergouvernementalen Zusammenarbeit.« (Quo vadis Europa? Unveröffentlichter Vortrag, 25. Januar 2001, S. 1f.)
378 Klaus Gretschmann: »Offensichtlich verhalten sich Nationalstaaten ... wie rational agierende ›nutzenmaximierende Akteure‹ der ökonomischen Theorie«, in: »Traum oder Albtraum? Politikgestaltung im Spannungsfeld von Nationalstaat und Europäischer Union«, in: Aus Politik und Zeitgeschichte. Beilage zur Wochenzeitung *Das Parlament*, 26. Januar 2001, S. 26. – Er spricht auch vom »Eindruck einer Brüsseler Trutzburg von hypertrophen und bürgerfernen Eurokraten«. (S. 32)
379 Romano Prodi, »Die Lage der Union im Jahre 2001«, Rede vor dem Europäischen Parlament, 13. Februar 2001, S. 8 (SPEECH 01/64).

auf ein höheres Niveau gehoben. Schäuble schlägt in Wirklichkeit vor, auf Souveränität zu verzichten, ohne dafür einen europäischen Mehrwert zu bekommen.

Braucht man aber den Euro, um in den Stürmen der Globalisierung nicht unterzugehen? Was macht Globalisierung im Kern aus? Die Globalisierung von heute ist die Kombination von Freihandel und modernen Informationstechnologien. Über das Internet lassen sich Informationen über Preis und Qualität von Waren und Dienstleistungen weltweit in Sekundenbruchteilen abrufen, Anleger können Kapital um die Welt schicken, um Zinsniveaudifferenzen ohne Zeitverzug zu nutzen. Die Mauern, hinter denen bislang einzelne Produzenten und damit auch Arbeitskräfte Schutz fanden, fallen. Die entscheidende Feststellung lautet: Globalisierung ist mit einem hohen Maß an Transparenz und verstärkter Wettbewerbsintensität verbunden. Heißt das, dass Regierungen bei Globalisierung weniger oder gar nichts mehr für ihre Bürger tun können oder dass sie bisher gewohnte Politiken nicht mehr durchsetzen können?

Ein erhellendes Ereignis und zugleich empirischer Test, wie Globalisierung nationale Souveränität berührt, ist das Durchschneiden des Stacheldrahts an der ungarisch-österreichischen Grenze im Sommer 1989. So konnten Bürger der früheren DDR, die als Touristen nach Ungarn gereist waren, ins freie Österreich wechseln und von da aus nach Deutschland. Dann kamen die aufregenden Stunden in der deutschen Botschaft in Prag. Der deutsche Außenminister Hans-Dietrich Genscher stellte deutsche Pässe aus, die es den Menschen erlaubten, in den freien Teil Deutschlands zu reisen. Der Fall der Mauer war dann bloß noch eine Frage der Zeit. Und mit dem Fall der Mauer kollabierten die politischen Systeme des real existierenden Sozialismus wie morsche Bretterbuden in einem Herbststurm. Es kam zu freien Wahlen, die die alte Funktionärskaste aus Ämtern und Pfründen jagten. Jetzt konnten die Bürger entscheiden, unter welcher politischen und wirtschaftlichen Ordnung sie leben wollten.

Die freie Entscheidung der Menschen darüber, ob sie bleiben oder abwandern wollen, zwingt die Herrschenden zu einer Politik, die sie zum Bleiben veranlasst. Widerspruch, so können wir den Wirtschafts- und Sozialwissenschaftler Albert Hirschman verstehen, führt nur dann zu politischen und sozialen Neuerungen, wenn die Menschen frei sind, ihren Wohn- und Arbeitsplatz selbst zu bestimmen.[380] Vorher kann Widerspruch als Majestätsbeleidigung, Volksverhetzung oder als Sabotage be- und verurteilt werden. Allgemein geht man davon aus, dass die Öffnung des Eisernen Vorhangs den Prozess der Globalisierung in eine neue Dimension geführt habe. Wenn der Fall der Mauer und der mehrfach gesicherten Grenzzäune die Initialzündung für die Beschleunigung des Globalisierungsprozesses war, so können wir die politische Bereitschaft zu Grenzöffnung und damit auch zur Globalisierung bildlich als das Aushängen der Stadttore sehen. Solange die Obrigkeit das Öffnen und Schließen der Stadttore anordnete, bestimmte sie, wer und was hineingelassen wurde oder draußen bleiben musste.[381]

Wir können daraus folgern, dass Globalisierung zu Machtverschiebungen innerhalb eines Staates führt. Hatte die Obrigkeit, um beim Bild zu bleiben, die Untertanen zuvor eingemauert, so konnte sie diese ausbeuten und kujonieren. Verliert sie ihr Monopol als Regelsetzer, weil Arbeitskräfte und Unternehmen abwandern können, konkurriert sie mit anderen Regelsetzern. Daher sieht sie sich gezwungen, eine Politik zu betreiben, die Abwandern unattraktiv macht. Wenn Globalisierung Verlust der ordnungspolitischen Monopolstellung für Regierungen bedeutet, so sind diese noch nicht zur Untätigkeit verdammt, im Gegenteil: Der Verlust

---

380 Albert Hirschman, *Abwanderung und Widerspruch. Reaktion auf Leistungsabfall bei Unternehmungen, Organisationen und Staaten,* Tübingen 2004, passim.

381 In diesem Sinne können wir auch den EU-Binnenmarkt als einen Weg in Richtung Globalisierung betrachten. In den entsprechenden EU-Berichten hieß es, jedes zusätzliche Mitglied bedeute einen Wohlfahrtsgewinn für das Land selbst, aber auch für die EU. Danach wäre der Wohlfahrtszuwachs volkswirtschaftlich erst abgeschlossen, wenn auch das letzte Land auf diesem Globus Mitglied der EU wäre.

der Monopolstellung zwingt sie dazu, in die Attraktivität des eigenen Standorts zu investieren und damit auch den Interessen der Bevölkerung zu dienen. Wir können auch sagen, was Regierungen an Souveränität im Sinne eigenmächtigen Regierungshandelns im Zuge der Globalisierung verlieren, gewinnen ihre Untertanen an individueller Souveränität. So werden sie von Untertanen zu Bürgern. Dieser Aspekt der Machtverschiebung innerhalb eines Gemeinwesens wird meist in der Debatte um Vor- und Nachteile der Globalisierung übersehen.

Aus ökonomischer Sicht gehen die Globalisierung und die damit verbundene Intensivierung des Wettbewerbs mit weltweiten Produktivitätsfortschritten einher, weil die einheimische Industrie gezwungen wird, sich gegenüber der überlegenen Technologie oder niedrigeren Lohnkosten in anderen Ländern zu behaupten. Auch wenn die einheimische Industrie diesem Konkurrenzdruck nicht gewachsen ist, kommt es zu Produktivitätszuwächsen, weil die kostengünstigere Importproduktion deren Marktanteile übernimmt. Für den Konsumenten ist dies in jedem Fall wegen der gestiegenen Kaufkraft seines Einkommens vorteilhaft. Halten wir fest: Globalisierung vertieft die Arbeitsteilung, ist damit ein Schritt in Richtung überlegener Ausschöpfung der Produktionsfaktoren weltweit und zwingt zu höherer Produktivität entweder über Innovationsprozesse oder über die Schrumpfung der dem Konkurrenzdruck nicht gewachsenen Branchen. Diese Überlegungen zeigen, dass Globalisierung nicht ohne Blessuren einhergeht, dass sie aber nicht einem Null-Summen-Spiel gleichzusetzen ist. Eine Volkswirtschaft, die sich gegenüber der Globalisierung verschließt, verzichtet auf die wohlfahrtsteigernde Wirkung bei Vertiefung der internationalen Arbeitsteilung und schwächt so auch die eigene Exportindustrie, die nur konkurrenzfähig bleibt, wenn ihr die Möglichkeit der geographischen Diversifizierung und der weltweite Einkauf von Vorprodukten nicht verwehrt werden.

Allgemein wird konstatiert, dass die aufkommenden Schwel-

lenländer die Treiber der Globalisierung und deren Hauptnutznießer seien. Gerade Deutschland und Japan haben dies ja selbst
nach Ende des Zweiten Weltkriegs erfahren können. Freilich ist
auch wahr, dass einzelne Nationen – abhängig von ihrer jeweiligen Produktionsstruktur – von zunehmender Globalisierung begünstigt sind oder unter Druck geraten können. Eine Volkswirtschaft wie die deutsche liefert komplementäre Ausrüstungsgüter,
wenn Schwellenländer die Konsumgütermärkte der etablierten
Industrieländer erobern wollen. Je stärker der Export Chinas
oder Indiens nach oben schießt, desto mehr sind sie auf technisches Know-how angewiesen, das sie für den Aufbau einer industriellen Infrastruktur nutzen können. Insofern gehört Deutschland in besonderem Maße zu den Globalisierungsgewinnern,
wenn nicht gerade Regierungen eine Wirtschafts- und Sozialpolitik und vor allem Bildungspolitik betreiben, die es einheimischen
Unternehmern schwer macht, sich im internationalen Wettbewerb zu behaupten.

Volkswirtschaften mit hohen Lohnkosten müssen ihren Konkurrenten über Innovationen entweder immer einen Schritt voraus
sein – zum Beispiel in der Automobilproduktion –, also das kos-
tengünstiger und qualitativ besser machen, was die anderen auch
können, oder aber auf andere innovative Produkte ausweichen.
Auf den Autobahnen Chinas konkurrieren nicht die USA gegen
Japan oder Europa, sondern Audi gegen BMW und Toyota. Die
Erkenntnis, dass die Globalisierung von Unternehmen bestimmt
wird, geht verloren, wenn man sich der Argumentationsfigur des
»methodologischen Kollektivismus« bedient. Anders formuliert:
Bei der Globalisierung überlebt und gewinnt das Unternehmen,
das in die Produktivität seiner Arbeitsplätze investiert. Pro-
duktqualität und Service sind entscheidend. Dabei muss die jeweilige politische Führung den Unternehmen Freiraum lassen und
solche Prozesse positiv begleiten. Was Regierungen zu tun haben,
um den Stürmen der Globalisierung zu trotzen, lässt sich in drei
Begriffe fassen: Flexibilität auf Produkt- und Arbeitsmärkten,

Ausbildung unserer Jugend und Förderung der betrieblichen Kapitalbildung.[382] Unsere Schlussfolgerung lautet also: Letztlich hat es jede Volkswirtschaft selbst in der Hand, ob sie zu den Gewinnern oder Verlierern gehören will. Das ist beileibe keine neue Erkenntnis. Gerade bei Globalisierung, das lehrt uns der merkantilistische Ratgeber Johann Joachim Becher, zahlt sich gute Ordnungspolitik aus: »Gute Ordnung hat an den unfruchtbarsten Orthen die reicheste Stätt gepflanzet/ und was ist Venedig/ Ambsterdam/ Stockholm/ und noch viel andere Stätte selbsten anfangs anders gewesen/ als deserte, wüste übelgelegene Oerther/ und anfangs schlechte Fischer-Wohnungen/ gleichwol seynd sie durch gute Ordnung/ und Regiment ihrer Obrigkeit nun soweit kommen/ dass sie andern das nachsehen lassen.«[383]

Nur bei genügender Kapitalbildung sind Wohlstand, Beschäftigung und internationale Wettbewerbsfähigkeit gesichert. Das Hineinrutschen in eine europäische Transferunion ist eine Kapitalvernichtungsaktion, da Mittel aus produktiven Arbeitsplätzen in weniger produktive Arbeitsplätze fließen. Das, was volkswirtschaftlich investiert und verbraucht wird, kann nur an den jeweiligen Arbeitsplätzen erwirtschaftet werden. Eine Transferunion stärkt dauerhaft nicht die begünstigten Länder, sondern schwächt die leistende Volkswirtschaft, die wegen schwindender Konkurrenzfähigkeit in der internationalen Arbeitsteilung zurückfallen und schließlich auch ihren eigenen finanziellen Verpflichtungen nicht mehr nachkommen kann. Die Frage, wie viel Geld die Länder brauchen, damit sie nicht untergehen, führt uns immer tiefer

---

382 Man schaue sich den Haushalt der EU an, was dieser selbst dazu beiträgt, dass ihre Mitglieder den harten Konkurrenzkampf im Rahmen der Globalisierung bestehen können: Mehr als 60 Prozent der Haushaltsmittel sind für Umverteilung reserviert – Agrar- und Regionalpolitik –, weil einzelne Regierungen nicht an die Zukunft der EU, sondern an ihre Wählerklientel zu Hause denken. Und alle anderen nehmen es apathisch hin, weil sie Streit vermeiden oder sich mit mächtigen Staaten nicht anlegen wollen. Hier könnte sich »Europa« erfolgreich einsetzen, um sich über Exporterfolge weltweiten Respekt und Geltung zu verschaffen.

383 Johann Joachim Becher, *Politischer Diskurs von den eigentlichen Ursachen des Auf- und Abnehmens der Städt/Länder und Republicken*, Frankfurt/M. 1688, S. 222.

in die Haftungsgemeinschaft. Jeder, der Erfahrung mit innerstaatlichem Finanzausgleich oder mit Subventionsvergabe hat, weiß, dass nahezu alle Zahlungen, die zeitlich befristet und degressiv gestaffelt ausgereicht werden sollten, bis in alle Ewigkeit gezahlt werden. Horst Köhlers besorgte Warnung vor einer Haftungsunion ist unüberhörbar: »Ein schleichender oder gar offener Umbau der Wirtschafts- und Währungsunion in Richtung Umverteilung und Dauertransfers würde nicht nur das Wesen der Wirtschafts- und Währungsunion verändern und damit ihrer bisherigen Verfassung widersprechen, ein solcher Umbau fände auch in vielen Mitgliedstaaten keine demokratische Akzeptanz.«[384] Jetzt rufen alle Politiker: Das wollen wir ja auch nicht. Das Geld wird ja nur ausgeliehen, damit die betroffenen Schuldnerländer Zeit bekommen, ihre Probleme zu lösen. Und wenn die vereinbarten Austerity- und Sanierungsprogramme diese Länder nicht aus dem teuflischen Zirkel – Verschuldung, Rezession, Arbeitslosigkeit und Hoffnungslosigkeit – herausholen?

Klopfen wir noch einmal die beiden Thesen ab: »Deutschland braucht den Euro in der Globalisierung« und »Nationale Interessen können wir in ausreichendem Maße nur über die Europäische Union zur Geltung bringen«. Die richtigen Antworten auf die Globalisierung werden vor Ort gefunden – in den Betrieben selbst. Die Währungsunion selbst war für die meisten Mitgliedstaaten kein Programm zur Stärkung ihrer internationalen Konkurrenzfähigkeit. Das hat die Entwicklung der Leistungsbilanzdefizite und der Anteile am Welthandel gezeigt. Die erste These drückt keinen theoretisch begründeten und empirisch abgesicherten Sachverhalt aus, sondern soll den Menschen eine Begründung liefern, warum der Euro für Deutschland notwendig und warum für die Erhaltung der Eurozone Gelder fließen müssen.

---

384 Horst Köhler, Europa voranbringen. Rede am 14. November 2012 im Dom in Speyer, Manuskript, S. 5. http://cms.bistum-speyer.de/www2/index.php?mySID= f92c9lccl7c al209567755e79209cbl8&myELEMENT=257127&qr=9

Schäubles These von der Unausweichlichkeit des Souveräni-tätstransfers an die EU ist von Anfang an falsch, weil weder die Eurozone noch die EU ein monolithischer Block mit kollisionsfrei-er Willensbildung sind, sondern eine Ansammlung von Staaten, die wie Individuen auf ihren eigenen Vorteil sehen und diesen – über ihr Vetorecht – oft auch realisieren können. Ein Euro, der die Eurogruppe auf eine schiefe Bahn in Richtung Haftungsgemein-schaft bringt, wird Europa und gerade Deutschland nicht vor den Stürmen der Globalisierung schützen. Im Gegenteil: Diese Stürme werden die Eurogruppe vor sich hertreiben, gleichgültig, ob sie mit einer oder mit vielen Stimmen spricht.

IV. Die internationale Sicht

Ob Angela Merkel in Peking mit den chinesischen Machthabern spricht oder in Washington mit Präsident Obama, die Krise um den Euro, die notwenige Rettungspolitik und die Konsequenzen für die Weltwirtschaft werden sie bei ihren Erörterungen nicht auslassen. Dabei werden die Gesprächspartner die Sorgen um Weltkonjunktur und -handel ansprechen, mit Ratschlägen nicht geizen und auch Hilfe anbieten, in der Erwartung diskreten Entge-genkommens. Sie haben dabei nicht das Schicksal der Griechen und der Spanier im Auge; sie sorgen sich um ihre Devisenreserven und um die Auslagen ihrer Banken, wenn diese in den notleiden-den Schuldenländern unmittelbar oder auch mittelbar engagiert sind. Neben einem Zusammenbruch großer Banken in der Euro-zone gilt die internationale Sorge einem möglichen Auseinander-brechen der Eurozone. Die hiervon ausgehenden Schockwellen wären überall zu spüren, vor allem aber in den Ländern, die in intensivem Handels- und Kapitalverkehr mit Ländern aus der Eu-rozone stehen.

Viele fragen sich auch, ob nicht die USA ein Interesse am Scheitern des Euro hätten, weil sie die Vorteile einer alleinigen

Leitwährung nicht mit dem Euro hätten teilen wollen. In der Tat haben international erfahrene Ökonomen wie C. Fred Bergsten in der Schaffung des Euro eine ernsthafte Herausforderung für den Dollar gesehen.[385] Die Vorteile einer Leitwährung sind vielfacher Natur.[386] Dazu gehören der Vorteil, über eine Fakturierungswährung zu verfügen[387], die eingesparten Informations- und Transaktionskosten, wenn die eigene Währung auch in anderen Staaten akzeptiert wird, und schließlich der Seignorage-Gewinn, wenn der Währungsraum den Staatsraum weit übertrifft.[388] Der Nutzen aus der Abwicklung von Erdölkontrakten in US-Dollar wird stark überschätzt. Wenn die Erdölexporteure ihre Dollareinnahmen in Importe von Investitions- und Konsumgütern oder in zinstragende Anlagen außerhalb des Dollarraums anlegen wollen, müssen sie Dollars gegen die gewünschten Devisen eintauschen. Damit wird ein eventueller Aufwertungsgewinn des Dollar, wenn er zur Begleichung von Erdölrechnungen gebraucht wird, wieder wettgemacht. Ein weiterer Vorteil für die USA ist, dass die Zinsen niedrig bleiben, wenn die Handelspartner ihre aus Exportüberschüssen resultierenden US-Dollar in US-Staatsanleihen anlegen. Ein solches Privileg können sich aber alle Staaten erarbeiten, wenn sie Staatsanleihen mit einem hohen Grad an Sicherheit anzubieten haben.

Nachdem sich nun die Zentralbanken in die Finanzierung eingeschaltet haben, hat dieses Privileg an Wert eingebüßt, wenn-

---

385 C. Fred Bergsten, The Euro versus the Dollar: Will there be a Struggle for Dominance? Paper presented to a Roundtable at the Annual Meeting of the American Association, Atlanta, January 4th, 2002. http://www.lie.com/publications/papers/bergstsen0102-1.pdf

386 Unter einer Leitwährung verstehen wir eine Währung, die von anderen Zentralbanken als Devisenreserven – auch als zinstragende Anlagen in dieser Währung – gehalten wird, die von ihnen durch Devisenankäufe und -verkäufe stabilisiert wird und die in vielen Ländern als Zweitwährung umläuft.

387 Fakturierungswährung heißt, dass Rechnungen für Export- und Importgüter auf US-Dollar lauten. Damit trägt die Gegenpartei das Wechselkursrisiko.

388 Unter Seignorage-Gewinn einer Leitwährung verstehen wir die Einnahmen bei Emission von Zentralbankgeld gegen den geltenden Refinanzierungssatz. Wenn dieser Satz niedrig ist, sind auch die Einnahmen schwach; bei steigendem Refinanzierungssatz ist zu berücksichtigen, dass dann die Geldnachfrage zurückgeht, was von den Notenbanken auch gewollt ist.

gleich die internationale Einschätzung eines Landes immer noch für deutliche Zinsniveau-Differenzen sorgt. Ob sich eine Währung zu einer Leitwährung entwickelt, hängt zum einen vom Volumen grenzüberschreitender Kapital- und Warenbewegungen einschließlich Dienstleistungen und vor allem von der Qualität und Zuverlässigkeit der jeweiligen Währung ab. Aus dieser Perspektive hat der Euro bloß die Position übernommen, die sich die D-Mark bereits erarbeitet hatte. Und wir sehen gerade derzeit, dass Deutschland ein gesuchter »safe haven« geblieben ist. Insofern hängt es nicht vom politischen Wollen einer Regierung ab, ob die dominierende Leitwährung Dollar Konkurrenz bekommt, sondern von der Qualität der Wirtschafts-, Finanz- und Geldpolitik der miteinander konkurrierenden Staaten. Qualitätsverschlechterungen werden dann mit Umschichtungen in den Portfolios beantwortet.

Die Welt fragt sich derzeit aber nicht, ob der Euro den US-Dollar ablösen könnte, sondern wie stark der Konkurs oder der Ausstieg von Euro-Staaten auf die Weltkonjunktur durchschlagen würde. Die US-Wirtschaft hat sich noch nicht gänzlich von den Folgen der Immobilienkrise lösen können; sie dümpelt vor sich hin und Turbulenzen im Euroraum würden sie erschüttern. Die US-Regierung wie auch andere Regierungen wünschen sich, dass der von der Freigebigkeit der großen Zentralbanken genährte Boom auf den Vermögensmärkten weiter gefüttert werde. Das beherrschende Thema ist immer: »The show must go on.« Die damit verbundenen Spätfolgen – platzende Blasen und drohende Inflation – werden nicht gesehen, geleugnet oder verharmlost.

Nach Draghis Ankündigung, gegebenenfalls unlimitiert Staatsanleihen zu kaufen, jubelten die internationalen Börsen, und die Abwertungstendenz des Euro kehrte sich um. Dabei weiß jeder Akteur, dass der Ankauf von Staatsanleihen die begünstigten Schuldnerstaaten von der Sorge befreit, durch eigene Sanierung Vertrauen auf den Kapitalmärkten zu gewinnen und so die Zinsen zu drücken. Der Austausch von privaten durch öffentliche

Gläubiger ist kein Beitrag zur Problemlösung, sondern macht den Weg für inflationäre Tendenzen frei. Akteure, die an die langfristige Sicherung ihrer Anlagen denken, hätten sich daher aus dem Euro verabschieden müssen, da die Gefahr der Inflationierung Substanz und Erträge aushöhlt. Aber die meisten Anleger werden sich gesagt haben: Die großen Zentralbanken in den USA, Großbritannien und Japan machen es ja vor. Und wenn die Inflation anspringt oder das europäische Haus zusammenbricht, dann werden wir uns vorher schon in Sicherheit gebracht haben. Viele Anleger, die jetzt auf die verschiedenen Trends aufspringen und genau deswegen den erhofften Kursanstieg generieren, wissen, dass sie einen Tiger reiten; solange sie aber annehmen, es gehe weiter aufwärts, wird die Blase noch stärker aufgepumpt. Um dieses Ereignis aufzuschieben, fordern Politiker, große Kapitalanleger wie PIMCO[389], angesehene Magazine wie *The Economist* und auch der Philanthrop George Soros, dass die Deutschen ihre Taschen aufmachen und mit ihrer Wirtschaftskraft für die Eurozone einstehen sollen.

Lobbyisten für eine inflationäre Politik sind prominente US-Ökonomen; sie sorgen sich um die Beschäftigung; die Geißel »Inflation« haben sie noch nicht erlebt. Sie raten, die Staatsdefizite hochzuhalten und eine aggressive Politik der Niedrigstzinsen zu fahren, bis wieder das alte Vollbeschäftigungsniveau erreicht werde. Und ihre Empfehlungen werden gehört, wie weltweite Haushaltsdefizite und Negativzinsen zeigen. Was derzeit auf der internationalen Bühne abläuft, erinnert an die Auseinandersetzung zwischen den Antipoden des 20. Jahrhunderts – John Maynard Keynes versus Joseph Schumpeter. US-Ökonomen haben Keynes' Droge – »Deficit spending« und Billig-Geld-Politik zur Überwindung einer säkularen Investitionsschwäche – inhaliert. Joseph Schumpeter hätte eine solche Politik unmissverständlich abge-

---

389 PIMCO (Pacific Investment Management Company) ist eine Kapitalanlagegesellschaft, die sich auf verzinsliche Wertpapiere (Anleihen, Renten) spezialisiert hat. Sie ist eine nahezu hundertprozentige Tochter der Allianz.

lehnt, weil sie nur das überdecke und verschleppe, was sich in der Volkswirtschaft an Fehlentwicklungen ergeben habe.[390] Und er wird Recht behalten. Ob sich die US-Ökonomen tatsächlich auf Keynes stützen können, ist ebenfalls zweifelhaft. Keynes hat ja in seinen *Economic Consequences of the Peace* vor den inflationären Gefahren gewarnt, die sich im Zuge der von ihnen empfohlenen Politik einstellen würden. Auch deren Primitiv-Ökonomie – Schleusen auf und alles wird gut – wäre nicht nach seinem Geschmack gewesen. Doch ist wohl inzwischen der inflationäre Enthusiasmus einiger Großökonomen abgeflaut. Auf der großen jährlichen Konferenz der US-Ökonomen Anfang Januar 2013 waren sie ratlos; sie wussten nicht, wie es weitergehen könne; ihre Modelle blieben stumm.[391]

Szenenwechsel. Die US-Ökonomen waren vor Gründung der Währungsunion überwiegend skeptisch gegenüber dem Euro eingestellt. In einer Round-Table-Diskussion sagte C. Fred Bergsten, ein international renommierter Ökonom und Direktor des »Institute for International Affairs«, dass er und Robert Mundell, der oft als geistiger Vater des Euro bezeichnet wird, vor dem Start der Währungsunion zu den wenigen Ökonomen jenseits des Atlantiks gehörten, die die Schöpfung des Euro für eine gute Idee gehalten hätten.[392] Robert Mundell hielt es sogar für wahrscheinlich, dass der Euro den Dollar herausfordern werde und dass seine Einführung wohl das wichtigste Ereignis in der Geschichte des internationalen Währungssystems sei, seitdem der US-Dollar im Ersten

---

390 Der entscheidende Satz bei Joseph Schumpeter lautet: »Wahllose und allgemeine Krediterleichterungen bedeuten Inflation schlechtweg, ganz so wie staatliche Papiergeldwirtschaft. Sie können den normalen wie den abnormalen Prozeß eventuell auch ganz verhindern, begegnen aber nicht bloß dem antiinflationistischen Argument überhaupt, sondern auch der Tatsache, daß sie jenes Maß von Auslese, das der Depression immerhin zugeschrieben werden kann, vernichten und die Volkswirtschaft mit den unsichtbaren Kosten des Fortschleppens des Unangepassten und Lebensunfähigen belasten.« (*Theorie der wirtschaftlichen Entwicklung*, 5. Auflage, Berlin 1952, S. 367).

391 Entsprechendes hat Patrick Welter von der Konferenz der US-Ökonomen in San Diego (Anfang Januar 2013) berichtet. http://faz-community.faz.net/blogs/fazit/archive/2013/01/05/das-schweigen-der-oekonomen.aspx

392 C. Fred Bergsten, The Euro versus the Dollar, a.a.O., S. 1.

Weltkrieg vom britischen Pfund die Rolle der dominierenden Währung übernommen habe.[393]

Aus der Vielzahl der skeptischen Stimmen seien drei herausgegriffen. Otmar Issing zitiert aus einem Glückwunschbrief Milton Friedmans, Nobelpreisträger und liberaler Bannerträger, anlässlich seiner Ernennung zum Chefvolkswirt der EZB am 1. Januar 1999: »Dear Otmar, congratulations on an impossible job.« Er wird dann noch deutlicher: »Du weißt, ich bin davon überzeugt, das kann nicht funktionieren.« Etwas Tröstliches zum Schluss: »Weil Du dort bist, wird es ein bisschen länger dauern, aber der Zerfall ist unvermeidlich.«[394] Der US-Ökonom Martin Feldstein hielt die Einführung des Euro für eine so verrückte Idee, dass man sie nur politisch erklären könne.[395] Alan Greenspan spottete über den Euro: »The Euro will come but it will not be sustainable.«[396] Inzwischen hält er den Euro für gescheitert. Südeuropäische Länder wie Griechenland, Portugal oder Spanien würden nie mit Deutschland oder anderen Staaten im Norden mithalten können, sagte er auf einer Konferenz in Montreal im Frühsommer des Jahres 2012. Daher sei es auch nicht sinnvoll, diese Staaten immer wieder mit Finanzhilfen aus dem Rettungsschirm zu retten.[397]

Umso überraschender war dann Robert Mundells Kehrtwendung auf der Jahrestagung der US-Ökonomen in San Diego im Januar 2013. Es wäre vernünftig, wenn die Euro-Staaten wieder auf den Startpunkt zurückkehrten. Er warnte vor einer Fiskalunion und erinnerte daran, dass die Vereinigten Staaten in der Schuldenkrise der 1830er-Jahre keinen Bundesstaat aus einer Zahlungsunfähigkeit herausgepaukt hätten. Damals gerieten in der ameri-

---

393 Robert Mundell, The Case for the Euro – I and II. *Wallstreet Journal,* March 24/25th, 1998.

394 Zitiert in: Otmar Issing, *Wie wir den Euro retten und Europa stärken. Drittes Wirtschafts-Manifest* (Börsenmedien), Kulmbach 2012, S. 19.

395 Martin Feldstein, »EMU and International Conflict«, in: *Foreign Affairs,* Vol. 76, 1997, Nr. 6, S. 60.

396 Dieser Satz ist vom Wallstreet Journal zitiert worden. http://www.abelard.org/emu/emu-li.html.

397 Zitiert in: *Die Presse,* 14. Juni 2012. http://diepresse.com/home/wirtschaft/eurokrise/765653/Alan-Greenspan_Ja-der-Euro-ist-gescheitert.

kanischen Dollar-Union zehn überschuldete Bundesstaaten in Zahlungsverzug. Zwei davon zahlten ihre Schulden später ganz zurück, zwei erkannten ihre Schulden nicht mehr an. Der Rest handelte Umschuldungen mit den Gläubigern aus.[398]

Die übrigen US-Ökonomen fühlten sich in ihrer früheren Skepsis bestätigt.[399] Die Krise in Europa sei eine Krise überdehnter Ansprüche in europäischen Wohlfahrtsstaaten wie Italien, die sich als Eurokrise verkleide, sagte Ronald McKinnon, der in den 60er-Jahren des vorigen Jahrhunderts auch zur Theorie der optimalen Währungsräume beigetragen hatte. Der Harvard-Ökonom Kenneth Rogoff prognostizierte, dass auf Europa wegen der hohen Staatsschulden noch weitere Defaults von Mitgliedstaaten zukämen. Martin Feldstein sieht in dem Schuldenerlass und der Bankenhilfe nur eine Irritation für Deutschland. Wenn aber Spanien und Italien wankten und schließlich stürzten, dann sei es auch um Deutschland geschehen; denn die Wirtschaftsleistung dieser Krisenstaaten sei größer als die Deutschlands. Die Bereitschaft an den Kapitalmärkten, dem Sonderfall Frankreich noch Geld zu geben, erklärte er mit der vergleichsweise geringen Schuldenquote von 80 Prozent; das werde sich aber bald ändern.

Wie abständig US-Ökonomen zu der Entwicklung in der Eurozone stehen, zeigt folgende Begebenheit: Feldstein erinnerte unter Gelächter im Publikum daran, dass die Europäische Union den Friedensnobelpreis just in dem Moment erhalten habe, in dem die Verbitterung zwischen den Euro-Mitgliedstaaten über Transferzahlungen und eine von Deutschland erzwungene Sparpolitik so groß gewesen sei wie noch nie.

---

398 Über die Stellungnahme von Robert Mundell berichtet Patrick Welter, »Euro-Befürworter Mundell warnt vor Fiskalunion«, in: *Frankfurter Allgemeine Zeitung,* 8. Januar 2013, S. 10.
399 Vgl. hierzu ebenfalls Patrick Welter, Euro-Befürworter Mundell warnt vor Fiskalunion, a.a.O., S.10.

FÜNFTES KAPITEL

Konsequenzen der Rettungspolitik für Vermögen und Lebensabend

I. Der Fluch der politischen Tat

Die US-Ökonomen Carmen Reinhart und Kenneth Rogoff haben ein Buch geschrieben, das Weltkarriere gemacht hat. Es trägt den Titel *This Time is Different. Eight Centuries of Financial Folly.*[400] Wenn Aktienkurse und Immobilienpreise in den Himmel schießen oder sich ein konjunkturelles »Perpetuum mobile« auftut, so hört man sogar von sonst vernünftigen Leuten: »Dieses Mal ist es anders.« Wenn Zentralbanker Staatsverschuldung finanzieren und auf die Risiken für die Geldwertstabilität aufmerksam gemacht werden, antworten auch sie: »Dieses Mal ist es anders.« Doch kann es Inflation nur geben, wenn sie die Hand dazu reichen. Inflation ist nicht der Anstieg der Preise in den Warenhäusern; das ist bloß ein Ausdruck von Inflation. Wenn die Geldmengenaufblähung nicht durch Lohnerhöhungen und Preissteigerungen der Konsumgüter absorbiert wird, sondern die Preise für reale Aktiva treibt, also Vermögensblasen entstehen, werden einzel- und gesamtwirtschaftliche Fehlentwicklungen und entsprechende Kettenreaktionen ausgelöst. Wenn Politiker durch »Deficit spending« und weitere Staatsverschuldung die volkswirtschaftliche Aktivität stimulieren wollen, so treiben sie den Teufel mit Beelzebub aus.

---

400 Carmen Reinhart, Kenneth Rogoff, This Time is Different. *Eight Centuries of Financial Folly,* Princeton 2009. Dt.: *Dieses Mal ist alles anders. Acht Jahrhunderte Finanzkrisen,* München 2010.

Der zweite gefährliche Satz lautet: »Es wird schon gutgehen.«Als die Währungsunion der ungleichen Partner trotz Verletzung der Konvergenzkriterien gestartet wurde, wussten auch die Politiker um das Risiko dieser Expedition in politisches Neuland. Sie verkleideten den Satz – »Es wird schon gut gehen« – als Sachzwangargument: Jeder Teilnehmer wisse, was bei einem Scheitern auf dem Spiele stehe, und werde so sein Verhalten entsprechend ausrichten. Mittlerweile haben wir erfahren, dass genau diese Ansicht getrogen hat. Die Konsequenz war aber nicht, dass sich die Politiker an die No-Bailout-Klausel gehalten, sondern Kredite ausgereicht haben, die die Eurozone zusammenhalten sollten. So wollten sie Zeit für die Umsetzung von Sanierungsprogrammen in den notleidenden Schuldnerländern kaufen. Doch dienten die Kredite bloß der Konkursverschleppung. Besorgte Bürger werden wieder mit der Antwort beschieden: »Es wird schon gutgehen.« Da die Kapitalanleger an dem Erfolg dieser Strategien zweifelten, hat Mario Draghi zugesagt, die Notenpresse anzuwerfen. Und auf die bange Frage nach den inflationären Folgen hören wir wieder: »Es wird schon gutgehen.«

Wenn die Politik sich auf den politischen Primat beruft und sich zugleich über ökonomische Gesetzmäßigkeiten – eine Währungsunion der Ungleichen – hinwegsetzt, wird sie schließlich zur Getriebenen der eigenen Politik. Sie muss finanzielle Feuerwehr spielen, solange die notleidenden Schuldenländer nicht auf eigenen Füßen stehen können. Ein Ende der finanziellen Transfers ist nicht abzusehen. Jean-Claude Trichet orakelte auf dem Kongress der US-Ökonomen im Januar 2013 in San Diego, dass das finanzielle Volumen des Rettungsschirms »wahrscheinlich zu moderat« sei.[401] Dazu passt, dass in den nationalen Ministerialbürokratien offensichtlich über einen weiteren Versuch der Hebelung des ESM nachgedacht wird. Auch wenn die Politiker das Gegenteil behaupten: Die Schuldnerländer werden ihren Verbindlichkeiten nicht nachkommen können; sie werden nach Schuldenschnitten verlangen. Und sie werden sie bekommen. Auch die souveränen Gläubiger werden nicht verschont bleiben. Dann

---

401 Siehe Patrick Welter, Euro-Befürworter Mundell warnt vor Fiskalunion, a.a.O., S. 10.

werden aus Bürgschaften und Gewährleistungen finanzielle Verpflichtungen und Schulden. Als Fazit können wir ein berühmtes Wort aus Schillers »Wallenstein« abwandeln: »Das eben ist der Fluch der politischen Tat, dass sie fortzeugend Schulden muss gebären.«

Dieser Fluch hat die Politiker bereits gezwungen, gegen Recht und Gesetz zu verstoßen. Von den finanziellen Folgen dieser Rechtsbrüche haben weder die Bürger noch die Verursacher selbst klare Vorstellungen. Noch verteilt die Politik Wahlgeschenke und streitet sich, ob drohende Altersnot über Beitragserhöhungen oder Steuern aufgefangen werden soll. Wenn die Eurozone über eine Fiskal- und Transferunion zusammengehalten werden soll, wird auch an die soziale Lastenverteilung gedacht werden müssen. Nie im Leben, werden dieselben Politiker rufen, die vor wenigen Jahren noch gesagt haben, die No-Bailout-Klausel wäre in Stein gemeißelt.

II. Worauf die Bürger sich einstellen müssen

1. Was kommen kann

Der im Januar 2013 zum Vorsitzenden der Eurogruppe gekürte Niederländer Jeroen Dijsselbloem hat bei Antritt seines Amtes die Belebung der Wachstumskräfte als seine wichtigste Aufgabe genannt. Doch wirken die Austerity- und Reformprogramme in den Schuldnerländern wie eine angezogene Handbremse in einem Pkw. Wie will er dann diesen Wagen zum Laufen bringen? Dass die von den Politikern hoch gelobte Wachstumsinitiative vom Sommer 2012 in Wirklichkeit eine Nullnummer ist, wissen wir bereits. Das Statement des neuen Vorsitzenden zeugt entweder von Ahnungslosigkeit oder einem weiteren Versuch, das Publikum davon zu überzeugen, dass es nun endlich besser werde. Solange die Kanzlerin an ihrer Haltung festhält, keine Zahlungen ohne Erfüllung der Auflagen, werden die Schuldenstaaten in ihrem teuflischen Kreis gefangen bleiben. Wenn Griechenland nach einem Schuldenschnitt verlangt und auch bekommt, werden auch andere notleidende Staaten darauf pochen. Irland und Portugal haben schon angeklopft. Der Marsch in die Transferunion geht weiter. Daran ändern auch die Interventionen der Europäischen Zentralbank nichts; es werden bloß private gegen souveräne Gläubiger ausgetauscht. Einer inflationären Tendenz kann die EZB dann nicht mehr wirksam entgegentreten, weil sie dafür ihre Politik völlig umstellen müsste.

Für einen stärkeren Preisauftrieb bei Gütern des privaten Verbrauchs könnten die Gewerkschaften bei uns sorgen; sie werden ja inzwischen nicht nur von ausländischen Ratgebern, sondern auch von Ökonomen und Politikern in unserem Land zu einer schärferen Gangart aufgefordert. Wenn die Politik so bleibt, wie sie ist, müssen die Bürger sich auf eine inflationäre Transfergemeinschaft einstellen. Wie hoch die Preissteigerungen und die finanziellen Belastungen sein werden, kann niemand verlässlich sagen. Zutreffend dürfte aber folgende Prognose sein: Aus Bürgschaften und Gewährleistungen werden nationale Schulden, und die Preissteigerung wird deutlich über die Zielmarke der EZB – unter, aber nahe bei 2 Prozent – hinausgehen.

Da wir uns in einem labilen weltwirtschaftlichen Umfeld bewegen, können andere Verläufe nicht ausgeschlossen werden. Sollte die chinesische Immobilienblase platzen, ein europäischer Großschuldner unter den Rettungsschirm schlüpfen müssen, kleinere europäische Schuldner ihre Zahlungen einstellen – die aufgelaufene Verschuldung hängt ja wie ein Mühlstein an ihrem Halse und zieht sie unter Wasser –, sollte Finnland unter der Devise »Weg mit Schaden« aus der Eurozone austreten, könnten die davon ausgehenden Schockwirkungen die dritte Weltwirtschaftskrise nach 1929/30 und 2007/8 auslösen. Wie labil die Weltwirtschaft derzeit eingeschätzt wird, zeigt die Befürchtung, dass ein Währungskrieg zwischen den derzeit dominierenden Währungen – US-Dollar, Euro, Yuan Renminbi und japanischem Yen – nicht ausgeschlossen werden kann. Wenn wir als wahrscheinliches Szenario eine inflationäre Transfergemeinschaft erwarten, dann kann sie zusätzlich mit einem weltwirtschaftlichen Einbruch gekoppelt sein.

Diese Entwicklung zur Transferunion wird sich beschleunigen, wenn an der Politik des Zeitkaufens festgehalten wird. Sie wird sich schließlich als bloße Konkursverschleppung entpuppen. Es ist wie bei einer schweren Erkrankung: Je länger man mit der notwendigen Operation wartet, desto gefährlicher wird sie. Endstadium einer solchen Erkrankung wäre, dass auch Deutschland unter den Schirm schlüpfen müsste. Wenn Mario Draghi versuchte, dagegen zu halten und die Politik der Deutschen Reichsbank von 1923 kopierte, dann würde die Inflation zu galoppieren beginnen, doch würde der Außenwert noch schneller abstürzen. Das wäre dann das endgültige Aus. Die Euro-Staaten kehrten wieder zu ihren angestammten Währungen zurück. Das kann sich niemand wünschen, aber ausgeschlossen ist es nicht.

Das günstigste Szenario nicht nur für Deutschland, sondern für alle Euro-Staaten, wäre, wenn ein exogenes Ereignis – Ausstieg der Griechen oder Finnen, Platzen der chinesischen Immobilienblase – Auslöser für eine Entwicklung wäre, bei der die Politiker nicht mehr die Getriebenen ihres politischen Primats wären: Bewahrung des Euro in einem Kern stabilitätsorientierter Staaten – jederzeit offen für Staaten mit erprobter Stabilitätspolitik –, ein für alle fairer Schuldenschnitt und Neubewertungen aller Wechselkurse nach Maßgabe der Einschätzung durch die Märkte. Dann würde die jetzt und in Zukunft drohende »passive Sanierung« – die Jugend verlässt ihr Land – von einer Perspektive verdrängt, die über die Herausbildung eines zukunftsträchtigen Geschäftsmodells die Menschen wieder hoffen lässt, auch im eigenen Lande ihr Glück machen zu können. Entscheidend für Verbleib oder Abwanderung ist nicht der aktuelle Wohlstand, sondern die Aussicht auf Besserung. Unser zweites Szenario lautet: Konsolidierung der Eurozone, verbunden mit einem fairen Schuldenschnitt.

2. Konsequenzen bei inflationärer Transfergemeinschaft

Doch zunächst zum wahrscheinlichen, aber wenig erfreulichen Szenario. Transfergemeinschaft bedeutet, dass die Bürger der für wohlhabend gehaltenen Staaten für die Bürger aus den Staaten eintreten, die für notleidend gehalten werden. Dass daraus verblüffende und teilweise auch ärgerliche Verteilungswirkungen resultieren, wissen wir, wäre aber nicht zu ändern. Wenn solche Transfers nicht aus dem laufenden Einkommen der Bürger, sondern über Verschuldung finanziert werden, werden sie nicht den aktuellen, aber den zukünftigen Konsum beschneiden.

Verschuldet sich der Staat, um die materielle und humane Infrastruktur, insbesondere die Ausbildung seiner Jugend, auszubauen und zu fördern, so können wir darauf hoffen, dass dadurch die zukünftige Produktivität der Volkswirtschaft gesteigert wird und daraus Steuermehreinnahmen resultieren, um Schulden zu bedienen und zu tilgen. Wenn die aufgenommenen Mittel dagegen für Staatskonsum und Sozialtransfers verwendet wurden, so bleiben nur die Schulden stehen und belasten damit zukünftige Einkommen. Da die zukünftigen Arbeitskräfte diese Lasten zu tragen hätten, müsste man von einer »betrogenen Generation« sprechen. Zudem entnimmt ein verschuldeter Staat zu viel aus dem laufenden Einkommenskreislauf und kürzt der investierenden Wirtschaft die Mittel, um Arbeitsplätze zu schaffen. Es gibt also einen kritischen Punkt, ab dem Regierungen versuchen müssen, von einem zu hohen Schuldenstand herunterzukommen. Dafür gibt es gibt drei Wege:

(1) *Allmähliche Abtragung der Staatsschuld:* Die Erhöhung von Steuern und Abgaben sowie Kürzungen im Staatshaushalt wären keine einmaligen und begrenzten Belastungen der Bürger; sie müssten über lange Jahre erfolgen. Daher sind sie als politisch wenig geeignet einzuschätzen, weil sie die Wiederwahl gefährden – entsprechend dem Motto von Peer Steinbrück: »Denn sie tun nicht, was sie wissen.«

(2) *Staatsbankrott:* Hat der Schuldenstand ein so hohes Ausmaß erreicht, dass eine allmähliche Abtragung politisch schädlich ist, wird die jeweilige Regierung Zuflucht zu einem Staatskonkurs

oder zu Inflation nehmen. Wenn ein hoch verschuldeter Staat schließlich seine Zahlungsunfähigkeit erklärt, verlieren viele Bürger, nachdem sie bereits geschröpft worden sind, zusätzlich auch noch ihren Broterwerb.

Da in Deutschland inzwischen selbst kleinere Banken als systemrelevant eingeschätzt und deswegen gerettet wurden, kann man sich leicht vorstellen, dass die Systemrelevanz des Staates als zu hoch angesehen wird, um ihn Bankrott gehen zu lassen. Daher sucht die Politik lieber nach einem anderen Ausweg und findet ihn in der Inflation.

(3) *Inflation*: Sie ist jedoch für Adam Smith, den Begründer der Volkswirtschaftslehre, noch bedenklicher als der Staatsbankrott, da hierunter auch jene Gläubiger zu leiden hätten, die nicht so unvorsichtig gewesen seien, dem Staat Geld zu leihen. Die Entschuldung mittels Inflation verursacht, so klagt Smith die Regierungen an,»eine allgemeine und höchst verderbliche Umwälzung im Privatvermögen, bereichert in den meisten Fällen den faulen, verschwenderischen Schuldner auf Kosten des fleißigen und sparsamen Gläubigers«.[402]

Der Politik geht es aber nicht darum, welche Form der Entschuldung für die Bürger die am wenigsten schädliche ist, sondern wie sie das unbemerkt tun kann. Und hier bietet sich die Inflation geradezu an. Zudem kann sie sich auf eine Reihe namhafter Weltökonomen stützen, die dieses Mittel zur Beschäftigungsförderung und zur Stabilisierung der Eurozone empfehlen. Die Entschuldung zulasten der Kapitalanleger und Sparer hat bereits begonnen. Wenn die Sparer für ihre Leistungen weniger als den jährlichen Preisanstieg für den privaten Konsum erhalten, werden sie stillschweigend enteignet. Eine deutsche Staatsanleihe rentiert derzeit bei 1,5 Prozent, der Preisanstieg schwankt um 2 Prozent. Entsprechendes gilt für US-Staatsanleihen. Der Anleger zahlt dem Staat

402 Adam Smith, *Eine Untersuchung über Wesen und Ursachen des Volkswohlstandes,* Jena 1923, 5. Buch, 3. Kapitel, S. 342. Die Parallelität zu John Maynard Keynes, (3. Kapitel Abschnitt IV, 1, ist nicht zu übersehen.

also eine Prämie, damit er für ihn das Geld ausgibt. Und diesen »lumpigen Zinssatz« muss er auch noch versteuern. Genau das ist finanzielle Repression. Viele Kapitalanleger verzichten auf Profitabilität, wenn sie dafür Sicherheit bekommen. Bundesanleihen (»Bunds«) und US-Staatsanleihen bieten derzeit weder Profitabilität noch Sicherheit, vor allem wenn weiter steigende Preise zur Schuldentilgung willkommen sind. Da fragt man sich, wie Versicherungen, die solche »mündelsicheren« Papiere in ihrem Portfolio halten, zukünftig ihre Verpflichtungen gegenüber ihren Versicherten einhalten wollen. Wer heute solche Staatsanleihen kauft, wird entweder dazu gezwungen oder sollte einen Arzt aufsuchen.

Der allgemeine Grundsatz bei Inflation lautet: Man muss von der Gläubigerposition auf die Schuldnerposition wechseln, weil dann die Inflation mithilft, die Schulden abzutragen, sofern auch die Einkommen und der Wert der Anlagen mit der Inflation zunehmen. Genau deswegen investieren viele in Immobilien. Doch Vorsicht. In den USA, Irland und Spanien sitzen viele Erwerber in überteuerten Immobilien, die sie sich in der Phase des Booms zugelegt hatten. Damals hatten zu niedrige Zinsen den Boom ausgelöst und der allmähliche Anstieg des Refinanzierungssatzes in den USA und in der Eurozone hat die Immobilienblase platzen lassen. Zwar haben sich jetzt die Zentralbanken vorerst auf Niedrigstzinsen festgelegt, doch ein weltwirtschaftlicher Schock, der niemals ausgeschlossen werden kann, kann auch jetzt die Preise wieder rutschen lassen. Also große Vorsicht; denn das Kapital ist langfristig gebunden und kann nur unter großen Verlusten flüssig gemacht werden.[403] Bei größeren Objekten braucht man professionelle Beratung. Dies gilt auch für andere Sachwerte.

---

403 Höhere Inflation und Währungsschwäche sind oftmals zwei Seiten derselben Medaille. In einem derartigen Umfeld steigen meistens auch die Zinsen, da Kapitalgeber wegen gestiegener Inflationserwartungen einen zusätzlichen Aufschlag (»Inflationsprämie«) fordern. Hier schlägt nun die Charakteristik des Immobilienmarktes (ausgeprägter Fremdkapitalhebel) zu Buche. Steigende Zinsen durchkreuzen die Überlegungen vieler Anleger und können einen Prozess einleiten, an dessen Ende erheblich gesunkene Immobilienpreise stehen. Selbst bei »festgeschriebenen« Zinsen ist man nicht immer auf der sicheren Seite, weil nach Ablauf des Immobilienkredits eine benötigte Anschlussfinanzierung nur zu einem höheren Zinssatz aufgenommen werden kann.

Was immer zu bedenken ist: Wenn viele auf die Idee kommen, die Seiten zu wechseln, dann sind, um der Inflation zu entkommen, solche Produkte und Engagements schon lange nachgefragt worden. Der Goldpreis hat sich seit dem Jahr 2000 versechsfacht. Dahinter steckt natürlich nicht bloß Sicherheitsdenken, sondern auch Spekulation. Gold wirft keine Zinsen ab, und eine Anlage ist nur dann lohnend, wenn der jährliche Preisanstieg über der Preissteigerungsrate für den privaten Konsum liegt. Wenn eine Rezession erwartet wird und die Betriebe Liquidität brauchen, ist eine getätigte Anlage in Gold hinderlich. Auch wenn die Notenbanken die Geschäftsbanken mit Liquidität überschütten, werden diese keine Kredite ausreichen, wenn ihnen das individuelle Risiko zu schwerwiegend erscheint. In Notsituationen ist ein Schluck Wasser oder ein Stück Brot wertvoller als Diamanten oder Gold. Wer in der Nachkriegszeit die Hamsterfahrten zu den Bauern noch mitgemacht hat, kann Lieder davon singen.

Das klassische Mittel gegen Inflation sind Aktien, aber auch hier gilt, dass die Kurse abstürzen können; das war in den Jahren 2000 bis 2002 der Fall, als sie auf ein gutes Viertel des Wertes gefallen waren, den sie in der Hausse erreicht hatten; das gilt auch für das Jahr 2008, als sie auf knapp die Hälfte des letzten Höchststands gefallen sind. Damit muss man immer rechnen. Aber jetzt nähern sie sich wieder dem alten Höchststand – Draghi sei Dank. Aber wie lange geht das gut? Trösten wir den Anleger: Es ist bisher immer so gewesen, dass es nach jedem Fall auch wieder ein Kursanstieg gab.[404] Freilich: In Japan warten die Anleger seit mehr als 20 Jahren auf eine kräftige Kurserholung. Ob man Fondsanteile zeichnet oder sich ein eigenes Portefeuille zusammenstellt, ist eine Frage der persönlichen Einstellung. Generell kann man sagen, dass gegen Inflation alles schützt, was man an-

---

404 Wenn ein Kurssturz richtig wehtut, haben die Börsianer auch einen guten Spruch zur Hand: »Meine Finanzen sind zerrüttet, an den Börsen hat's gekracht. Da hab' ich aus meinen Aktien lauter bunte Drachen gemacht. Ich ging hinaus ins Felde, wo laue Lüfte weh'n, so konnt' ich meine Aktien noch einmal steigen seh'n.« (Wird irrtümlich Kurt Tucholsky zugeschrieben)

fassen kann. Natürlich gehört hierzu in besonderem Maße der Landerwerb.

Was soll man mit dem Barvermögen machen, wenn maßgebliche Währungen wie US-Dollar, britisches Pfund und japanischer Yen durch hohe Staatsdefizite belastet und die soliden Währungen überteuert oder sogar gefährdet sind, weil der Ansturm auf diese Währungen und der Versuch, die Aufwertungen zu begrenzen, die jeweiligen Zentralbanken zu gefährlichen Strategien verleitet hat? Unter den Blinden ist der Einäugige König, sagt man. Unter diesem Aspekt ist der Dollar durchaus attraktiv, eine Währung, die rasch bei Bedarf in Güter, reale Aktiva oder andere Währungen getauscht werden kann.

In diesen Tagen ist eine reale Nullrendite nicht zu verachten, denn das hieße, das Vermögen immerhin sichern zu können. Insofern stehen diejenigen noch gut da, die sich über die Sicherung ihres Vermögens Gedanken machen oder sachkundigen Rat holen können. Wirklich geschädigt werden diejenigen, die ihr Leben lang gespart haben, die aber über das angesammelte Vermögen nicht disponieren können. Monat für Monat haben die abhängig Beschäftigten knapp 20 Prozent ihres Einkommens in die Rentenversicherung einbezahlt, das jedoch nicht produktiv angelegt wurde, sondern für den Gegenwartskonsum der aus dem Berufsleben Ausgeschiedenen verwendet wurde. Sie haben bloß den Anspruch erworben, dass man bei ihnen ebenso verfahren wolle. Was das praktisch heißt, bleibt politischen Entscheidungen überlassen. Wenn es im Rahmen der sich ausbreitenden Transfer- und Schuldengemeinschaft schließlich heißen wird: Meine Schulden sind auch deine Schulden, dann muss man damit rechnen, dass es auch einen überstaatlichen Sozialausgleich geben könnte.[405] Wenn wir uns in einer Haftungsgemeinschaft befinden, wird man die zwi-

---

405 Daniel Cohn-Bendit, Abgeordneter der französischen Grünen im Europäischen Parlament, geht jede Wette ein (Spiegel-Gesprächsreihe, 21. Januar 2013), dass nach der Bundestagswahl am 28. September 2013 aus der Währungsunion eine Schuldenunion wird. Sein Gesprächspartner, Georg Mascolo, Spiegel-Chefredakteur, hält nicht dagegen. http://www.spiegel.de/video/daniel-cohn-bendit-sagt-europaeische-schuldenunion-voraus-video-1248789.html.

schenstaatliche Solidarität nicht ausklammern können. Sollte es dazu kommen, kann man sich das Trostwort der Politiker schon vorstellen: Ein gewisser Abstrich am Lebensstandard ist einem Platzen des Euro doch vorzuziehen. Und nicht zu vergessen, werden sie hinzufügen, wir profitieren ja auch am meisten vom Euro.

3. Konsequenzen bei einer »konsolidierten Eurozone«

Bei der Analyse der Konsequenzen des politischen Weges »inflationäre Transfergemeinschaft« bewegen wir uns auf einem Terrain, das uns nicht unbekannt ist. Wir wissen, was die Inflation den Menschen antut, und können auch die Auswirkungen zwischenstaatlicher Transfers abschätzen. Bei der Analyse des Auseinanderbrechens der Europäischen Währungsunion bewegen wir uns auf einem Gebiet, das noch kein Forscher erkundet und vermessen hat. Wenn man sich auf dieses Gebiet begibt, dann kann man nicht ausschließen – vielleicht ist es sogar wahrscheinlich –, dass man sich auf einem Holzweg befindet. Doch kann man sich mit der Erkenntnis des Philosophen Martin Heidegger trösten, dass Holzwege den Wanderer zwar nicht zu seinem Ziel führen, ihn aber das Gelände kennenlernen lassen. Wenn der wandernde Philosoph dann von seinen gedanklichen Erkundungen berichtet, dann kann er sich ein Bild von dem Gelände machen und anderen vielleicht, die ebenfalls zu Wanderungen in dieses Gebiet aufbrechen wollen, Hinweise vermitteln.

Wir wollen uns vor unserer Erkundungsfahrt auf das besinnen, was wir kennengelernt haben. Wenn der Pate des Euro, Robert Mundell, vor dem Weg in die Fiskalunion warnt, stützt er sich auf die US-amerikanischen Erfahrungen mit der No-Bailout-Klausel. Er kennt die Versuchung eines staatlichen »Moral Hazard«, wo die erzwungene Solidarität nicht eint, sondern entzweit. Da sich die Politik auf dem Irrweg in eine rechtlose Transfergesellschaft befindet, muss sie umkehren, bevor weitere finanzielle Abmachungen getroffen werden. Deshalb schlägt Mundell die Rückkehr zu den Startplätzen vor. Da ist die Konzeption, einen »konsolidierten

Euro« zu bewahren, schon einen Schritt weiter: Wir kennen immerhin das Ziel unserer gedanklichen Wanderung.

Wären die Konten zwischen den Staaten und Banken in der Eurozone ausgeglichen und ginge es bloß darum, eine neue Wechselkursstruktur zu finden, dann wäre das Auseinandergehen und Zueinanderfinden nicht viel mehr als ein technisches Problem. Natürlich gäbe es hier durchaus schmerzliche Anpassungsprozesse auch für die Beschäftigten, weil sich die Fehlentwicklungen, die sich über Jahre aufgebaut haben, nicht ohne Entlassungen korrigieren lassen. Da die zwischenstaatlichen Konten nicht ausgeglichen sind, deckt die Rückkehr zu nationalen Währungen die Risiken und Verluste auf, die bisher in den Bilanzen geschlummert haben. Die Gläubigerbanken und -staaten verbuchen bei einer Konsolidierung der Eurozone erhebliche Verluste und geraten dadurch selbst in Schwierigkeiten. Doch entstehen diese Schieflagen nicht, weil die Mitglieder der Eurozone auseinandergehen, sondern dieser Prozess offenbart bloß die Risiken und Verluste, die sich bisher angesammelt haben. Besonders schmerzhaft für die Gläubigerbanken sind die Austritte von Schuldnerländern. Es ist also nicht so, wie gemeinhin angenommen wird, dass die Schuldnerstaaten am stärksten unter einem Austritt zu leiden hätten. Sie sind auf der stärkeren Seite und können ihre Gläubiger zu Schuldenschnitten zwingen und über Abwertungen ein erfolgreiches Geschäftsmodell entwickeln – dies wäre die Orientierung am isländischen Beispiel. Die von der Konsolidierung der Eurozone möglicherweise ausgehenden Schockwellen werden die ganze Welt treffen und die Weltkonjunktur belasten. Aber hier bewegen wir uns wieder auf bekanntem Terrain: Wenn Angebots- und Nachfragestrukturen zusammenpassen, werden die Volkswirtschaften relativ rasch wieder auf einen Wachstumspfad gelangen. Man kann das mit den Verheerungen nach einem schweren Erdbeben vergleichen: Wenn die Menschen wissen, was sie aufbauen müssen, ist der Schaden rasch behoben und bald vergessen.

Wenn nun die Politiker in den Gläubigerstaaten rufen:»Diesen Verlust des Austritts wollen wir nicht tragen!«, so erinnern wir daran, dass wir es hier mit»sunk costs«, mit irreversiblen Kosten, zu tun haben, die noch zunehmen, wenn die Politik den Irrweg weitergeht. Der von Walter Krämer initiierte Aufruf der Ökonomen hat gefordert, dass für die Fehlentwicklungen im Bankensektor nicht die Bürger aufkommen sollen, sondern die Kapitaleigner und Bankengläubiger.[406] Eine solche Forderung ist naheliegend, doch treffen die davon ausgehenden Wirkungen auch die Beschäftigten und Steuerzahler. Im Prinzip läuft diese Prozedur auf eine Rekapitalisierung der Banken hinaus, wobei die Zentralbanken als»lender of last resort« fungieren könnten und wohl auch müssten. Ein solcher Vorgang muss nicht inflationär wirken, da bloß Liquiditätsengpässe überwunden werden sollen. Dies wäre auch im Sinne Walter Bagehots, des frühen Theoretikers des englischen Geld- und Kapitalmarktes. Ob sich der Staat als Retter einschaltet, ist eine politische Frage. Es ist dann nicht auszuschließen, dass sich die Banken zu»Moral Hazard« verführen lassen und nach Geschäften mit einer auf kurze Sicht hohen Marge Ausschau halten, wie das in Euroland beobachtet werden konnte. Ob eine Verstaatlichung wie in Schweden (1991–1994) bei der Restrukturierung des Bankensektors sinnvoll sein kann, muss unter den spezifischen Bedingungen eines jeden Landes geprüft werden. Ob Beamte die besseren Banker sind, kann durchaus hinterfragt werden.

Was folgt daraus für uns Bürger – Sparer, Rentner und Steuerzahler? Wenn sich die Banken und Versicherungen sanieren müssen, werden wohl die Wenigsten ungeschoren davonkommen. Ein solcher»Haircut« trifft jeden. Es ist anzunehmen, dass die betroffenen Institutionen solche Fälle schon durchgerechnet haben; denn, wie Nikolaus von Bomhard, Vorsitzender der Munich Re, gesagt hat, wünschen würde man sich eine solche Entwicklung

---

406 Vgl. hierzu den Abschnitt II.2 des dritten Kapitels:»Von der Abwehr spekulativer Attacken zur Finanzierung notleidender Staaten.«

nicht, aber es wäre unverantwortlich, wenn sich eine Versicherung nicht für einen solchen Fall wappnen würde.[407]

Was können wir weiter als gesichert annehmen? Wenn die Schuldnerländer aus der Währungsunion austreten, rechnen alle mit Abwertungen der renationalisierten Währungen; die Länder, die in der »konsolidierten Eurozone« verbleiben, müssen mit einer Aufwertung rechnen. Die damit verbundenen Konsequenzen sind hier beleuchtet worden. Es kommt zu einem Kaufkraftgewinn für die breite Bevölkerung. Dann werden natürlich auch die Sparguthaben aufgewertet; es sei denn, die Bank selbst hätte Zahlungsprobleme. Es muss also niemand nach Alternativen Ausschau halten, die man anfassen kann; natürlich kann das jeder tun, aber er muss es nicht mehr tun, um sein Vermögen zu retten. Niemand muss mehr auf die Schuldnerseite wechseln. Die Sparer können wieder auf Sicherheit rechnen. Freilich werden die Steuerzahler belastet, da sie für die Gewährleistungen geradestehen müssen: Das ausgereichte Geld kommt entwertet zurück. Verglichen mit den Belastungen, wenn die Politiker auf dem Irrweg weiter voranschreiten, kommen sie aber noch glimpflich davon.

III. Was können die Bürger tun?

Der bereits zitierte Aufruf der Ökonomen fordert die Bürger auf, zu ihrem Wahlkreiskandidaten zu gehen und ihn mit den Konsequenzen des politischen Irrwegs zu konfrontieren. Wer selbst öfter mit Politikern öffentlich oder privat diskutiert hat, kann folgendes Argumentationsmuster erkennen:

➤ Wir haben der EU den Frieden zu verdanken;
➤ wir müssen aufgrund unserer Geschichte dankbar sein, dass

---

407 Nikolaus von Bomhard, »Stürme lassen sich leichter berechnen als die Euro-Krise«, Interview, in: *Frankfurter Allgemeine Sonntagszeitung*, 28. Oktober 2012, S. 39.

wir Deutsche wieder in die europäische Völkerfamilie aufgenommen wurden;

➤ die Euro-Rettung wird schließlich zum Erfolg führen;

➤ wir profitieren am meisten vom Euro;

➤ wir brauchen den Euro, um im Zeitalter der Globalisierung zu bestehen;

➤ ein Auseinanderbrechen der Eurozone würde dagegen das europäische Aufbauwerk zerstören.

Wenn der Diskussionspartner diese politische Rhetorik mit harten Fakten konfrontiert, dann spürt er geradezu physisch, wie die angesprochenen Politiker ihre Ohren zuklappen. Sie wollen das einfach nicht hören; verständlich: Hörten sie zu, dann müssten sie zweifeln, ob der von Angela Merkel vorgegebene Weg richtig ist. Wenn die Bürger ihre Abgeordneten zur Rede stellen, werden die ihnen sagen: Sie verstünden ja die Sorgen der Bürger, sie würden sie sogar teilen; aber die Alternative zu ihrer Politik wäre ein Sturz in den Abgrund. Wer dieses Buch gelesen hat, weiß, dass es genau umgekehrt ist: Die Politik befindet sich auf dem Weg in den Abgrund; je eher sie aussteigt, desto besser für Europa und Deutschland.

Der Irrweg kann auch nicht durch Abwahl der verantwortlichen Politiker gestoppt werden; es gibt im Bundestag keine Alternative. Alle Fraktionen – bis auf die »Linke« – sind für die derzeitige Rettungspolitik: Die Sozialdemokratische Partei sorgt sich unter dem Einfluss Helmut Schmidts um europäische Solidarität und deutsche Dankbarkeit; die Freien Demokraten orientieren sich an Hans-Dietrich Genscher, der im Euro seinen politischen Lebenstraum erfüllt sieht, und nicht an Otto Graf Lambsdorff, der keinen politisierten Euro wollte; die CDU hat Ludwig Erhard und seine Warnung vor der Inflation als der unsozialsten Steuer vergessen; die CSU schwankt zwischen harten Forderungen, wo sie nichts verändern kann, und Nachgeben in Situationen, wo sie mit Härte etwas verändern könnte. Viele Bürger fühlen sich mit ihren

Sorgen und Nöten nicht mehr von den etablierten Parteien verstanden und vertreten; daher sind sie auf der Suche nach einer Alternative. Da Bundeskanzlerin Angela Merkel ihre Politik alternativlos nennt, drängt sich eine neue Partei mit dem Anspruch, »Alternative für Deutschland« (AfD) zu sein, geradezu auf. Die Sogwirkung dieser Partei ist überwältigend. Auffallend ist der Zuspruch aus dem akademischen und universitären Umfeld. Wenn der frühere bayerische Ministerpräsident Edmund Stoiber in Anlehnung an Gerhard Schröders Professorenschelte den Sprecher der AfD, Bernd Lucke, mit der Bemerkung »Wieder so ein Professor« zu verhöhnen versucht, dann verrät das in Wirklichkeit seine Verachtung von Sachverstand und gründlicher Analyse.

Die Versuche, die »Alternative für Deutschland« mit Rechtsextremismus in Verbindung zu bringen, werden scheitern, weil die Mitglieder und Wähler dieser Partei aus der Mitte der Gesellschaft kommen. Solche Angriffe und Vorwürfe sind durchsichtige Manöver, um einen parteipolitischen Gegner, der den etablierten Parteien gefährlich werden könnte, zu verleumden, anstatt sich mit seinen Argumenten auseinanderzusetzen.

Die Absicht, eine Angstkampagne zu starten, wird ebenfalls fehlschlagen. Die Behauptung, dass die Rückkehr zu nationalen Währungen oder die Bildung einer konsolidierten Eurozone den Standort Deutschland bedrohe, weil in der Folge der Export einbrechen und damit die Arbeitslosigkeit nach oben getrieben werde, ist falsch. Deutschland war immer ein Aufwertungsland und ist gut damit gefahren. Wer dagegen die Eurozone mit allen Mitteln zusammenhalten will, verurteilt die notleidenden Schuldnerstaaten im Süden der EU zu anhaltender Arbeitslosigkeit und nimmt der Jugend ihre Chance, zu Hause einen Arbeitsplatz zu finden. Dass die Bundesregierung dort inzwischen jugendliche Arbeitskräfte anwirbt, ist der geradezu zynische Versuch, aus deren Elend auch noch nationalen Profit zu ziehen.

Das letzte Argument, das die Bürger vor einem Schritt zur AfD und von einer Stimmabgabe für die AfD abhalten soll, lautet: Die

Wahl dieser Partei leiste einer rot-grünen Regierung Vorschub, die wegen ihres Hangs zu einer Haftungs- und Schuldengemeinschaft Deutschland ins Verderben stürze. Dazu ist Folgendes zu sagen: Gesetzt den Fall, es bliebe bei der bisherigen Regierungskoalition, dann wäre trotz aller gegenteiligen Beteuerungen der Weg in die Schulden- und Transfergemeinschaft ebenfalls vorgezeichnet. Da Angela Merkels Kurs des »Gürtel-enger-Schnallens« entweder abgewählt wird wie in Italien oder auf unüberwindlichen politischen Widerstand stößt – das Austeritätsdogma ist tot –, ist der Weg in den Schuldensumpf vorgezeichnet.

Die »Alternative für Deutschland« will diesen Marsch in den Schuldensumpf stoppen. Sie lässt sich aber nicht auf eine »Ein-Themen-Partei« – raus aus dem Euro – reduzieren. Sie kämpft gegen die Euro-Rettungspolitik, um den Rechtsstaat zu bewahren und um den nationalen Parlamenten ihre angestammten Rechte zurückzugeben. Sie will die Abkehr von einer erzwungenen Solidarität, die die Länder entzweit und nur den Banken nutzt, und die Hinwendung zu einer Politik, die junge Menschen in ihren Vaterländern Arbeit finden lässt. Sie will vor allem, dass alle Menschen wieder hoch erhobenen Hauptes durch das europäische Haus gehen können.

Wer ist denn noch einflussreich in unserem Land? Die Kirche und die Gewerkschaften. Die beiden großen Kirchen bleiben stumm, obwohl sie sich sonst in der Öffentlichkeit für Umwelt und Energiewandel vernehmen lassen. Der Sozialethiker Elmar Nass hat ihnen jüngst den Spiegel vorgehalten und sie an die wirkliche Bedeutung von Subsidiarität und Solidarität erinnert.[408] Wahrscheinlich haben sich die verantwortlichen Kirchenleute, wenn sie in diesen Spiegel geschaut haben, gesagt: Bleiben wir lieber bei dem niedrigen Profil.

Vergessen dürfen wir auf keinen Fall die Gewerkschaften, sind

---

408 Elmar Nass, »Die Kirchen und das Euro(pa)dilemma«, in: *Frankfurter Allgemeine Zeitung,* 17. August 2012. http://www.faz.net/aktuell/wirtschaft/essay-die-kirche-und-das-euro-pa-dilemma-11858130.html.

es doch die jetzt und die ehedem Beschäftigten, die als Steuerzahler und Rentner die Schuldensuppe auslöffeln müssen. Warum vertreten die Gewerkschaften hier so intensiv die Position des Bundes der Deutschen Industrie und der Bundesvereinigung der Deutschen Arbeitgeberverbände? Sie nehmen wohl an, dass bei Austritten aus der Währungsunion und nachfolgenden Auf- und Abwertungen die Arbeitslosigkeit explodieren würde. Wenn sie sich von den hier vorgebrachten Argumenten nicht überzeugen lassen wollen, dann sollten sie auf die Schweiz schauen, wo trotz eines aufgrund des Zuflusses von Fluchtkapital in die Höhe getriebenen Schweizer Franken die Arbeitslosenquote zu den niedrigsten in Europa gehört und die Wachstumsrate deutlich über dem europäischen Durchschnitt liegt. Briefe an die Gewerkschaften würden mehr bewirken als solche an Abgeordnete. Haben die Gewerkschaften begriffen, dass die Arbeitnehmer die Leidtragenden sind, und reichen sie diese Erkenntnis an die ihnen nahestehende Partei weiter, dann würde diese vielleicht mehr auf das Wohl der Menschen achten und weniger auf die Europa-Vision eines ehemaligen Weltökonomen.

Von Adam Smith stammt die ökonomische Erkenntnis, die auch zutiefst menschlich ist: Einem arbeitslosen Armen ist mit einem Arbeitsplatz, der ihm ein dauerhaftes Einkommen verschafft, mehr geholfen als mit Almosen. Genau das wird in diesem Buch vorgeschlagen: Der Austritt aus der Währungsunion verschafft den Schuldenstaaten die Möglichkeit, ein tragfähiges Geschäftsmodell zu entwickeln, das die eigene Jugend im Land hält. Hier kann und muss sich auch die freiwillige Solidarität souveräner Staaten bewähren.

Europas Vermächtnis ist nicht die falsch konstruierte Währungsunion, sondern der Rechtsstaat, die freiheitliche Demokratie und die freundschaftliche Begegnung souveräner Staaten. Darauf wollen wir hoffen und vertrauen.

Dank

Der Stoff dieses Buches, das Projekt »Europa«, hat mich seit Studentagen begleitet, erfreut und erfüllt, erstaunt, bewegt und aufgeregt. Nun macht es mich besorgt. Auf dieses Buch haben mehr Menschen Einfluss genommen, als im Text selbst zum Ausdruck kommt. Ihnen allen bin ich zu großem Dank verpflichtet. Das beginnt mit meinem Lehrer Alfred Müller-Armack, engster Mitarbeiter von Ludwig Erhard und sein Staatssekretär für europäische Angelegenheiten (1957–1963), in dessen Seminaren ich als Student und späterer wissenschaftlicher Assistent den Werdegang der Integration Europas und die jeweiligen nationalen Verhandlungstechniken kennen lernte. Großer Dank gilt ebenso Hans Willgerodt, meinem zweiten akademischen Lehrer. Er lehrte uns den Prozess der Europäischen Integration analytisch zu durchdringen. Bis zu seinem Tod im Jahre 2012 war er um ein freiheitliches Europa bemüht. Als Angela Merkel ihre Europa-Politik alternativlos nannte, sagte er nur »Denkblockade«.

Während meiner Zeit als wissenschaftlicher Referent für »Europäische Integration und internationale Wirtschaftspolitik« bei der CDU/CSU-Bundestagsfraktion (1969–1972) begegnete ich dem früheren Bundeskanzler und legendären Wirtschaftsminister, Ludwig Erhard. Dieser blieb seiner marktwirtschaftlichen Linie treu, als die Führung der CDU/CSU-Fraktion im Zuge der Dollar-Turbulenzen (1971) auf währungspolitischen Dirigismus in Form von Devisenkontrollen setzte. Erhard unterstützte den damaligen SPD-Wirtschaftsminister Karl Schiller der sich nicht an die währungspolitischen Abmachungen innerhalb der Europäischen Gemeinschaft gebunden fühlte, weil er die Stabilität der Währung in einer marktwirtschaftlichen Ordnung für vorrangig hielt. Schiller konnte sich auf eine ordnungspolitisch verlässliche Mannschaft stützen, aus der Wilhelm Hankel und Hans Tietmeyer herausragten. Aus Unterrichtungen und klärenden Gesprächen mit ihnen gewann ich entscheidende Einblicke in den Zusammenhang von Währungsintegration und politischer Fundamentierung. Diese Kenntnis brachte ich in ein Gutachten »Stabilität in Europa« ein, das ich zusammen mit Rolf Hasse und Volker Merx unter Leitung von Alfred Müller-Armack für die Ludwig-Erhard-Stiftung verfasste. In diesem Buch wird gezeigt, wie aus einem Kern stabilitätsorientierter Länder eine Währungsunion erwächst, die nicht die Folge eines politischen Beschlusses ist, sondern sich über Marktprozesse ergibt.

An der Universität Tübingen waren die DFG-Forschergruppe »Integration Europas und Ordnung der Weltwirtschaft« (1987 bis 1993) und das Graduiertenkolleg »Vertiefung der Europäischen Integration« (1994–2000) der institutionelle Rahmen für einen intensiven interdisziplinären Austausch mit den Rechtswissenschaftlern Heinz-Dieter Assmann, Thomas Oppermann und Wolfgang Graf Vitzthum, dem Politikwissenschaftler Rudolf Hrbek und dem Wirtschaftswissenschaftler Josef Molsberger. Unsere Diskussionen leuchteten die unterschiedlichen Facetten des europäischen Integrationsprozesses aus. Hinzu kam der unmittelbare Kontakt mit Mitarbeitern der EU-Kommission und der Generaldirektionen. Auch Martin Seidel, langjähriger Begleiter und lebendes Gedächtnis der Europäischen Integration und der Währungsunion, war immer ein auskunftsbereiter Gesprächspartner.

Bei den jährlichen Dialogseminaren im sozialwissenschaftlichen Zentrum der Universität Tübingen in Blaubeuren, die von der Hanns-Martin-Schleyer-Stiftung gefördert wurden und Studierende und Referenten aus der politischen und wirtschaftlichen Praxis zusammenführten, war Europa ein Schwerpunktthema.

Geleitet wurden die Seminare zunächst von den Professoren Norbert Kloten, Josef Molsberger, Heinz-Gerd Preuße und mir; später kamen Bernhard Herz, Gunther Schnabl und Jürgen Stark hinzu. Insbesondere die Beiträge von Jürgen Stark aus der geld- und währungspolitischen Praxis gaben den Seminaren Farbe und Kontur. Ihm verdanke ich entscheidende Hinweise bei der Abfassung dieses Buches.

Auf den alle zwei Jahre stattfindenden Zermatter Symposien – ins Leben gerufen und geleitet von Reinhold Biskup, danach von Rolf Hasse – wurde der europäische Integrationsprozess aus internationaler Perspektive betrachtet. Mit beiden verbindet mich seit Studenten- und Assistententagen eine lebenslange Freundschaft. Sie kommt auch darin zum Ausdruck, dass mir Reinhold Biskup als exzellenter Spanienkenner wertvolle Hinweise zur wirtschaftlichen und politischen Entwicklung Spaniens gegeben hat. Rainer Hank, Rolf Hasse und Wolf Schäfer haben das gesamte Manuskript durchgearbeitet. Ihnen verdanke ich wichtige Hinweise, Anregungen und auch Zuspruch. Der Abschnitt »Die Nacht, die Europa veränderte« verdankt Werner Mussler wichtige Einsichten. Seine exzellente Expertise zur Vermögenssicherung hat Markus Stahl in das fünfte Kapitel eingebracht. Klaus Peter Heim danke ich, dass er mich unermüdlich mit Material versorgt hat.

Mit dem Entschluss der vier Professoren Wilhelm Hankel, Wilhelm Nölling, Karl Albrecht Schachtschneider und Joachim Starbatty – ihnen schlossen sich später Dieter Spethmann und Bruno Bandulet an –, Klage gegen den Beginn der Europäischen Währungsunion am 1. Januar 1999 vor dem Bundesverfassungsgericht wegen Verletzung der verpflichtenden Konvergenzkriterien einzureichen, wurde aus dem Zaungast ein aktiver europäischer Bürger, der zumindest versucht hat, sich gegen eine Währungsunion zu stemmen, die Europa in eine Schuldenunion hineinzieht. Oft sind wir gefragt worden, ob unser Kampf und unsere Klagen nicht

so etwas wie ein vergebliches Anrennen gegen europäische Wind-
mühlen wären. Mag sein; aber wir mussten es tun. Wir hätten
sonst das Gefühl gehabt, etwas versäumt zu haben. Daher steht
unsere erste Klageschrift unter einem Wort Martin Luthers: »Und
tue, was du schuldig bist zu tun, in deinem Berufe.«

Ich danke meiner Lektorin Annette Barth, die mit Sorgfalt,
Umsicht und Einfühlungsvermögen meinen Text bearbeitet hat,
und meinem Verleger, Christian Strasser, der in ganz ungewöhnli-
cher Weise an diesem Buchprojekt Anteil genommen hat und dessen Rat ich sehr geschätzt habe. Ich danke Benjamin Hageloch für
die Zusammenstellung des statistischen Materials und für seine
wichtige Unterstützung bei der Recherche. Susanne Stieb bin ich
zu besonderem Dank verpflichtet. Wie sie sich durch die oft »geta-
ckerten« Textcollagen mit Einschüben und Einschüben zu Einschüben und schließlich mit Änderungen in Einschüben zu Einschüben durchgekämpft hat und obendrein meine sehr persönliche Handschrift entziffert hat, verdient große Bewunderung. Mein
letzter Dank gilt Ute Starbatty, meiner Frau, die bei meinen Bemühungen immer an meiner Seite stand, mich bestärkt und ermuntert
und mir oft auch gesagt hat, dass ich meine Botschaft an die Leser
klarer fassen müsste. Ihr ist das Buch gewidmet.

Namens- und Sachregister